抗日战争档案汇编

抗战时期国民政府军政部兵工署第五十工厂档案汇编

5

重庆市档案馆 编

中華書局

本册目录

五、生产

（一）生产过程

四、人员名录

军政部兵工署第五十工厂官佐调查表（一九四二年十月）

肆弍年

軍政部兵工署第五十工廠官佐調查表

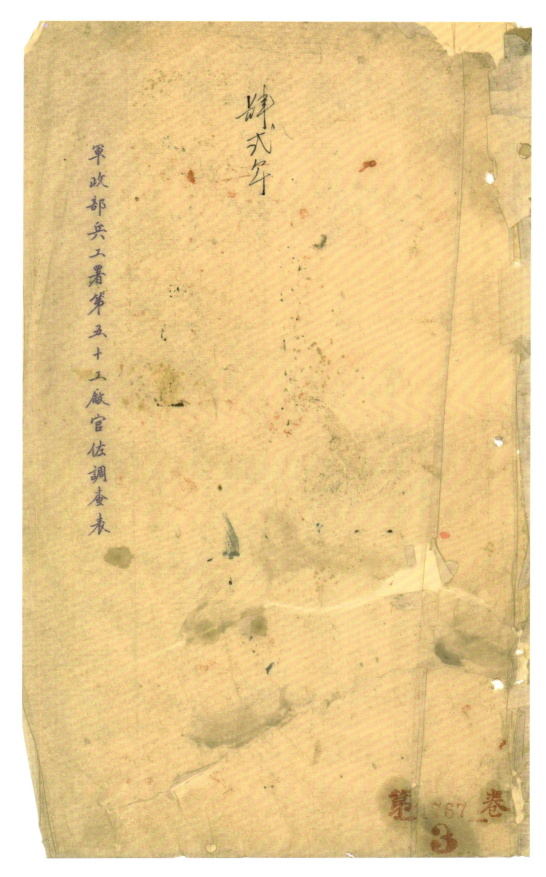

001

軍政部兵工署第五十工廠官佐調查表

官佐階級職別	姓名	年齡	籍貫	出身	經歷	入營年月日及奉准銓敘案號	現職奉准年月日及文書字號	到差日期	附記
簡任四級廠長	丁天雄	三八	浙江餘姚	德國勃來斯勞工業大學國防工程師	曾任專員、司長、廠長、		三一、八、七 渝(廿)總人字12151號	三〇、三、二四	
薦任二級主任秘書	何家湊	四二	廣東中山	德國勃來斯勞工大學畢業	曾任教授、校正、	十七年三月黨證遺失	業經呈署尚未奉令核准	二六、六、一	
秘書室 薦任五級秘書	張福保	五二	江蘇灌雲	日本岩倉鐵道學校畢業	曾任科長、秘書、縣長、	二十八年八月軍預字5732號	卅一、一、一 渝(廿)總人字11311號	二七、五、一六	
中校秘書	鄧弘章	三八	廣東三水	北平燕京大學畢業	曾任軍官、法秘書、		三〇、一〇、一五 渝(卅)總人字1589號	二八、七、一〇	
少校秘書	韓赫	四三	貴州黃平	貴州省立師範畢業	曾任股員、書記、	二十五年十二月軍黃字129號	三一、五、一七 渝(廿)總人字9851號	三〇、四、一	
中校事務員	王鄰虔	五一	遼寧撫順	奉天兩級師範學校畢業	曾任局長、秘書、科長、	三十一年一月軍甄字23765號	三一、二、二二 渝(廿)總人字13224號	三〇、六、一七	
少校事務員	嚴鑫	三七	浙江餘姚	軍需學校畢業	曾任事務員、軍需、	二十四年四月軍淡字986號	三一、二、一〇 渝(廿)總人字2138號	三〇、四、一一	
上尉事務員	周金沛	二九	廣東東莞	廣東中南書院全科畢業	曾任錄事、庶務員、		三一、九、四 渝(廿)總人字19132號	二六、六、一	

X X X 0 0 4 X 4

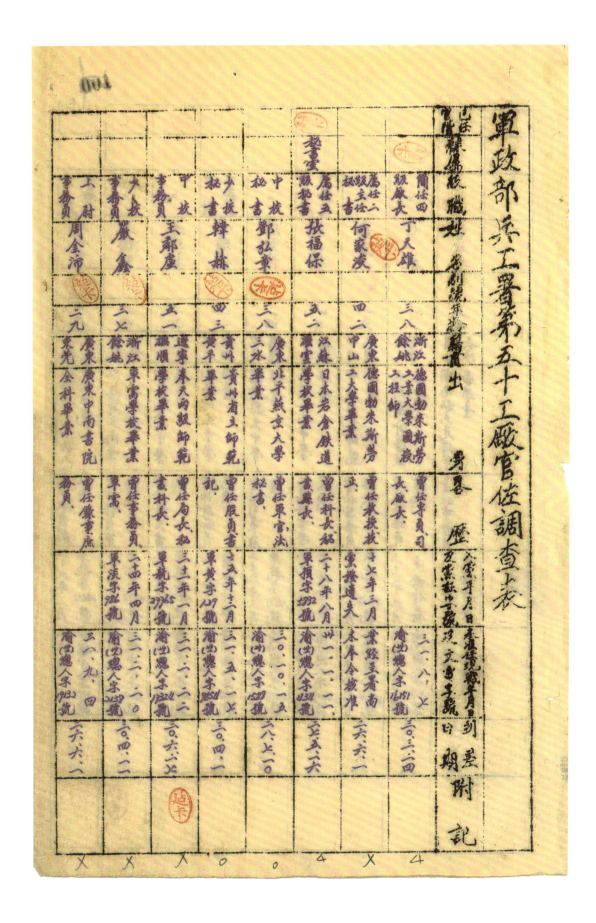

14

上尉事務員	楊師震	四九	安徽宋連	上海兵工廠兵工學校畢業	曾任廠員副技士、	二十九年三月單銓字10033號	二九、七、一一渝總平人字7750號	二七、六、一
〃	王德明	三四	江蘇南京	江蘇省立南京中學畢業	曾任科員事務員、	三十年三月單銓字11572號	二九、六、一九渝總平人字6818號	二八、一〇、二七
〃	李道樞	三七	湖北黃崗	湖北啟黃中學畢業	曾任科員書記、	三十年三月單銓字11586號	二九、七、三〇渝總平人字2897號	二七、一〇、八
中尉事務員	葉緒偉	三一	湖北黃梅	九江同文中學畢業	曾任特務員所員、	三十年三月黨證待發	三十一年四月廿七日渝(卅)總人字7698號	三〇、一〇、二七
〃	沈白懷	三四	四川瀘縣	瀘縣縣立中學畢業	曾任司書、雇員、	二十九年三月單銓字11585號	三十年六月廿日渝(卅)總人字10169號	二七、一二、四
少尉事務員	譚兆麟	二〇	四川萬縣	萬縣女子中學畢業	曾任幹事、營業員、	三十一年九月黨證待發	三十一年三月二日渝(卅)總人字2707號	三〇、十、一五
〃	唐春芳	二九	四川巴縣	重慶川東師範畢業	曾任特務員、排長、	三十一年一月單銓字23282號	三十一年八月廿一日渝(卅)總人字18506號	三〇、十、二八
〃	白薇	二三	北平	正則會計學校畢業	曾任事務員、書記、	三十一年九月黨證待發	三十一年九月十四日渝(卅)總人字20170號	三一、一、一五
〃	曾松年	三四	湖南長沙	湖南私立兌澤中學畢業	曾任事務員、	三十一年七月黨證待發	已呈署尚未奉令核准	三一、七、二一

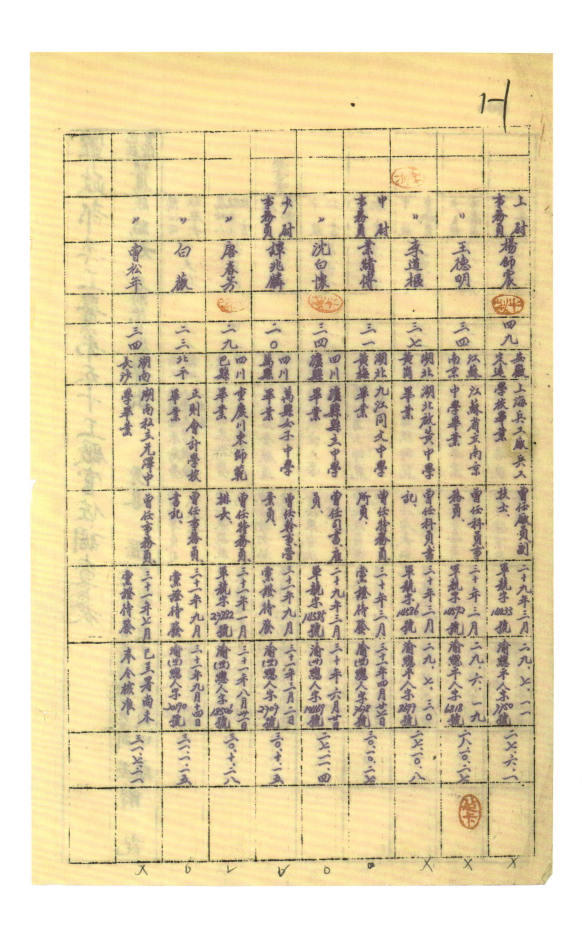

軍政部兵工署第五十工廠官佐調查表

隸屬官職	姓名	年齡	籍貫	出身	簡畧歷	入黨年月日 黨證字號	委任現職年月日 委令字號	到差日期	附記
出納室主任 中校	黃國樑	五三	江蘇無錫	上海南洋路礦學校畢業	曾任主任、		二七、一、二一 總義人字2246號	二六、七、二一	
上尉事務員	周伯鈞	三五	廣東南海	南海縣立中學畢業	曾任錄事股員、	二十年十二月 粵字11824號	三〇、一一、一〇 渝總人字17184號	二六、七、三〇	
〃	陳熹澤	三八	安徽定遠	金陵大學肄業	曾任科員課員、	二十八年九月 單號字9號	業經呈署尚未奉令核准	三一、四、二〇	
〃	伍振憒	二七	江西九江	九江光華中學畢業	曾任書記課員、		仝右	三一、四、一八	
少尉事務員	周婉婉	二六	浙江餘杭	杭州見橋高級蠶桑學校畢業	曾任事務員		尚未請委	三一、六、九	

003

軍政部兵工署第五十工廠官佐調查表

現任官階 原任職務	姓名	蓋章	年齡	籍貫	出身	經歷	入黨年月日及黨證字號	奉准任現職年月日及文號	到差日期	附記
中校 庶務室主任	徐勵泉	[印]	四六	遼寧遼陽	遼寧陸軍第二講武堂步科畢業	曾任科長、主任、庶員、		二九、三、一四 渝總平人字3303號	二六、五、二六	
少校 事務員	馬緒和	[印]	三九	江蘇江寧	漢陽文德書院畢業	曾任翻譯、打字員、	二十八年三月 畢信字1266號	三〇、二、四 渝(卅)總人字2215號	二九、一〇、二二	
上尉 事務員	劉龍文		二八	四川華陽	中央軍校特訓班六期畢業	曾任連長、隊長、	二十九年一月 畢蘇字00834號	三〇、九、一八 渝(卅)總人字1396號	三〇、五、二九	
〃	黃德猷	[印]	三五	廣東中山	廣州知用中學畢業	曾任書記、事務員、	二十九年十月 畢龍字11539號	三〇、一〇、二二 渝(卅)總人字15899號	二八、八、六	
少尉 事務員	陳 齡		二七	廣東東莞	東莞縣立中學畢業	曾任書記、	三十年六月 畢龍字22379號	三一、三、一八 渝(卅)總人字1217號	三〇、一、一	
准尉 事務員	戴后安		三四	四川仁壽	仁壽短期師範畢業	曾任司書、	三十年六月 畢龍字22381號	三〇、四、二一 渝(卅)總人字6050號	三〇、四、二八	

0 0 X 4 X 6

004

軍政部兵工署第五十工廠官佐調查表

兼任	級職	姓名	年齡	籍貫	出身	經歷	入營年月日	奉准任現職年月日文號	到差日期	附記
	兼營繕 上校 兼會組 組長	郭基亮	四二	廣東大浦	俄國莫斯科勞動大學畢業	曾任科長、秘書主任、	十六年三月 黨證遺失	三一、五、一四 渝廣調字1881號	三一、五、一五	
	少校 組員	杜振銘	二八	江西豐城	中央警官學校畢業	曾任指導員主任、	六年五月 軍政字01383號	業經呈署尚未奉令核准	三一、七、一	
	〃	蕭易	二六	西藏拉薩	中央警官學校畢業	曾任教官、所長、	二十八年二月 軍政字00118號	業經呈署尚未奉令核准	三一、六、三	
	上尉 組員	曾彬	二四	江西九江	中央軍校十五期畢業	曾任排長附員、	二十八年八月 軍理字297號	〃	三一、六、一五	
	〃	趙馥亭	二五	河南郾城	軍委會戰時幹部訓練團畢業	曾任排長政訓員、	二十九年七月 黨證遺失	〃	三一、六、四	
	〃	杜學文	三一	山東濟寧	南京憲訓所畢業	曾任稽查員	十八年四月 軍水字1900號	〃	二八、一、二五	
	〃	謝國雄	二五	廣東連平	廣東戰時工作幹部訓練團畢業	曾任指導員	二十三年十二月 粵字1268號	〃	三一、七、二五	
	〃	蔡琳	四四	廣東合浦	廣東燕塘軍校畢業	曾任連長、所長、	十四年八月 粵字1301號	〃	二六、六、一	

X o √ △ X o √ △

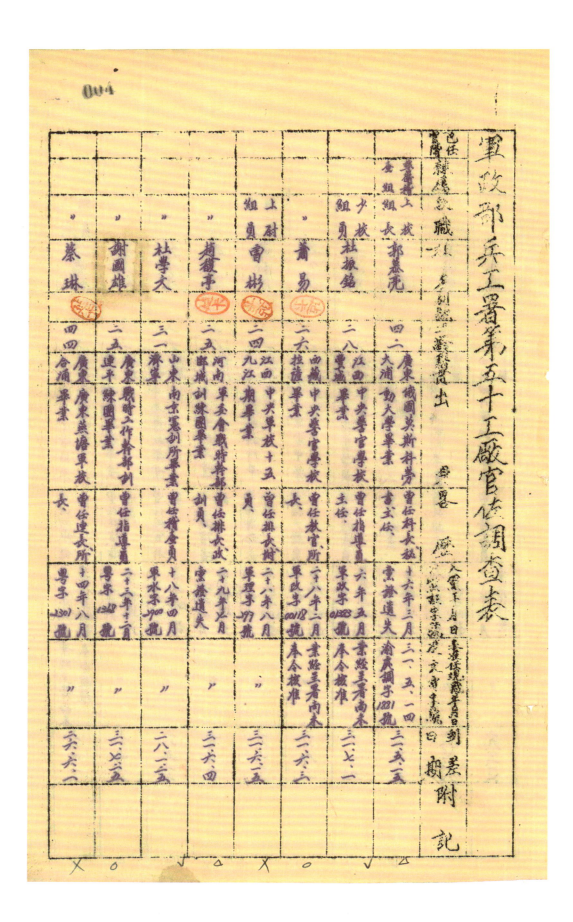

4-7

上尉組員	李壽俠	二七	廣東龍川	廣東軍管區軍官團畢業	曾任助教、課員、	二十三年九月粤字第6693號	業經呈看尚未奉令核准	三一、四、一三
〃	劉英輝	三三	湖北鄂城	中央警校畢業	曾任巡官、指導員、	十五年六月黨證遺失	〃	三〇、四、一三
〃	張貴棠	三六	山西虞鄉	中央警校畢業	曾任巡官、科員、	十七年七月晉字5811號	〃	二八、五、一三
〃	李瑞	二八	河北武清	中央警校畢業	曾任巡官、書記、	二十六年六月黨證遺失	〃	三〇、一〇、二〇
中尉組員	羅蔚藩	三三	廣東興寧	廣東汕頭警訓所畢業	曾任特務長、分隊長、	三十年六月軍統字22373號	〃	二八、六、一三
	梁公望	三一	廣東南海	南京東方中學畢業	曾任戶籍員	三十年三月軍統字11379號	〃	二七、九、三
	李鐵明	二八	四川永川	重慶警學校畢業	曾任稽查員、	三十年三月軍統字11378號	〃	二八、一、九
	潘豪	二七	廣東梅縣	廣東地方自治人員養成所畢業	曾任科員、	二十六年六月黨證遺失	〃	三一、七、二五
	呂健審	二二	四川宜賓	四川憲訓所畢業	曾任排長、	三十一年三月軍統字11381號	〃	二八、七、一八
	淦正倫	二四	四川巴縣	四川憲訓所畢業	曾任稽查員、	三十年六月黨證待發	〃	二九、二、一七

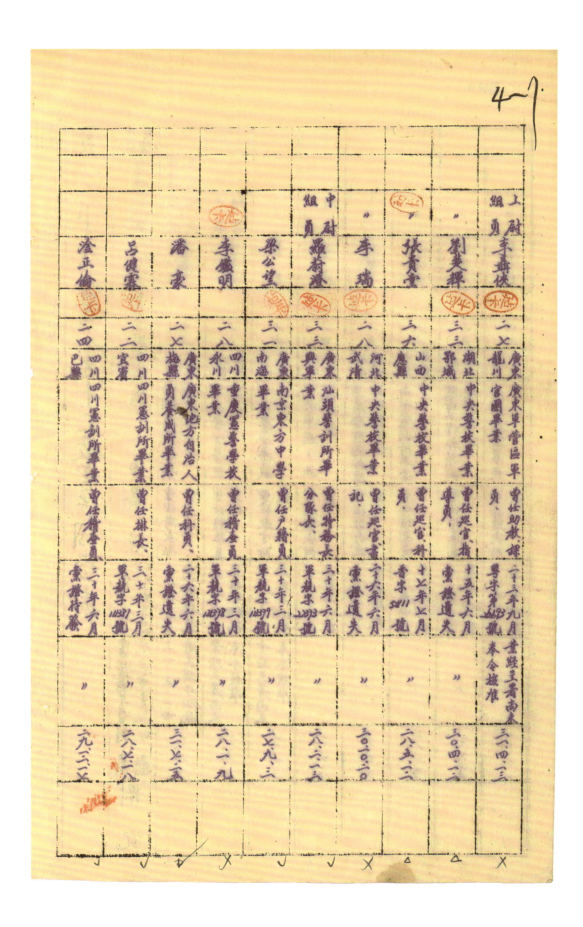

軍政部兵工署第五十工廠官佐調查表

已任/未任官階	屬級	職	姓名	別號	年齡	籍貫	出身	經歷	入黨年月日 黨證字號	是否在現職	到差日期	附記	
		〃	歐陽勳		二一	四川永川	戰時幹部訓練團畢業	曾任分隊長、	二十八年九月 軍專字02315號	〃	三〇、五、六		△
		〃	孫德明		二五	江蘇蘇州	蘇州晏仁中學畢業	曾任組員、稽查員、	二十七年二月 黨證遺失	〃	三一、六、四		√
		〃	張平		二七	四川江北	四川憲訓所畢業	曾任排長、連長、	三十一年一月 軍藏字31772號	〃	三〇、六、一〇		△
		〃	彭笑天		二〇	廣東海豐	廣東戰時工作幹部訓練團畢業	曾任科員、組員、	二十九年十月 軍專字13110號	〃	三一、六、九		△
		〃	錢思庚		三三	浙江杭縣	浙江省立中學畢業	曾任服務員、書記、	二十九年十月 第13077號	〃	三一、六、二二		△
		〃	王松興		二六	廣東平遠	廣東省立梅州中學畢業	曾任指導員、	二十八年十月 百字06333號	〃	三一、八、四		×
		〃	王世英		二四	河南淮陽	陸軍第二十五路教導隊畢業	曾任副官、隊長、	二十八年二月 黨證遺失	〃	三一、六、二二		×
		〃	林廷龍		二八	安徽懷遠	中央警校畢業	曾任科員、中隊長、	三十一年四月 黨證待發	〃	三一、六、一七		√

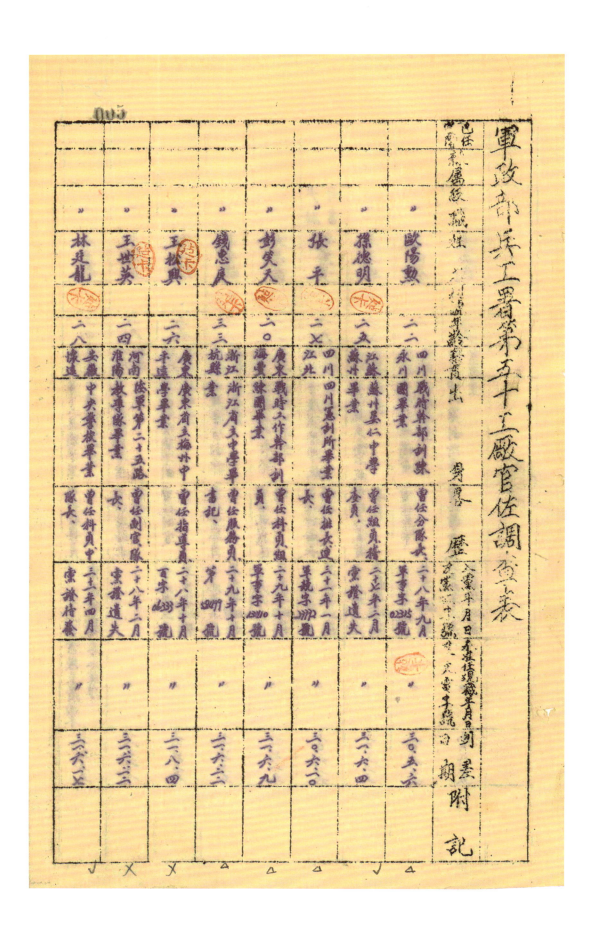

5-1

〃	余克稱	二四	廣東梅縣	第十二集團軍軍官補訓團畢業	曾任指導員、	二十八年十二月黨證特發	業經呈署南本本令核准	二、七、二五	V
〃	王福五	二九	四川新津	憲兵訓練所畢業	曾任特務長、排長、		〃	二八、一二、一八	X
〃	鄧文煥	二六	福建莆田	閩海師管區軍訓班畢業	曾任副官、	二十九年三月軍良字01811號	〃	三、七、二五	△
〃	許金標	二八	福建香江	福建交警官訓練所畢業	曾任督察員、	二十九年三月軍元字11231號	〃	三、七、二五	V
〃	鄭學齡	二三	廣東中山	福建省政幹部訓練班畢業	曾任教員、隊附、	二十九年三月軍良字11082號	〃	三、七、二五	△
少尉司書	何恩實	二九	四川江津	重慶憲警學校畢業	曾任特務長、排長、	二十九年一月軍伊字260號	〃	三〇、六、一六	X
〃	牟文彬	二七	四川巴縣	江津縣立高小校畢業	曾任文書、稽查員、	二十九年三月軍龍字12239號	〃	三〇、三、二三	△
〃	李振全	二一	湖北黃岡	中央訓練團重訓班畢業	曾任幹事、	二十九年五月特字11510號	〃	三〇、八、一六	X
〃	袁安民	二六	四川宜賓	四川憲訓所畢業	曾任稽查員、	二十九年三月軍龍字11382號	〃	三〇、八、一五	△

△

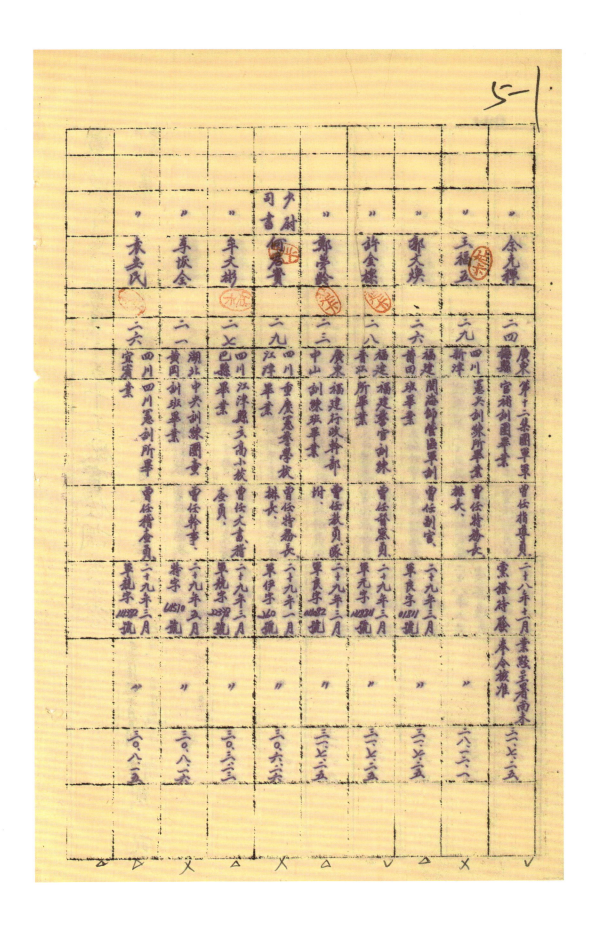

軍政部兵工署第五十工廠官佐調查表

所屬部別	官階級	職務	姓名	年歲	籍貫	出身	經歷	入廠年月日	奉准任用文號及年月日	考績期	附記
印刷工場	技術員	月薪100元	任安岩	三三	遼寧瀋陽	東北大學畢業	曾任主任教員、	二十九年三月 三〇、一二、一九	兵字第1038號 渝(41)總人字1060號	三〇、八、一	

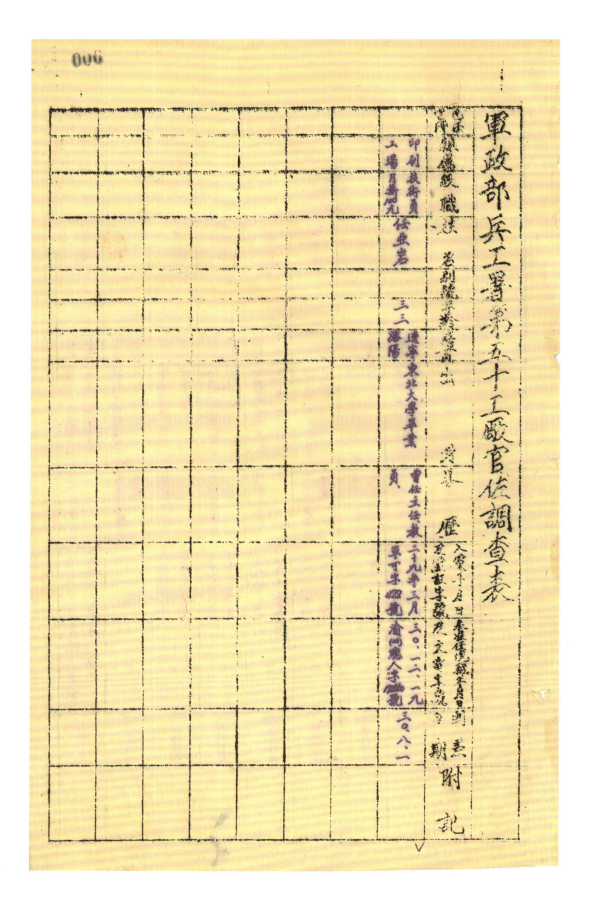

軍政部兵工署第五十工廠官佐調查表

已否調整處組課別	會計處	稽核課						成本計算課
職級	薦任五級代理處長	委任三級課員	委任九級課員	上尉課員	課員 月支薪80	少尉司書	〃	薦任六級課長
姓名	林獻敏	謝秉毅	胡廷憲	譚濂	莊詠華	冉成郁	李泰瓊	湯浩
別號								
年齡	三七	三三	二九	四七	一九	三二	二七	三七
籍貫	瓊東	浙江平陽	四川江津	廣東新會	江蘇常州	四川南川	四川巴縣	湖北黃梅
出身	武漢大學經濟系畢業	上海新民高中商科畢業	四川文信會計分校畢業	廣東陸軍軍官講習所畢業	南京安徽中學蘇州分校畢業	南川縣立小學畢業	成都五則會計學校畢業	中央大學會計科畢業
資歷	曾任研究生、科員、	曾任主任事務員、	曾任辦事員、股員、	曾任書記員、課員、	曾任事務員、	曾任調查員、隊長、	曾任會計員、	曾任科員、課長、
入黨年月日及黨證字號			三十年四月 黨證待發	十九年十二月 黨字76612號	黨證待發	二十九年四月 軍執字11606號	三十一年九月 黨證待發	二十八年五月 軍平字11317號
奉委任職年月日及文號	三一、二、二三 渝(卅)總人字5935號	三一、四、九 渝(卅)總人字1387號	三一、三、一 渝(卅)總人字1871號	二九、十二、八 渝總平人字15113號	三一、四、一四 渝(卅)總人字14511號	三〇、四、二五 渝(卅)總人字1520號	業經呈署尚未奉令核准	三一、三、三 渝(卅)總人字1811號
到差日期	二七、一、八	二九、五、九	三〇、二、二九	二六、六、一	三〇、五、一	二九、三、二	三一、五、一九	三〇、七、一六
附記								

	委任五級課員	尚騰三	二八	河南汲縣	河南大學畢業	曾任課員、科員、	二十八年十二月軍信字2225號	業經呈署尚未奉令核准	三〇、七、一六
	中尉課員	曾昭祚	二八	安徽當塗	蕪湖廣益中學畢業	曾任司書、	三十年三月軍航字14603號	三〇、六、二〇渝(卅)總人字10169號	二七、八、八
	委十六級課員	郭德芳	三四	廣東三水	廣州市立第一職業學校畢業		三十一年九月黨務待發	業經呈署尚未奉令核准	三一、七、七
[illegible]	薦八級課長	楊濤	三二	廣東蕉嶺	日本大學經濟學科畢業	曾任會計員、組長、	二十八年五月騰字01737號	業經呈署尚未奉令核准	三一、六、[illegible]
	委六級課員	劉濬	三二	江西九江	湖南船山中學會計班畢業	曾任助理員	三十一年九月黨務待發	仝右	三一、八、三一
	委十五級課員	黃志江	二一	四川永川	江津聚奎中學畢業		三十年六月軍航字22100號	三〇、一二、一九渝(卅)總人字15379號	三〇、一二、二九
	委八級課員	岳鍾華	二七	河北安縣	重慶中華職業學校畢業	曾任課員、幹事、		三〇、一〇、二二渝(卅)總人字19110號	二九、九、二三
	委十六級課員	鍾澤惠	二二	四川江津	立信會計學校四川分校畢業		三十一年九月黨務待發	業經呈署尚未奉令核准	三一、四、一
	少尉司書	林紹實	一九	四川南充	成達中學肄業		三十年一月黨務待發	三一、五、一一渝(卅)總人字8228號	三〇、一、二三
主辦會計兼課	委三級課員	吳欽堯	四一	湖南武岡	武昌中山大學畢業	曾任會計員、教員、		三一、三、一六渝(卅)總人字3329號	二九、一、二九

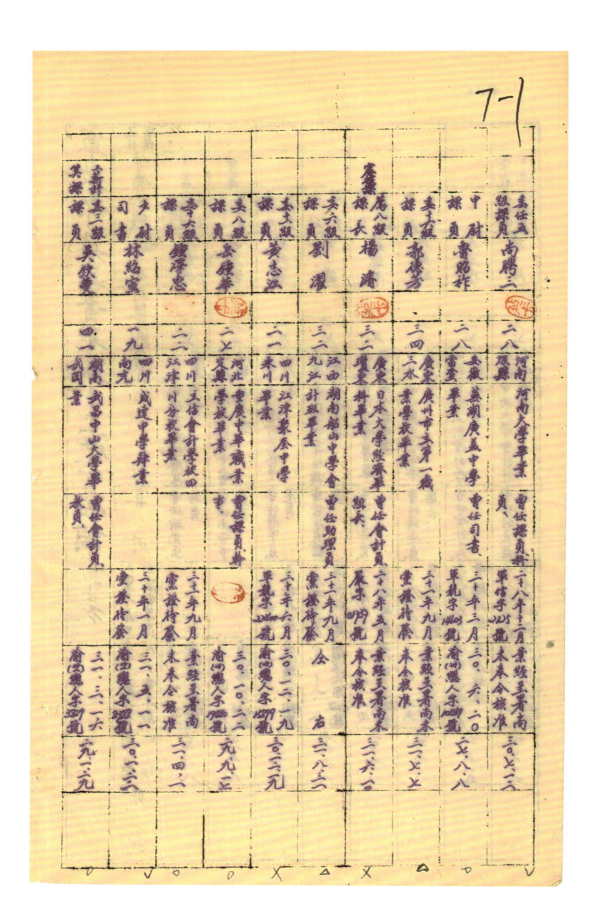

008

委八級課員	嚴毓威	二七	四川長壽	四川軍需訓練班畢業	曾任組員、軍需、	二十八年三月軍餘字26111號	業經呈署尚未奉令核准	三一、五、一四	△
委十六級課員	潘錫韓	二九	廣東文昌	越南東法中學畢業	曾任軍需佐、	三十年七月軍叔字00209號	尚未請委	三一、四、二七	✓
委七級課員	任摩平	三六	湖南湘陰	湖北省立第二中學畢業	曾任助理員、課員、	三十年三月軍執字11036號	渝(卅)總人字13961號 三〇、九、一八	二七、三、二七	✓
〃	姚振澧	三三	湖南長沙	湖南民生計理學校畢業	曾任銀行行員、	二十九年十月軍執字11537號	渝(卅)總人字17321號 三〇、一一、一〇	二七、一二、二	×
少尉司書	冉庚燦	二二	四川南川	南川庚化小學畢業	曾任教員、調查員、	二十九年十月軍執字11551號	渝(卅)總人字13961號 三〇、九、一八	二九、七、六	×
准尉司書	王濟泉	二〇	湖南巢縣	巢縣北山中心小學畢業	曾任司事、	三十年十一月案發待發	渝(卅)總人字1607號 三一、三、一	三〇、三、一	×
〃	劉翠年	一九	四川江津	四川立信會計學校四川分校畢業		三十一年九月案發待發	渝(卅)總人字17331號 三一、九、一一	三一、四、一	△

軍政部兵工署第五十工廠官佐調查表

官階隸屬	級職	姓名	別號	年齡	籍貫	出身	經歷	入黨年月日及黨證字號	奉准任現職年月日及文電字號	到差日期	附記
工務處	薦二級 處長	凌雲從	西人	四七	河北天津	同濟大學畢業	曾任所長、主任、處長、	特字51246號	尚未請委	三一、二、一	
總工程師室	薦三級 總工程師	沈莘耕		四四	江蘇松江	仝右	曾任技正、工程師、主任、	二十九年二月邑字2891號	業經呈署尚未奉令核准		
	薦三級 工程師	夏全驛		三九	遼寧鳳城	德國布來斯勞工業大學特許工程師	曾任教官、廠長、	二十六年軍平字6311號	三〇、一二、一一 渝(卅)總人字19011號	三〇、六、七	
	薦四級 工程師	邱世恩		三四	浙江吳興	法國格城大學特許機械工程師	曾任工程師、技正、		三一、二、二三 渝(卅)總人字17103號	三一、二、二三	
	〃	胡楚棠		四六	江西樂平	同濟大學機械工科畢業	曾任工程師、技監、		二九、一一、一八 渝總平人字53011號	二九、一一、一八	
	委十一級 繪圖員	朱宗熹		二〇	浙江杭縣	杭州宗文中學畢業	曾任練習生、	卅年三月黨務特登	三〇、一一、一九 渝(卅)總人字19110號	三〇、一一、一九	
	〃	蘇光紹		二一	四川南充	四川省立南充高職校畢業	曾任練習生	卅年六月軍統字22597號	三〇、一一、一九 渝(卅)總人字19116號	三〇、一一、一九	
	委九級 繪圖員	周必佑		三一	四川涪陵	同濟大學附設高工業學校畢業			三〇、一〇、二二 渝(卅)總人字15797號	二八、一〇、一八	

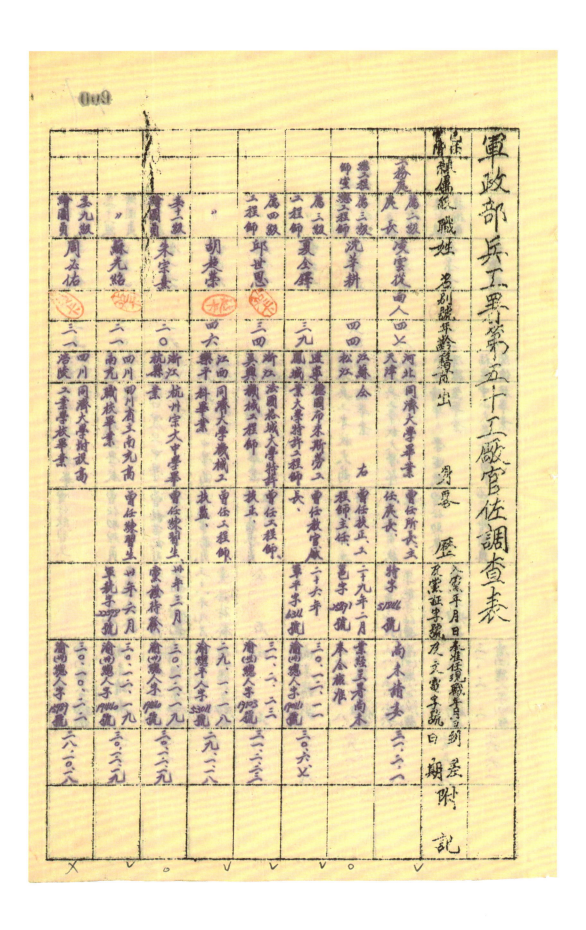

9-1

	繪圖員 月薪90元	張秉健		二五	江蘇江陰	江蘇南菁中學畢業	曾任練習生		三一、五、一一 渝(廿)總人字[illegible]號	二八、八、二一
	委十二級繪圖員	曾樂三		二四	湖南長沙	中華職業學校肄業	曾任助理員	三十一年九月呈請銓敘	尚未請委	三一、七、六
	少尉司書	舒子方		二九	湖北漢口	漢口震旦中學畢業	曾任書記、司書、	三十一年一月軍銳字[illegible]號	三〇、一二、一九 渝(卅)總人字[illegible]號	三〇、六、六
	〃	譚學祿		二二	廣東新會	廣東第一中山中學高中肄業	曾任事務員、	三十一年九月呈請銓敘	三一、四、二五 渝(廿)總人字7528號	三一、六、一
	〃	周愈香		二四	江蘇無錫	蘇錫中學畢業	曾任指導員、組員、	仝右	仝右	三一、一、一三
	〃	張大平							尚未請委	三一、七、一六
工程師室	薦十級工程師	陳贊文		三四	廣東茂名	兵工專校火藥組畢業	曾任技士、主任、		三一、八、一八 渝(廿)總人字9261號	二九、一、一
	委五級技術員	楊樹芬		二八	廣東惠陽	兵工學校大學部畢業	曾任附員、技佐、	廿八年三月軍能字66號	三一、五、二六 渝(廿)總人字9262號	三一、五、一
	委七級技術員	任景素		二五	山西渾源	清華大學電機系畢業	曾任助教、	三十一年一月軍銳字[illegible]號	三〇、一〇、二二 渝(卅)總人字15897號	三〇、五、一三
	〃	林藻明		二六	福建閩侯	中山大學附高中肄業	曾任繪圖員、		三一、三、二 渝(廿)總人字3071號	二六、六、一

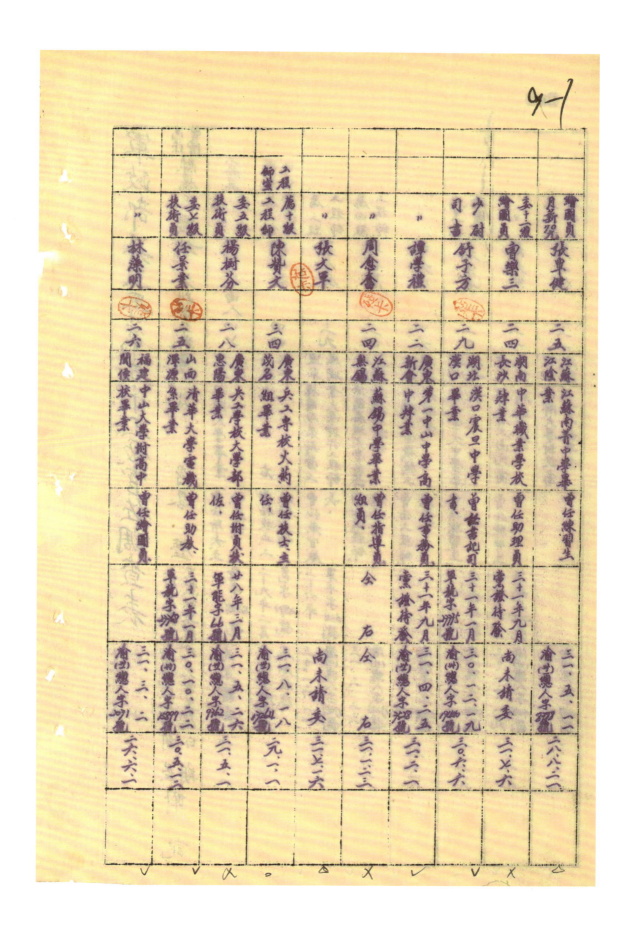

010

	委八級技術員	周廷南	二六	浙江杭縣	浙江大學高工電機系畢業	曾任技佐、技術員、	廿九年十一月單諾字8125號	業經呈署尚未奉令核准	三一、六、二八
	〃	段建成	二六	湖南南縣	湖南甲工學校專科部畢業		廿八年五月單發字11350號	三一、一、一八 渝(卅)總人字924號	三〇、八、一
	委十一級技術員	蕭義瑚						尚未請委	三一、一、一三
事務課	少校代理課長	胡廸南						尚未請委	三一、三、一五
	少校課員	林竹鈞	四六	廣東茂名	廣東第四軍軍官教導隊畢業	曾任連營長、	廿九年十月單競字11529號	二七、一、二一 總義人字2116號	二六、六、一
	上尉課員	陳正科	二五	四川巴縣	四川合川縣立鄉村師範畢業	曾任辦事員、所員、	三十年三月單競字14591號	三一、三、二 渝(卅)總人字2701號	二七、八、八
	〃	周開明	四二	四川成都	四川成都志成法政學校肄業	曾任書記、區員、	三十年三月單競字14461號	三〇、七、二二 渝(卅)總人字1182號	二七、二、五
	少尉司書	李特	三三	廣東南海	廣東漢口私立漢光中學畢業	曾任庶務員、副官、	三十年三月單競字14432號	三〇、三、二五 渝(卅)總人字11572號	二九、一、一
	〃	馮啟梧	二二	廣東南海	廣東燕塘軍校畢業		三十一年一月單競字3779號	三一、三、三一 渝(卅)總人字2864號	三〇、六、七
	〃	鍾信祥	二四	廣東梅縣	廣東梅縣白宮公學畢業	曾任文書、	三十一年三月單競字14469號	三〇、三、二五 渝(卅)總人字11572號	二九、一、一

X △ 0 ∨ ∨ 0 X X 0 0

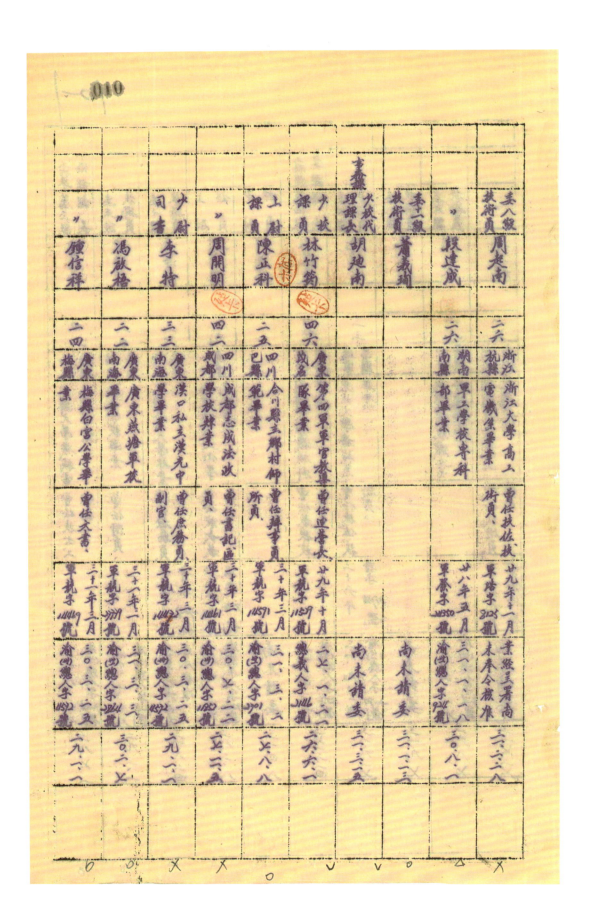

101

工作草倫課	薦三級課長	鄭麟時	四二	江蘇吳縣	同濟大學機械電工系畢業	曾任技士、工程師、		三一、八、一八 渝(卅)總人字17611號	二八、七、一
	委五級技術員	陳國怡	三〇	福建晉江	兵工學校畢業	曾任附員、		三一、一、一八 渝(卅)總人字9211號	二九、一、一
	委十級技術員	文夢蘭	三七	浙江嵊縣	上海大同大學肄業	曾任檢驗員、	廿九年十二月 貴字17213號	業經呈署尚未奉令核准	三〇、八、二四
	上尉課員	劉廣潤	二九	南京	南京私立文化學院畢業	曾任教員、	廿二年六月 寧字2110號	二九、四、一九 渝總人字9211號	二八、二、八
	中尉課員	刁成浩						尚未請委	三一、四、八
工務科機械課	薦四級課長	王家鼎	四四	河南固始	同濟大學機械科畢業	曾任教授、技正、		三一、四、一 渝(卅)總人字3356號	二七、一二、四
	委四級技術員	甄則宇	三三	遼寧昌圖	東北大學機械系畢業	曾任技佐、技術員、	二十六年 特字31711號	三一、九、一四 渝(卅)總人字20190號	三〇、六、一七
	委八級技術員	左英全						尚未請委	三一、九、七
	委九級技術員	周金	二三	四川瀘縣	成都高級職業學校畢業			三一、一、一八 渝(卅)總人字9211號	二九、八、七
	〃	梁子祥	二七	湖南安化	湖南省立高工校畢業	曾任技術員、技士、	三十一年九月 甄審待核	尚未請委	三一、七、二七

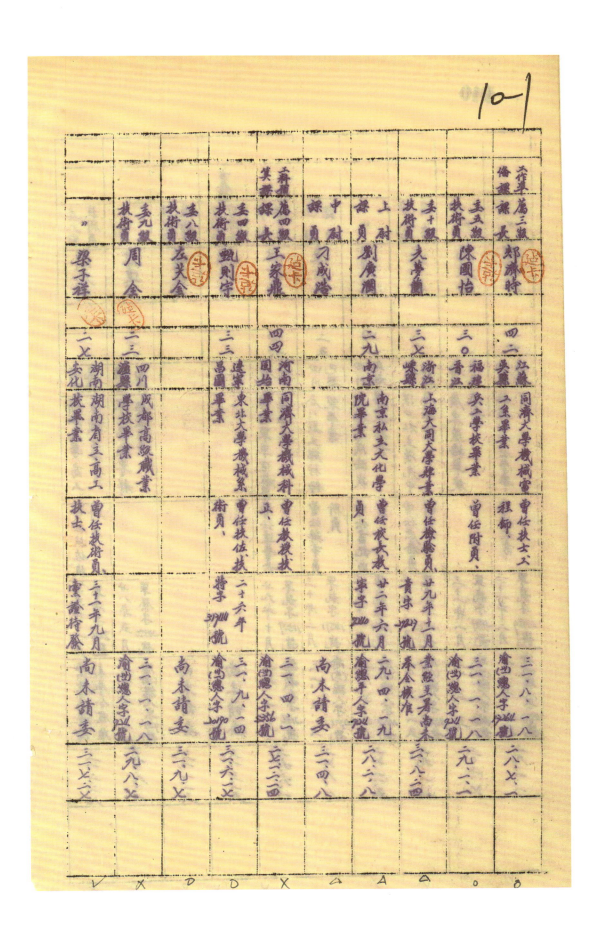

011

	〃	王瑩	二五	四川彭水	重慶高級工業學校畢業			三一、一、二六 渝(卅)總人字1781號	二八、八、一九
	上尉 事務員	黃亮賢	三一	廣西平南	廣東省立肇慶師範畢業	曾任書記、		三一、四、二七 渝(卅)總人字[illegible]號	二六、八、二五
	少尉 司書	梁全海	二五	廣東茂名	廣東梅菉市立中學畢業	曾任文書、		三〇、三、二五 渝(卅)總人字[illegible]號	二九、一、一
	〃	劉傑	二六	江蘇句容	河南省立戰區中學畢業	曾任繕寫、司書、	三十一年九月 黨證待發	三一、三、二三 渝(卅)總人字1217號	三一、四、六
工作分配課	委十級 課長	閔執柄	三六	江蘇武進	同濟大學機械科畢業	曾任譯述教官、		三一、六、一二 渝(卅)總人字1393號	二八、三、一四
	委八級 技術員	曾德超						尚未請委	三一、八、五
	〃	余桂鎣	二六	四川內江	同濟大學機械系畢業		三十一年九月 黨證待發	仝右	三一、七、二五
	〃	趙興文	二六	四川南充	仝右		仝右	仝右	三一、七、七
	中尉 課員	古忠仙	二七	廣東惠陽	廣州私立體專校畢業	曾任教員、委任、	卅年五月 畢執字1778號	三〇、九、一八 渝(卅)總人字1369號	三〇、六、一
成品檢驗室	委二級 技術員	秦恩成	三六	遼寧瀋陽	馮庸大學畢業	曾任教官技佐、	廿九年二月 畢執字3157號	三一、五、二六 渝(卅)總人字97[illegible]號	三一、五、一

11-1

委六級技術員	王紹清	四七	湖北黄岡	漢陽鋼工廠公學畢業	曾任繪圖員、技士、	廿九年二月特字42811號	三一、三、三渝(卅)總人字23811號	二八、四、二〇	x
委九級技術員	張正權	二五	四川成都	兵工學校畢業	曾任技副、	華渝字24133號	三一、六、二〇渝(卅)總人字11990號	三一、六、一	△
〃	池開紀	二五	四川合川	重慶高工校畢業			三一、三、三渝(卅)總人字2269號	二八、七、二一	△
中尉事務員	江希懿	二七	江蘇灌雲	鎮江女職校畢業	曾任教員、會計、		三一、四、二五渝(卅)總字3528號	三〇、二、二四	∨
〃	譚世芳	三〇	湖南益陽	湖南私立信義中學畢業	曾任副官、股員、		三一、三、三渝(卅)總人字2701	三〇、九、二六	○
〃	萬宗武	二九	遼寧恒仁	恒仁縣立中學畢業	曾任巡官、副官、	三十年九月特字32813號	三一、四、二二渝(卅)總人字3238號	三〇、一、二三	○
〃	韓敏	二五	貴州黄平	貴州省立赤水第二中學畢業	曾任排長、隊長、	二十九年渝字8793號	業經呈署尚未奉令核准	三一、七、一〇	○
製配所薦四級主任	王國章	三六	河北定縣	同濟大學機械系畢業	曾任工程師、技士、		三一、八、一八渝(卅)總人字13261號	二七、九、五	x
委八級技術員	梁其和	二五	廣東惠陽	仝右		廿一年九月黨證待發	尚未請委	三一、八、七	∨
〃	曾廣壽	二五	湖南寶慶	仝右		仝右	仝右	三一、七、一	△

012

	〃	歐陽驥		二五	湖南新化	湖南省立高工校畢業	曾任繪圖員、技術員	二十九年四月實證待發	業經呈署尚未奉令核准	三一、五、八
	〃	周德成		二三	浙江鎮海	兵工專校專科畢業		二十八年五月軍條字1138號	三一、一、一八渝(丗)總人字924號	三〇、八、一
	上尉事務員	程祥庚		二六	察哈爾延慶	察哈爾省立二中學畢業	曾任書記、課員	二十九年二月軍銳字1200號	業經呈署尚未奉令核准	三一、六、一
	中尉事務員	過天沛							尚未請委	三一、八、五
	大尉事務員	陳明山		二八	安徽懷寧	雲南省立昆華中學畢業	曾任稽查、練習生、	三十一年八月實證待發	業經呈署尚未奉令核准	三一、五、一六
	〃	竇嘯天		三一	安徽含山	安徽省立宣城師範畢業	曾任督察員、助理員、	廿九年七月軍銳字06174號	仝右	三一、五、一六
製工所	薦四級主任	張武齡		四四	廣東開平	同濟大學工科畢業	曾任主任工程師、	十七年十二月總人字2335號	三〇、四、八渝(丗)總人字5356	二六、六、八
	委四級技術員	周仲軒		三九	湖北黃岡	漢陽兵工廠藝徒學校畢業	曾任技士、技術員、	二十九年八月軍叁字127號	三〇、八、二六渝(丗)總人字1798	三〇、八、八
	上尉事務員	劉燕庭		三二	廣東南海	南海中學畢業	曾任司書、特務員、	廿七年總人字1611號	二六、八、一〇渝(丗)總人字1784	二六、七、三
	〃	趙重慶		四〇	廣東高要	廣東省立肇慶中學畢業	曾任委員事務員、	廿九年五月軍銳字11029號	業經呈署尚未奉令核准	三一、八、二八

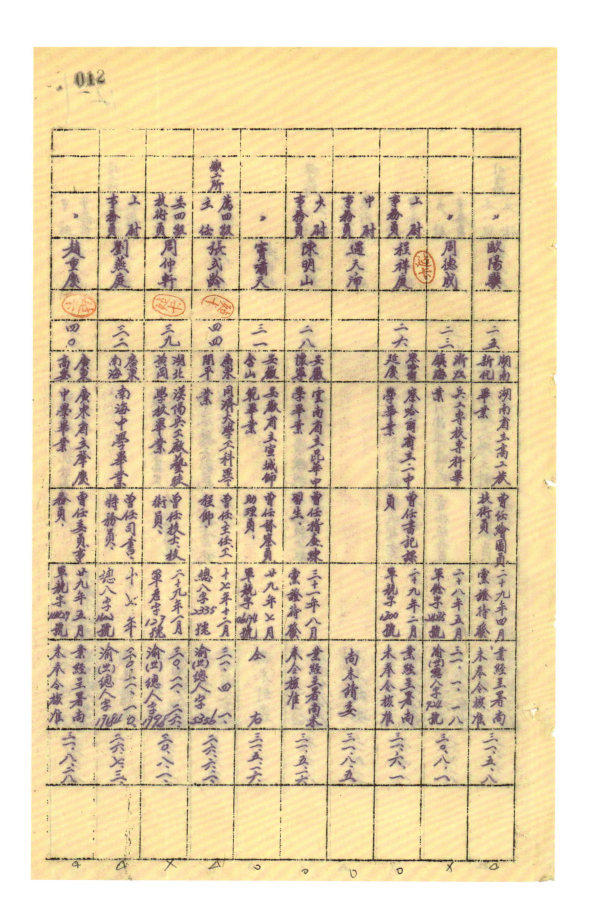

12-1

	中尉事務員	謝天錫		二四	江蘇武進	浙江省立杭州高工校畢業		三十年六月 軍銓字22370號	三一、四、五 渝(卅)總人字3528	二九、二、二六
鑄工所	委五級技術員	朱雲湘							尚未請委	
	委九級技術員	色月滄		二四	四川鄰水	省立重慶高工校畢業	曾任練習生		三〇、八、八 渝(卅)總人字31860	二八、七、二二
	中尉事務員	唐士佩		三二	廣東海康	海康縣立師範畢業	曾任書記股員、		三〇、一〇、二六 渝(卅)總人字15899	二九、三、一九
	〃	趙國楨							尚未到差	
彈夾廠	薦五級主任	臧子英		四四	河南[illegible]縣	同濟大學機械科畢業	曾任技士股長		三〇、四、二四 渝(卅)總人字6156	二八、二、一八
	委八級技術員	劉挹暉							尚未請委	三一、九、一六
	中尉事務員	周仲曦		二七	河北宛平	北平私立高中校肄業	曾任司書、書記、	軍銓字813號	三〇、一二、一九 渝(卅)總人字19410	三〇、四、一八
	少尉事務員	范立鉞		三八	四川隆昌	四川陸軍講武堂畢業	曾任服務員	三十一年九月 黨務待發	業經呈署尚未奉令核准	三一、七、二八
引信廠	委一級主任	劉天威		三八	遼寧鐵嶺	馮庸大學工科畢業	曾任教員、教授、	二十二年二月 特字13504號	三一、四、二七 渝(卅)總人字1628	二六、六、一八

△ ○ × △ × △ ✓ ○ ○ ○

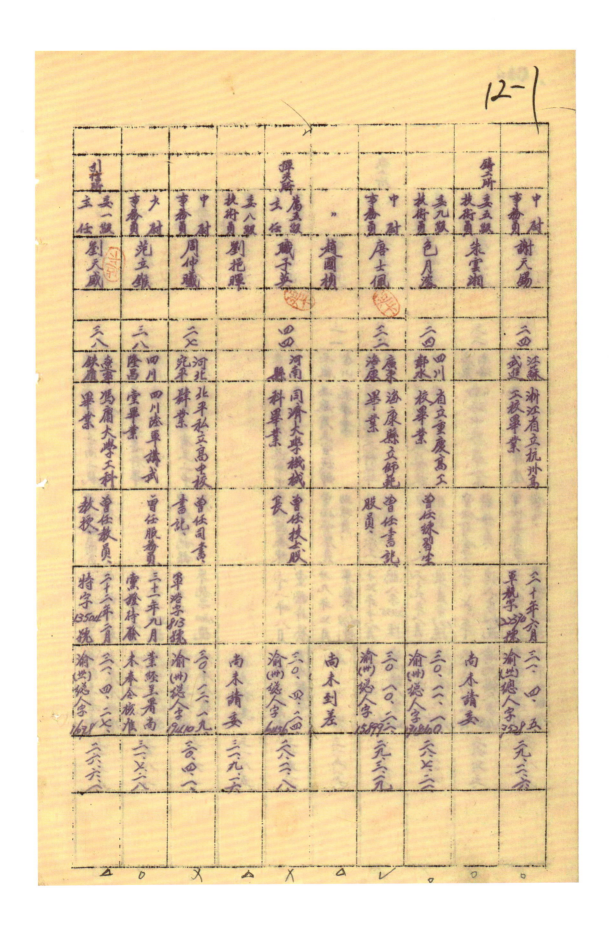

	委五級技術員	孫兆印	二五	浙江紹興	遼寧大冶工科學校畢業	曾任技手、科員、	三十年八月黨證待發	渝(州)總人字3784 三〇、八、一〇、	三〇、八、二九
工具所	委一級主任	施惟吾	四一	江蘇武進	上海兵工廠兵工學校畢業	曾任技手、技術員、		渝(州)總人字2628 三〇、四、二六、	三〇、八、三〇
	薦六級技術員	周知禮	三六	江蘇常熟	復旦大學畢業	曾任課長、主任、		渝(州)總人字2395 三一、六、二四	二九、七、一〇
	委八級技術員	宋鴻鼎	二七	浙江紹興	同濟大學機械系畢業		三十一年九月黨證待發	南本請委	三一、七、一七
	委三級技術員	王連豐	三三	河北豐	兵工學校造兵科畢業	曾任服務員、技術員、		渝總人字5898 二九、八、一八、	三〇、六、一八
	委八級技術員	把健	二六	江蘇泗陽	重慶大學機械系畢業		三十一年九月黨證待發	南本請委	三一、九、一七
	〃	張廣祥	二六	江蘇南京	上海中華職業學校畢業	曾任練習生		渝(州)總人字3784 三〇、八、一〇、	二七、一三、二〇
	委九級技術員	陳慶宜						南本請委	三一、九、二一
	委七級技術員	胡健	二四	安徽桐城	省立安慶高工校畢業	曾任繪圖員、教員、	三十一年八月軍執字1228號	渝(州)總人字1779 三〇、八、二〇、	二八、一〇、一七
	上尉事務員	范倜	三三	河南滑縣	河南省立第一中學畢業	曾任軍需科員、	三十一年八月軍執字2289號	渝總和人字11383 二八、八、〇、二八、	三〇、九、一八

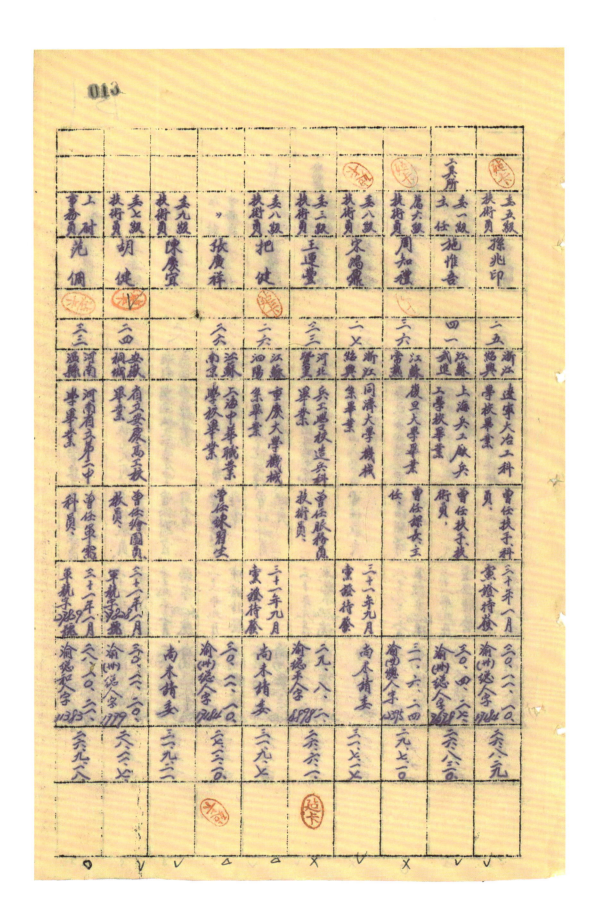

	少尉事務員	熊家乾	三二	湖北廣濟	湖北省立九中畢業	曾任助理員、事務員、		渝(卅)總人字7528 三八、四、二五	三〇、二、二六	△
	〃	李壽鶴	二五	四川長壽	重慶私立天成中學肄業	曾任教員、事務員、	三十一年七月黨證待發	業經呈署尚未奉令核准	三一、五、四	×
	〃	王自然	二八	湖南益陽	湖南私立育才中學肄業	曾任副官、司書、	二十九年二月特字6255號	渝(卅)總人字8363 三八、二、八	三〇、二、八	×
	准尉事務員	王宗尊	三八	浙江新昌	新昌縣立中學畢業	曾任副官、司書、	三十一年九月黨證待發	渝(卅)總人字11814 三一、六、一五	三一、五、四	×
檢校所	上尉事務員	孫埜泉	二八	浙江杭縣	上海法學院法律系畢業	曾任科員、課員、		渝(卅)總人字6150 三〇、四、二八	二八、八、一五	√
檢驗股	委八級技術員	葉芳華	二七	遼寧新民	國立西北工學院畢業		三十年九月軍統字3782號	渝(卅)總人字20025 三〇、八、二	三〇、七、三〇	√
	委七級技術員	蔡銳銘	二七	廣東新會	國立中山大學電工系畢業	曾任教員、		尚未請委	三一、八、二四	×
[illegible]股	委六級技術員	吳學志	三一	江蘇南京	省立第四師範學校畢業	曾任翻譯、繪圖員、	二十九年三月軍統字11593號	渝(卅)總人字 三〇、八、一八	二六、六、一	○
	委八級技術員	趙興詩	二五	四川南充	同濟大學電機系畢業		三十一年九月黨證待發	尚未請委	三一、七、二五	△
	〃	曾謙賢	二五	江西九江	兵工學校專科部畢業		軍餘字20323號	渝(卅)總人字9324 三〇、八、一八	三〇、八、一八	×

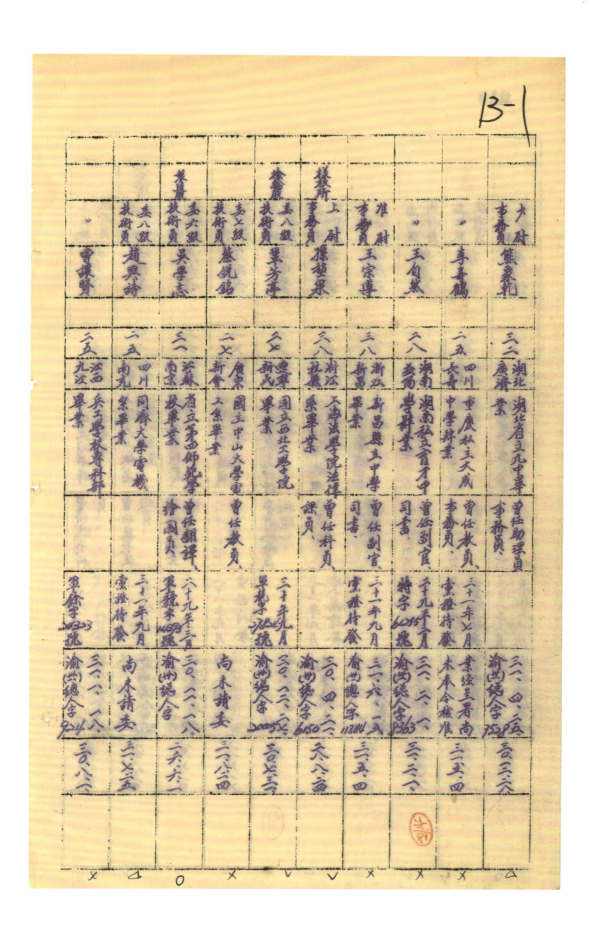

014

	中尉服员	吴振群	二七	广东 [illegible]	黄埔海军学校轮机科毕业	曾任海军轮机少尉		三〇、三、二三 渝(卅)总人字1653	二九、八、二四	0
本厂所	委一级主任技术员	邵蓥良	三三	河北 [illegible]	河北省立工业学院毕业	曾任技士助教	二十八年十一月 军魏字7161号	三〇、四、二七 渝(卅)总人字7678	三〇、六、九	√
	委九级技术员	张鸿武	二五	四川 涪陵	省立重庆高工毕业	曾任文书教员	二十八年十一月 渝字6371	三〇、六、一〇 渝(卅)总人字1784	二八、七、二六	Δ
	中尉事务员	陈杰三	二六	浙江 杭县	安徽省立第二中学毕业	曾任文书教员		三〇、四、二五 渝(卅)总人字7528	二八、五、二三	0
本厂	荐四级主任	张君勋	三六	江苏 [illegible]	金陵大学电机工程系毕业	曾任工程员、技术员		三〇、一、二六 渝(卅)总人字1653	二八、六、一五	Δ
	委七级技术员	邵振炎	二六	广东 [illegible]	中山大学电机工程系毕业	曾任技术员		三〇、四、二五 渝(卅)总人字7528	二八、二、一八	Δ
	委九级技术员	余康	二六	广东 中山	北平志成中学毕业	曾任技术员、绘图员		二八、六、二〇 渝(卅)总人字1770	二八、五、一六	X
	上尉事务员	许授三	四八	河北 涿县	北平军乐教练处毕业	曾任教習、录员	二十九年十月 军魏字11536号	三〇、五、一三 渝(卅)总人字3090	二六、七、一八	√
本工所	委八级技术员	周祥麟	二三	江苏 常州	兵工学校专科部毕业	[illegible]	二十八年五月 渠馀字24451号	二八、一、一八 渝(卅)总人字9214	三〇、八、一八	X
	委十级技术员	杨桂荣	二二	四川 巴县	重庆高工校机械科毕业	[illegible]		三〇、三、二六 渝(卅)总人字3701	三〇、八、四	X

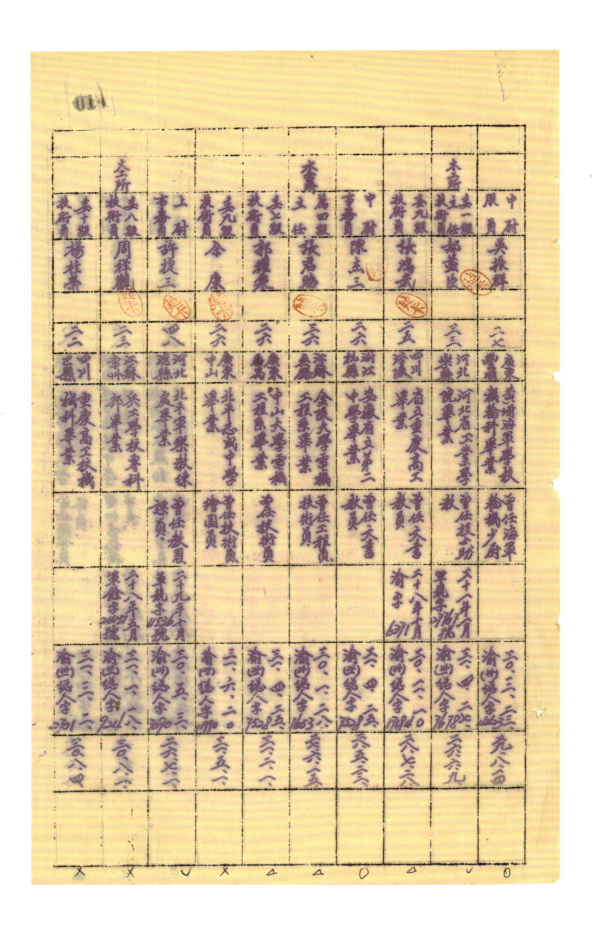

1407

上尉 事務員	陶奐孫		二八	湖北武昌	武昌中華大學附中畢業	曾任辦事員錄員、		三〇、七、二六 渝州總人字11632	二八、二、八
中尉 事務員	李叔武		二八	湖南長沙	漢口法漢中學畢業	曾任書記辦事員、	廿八年五月 精字5103號	奉銓敘三署南春來令核准	三一、六、一
少尉 司書	鄒鼎珍		二三	湖南新化	湖南私立履初中學肄業	曾任辦事員、錄事、	三十年七月 實踐特參	三一、九、一四 渝州總人字2070	三一、五、二一

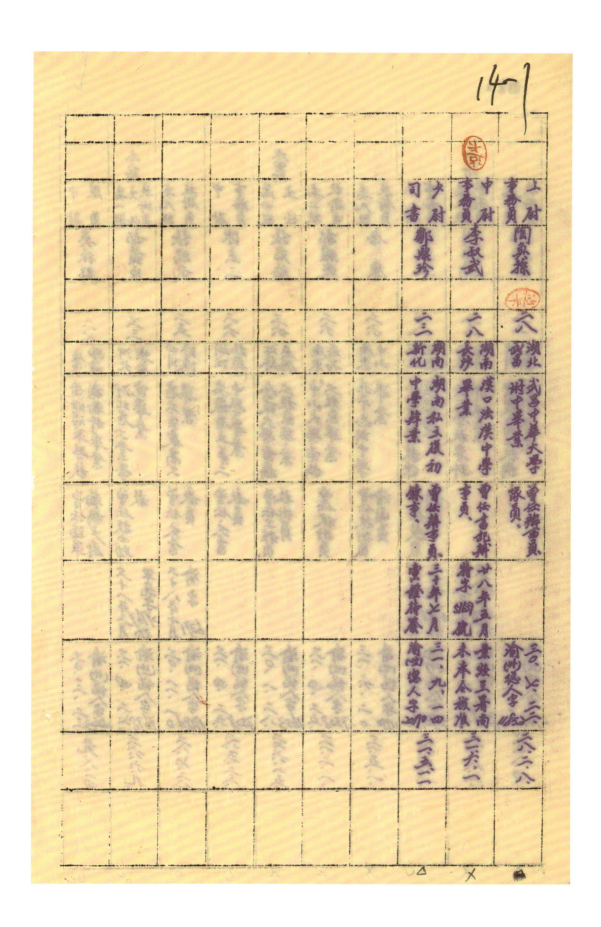

015

軍政部兵工署第五十工廠官佐調查表

隸屬	階級職務	姓名	別號	年齡	籍貫	出身	經歷	入黨年月日黨證字號	奉准任現職年月日及文號	到差日期	附記
材物保管科	委一級科長	蕭鴻勲		三四	江蘇吳江	同濟大學機師科畢業	曾任庫長、技士、	三十年六月軍統字22354號	三一、二、一〇、渝（卅）總人字17184	二八、五、二六	
	委五級技術員	王東英		三三	湖北宜昌	中央軍校德文班畢業	曾任教官、科員、	二十四年八月軍餘字11399號	三〇、一二、一九、渝（卅）總人字18460	三〇、六、五	
	上尉科員	王志豪		二七	湖北漢陽	別動總隊幹訓班畢業	曾任隊員、管理員、	二十九年五月黨證待發	三一、三、一二、渝（卅）總人字5171	二九、五、一〇	
	准尉司書	吳慶民		二八	四川營山	營山縣立初中肄業	曾任司事、雇員、	二十九年十一月軍統字22373號	三〇、三、一六、渝（卅）總人字16023	三〇、三、一六	
材料庫	中尉庫員	那敬康		三七	河北昌平	京師高小畢業	曾任助理員、事務員、	三十年三月軍統字11139號	三〇、一〇、二三、渝（卅）總人字15899	二九、三、二九	
	少尉庫員	陳雲舟							尚未請委	三一、五、二六	
半成品庫	中尉庫員	曾昭祿		二三	安徽當塗	蕪湖廣益中學畢業		三十年八月黨證待發	三一、四、二八、渝（卅）總人字9562	二八、一二、二三	
	〃	潘少卿		二七	安徽懷寧	安徽省立高中畢業	曾任工程員、主任、		三〇、八、二八、渝（卅）總人字1627	二八、一二、二三	

v o o 4 o x x o

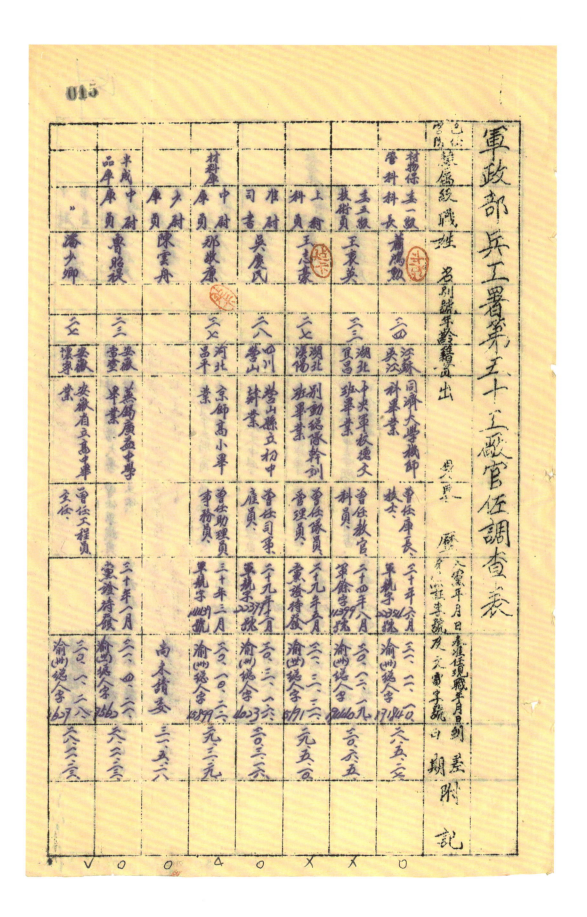

154

	中尉庫員	唐志鈞						尚未請委	三十、七、六
零件庫	上尉技術員	魯族典	二八	湖北武昌	北平朝陽大學肄業	曾任軍械員、主任、	三十一年一月實發待發	業經呈署尚未奉令核准	三一、六、四
	中尉庫員	趙冠一						尚未請委	三一、九、一
零件庫	上尉技術員	康崇芬	四〇	廣東新會	廣州市立時商中校肄業	曾任主任、書記	三十年三月軍銓字11135號	三〇、三、三渝(出)銓人字2851	二九、三、二九
	中尉庫員	張麟天	二五	陝西三原	重慶建文中學肄業	曾任調查員、科員、	二十八年三月特字118156號	三〇、三、八渝(出)銓人字1598	三〇、七、五
雜物庫	上尉技術員	吳志廣	三四	河北容縣	東北邊防軍軍械教育班畢業	曾任副官、軍械員	二十九年十月軍銓字11532號	二九、六、三渝銓平人字11100	二九、六、三
	中尉庫員	袁集成	二七	湖北鄂城	南京五卅中學湖西分校畢業	曾任司書、	二十九年二月軍銓字1512號	業經呈署尚未奉令核准	三一、五、五

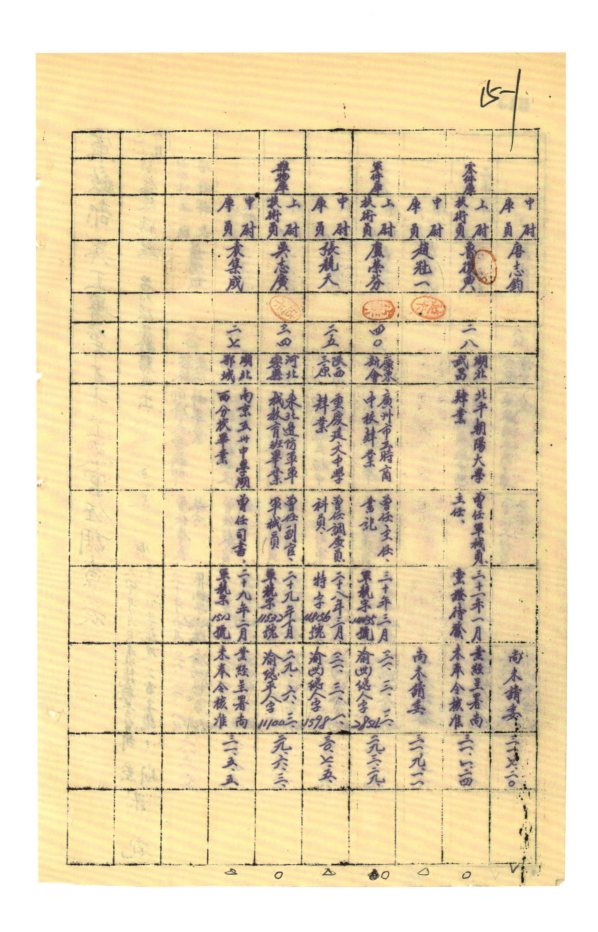

016

軍政部兵工署第五十工廠官佐調查表

官佐隸屬單位	職級	姓名	年齡	籍貫	出身	經歷	[illegible]	[illegible]	到差日期	附記
檢驗科	上尉科員	關衛	三三	遼寧遼陽	奉天大冶工科學校畢業	曾任科員、繪圖員	三十一年一月軍銓字3776號	三一、九、七 渝(卅)總人字7032	二六、七、四	
理化試驗室	委一級技術員	宋世恍	四四	遼寧瀋陽	北京大學化學系畢業	曾任教授、學監、	三十年六月軍銓字22353號	三〇、一、二八 渝(卅)總人字1627	二八、七、一三	
	委五級技術員	沈慧真	二九	江蘇吳江	浙江大學畢業	曾任教員、技術員	廿九年四月軍銓字10189號	三一、六、五 渝(卅)總人字1014	三一、六、五	
	委八級技術員	向玉律						尚未請委	三一、九、七	
	上尉事務員	董銘	三二	江蘇上海	漢陽益智中學畢業	曾任文牘、事務員、		三一、四、二七 渝(卅)總人字1698	二六、八、二五	
成品檢驗室	委二級主任技術員	周紀善	三二	浙江諸暨	國立浙江大學畢業	曾任課長、技佐、	三十年二月軍銓字10977號	業經呈署尚未奉令核准		
	委一級技術員	熊[illegible]	三二	湖北廣濟	清華大學物理系畢業	曾任技術員		二九、五、二四 渝總人字6091	二八、三、二五	
	委六級技術員	張郁秋	二九	江蘇江陰	江蘇省立南菁中學畢業	曾任繕寫		業經呈署尚未奉令核准	二六、七、三〇	

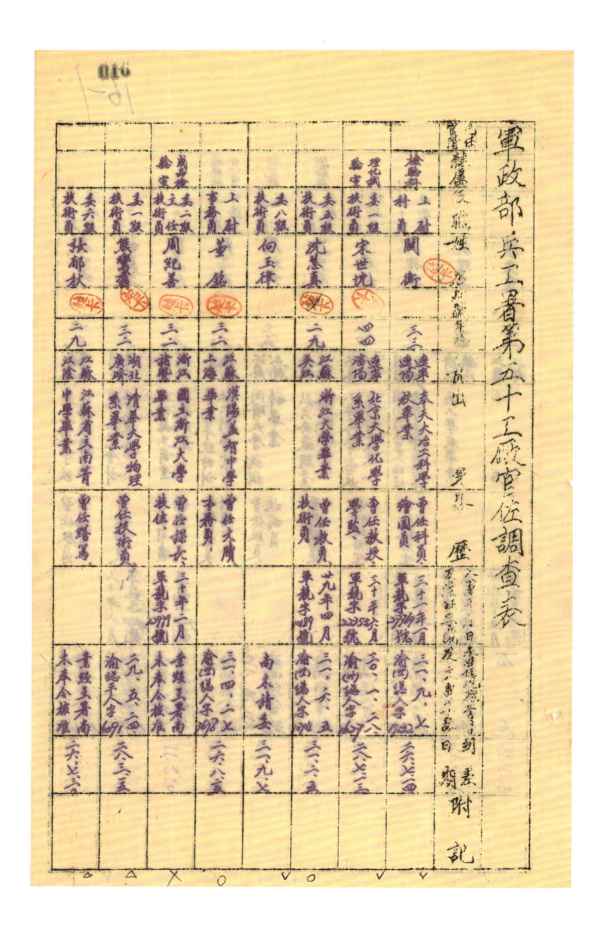

16-1

	中尉事務員	李繩武	四〇	廣東東莞	廣東軍事政治學校肄業	曾任股員、事務員、		二九、五、二三渝總平人字13056	二六、七、三〇	
	〃	胡貽文	二五	湖北漢川	漢口崇漢會計學校畢業	曾任所員、	三十年三月軍執字11830號	三〇、一、二三渝(卅)總人字15899	二八、五、八〇	
	〃	陳嘉昶	二五	浙江鎮海	鎮海縣立商業學校畢業	曾任司書、課員、	三十年二月軍執字22190號	業經呈署尚未奉令核准	三〇、八、一〇	
精鍊研究室	上尉事務員	周志光	二九	遼寧新民	中央軍校特訓班六期畢業	曾任區隊長、科員、		三〇、八、二八渝(卅)總人字11167	二八、一二、二五	
研究股	委一級股長	周祖彭	三五	江蘇吳縣	同濟大學機械科畢業	曾任股長、技術員、		三〇、四、一六渝(卅)總人字7678	二九、一、一三	
測驗股	委九級技術員	吳良鴻	二六	安徽合肥	私立安徽職業學校畢業	曾任練習生		三〇、一〇、二六渝(卅)總人字1589	二七、九、一〇	
	委八級技術員	王國和	二四	江蘇江陰	上海致華電機專校畢業	曾任練習生		三〇、一〇、二二渝(卅)總人字	二七、九、一	
	委十級技術員	郝振球	二三	湖南長沙	湖南省立第一臨時中學高工部工程科畢業	曾任練習生	三十年一月軍執字22366號	三〇、三、一六渝(卅)總人字11023	二九、四、二三	
	〃	沈繼昌	二四	浙江鎮江	兵工學校畢業		廿九年五月軍能字133號	三一、六、二〇渝(卅)總人字1190	三一、六、一	
	〃	凌炎震	二一	江蘇江都	仝右		廿九年五月軍能字225號	仝右	三一、六、一	

017

〃
達衡
二二
江蘇六合
兵工學校專科部畢業
廿九年九月
軍能字0029號
公
右
三六、二、一
△

軍政部兵工署第五十工廠官佐調查表

所屬部門	職級	姓名	年齡	籍貫	學歷	經歷	入黨年月日及黨證字號	奉准任職年月日及文號	到差日期	附記
採購科	委一級科長	高潔安	四〇	浙江紹興	北京郁文大學肄業	曾任書記科員	廿五年八月單餘字1114號	業經呈署尚未奉令核准	三一、六、一六	
	少校科員	米有揆	四〇	湖北江陵	武昌中山大學畢業	曾任教員科長	十七年八月漢字415號	二八、一二、二〇渝總和人字4720	二七、八、一〇	
	上尉科員	李慕白	三四	江蘇無錫	江蘇省立第三師範學校畢業	曾任書記課員		三一、九、一五渝(世)總人字10275	三一、六、六	
	少尉司書	涂餘三	二八	湖北黃陂	黃陂縣立前川中學畢業	曾任辦事員	二十九年十月單毓字11554號	三〇、五、三渝(卅)總人字7090	二九、四、五	
	准尉司書	鄭雲如	三三	湖北江陵	江陵縣沙市新沙中學肄業		廿九年九月黨證待發	三一、九、一一渝(世)總人字13111	三〇、八、一八	
	〃	馮文輝	二三	四川合江	合江縣立初級中學校初中部畢業	曾任司書、教員、	三十一年九月黨證待發	三一、九、一八渝(世)總人字10610	三一、九、一五	

o △ v x o v

019

軍政部兵工署第五十工廠官佐調查表

已否任官官階	隸屬組	職	姓名	別號	年齡	籍貫	出身	經歷	入營年月日及委令字號	本年調職年月日及命令字號	到差日期	附記
	地產科	薦三級科長	陳慧新		三八	廣東東莞	同濟大學土木系畢業	曾任科員、技士、		二九、一二、一、渝總平令字15605	二九、一二、一五	
		委三級科員	蘇天德		二七	廣東陽江	勷勤大學土木工程科畢業	曾任教官、技術員、	二十八年十一月百字8949號	三〇、三、一、渝(卅)總人字2691	三〇、六、一四	
		中尉科員	魏惠民		三四	湖北應山	安陸漢東中學畢業	曾任書記、軍需、	二十八年十一月軍職字47號	三〇、一、一六、渝(卅)總人字1781	三〇、六、一四	
		少尉司書	梁劍超		二六	四川巴縣	巴縣渝東中學畢業	曾任緩徵登記員、	二十九年五月渝字1659號	三〇、一、二三、渝(卅)總人字1669	三〇、一、二三	
		〃	朱煥廷		四七	浙江杭州	湖南鐵路學校畢業	曾任幹事	三十年六月軍航字22364號	三〇、四、九、渝(卅)總人字5935	三〇、九、一〇	
		〃	林士貽		二六	廣東中山	廣東順德中學畢業		廿九年四月東總未發	三〇、四、一七、渝(卅)總人字7873	二九、七、一五、	
		〃	韋祥		二四	湖北武昌	中華大學附中畢業	曾任司事、司書、	二十八年十一月軍事字5806號	三〇、九、一一、渝(卅)總人字9777	三〇、八、一八	
		準尉司書	陳濟川		三八	廣東河源	河源自治人員訓練所畢業	曾任幹事	三十一年一月軍航字7938號	三〇、三、二六、渝(卅)總人字3701	三〇、一〇、八、	

○ X V ○ V V V ○

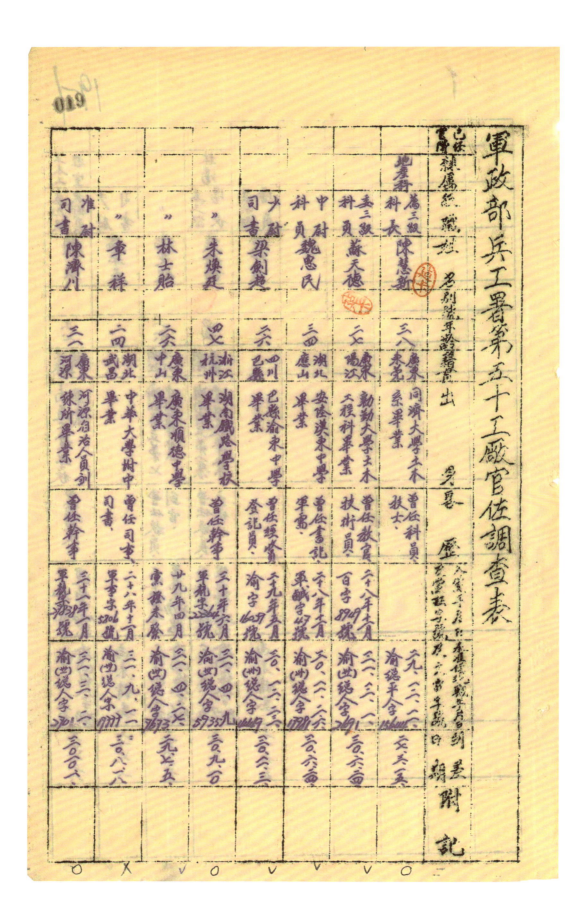

19-1

土木工程室技術員 委九級	顧英	二七	江蘇海門	南通工業學校畢業	曾任領班技士	二十九年九月運仙字1034號	三〇、一一、二六 渝(出)總人字7981	三〇、七、二六
少尉司書	潘華秀						南未請委	三一、七、一
〃	鄭芝欽	二六	浙江浦江	浙江省立第七中學畢業	曾任教員、列官、	三十一年一月軍銳字2731號	三一、四、三〇 渝(出)總人字8363	三〇、八、三一
林場委三級場長	熊科齡	四四	湖南益陽	湖南省立第一農業學校畢業	曾任隊長、主任、	二十九年三月軍銳字535號	三一、五、五 渝(出)總人字8359	三一、二、一
委六級場員	黃守益						南未請委	三一、六、一五

X △ △ V O

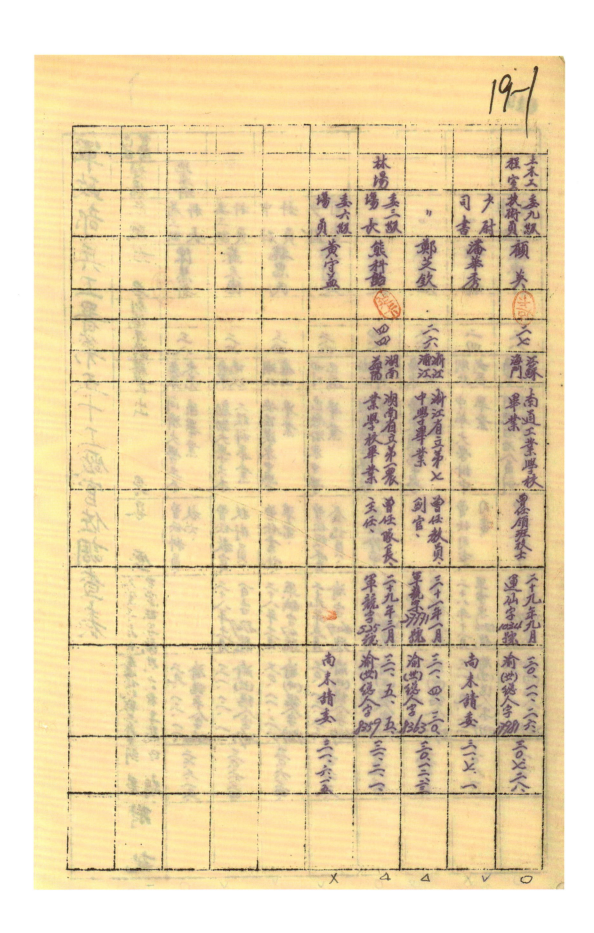

020

軍政部兵工署第五十工廠官佐調查表

階級	職別	姓名	別號	年齡	籍貫	出身	經歷	奉准任現職年月日及文號	到差日期	附記
委一級	職工福利處代處長	鄒序廷		四一	湖南新化	湖南大學電機系畢業	曾任技術員、課長	十五年一月湘字0226號 業經呈署尚未奉令核准	三一、五、一	
薦十一級	訓育課課長	蔡浩						尚未請委	三一、六、五	
上尉	課員	楊漢臣		三三	湖北黃陂	中山體育專科畢業	曾任科員、處員	二九、四、一〇 渝機平人字1920	三〇、一二、二	
中尉	課員	吳道義		四七	安徽合肥	安徽廬州官立中學畢業	曾任局長、處務員	三一、三、一 渝(世)總人字1578	三〇、七、三一	
上尉	課員	李潤華		二九	河北交河	中國公學院政經系畢業	曾任書記、軍需	十七年七月燕字03082號 業經呈署尚未奉令核准	三一、七、一五	
少尉	司書	李景德		二六	山東禹城	北平私立山東中學畢業	曾任特務長、副官	廿九年八月軍水字0740號 仝右	三一、五、六	
〃		張用均						尚未請委	三一、九、一	
〃		孫承恩		四〇	遼寧黑山	黑山縣立中學畢業	曾任副官、巡官	二九、八、八 渝總平人字264	三〇、八、二〇	

∨ △ × × ○∨ × △ △

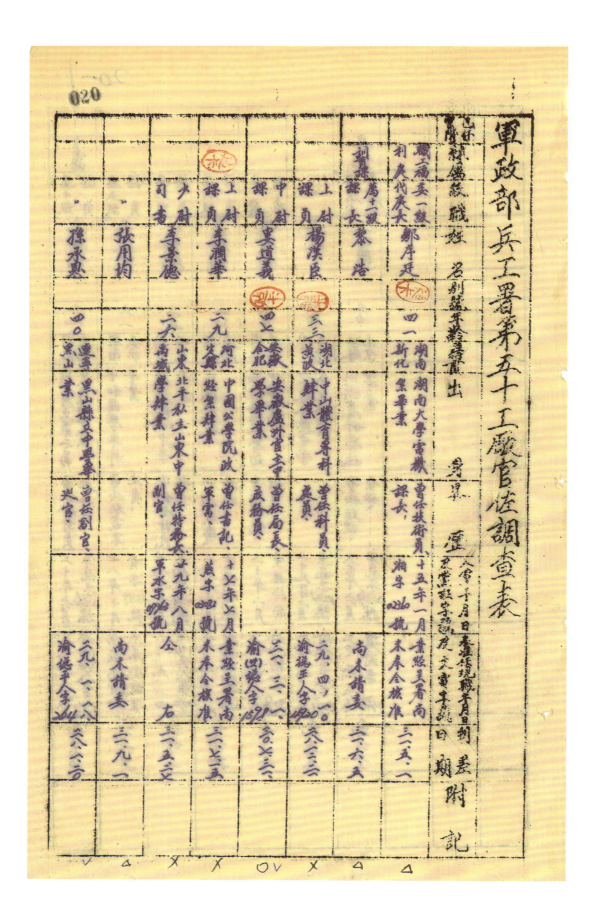

事業課	委十級課員	馬慶龍		二九	湖北襄陽	湖北省立第二高中商科畢業	曾任會計員、郵務員、	三十年六月單號字2336號	三〇、四、二八、渝(卅)總人字6150	三〇、二、四	X
	委五級課員	易道常		三一	湖南長沙	中和國學專科畢業	曾任秘書、軍法員、	廿八年十月貴字25269號	業經呈署尚未奉令核准	三一、六、二六	4
	委九級課員	任明焜		三五	湖北黃陂	漢陽晴川中學畢業	曾任會計員、課員、	廿九年九月單號字01511號	三一、九、一四 渝(卅)總人字20170	三一、六、一	V
	委六級課員	夏慶堯		三七	湖北廣濟	家傳國醫	曾任校醫醫師、	三十一年六月黨證待發	三一、九、一八 渝(卅)總人字20610	三〇、十、二六	V
	少尉司書	謝卿材		三〇	浙江平陽	溫州甌海公學初中畢業	曾任書記、排員、	三十年二月黨證待發	三〇、五、三、渝(卅)總人字7070	三〇、二、二六	O
	〃	冉建中		二四	四川巴縣	重慶儲英中學高中肄業		二十九年十月東號字11524號	二九、五、八五 渝總平人字13441	二九、五、五	X
醫院	助產士 月薪100元	王詠蘭		二四	江蘇南京	同德產科學校畢業	曾任助理、主任、	三〇年六月單號字22367號	三〇、二、二五、署渝字11786	二九、二、二三	X

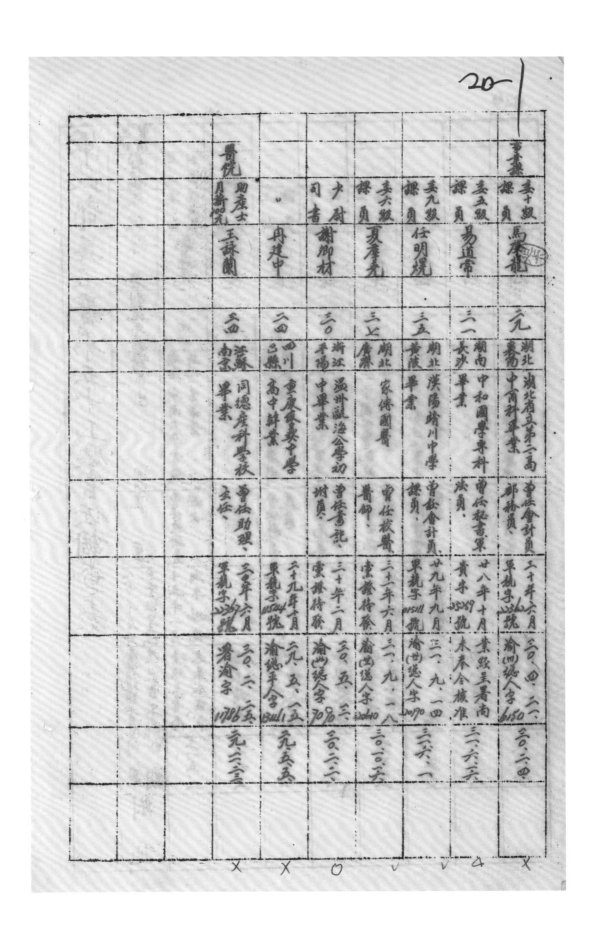

021

軍政部兵工署第五十工廠官佐調查表

部別	官階職務	姓名別號	年齡	籍貫	出身	經歷	任官年月日及字號	奉准任職年月日及字號	到差年月日	附記
警衛隊	中校隊長	張若萍						尚未請委	三一、七、一〇	
	上尉隊附	區擢南	二九	廣東新會	廣東軍事政治學校畢業	曾任排長、副官、	三十一年八月軍統字[illegible]號	二七、四、二七 渝衛義人字7448	二六、六、八	
	少尉副官	陳剛強	二七	廣東欽縣	廣東第八教導師學兵隊畢業	曾任班長、	三十年二月軍統字22383號	三〇、四、二六 渝(卅)總人字7556	三〇、五、元	
	一等軍需佐	唐天駒	三六	廣東南海	上海法科大學肄業	曾任課長、科長、	十五年八月渝字第2786號	三〇、六、二八 渝(卅)總人字10269	二六、七、二六	
	少尉書記	楊鎮瀾	二六	廣東茂名	茂名茂南中學畢業		二十九年十月軍統字11545號	三〇、四、二五 渝(卅)總人字6500	二七、二、二七	
	上尉中隊長	王耀光	三〇	廣東澄邁	廣東軍校第四期畢業	曾任助教、排長、	三〇年六月軍統字12333號	二九、一〇、一二 渝總平人字12702	二六、六、八	
	〃	吳貴山	三二	廣東合浦	廣東軍事政治學校畢業	曾任排長、隊長、	十九年四月黨務未發	三〇、五、二八 渝(卅)總人字6150	二六、六、八	
	〃	寺斌						尚未請委	三一、九、二四	

O X X O V 4

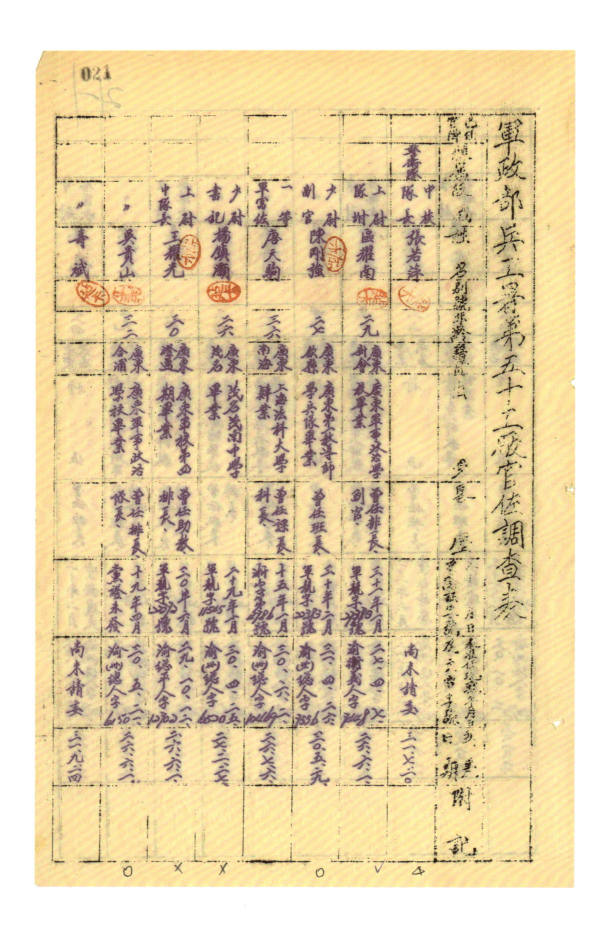

		中尉分隊長	林龍	三四	廣東茂名	行伍	曾任排長、	二十年二月黨證遺失	三〇、一〇、一五、渝(卅)總人字15493	二九、一、一、
		〃	張智夫	二九	廣東[illegible]	鍾山有治訓練所畢訓隊畢業	曾任班長、特務長	三十年六月軍甄字22375號	三一、三、一六、渝(卅)總人字3829	二八、二、一二、
		少尉分隊長	李百生	二四	廣東惠陽	粵軍第一師教導隊畢業	曾任班長、特務長、	三十年六月軍甄字22383號	三〇、[illegible]、一一、渝(卅)總人字15493	二九、一、一六、
		〃	吳海群	三四	廣東合浦	廣東燕塘軍校畢業	曾任班長、排長、	三〇年六月軍甄字22384號	三〇、三、一六、渝(卅)總人字4016	二九、一、一二、
		〃	陳達明	三八	廣東信宜	廣東憲兵教導隊畢業	曾任班長、	二十九年十月軍甄字11546號	三〇、八、二八、渝(卅)總人字1181	二五、六、九
		〃	梁耀廷	[illegible]八	廣東連縣	行伍	曾任班長、	三十一年四月黨證待發	三一、四、二六、渝(卅)總人字7536	三〇、一二、一六
		准尉分隊長	黃明新	三〇	廣東欽縣	粵軍第一軍一師教導隊畢業	曾任班長、特務長	三十年六月軍甄字22380號	三〇、一〇、一一、渝(卅)總人字15493	三〇、一二、一五
		〃	林振興	三三	廣東茂名	行伍	曾任班長	三十一年六月黨証待發	三一、六、二一、渝(世)總人字1217	三一、六、一二
		准尉特務長	楊榮	二七	廣東[illegible]	陸軍五九師教導隊畢業	曾任班長、	二十二年十月黨證遺失	三〇、一〇、一一、渝(卅)總人字15493	三〇、一〇、一八
		〃	李伯棠	三三	廣西藤縣	行伍	曾任班長	三十一年八月軍甄字27771號	三〇、一〇、一六、渝(卅)總人字15493	三〇、一〇、一六

√ △ X O O √ X √ X X

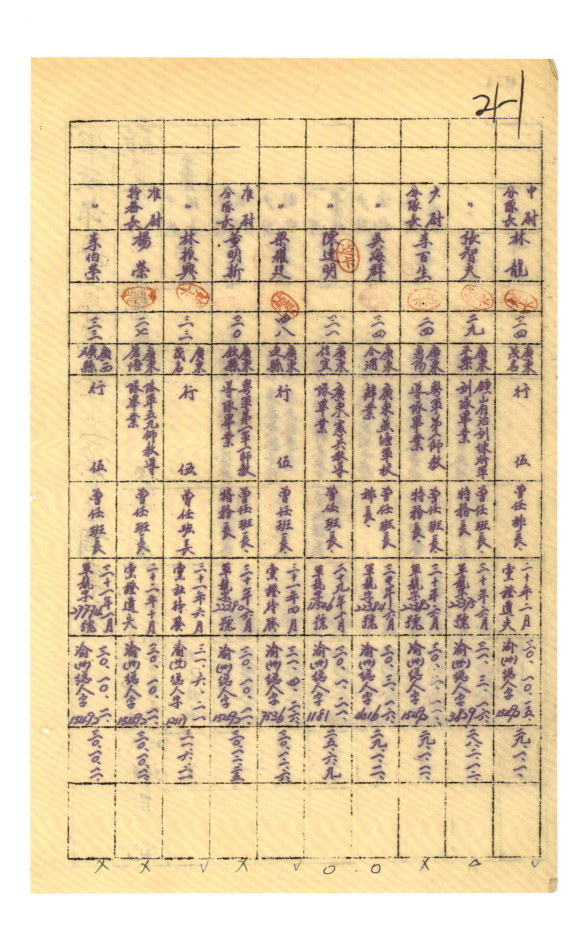

022

	〃	羅紹池	二五	廣東興寧	行伍	曾任文書軍士，	三十年六月軍龍字12385號	三〇、四、二五渝(出)總人字6620	三〇、四、二五
機槍中隊	上尉中隊長	詹豪	二八	安徽桐城	中央軍校畢業	曾任中隊長團附、	廿八年十二月特字56386號	業經呈署尚未奉令核准	三一、六、二三
	中尉中隊附	劉壽廷	二五	湖南新化	仝右	曾任隊長副官，	廿八年五月軍銓字30333號	仝右	三一、七、二八
	中尉分隊長	曹雲	二五	四川南充	仝右	曾任指導員連長、	廿七年四月軍損字22200號	仝右	三一、七、八
	少尉分隊長	王宇晃	三二	四川渠縣	行伍	曾任排長、	廿八年十二月渝字02858號	仝右	三一、七、一八
	准尉特務長	龍玉麟	二九	四川永川	永川縣立中學畢業	曾任助理員特務長、	廿五年六月黨證未發	仝右	三一、八、四

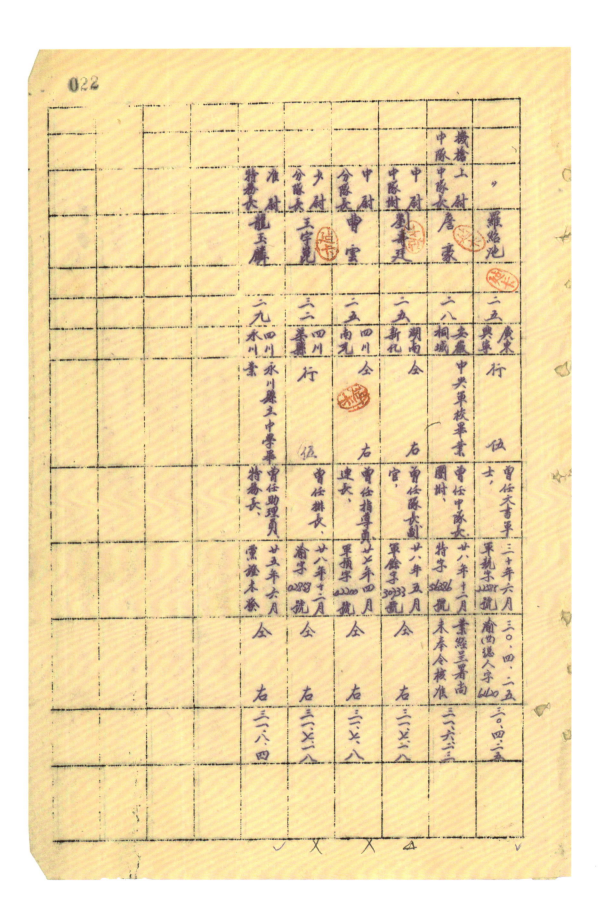

23

中華民國三十一年十月　日

军政部兵工署第五十工厂在厂服务四十年职工纪念册（一九四三年六月十二日）

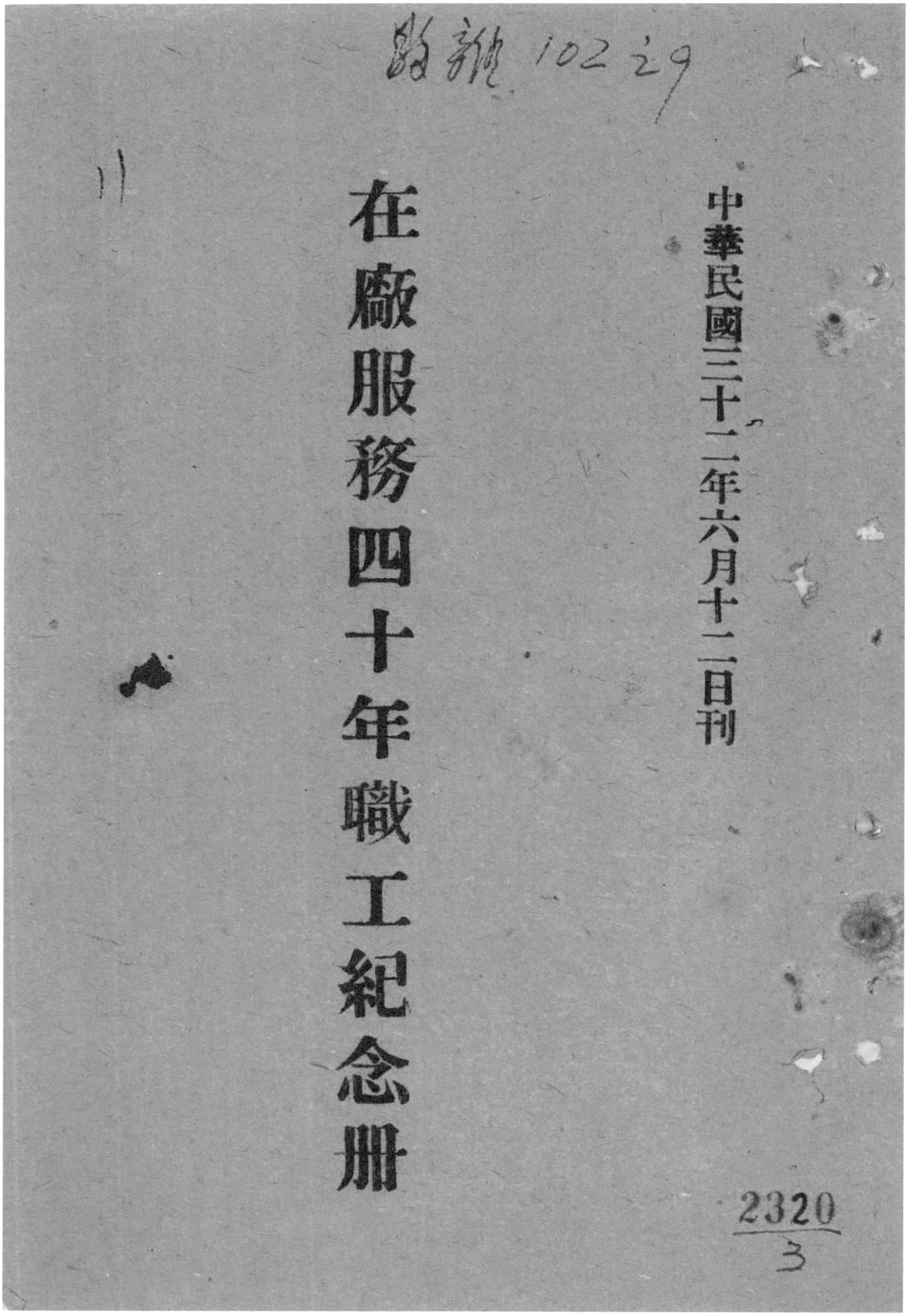

10229

中華民國三十二年六月十二日刊

在廠服務四十年職工紀念冊

弁言

竊以國防工業製造，世界各國，爭奇鬥巧，恆日新月異而歲不同，非有耐久持續性之研究，自不能有所發明，而期高遠之進步，況國際路綫，已被封鎖，原料之貲於舶來者，無由輸入，尤須研求自給自足，以副我　領袖「自力更生」之訓示。因而攷核職工，其在廠專一藝而服務愈久者，則其研究愈深，貢獻愈大。韓愈氏有云：「聞道有先後，術業有專攻。」又云：「用志不紛，乃凝於神。」言聞道宜早，用功宜勤，而習業尤貴專也。孔子曰：「善人吾不得而見之矣，得見有恆者斯可矣。」南人有言曰：「人而無恆，不可以作巫醫。」言無恆則不能專精所業，而有恆者之難能可貴也。茲查由漢陽入廠，服務滿四十年以上者，得吳文奎君等十八人，雖於製造上之貢獻，有大小多少之不同，要皆可謂有恆，而能專精所

121

業勤勞所事者也。是宜旌而表之，樹爲楷模，蔚爲風氣，而爲吾國國防工業製造，立一堅强不拔計日精進之宏規，特書之於册，昭示大衆，並弁數言於册首，期與同人共勵焉。

李待琛 三二·六·一二·

13

吳文奎

級職	委五技術員	年齡	七五
服務部份	第四製造所		
籍貫	江蘇上海	性情	正直坦白
入廠年月	民前十二年六月		
在廠年數	四四	特長	機械之設計、繪圖、製造。

略歷

在漢陽入廠以來，歷充漢陽槍砲學堂繪圖教員，漢廠及本廠繪圖員技術員等職。

顯著貢獻

民前在槍砲學堂任教員時，訓練製造機械人才頗多，至今爲各廠技領者，仍不乏人。又當漢陽藥廠彈廠創辦之初，所有機器，購自外洋，未附圖樣，工作甚感不便，經該員將圖樣補繪完全，後來仿造修理，均稱便利。民國以來，設計改善槍廠新式刨洗車，砲廠十年式山砲，三十節機關槍，貢獻尤多。

13-1

朱梓林

級職	委七繪圖員	年齡	六四
服務部份	製圖室調第十製造所		
籍貫	湖南湘鄉	性情	誠樸負責
入廠年月	民前十四年九月		
在廠年數	四六	特長	繪圖設計

略歷

在漢陽入廠，畢業漢陽機械繪圖學堂後，歷任繪圖生繪圖員等職。

顯著貢獻

在漢廠時，設計繪製炸藥廠新式硝化器及火藥廠溶劑收囘器，極有貢獻。

14

陳萬安

級職	領工	年齡	七四	服務部份	第一製造所
籍貫	廣東三水	性情	靜默耿介	入廠年月	民前十三年
在廠年數	四五	特長	配製合金		

略歷

曾充上海信昌藝徒，上海江南製造局，台灣兵工廠，香港咋吔上海老廠，漢陽鉄廠等處工匠，在漢陽入廠以來，歷充工匠領首領工。

顯著貢獻

主持翻砂工作，數十年如一日，未嘗稍懈。翻砂化鉄鎔銅，均有深刻研究，各種生鐵鑄物，設計鑄造，多能成功，應付全廠機件鑄修，均能按期完成。此外設計翻砂工具，最稱老練。辛苦勤勞，愛惜公物，尤爲可風。

1457

陸來裕

級職	領工	年齡	六三
服務部份	第一製造所	籍貫	廣東中山
性情	聰穎敦厚	入廠年月	民前八年四月
在廠年數	四〇	特長	責任心重

略歷

曾充香港安昌鍛工廠藝徒，香港紅不勘裝船廠工匠，在漢陽入廠以來，歷充砲架廠枝工，機器廠工匠領工。

顯著貢獻

抗戰軍興，漢廠西遷，負責鍛工間折卸裝運，極盡勤勞，抵辰後，日夜趕辦復工事宜，於最短期間，將汽錘汽爐等安裝妥當，使全廠機器修理工程，未遭延誤，而三十節重機槍，能迅速出品，其趕鍛毛胚，供給不斷，亦與有力焉，現在材料缺乏，復能利用廢品鍛造各件，尤堪嘉許。

李添太

級職	小工	年齡	六五
服務部份	第一製造所	籍貫	湖北黃岡
性情	勤靜廉介	入廠年月	民前八年八月
在廠年數	四〇	特長	無論寒暑，黎明進廠，昏黑回家，不請假，不曠工，以廠爲家，始終不懈。

略歷

在漢陽入廠以來，曾在翻彈廠習藝八年，在槍砲廠銅元印花局工作一年，旋調機器廠工作，迄今四十年。

顯著貢獻

平日安心工作，不計較階級工資，不見異思遷。雖屢擬升爲工匠，該工輒以不擅長技術，誠懇辭謝，誠爲工人之模範。抗戰後漢廠西遷，機器材料分批內運，該工押運過常德時，不避空襲，看管船隻，宜昌失守前，謠啄頻傳，形勢緊急，該工臨危不苟，卒將船隻押到，完成任務。

157

周茂才

職級	領工
年齡	六四
服務部份	第三製造所
籍貫	湖北漢陽
性情	誠實温和
入廠年月	民前十四年十二月
在廠年數	四四
特長	鉗工，銑工。

略歷

在漢陽入廠以來，歷充藝徒，工匠，領班，領工。

顯著貢獻

民前十一年，製造步槍全部樣板及花刀工具。前七年，製造六八式步槍槍樣二枝。民國四年，改造自動步槍二十枝。民國七年，改造馬克沁重機槍槍樣二枝。民國九年，倣造三十節重機槍槍樣二枝。民國十年，倣造木壳手槍槍樣二枝，均擔任重要工作。

16

秦正和

職級	工匠	年齡	六八	服務部份	第三製造所
籍貫	江西吉安	性情	守正不阿	入廠年月	民前十四年九月
在廠年數	四四	特長	鉗工		

略歷

曾在金陵製造局習藝，工作十年，在漢陽入廠以來，歷充槍廠機器廠砲廠工匠。

顯著貢獻

裝配各種機器，修理柴油機，改製工具樣板，製造馬克沁及三十節重機槍裝彈機，裝配槍架等，均卓著成績。

16-1

董卯

級職	工匠	年齡	六六
籍貫	湖北孝感	性情	剛直不阿
在廠年數	四三	特長	鍛工
服務部份	第三製造所	入廠年月	民前十一年六月

略歷

在漢陽入廠以來，歷充槍廠藝徒工匠，砲廠機器廠重機槍廠鍛工

顯著貢獻

歷年鍛製刀具極多，均能合用，供應從不感缺乏。

17

陶永森

級職	工匠
年齡	六〇
服務部份	第三製造所
籍貫	江蘇江寧
性情	沉靜温和
入廠年月	民前八年八月
在廠年數	四〇
特長	銑工

略歷

曾在江西銅元局習藝，在漢陽入廠以來，歷充槍廠重機槍廠工匠。

顯著貢獻

修配機器零件極多，均能合用；在辰兩次協助安裝機器，甚爲得力。

17-1

葉春海

級職	領工	年齡	七七	服務部份	第四製造所
籍貫	湖北黃陂	性情	忠實温和	入廠年月	民前十二年八月
在廠年數	四四	特長	鎔銅		

略歷

在漢陽入廠以來，歷充槍彈廠工匠、領首、督工、領工。

顯著貢獻

過去漢廠以極老式鎔銅罐鎔成合格銅板，使出品毫無疵病，該領工致力極多。尤以二十一年漢廠機器由孝義運回漢陽安裝復工，銅板夾灰大減，出品激增，功績最著。現因缺乏外國石墨鎔銅罐，以本國石罐代用，一切工具材料，均不及以前，該領工日夜勞瘁，使出品數量日增，而品質亦漸入佳境。

18

陳保青

級職	領工	年齡	五九
服務部份	第四製造所	籍貫	湖北孝感
性情	剛正負責	入廠年月	民前十四年四月
在廠年數	四六	特長	舂造槍彈銅壳

略歷

在漢陽入廠以來，歷充槍彈廠工匠、領班、領工。

顯著貢獻

製造槍彈銅壳，原需經過六次舂製，該領工悉心研究，改爲祇舂五次，減少工作一道，省工省料，貢獻極多。各種銅壳舂模，例須用徑一吋六分之工具鋼車造，現因材料缺乏，改用一吋二分之鋼模，外徑縮小，校正不易，然舂成銅壳，並無疵病，此亦該領工貢獻之一端。

18-1

廖雙林

級職	工匠	年齡	六二
服務部份	第四製造所	籍貫	湖北漢陽
性情	溫厚和藹	入廠年月	民前十七年一月
在廠年數	四九	特長	舂銅殼

略歷

在漢陽入廠以來，歷充槍彈廠藝徒、工匠、領班。

顯著貢獻

在廠四十九年，惟一工作爲舂第四五次銅殼，暨磨該兩次舂頭模子並淬火，查淬火磨模乃製造槍彈時精工工作，例須專門淬火設備，與內外圓電摸機，方屬精密，本廠無此設備，全憑肉眼手法，加以現用工具鋼種類複雜，淬火溫度極不一致，工作尤難，該工經驗豐富異常，工作精準，向未發現所製工具有不合用者。

18

張華彩

級職	工匠	年齡	六四	服務部份	第四製造所
籍貫	湖北應城	性情	和藹可親	入廠年月	民前十六年二月
在廠年數	四八	特長	車製銅壳收口舂模及頭次剪刀		

略歷

在漢陽入廠以來，曾充槍彈廠工匠。

顯著貢獻

對於收口舂模之車製，甚有經驗。在過去，原須經鑽眼絞內孔，車外皮各次工作，後經該工以六角車床一部，裝製刀具數種，以一機一人之能力，便可供給不缺，節時省工，利莫大焉。

19-1

李啓榮

級職	工匠	
年齡	五九	
服務部份	第四製造所	
籍貫	湖北漢陽	
性情	平正溫和	
入廠年月	民前十四年十一月	
在廠年數	四六	
特長	舂頭次銅盂	

略歷

在漢陽入廠以來，歷充槍彈廠藝徒、工匠、領班。

顯著貢獻

銅殼優劣，全賴銅盂，如銅盂偏歪或長短不齊，引長後即無法改正；該工任頭次舂盂工作多年，對於舂翦模刀之淬火砂磨，尺寸之檢查，機器之修正，以及製品之檢驗，均屬正確，致該道壞品甚少，裨益出品匪淺。

20

楊榮貴

級職	工匠	年齡	六一	服務部份	第四製造所
籍貫	湖北漢陽	性情	沉靜寡言	入廠年月	民前十四年八月
在廠年數	四六	特長	化膠點膠		

略歷

在漢陽入廠以來，歷充槍彈廠藝徒工匠領班。

顯著貢獻

對於火帽點膠，工作數十年，全用手工，敏捷均勻，效能不亞於機器；且經驗豐富，精密非常，槍彈經該工點膠者，雖久儲亦不發生受潮不發大疵病。

20-1

李文煜

級職	工匠	年齡	五五	服務部份	第四製造所
籍貫	湖北漢陽	性情	温和可親	入廠年月	民前十一年八月
在廠年數	四三	特長	槍彈舂模淬火		

略歷

在漢陽入廠以來，歷充槍彈廠藝徒、工匠。

顯著貢獻

本廠仍用老式淬火方法，該工專任舂模淬火工作，僅憑經驗，能圓滿達到任務，殊屬難能可貴。

21

葉春林

級職	工匠	年齡	六〇	服務部份	第四製造所
籍貫	湖北黃陂	性情	誠實不欺	入廠年月	民前九[illegible]年一月
在廠年數	四一	特長	鎔槍彈銅		

略歷

在漢陽入廠以來，歷充槍彈廠藝徒、工匠、領班。

顯著貢獻

經驗豐富，作事幹練，負責耐勞，其專責爲鎔銅配料，歷年以來，成分準確，向無錯誤，此外對愛惜材料，尤爲認眞。

劉勝發

級職	工匠	年齡	六一	服務部份	第四製造所
籍貫	湖北漢陽	性情	平正溫和	入廠年月	民前八年二月
在廠年數	四〇	特長	鑽銅殼火門眼		

略歷

在漢陽入廠以來，歷充槍彈廠藝徒、工匠、領班。

顯著貢獻

銅殼火門眼鑽針，原用八十絲鋼絲自製，現因此項鋼絲來源斷絕，該工將用過之舊針改磨再用；同時改製夾針夾頭，研究得法，使槍彈仍能照常出品。

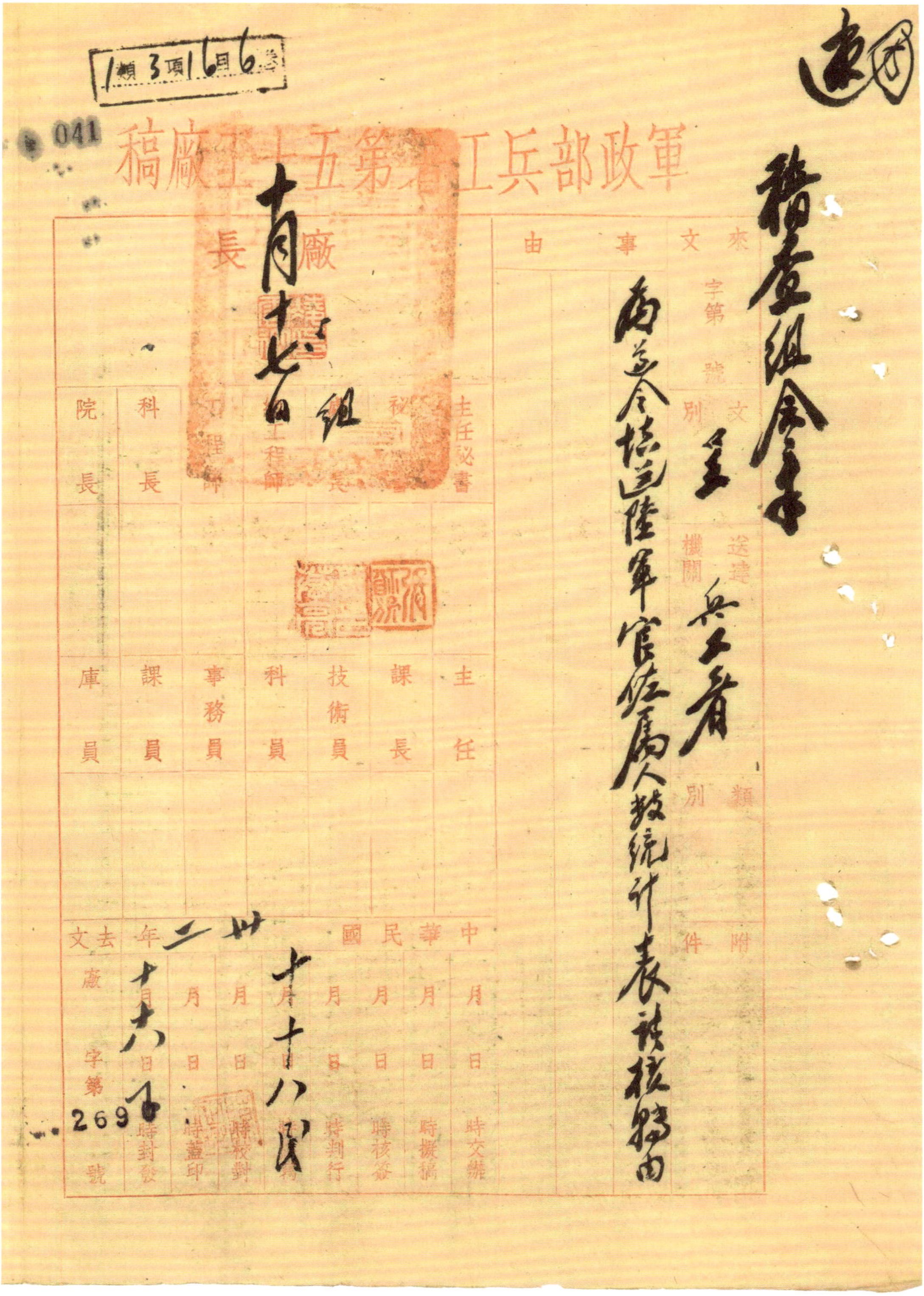
軍政部兵工署第五十工廠稿

事由：為遵令填送陸軍官佐屬人數統計表請核轉由

呈 兵工署

稽查組會辦

中華民國卅二年十月十八日

軍政部兵工署第五十工厂为填送陆军现职军官佐属情况统计表致兵工署的呈（一九四三年十月十八日）

42

案奉

钧署（卅）工人發文字第09061號訓令，為轉令飭填

陸軍官佐屬人數統計表，仰呈署以憑彙轉

等因，奉此，遵經依式分填完竣，理合備文

呈送，仰祈

鑒核，賜予彙轉！

謹呈

署長俞

計呈送統計表四份每份二張

第五十工廠廠長丁〇〇

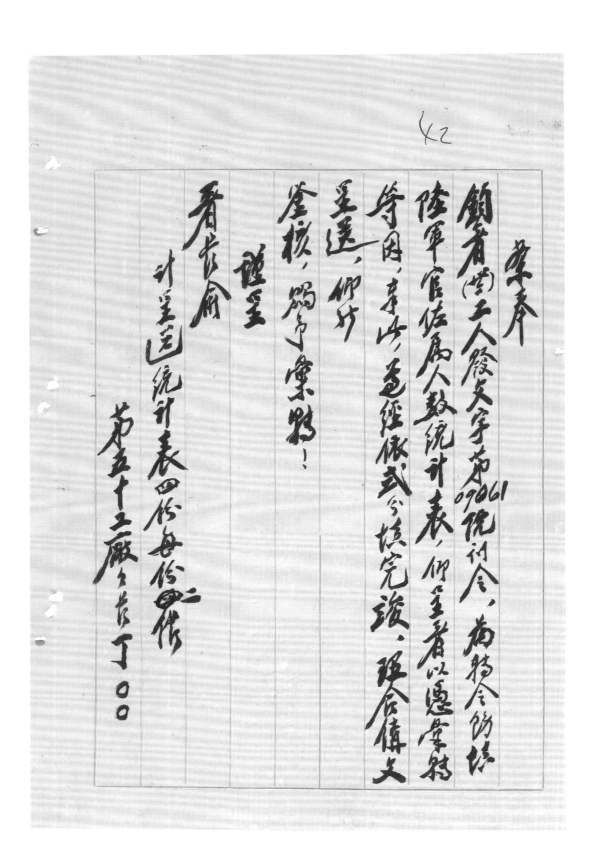

陸軍軍官佐屬編制數與現有數暨附員人數統計表

軍政部兵工署第五十工廠

表式八

項別			編制數	現有數			備考
				合計	額內數	附員數	
總計							
軍官	合計		58				
	將	計					
		上將					
		中將					
		少將					
	校	計					
		上校	1	1			
		中校	1	1			
		少校	2	2			
	尉	計					
		上尉	14	12			
		中尉	27	20			
		少尉	10	13			
		准尉	3	7			
軍佐	合計		1				
	[illegible]	計					
		[illegible]					
	[illegible]	計					
		[illegible]					
		[illegible]					
		[illegible]					
	佐	計					
		一等佐	1	1			
		二等佐					
		三等佐					
		[illegible]					
軍需	合計		144	137			
	將	計					
		[illegible]					
		[illegible]					
	校	計					
		上校	1	2			
		中校	8	3			
		少校	5	10			
	尉	計					
		上尉	25	33			
		中尉	30	38			
		少尉	73	39			
		准尉	2	12			

三十二年十月十八日填

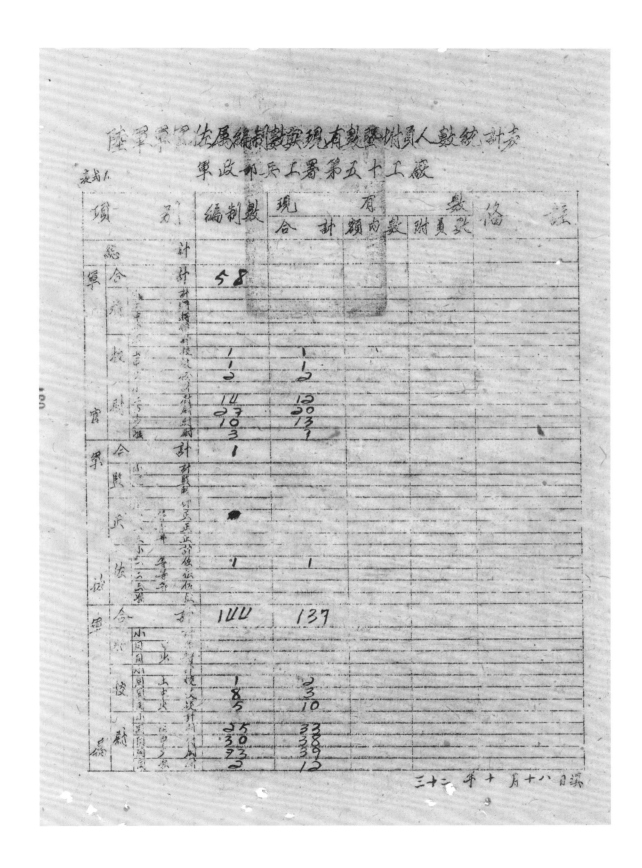

038

表式乙

陸軍現有軍官佐兵業科暨軍屬學歷統計表

軍政部兵工署第五十工廠

軍官

項別	總計	合計	將 小計	上將	中將	少將	校 小計	上校	中校	少校	尉 小計	上尉	中尉	少尉	准尉
總計	194	56						1	1	2		12	20	13	7
憲兵科		6										1	3	2	
步兵科		10							1			2	3	3	1
騎兵科															
砲兵科															
工兵科															
輜重兵科															
通信兵科															
機械兵科															
軍需科															
軍醫科															
獸醫科															
司藥科															
行伍		12											1	6	5
軍樂															
小學程度															
初中程度及同等學校		3												2	1
初級職業學校															
高中程度及同等師範學校															
高級職業學校															
專科學校		24								2	[illegible]	8	13		
大學及獨立學院															
國外專科學校															
國外大學及獨立學院		1						1							
普通考試及格															
高等考試及格															
特種考試及格															

軍佐

項別	合計	監 小計	總監	監	正 小計	一等正	二等正	三等正	佐 小計	一等佐	二等佐	三等佐	准佐
總計	1									1			
憲兵科													
步兵科													
騎兵科													
砲兵科													
工兵科													
輜重兵科													
通信兵科													
機械兵科													
軍需科													
軍醫科													
獸醫科													
司藥科													
行伍													
軍樂													
小學程度													
初中程度及同等學校													
初級職業學校													
高中程度及同等師範學校													
高級職業學校													
專科學校	1									1			
大學及獨立學院													
國外專科學校													
國外大學及獨立學院													
普通考試及格													
高等考試及格													
特種考試及格													

軍屬

項別	合計	將 小計	同中將	同少將	校 小計	同上校	同中校	同少校	尉 小計	同上尉	同中尉	同少尉	同准尉
總計	137					2	3	10		33	38	39	12
憲兵科	1										1		
步兵科													
騎兵科													
砲兵科													
工兵科													
輜重兵科													
通信兵科													
機械兵科													
軍需科	1							1					
軍醫科													
獸醫科	1									1			
司藥科													
行伍	1												1
軍樂	1									1			
小學程度	1												1
初中程度及同等學校	9										2	7	
初級職業學校	22										3	9	10
高中程度及同等師範學校	61						1	3	[illegible]	17	24	16	
高級職業學校													
專科學校	30					2		3		10	8	7	
大學及獨立學院	9						2	3		4			
國外專科學校													
國外大學及獨立學院													
普通考試及格													
高等考試及格													
特種考試及格													

三十二年十月十八日填

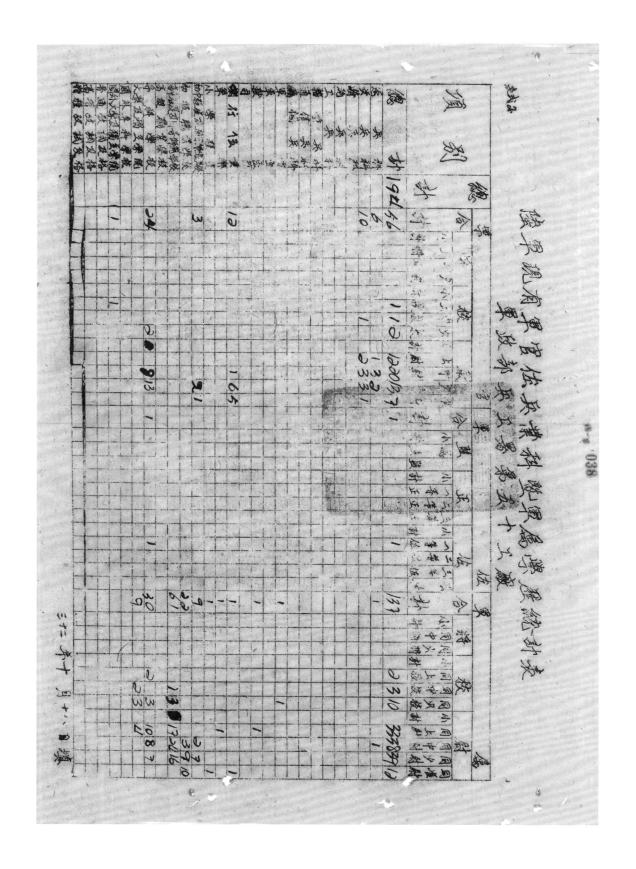

表式3.

陸軍現職軍官佐屬年齡統計表

軍政部兵工署第五十工廠

項別		總計	廿歲以下	廿一歲至廿五歲	廿六歲至卅歲	卅一歲至卅五歲	卅六歲至四十歲	四十一歲至四十五歲	四十六歲至五十歲	五十一歲至五十五歲	五十六歲至六十歲	六十歲以下	備註
總計		196											
軍官	合計	56											
將	小計												
	上將												
	中將												
	少將												
校	小計												
	上校	1						1					
	中校	1					1						
	少校	2				2							
尉	小計												
	上尉	12			5	6	1						
	中尉	20		3	13	4							
	少尉	13			9	3			1				
	准尉	7		1	2	4							
軍佐	合計	1											
監	小計												
	總監												
	監												
正	小計												
	一等正												
	二等正												
	三等正												
佐	小計												
	一等佐	1					1						
	二等佐												
	三等佐												
	准佐												
軍屬	合計	137											
將	小計												
	同中將												
	同少將												
校	小計												
	同上校	2							1	1			
	同中校	3					1	1		1			
	同少校	10			1	7	1		1				
尉	小計												
	同上尉	33			9	9	7	5	3				
	同中尉	28		4	14	13	3	1	3				
	同少尉	39		6	16	11	5		1				
	同准尉	12	1	3	2	6							

三十二年十月十八日填

039

040

表式四

陸軍現職軍官佐屬籍貫統計表

軍政部兵工署第五十工廠

項別	總計	軍官合計	將小計	上將	中將	少將	校小計	上校	中校	少校	尉小計	上尉	中尉	少尉	准尉
總計		56						1	1	2		12	20	13	7
江蘇		2										2			
浙江		2											1	1	
安徽		1											1		
江西															
湖南		5										2	3		
湖北		3							1			1			1
四川		12								1			6	4	1
西康															
河北		3										1		1	1
山東		3											1	2	
山西		1										1			
河南		1										1			
陝西															
甘肅															
寧夏															
青海															
福建		2											2		
廣東		21						1		1		4	5	5	4
廣西															
雲南															
貴州															
遼寧															
吉林															
黑龍江															
熱河															
察哈爾															
綏遠															
新疆															
蒙古															
西藏															
南京市															
西京市															
重慶市															
上海市															
青島市															
北平市		1											1		

項別	軍佐合計	監小計	[illegible]	[illegible]	正小計	一等正	二等正	三等正	佐小計	一等佐	二等佐	三等佐	准佐
總計	1									1			
江蘇													
浙江													
安徽													
江西													
湖南													
湖北													
四川													
西康													
河北													
山東													
山西													
河南													
陝西													
甘肅													
寧夏													
青海													
福建													
廣東	1									1			
廣西													
雲南													
貴州													
遼寧													
吉林													
黑龍江													
熱河													
察哈爾													
綏遠													
新疆													
蒙古													
西藏													
南京市													
西京市													
重慶市													
上海市													
青島市													
北平市													

項別	軍屬合計	將小計	同中將	同少將	校小計	同上校	同中校	同少校	尉小計	同上尉	同中尉	同少尉	同准尉
總計	137					2	3	10		33	38	39	12
江蘇	12					1		3		3	3	2	
浙江	11							2			4	2	
安徽	8									4	2	1	1
江西	1									1			
湖南	15							2		1	4	6	2
湖北	23						1	1		5	7	7	2
四川	22									4	3	10	5
西康													
河北	4									2	2		
山東	5									1	1	2	1
山西	2										1	1	
河南													
陝西													
甘肅													
寧夏													
青海													
福建													
廣東	22						1	1		8	7	4	1
廣西	3									2	1		
雲南													
貴州	2							1			1		
遼寧	5					1	1			1	2		
吉林													
黑龍江													
熱河													
察哈爾	1									1			
綏遠													
新疆													
蒙古													
西藏													
南京市													
西京市													
重慶市													
上海市													
青島市													
北平市	1										1		

三十二年十月十八日填

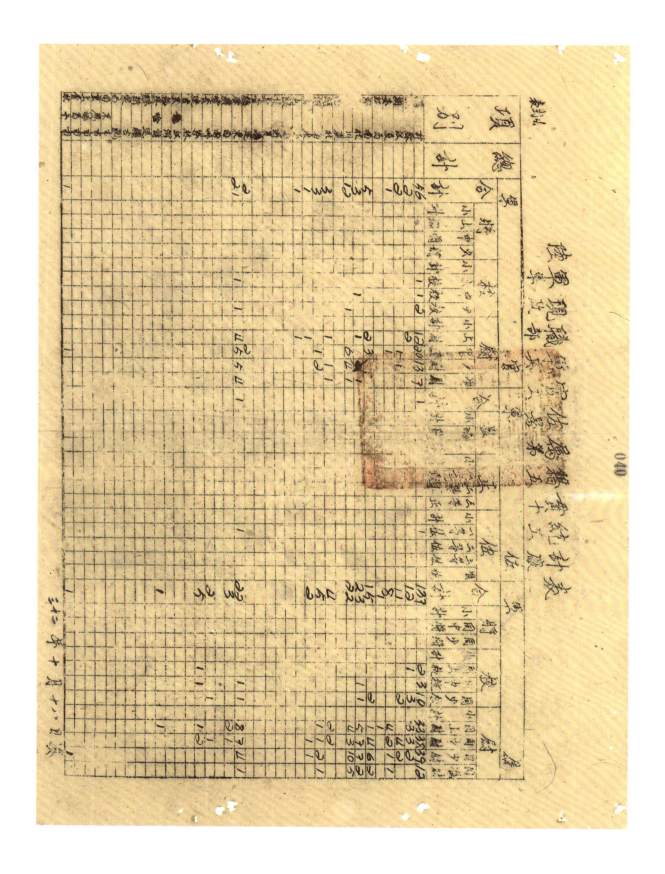

军政部兵工署第五十工厂军官佐属现职录（一九四五年二月）

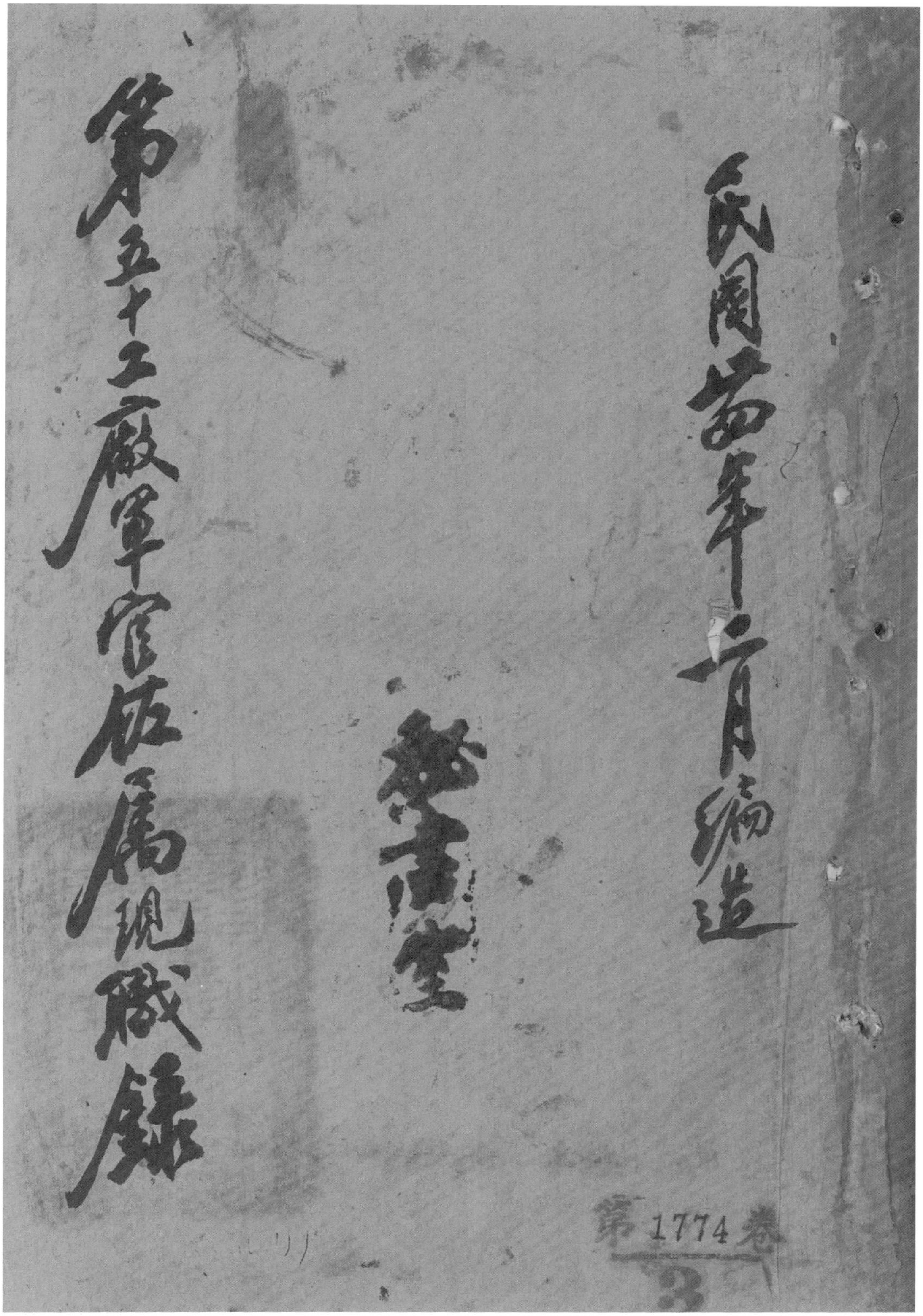
第五十工廠軍官佐屬現職錄

民國卅四年二月編造

秘書室

第1774卷

3

001

军政部兵工署第五十工厂现职录军官佐属现员员额分阶分科人数统计表　民国三十四年二月　日编制

科别		上将 内额	上将 外额	中将（简一）内额	中将（简一）外额	少将（简二）内额	少将（简二）外额	上校（一等正、简三）内额	上校（一等正、简三）外额	中校（二等正、荐一）内额	中校（二等正、荐一）外额	少校（三等正、荐二）内额	少校（三等正、荐二）外额	上尉（一等佐、委一）内额	上尉（一等佐、委一）外额	中尉（二等佐、委二）内额	中尉（二等佐、委二）外额	少尉（三等佐、委三）内额	少尉（三等佐、委三）外额	准尉（准佐、委四）内额	准尉（准佐、委四）外额	合计 内额	合计 外额
兵科	宪兵													1								1	
	步兵									1				3		2		1		1		8	
	骑兵																						
	砲兵									2												2	
	工兵																						
	通信兵																						
	辎重兵																						
	战车兵																						
	行伍																			1		1	
	未详																						
	小计																						
业务科	军需											1				1						2	
	军医																						
	司药																						
	兽医													1								1	
	测量																						
	军乐																						
	学校																						
	小计																						
军属						1		1		25	5	20	4	83	12	123	9	80	9	26	7	359	46
合计																						374	46

附记

额内359人
额外46人

359
15
374
（15为兵科业科人数）

374
46
420
93
513
（93为本年二月奉部令临时增设之人）

卅四年三月　昔连同现职录三份
发交看秘书室存档

表系整个有
513　共二月份统计

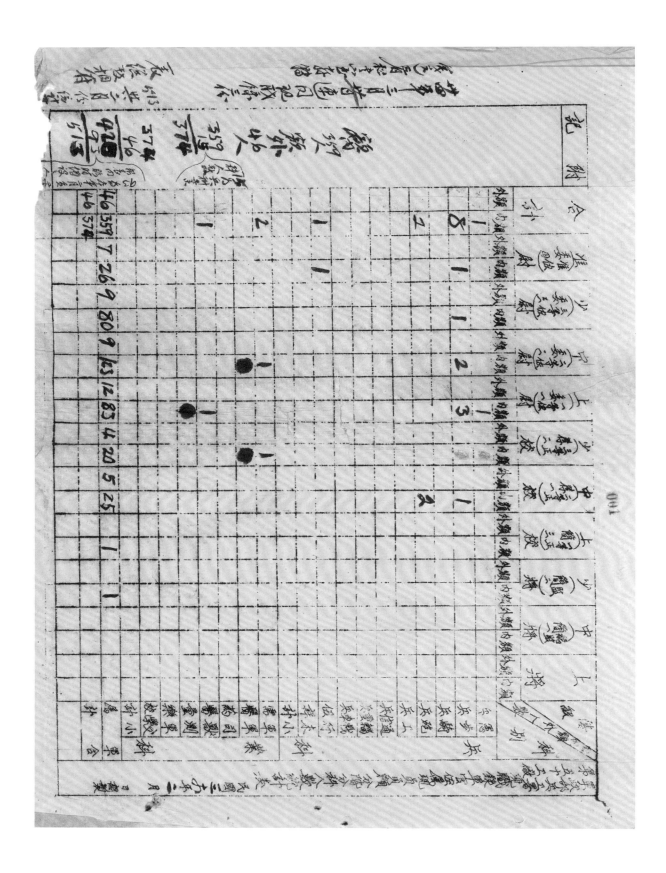

2—1

上尉	軍妥一階	事務員	楊師震	慕伯	安徽定遠	前十八、一、四	上海兵工廠兵工學校肄業	派任中尉庫員	29.5.25 滿保字人3350	29.7.1	X
〃	〃	〃	王德明		南京	前三、四、十五	江蘇省立南京中學畢業	派任中尉科[redacted]	29.6.[illegible] 滿保平人6819	29.6.19	X
中(少)校	三等軍需正	〃	嚴鑫	肖三	浙江餘姚	前六、七、四	軍需學校畢業33.6.17	派代理三等軍需正司務員	33.12.7 銓七17字20150號	33.12.7	X
〃	軍需一階	〃	王鄰居	濯塵	遼寧撫順	前二〇、九、二七	奉天兩級師範學校理化選科畢業	派任中校司務員	31.8.19 滿(卅)保大字17324	31.8.19	X
〃	軍需二階	〃	周全沛		廣東東莞	民一、五、十六	廣州中南書院全科畢業	派任中尉司務員[redacted]	33.11.1 銓七18字17770	33.11.1	X
中尉	軍妥二階	〃	葉緒傳		湖北黃梅	民一、三、七	軍需學校畢業	派任中尉司務員	31.4.27 (卅)保人字7678	30.10.27	〇
〃	〃	〃	楊順怡		湖南長沙	前一、六、二〇	湖南省立楚怡工業學校肄業	派任中尉司務員	32.6.17 (卅)保人字13993	32.2.12	X
〃	〃	〃	林奮中		福建閩侯	民一、二、七	福建榕南商業學校畢業	派任中尉司務員	33.10.16 (卅)保人(齊)字34406	33.10.16	✓

17324

003

軍政部兵工署第五十工廠軍官佐屬現職錄

單位區分	現階 編制階	現階	職稱	官佐姓名	别號	籍貫	出生年月日	出身校期科及深造校期	初任職務及歷任各職	現任職令字號及年月日	到差年月日
	少(准)尉	軍委三階	事務員	胡緒立		湖南長沙	民六、六、十九	長沙私立中學畢業	初任軍委三階事務員	(世)法人(薦)字41209 33、12、23	33、11、19 ✓
	〃	〃	〃	曾松年	浩倉	湖南長沙	前三、十二、七	湖南兑澤中學畢業	初任少尉司務員	渝(世)法人字21504 31、9、28	31、7、1 ×
	〃	〃	〃	唐春芳	光明	四川巴縣	民六、十二、四	四川憲兵訓練所畢業	初任准尉司務員	渝(世)總人字18506 31、8、31	31、8、31 ✓
	〃	〃	〃	羅斌		湖北黃岡	前二、八、二九	湖北民政人員訓練班畢業	初任軍委三階司務員	(世)法人(薦)字35503 33、10、24	33、8、1 ×

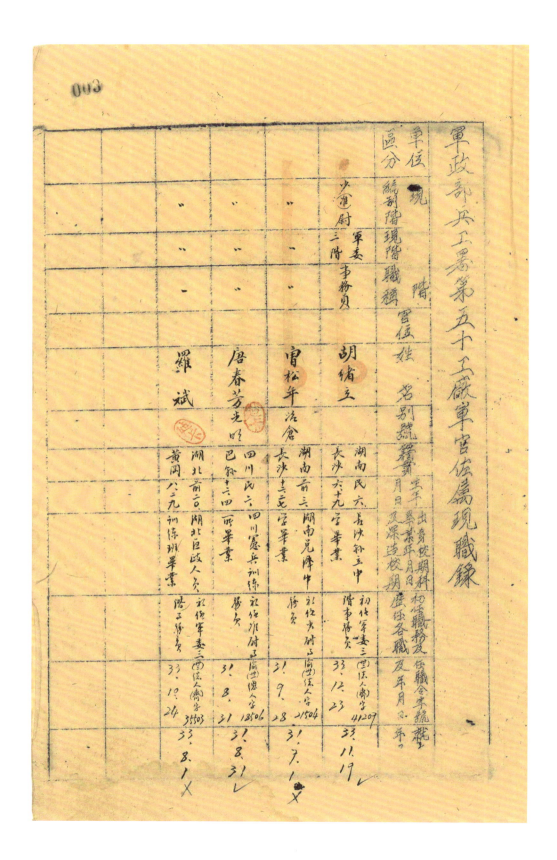

004

軍政部兵工署第五十工廠軍官佐屬現職錄

單位區分	出納室					
現階 編制階	中校	少校	上尉	〃	中尉	少(准)尉
現階 現階	單薦一階	單薦二階	單委一階	〃	單委二階	單委三階
職稱	主任	事務員	〃	〃	〃	〃
官佐姓名	黃國祺	陳熹澤	周伯鈞	伍振愷	郭建昌	黃木源
別號				振南	民緣	-
籍貫	江蘇無錫	安徽定遠	廣东南海	江西九江	廣东大埔	四川長壽
生年月日	前二六、十六	前七、十十三	前四、四、十	民四、五、十二	民六、八、二二	民十一、九、二一
出身校期科畢業年月日及深造校期	上海南洋路礦學校預科畢業	金陵大學農業經濟系肄業	南海縣立中學畢業	九江光華中學畢業	大埔縣立第一高中畢業	四川省立重慶中學畢業
歷任各職	初任中校主任	初任中尉科員歷任[illegible]尉課員	初任准尉司書歷任[redacted]中尉事務員	初任少尉司書歷任中尉課員	初任中尉事務員	初任少尉庫員
初任職務及任職令字號年月日	總義(定)人字2146 27、1、4	(卅)秩2877 卅、1、15	渝(卅)法人字17184 30、11、10	(卅)法人字11986 32、5、22	渝(卅)法人字27933 31、12、2	(卅)法人(壽)字36840 33、11、8
就本職年月日	26、7、21	34、1、15	30、11、10	32、5、22	31、4、18	33、11、8
	X	○	X	∠	△	X

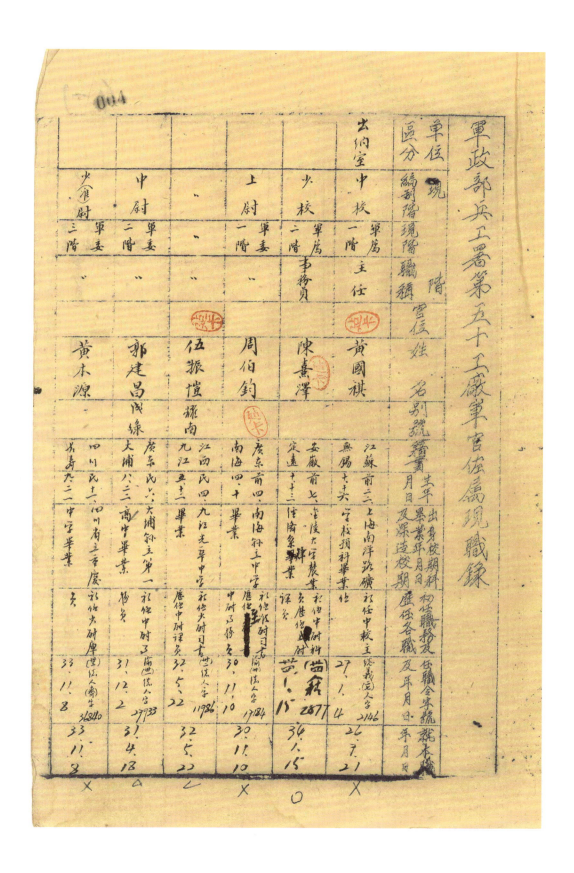

4-1

少（准）尉三階
軍委事務員

周婉婉

浙江 民六 杭州筧橋高級初中教師等職 四川人字
餘杭 三、四 廣桑學校畢業 修業

32、3、6

31、6、9

X

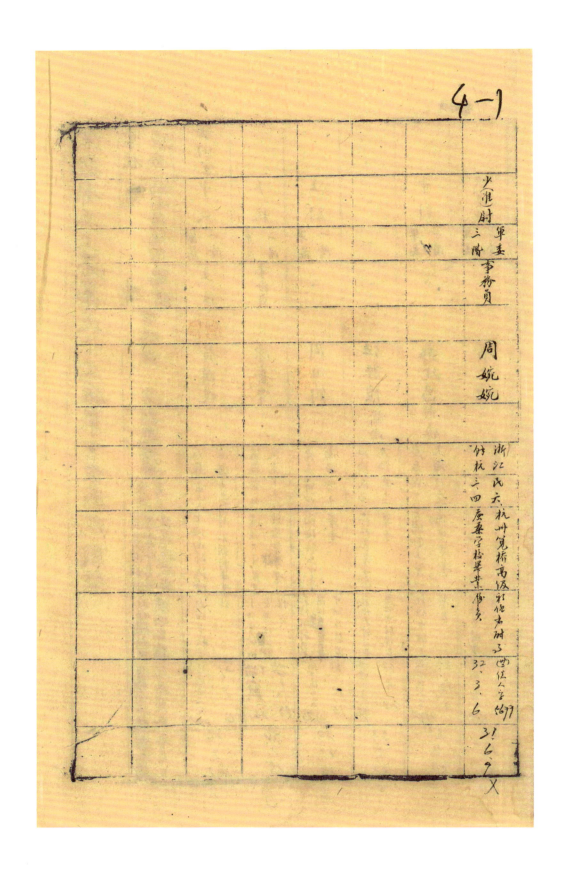

005

軍政部兵工署第五十工廠軍官佐屬現職錄

單位區分	編制階現階	職稱	官位	姓名	別號	籍貫	出生年月日	出身校期科畢業年月日及深造校期	初任職務及歷任各職	任職令字號及年月日	現階年月日	
庶務室	中校	軍需一階	主任	徐鐵泉	鏡第	遼寧遼陽	前十五、十十	陸軍第二講武南步科畢業	初任少校主任	渝法平人字3303 29、3、5	29、3、5	○
	上(少校)尉	軍需二階	事務員	馬保和	合能	江蘇江寧	前八、十七	漢陽文法書院畢業	初任上尉事務員	渝(世)總人26389 31、11、15	31、11、15	X
	中(上)尉	軍委一階	〃	王佳甫		江蘇鎮江	前二、十二四	上海大同大學土木系肄業	初任代理上尉事務員	(世)法人字(齊)20578 33、6、20	33、6、20	X
	〃	〃	〃	蘇華	排圻	廣西藤縣	前九、二八	第四軍幹部教導隊畢業	初任上尉隊[redacted]	(世)法人字19195 32、8、20	32、6、1	∠
	〃	〃	〃	沈白懷		四川瀘縣	前三、十六三	瀘縣立中學肄業	初任准尉司書 歷任少中尉事務員	(世)法人(齊)字34406 33、10、16	33、10、16	○
	少(准)尉	軍委三階	〃	陳齡	一	廣東東莞	民四、二十九	東莞縣立中學畢業	初任准尉司事務員	渝(世)法人字4217 31、3、18	31、3、18	○

5-1

少(准)尉
军委 三阶
事务员
戴启安 静夫
四川 仁寿
前三六 八十七
仁寿师范短期 传习所毕业
[illegible] 务员
[illegible](世)法人字23946
31.10.21
31.10.21
0

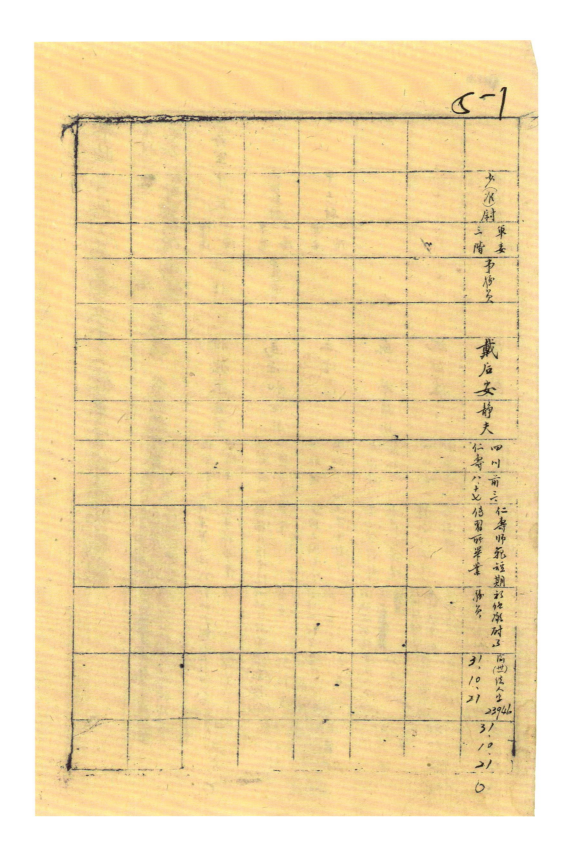

軍政部兵工署第五十工廠軍官佐屬現職錄

單位區分	印刷工場				
現編制階	委六五	少尉			
現階	委三 120元 月支薪	年委 四灣			
職稱	技術員	〃			
官佐屬					
姓名	任亞岩	唐榮森			
別號		溶			
籍貫	遼寧 瀋陽	四川 遂寧			
生年月日	前六 三、七	民五 七、四			
出身校期科畢業年月日及深造校期	東北大學哲學系畢業	四川省立江安中學畢業			
初任職務及歷任各職	初任月薪100元之技術員	初任准尉工務員			
任職令字號及年月日	(卅)偉人字21753 31、9、30	(卅)偉人字18026 32、7、23			
年	31、9、30	32、7、23			

軍政部兵工署第五十工廠軍官佐屬現職錄

單位區分	現階（編制階 現階）	職稱	官佐姓名	别號	籍貫	出生年月日	出身校期科畢業年月日及深造校期	初任職務及歷任各職	任職令字號及年月日	到差年月日
會計處	薦五五 薦一	處長								
簿記課	委三五 薦六一 軍薦階	課長	項鏗	守松	浙江鄞縣	民五、六、西	上海持志學院法科商學系肄業	初任兵校科員歷任兵校課員	（卅三）渝人薪12190 33.3.23	33.3.23
	委八五月薪160元 委三	課員	史近愚		湖北江陵	民二、一、三	湖北省立第二中學商科畢業	初任月薪120元之課員歷任150元之課員	（卅三）總人薪字41207 33.12.23	33.12.23
	〃 委三	〃	桑懷	鑑暘	江蘇嘉定	民六、六、五	上海新衆職業學校畢業	初任委九科員歷任委八七六五四級科員課員	（卅三）法人薪字35380 33.10.23	33.12.15
	〃 委三	〃	林昌鏊		福建閩侯	民二、四、三	中華大學工商管理系畢業	初任委三級課員	（卅三）法人薪字41207 33.12.23	33.10.23
	委十二月薪85元 至委八	〃	藍進修		四川資陽	民五、十一、十六	中華職業學校會計科畢業	初任月薪80元之課員	（卅四）人薪字3721 34.2.5	34.2.5

7-1

	委十二 五委八一	軍委一階	課員	譚濂	佛林	廣东新會 前十六、九、十	廣东陸軍：省講習所畢業	初任少尉課員歷任中尉課員	渝(廿)任人字15168 29.11.29	29.12.8	V
	〃	月薪70元	〃	莊詠華		江蘇武進 民十二、五、八	南京安徽中學徽州分校畢業	初任大尉總務員歷任月薪[redacted]65元課員	(卅四)人秘字3506 34.2.21	34.2.21	△
	少(准)尉	軍委三階	司書	周志信		浙江鄞縣 民十一、十	國立第十二中學畢業	初任大尉司書	(卅三)渝人(辭)字16579 33.5.20	32.10.9	X
成本計算課	委二五 薦六	薦六	課長	湯浩	涵虛	湖北黃梅 前六、五、二一	中央大學會計科畢業	初任薦六課長	渝(卅)任人字28422 31.3.3	30.7.16	O
	委八五 委三	委三	課員	王耕玲		江蘇吳江 民六、十一、十六	復旦大學會計系畢業	初任委三課員	(卅三)渝人(辭)字35503 33.10.24	33.8.21	X
	〃	月薪130元	〃	胡廷憲	佐堯	四川江津 民二、九、廿九	重慶立信會計分校畢業	初任委九課員歷任月薪[redacted]120元課員	(卅四)人秘字3721 34.2.5	34.2.5	V
	委十二 五委八一	軍委一階	〃	魯昭祚	錫胤	安徽當塗 民三、九、三	蕪湖廣益中學畢業	初任准尉司務員歷任少中尉課員	(卅二)渝人字27334 32.11.5	32.11.5	V
	〃	軍委二階	〃	熊仲夫	家復	湖北廣濟 前六、九、九	廣濟大公中學畢業	初任少尉司書	(卅二)渝人字7835 32.3.31	31.9.12	4

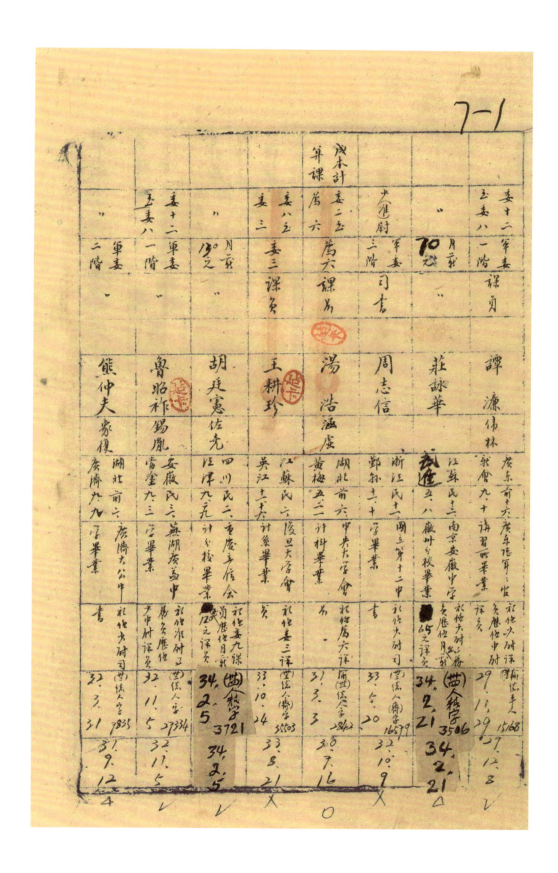

008

軍政部兵工署第五十工廠軍官佐屬現職錄

單位區分	現階 編制階	現階 現階	職稱	官位	姓名	別號	籍貫	出生年月日	出身學校期科畢業年月日及深造學校期	歷任各職	初任職務及任職令字號及年月日	到差年月
	委十二 五委八	月薪65元	課員		郭德芳		廣東三水	前三、六、四	廣州市立第一職業學校畢業	初任月薪55元課員 應任月薪60元課員	(卅三)經人稽字20628 33、6、21	33、6、21
	少(准)尉	軍委三階	司書		郭凝茄		浙江杭縣	民六、五、十四	杭州女子中學畢業	初任軍委三階司書	(卅三)經人(稽)字40546 33、11、30	33、10、5
	〃	〃	〃		余詩詠		四川巴縣	民四、八、二五	重慶開明職業學校畢業	初任少尉司書	(卅二)經人字26390 32、9、7	32、9、7
	〃	〃	〃		林品端		廣東新會	民六、十、五	廣州市立第一職業學校畢業	初任軍委三階司書	(卅三)經人(稽)字40546 33、11、30	33、10、7
審核課	委二五 薦六	月薪220元	課員		吳家驥		浙江杭縣	民一、九、十五	浙江省立甲種商業學校畢業	初任委八課員 歷任月薪200元課員	(卅四)人秩字22191 34、4、25	34、4、25
	委八五 委三	月薪140元	課員		岳鍾華		河北定縣	民四、十、十	中華職業學校傳訊班畢業	初任委九課員 歷任月薪130元課員	(卅四)人秩字3506 34、2、1	34、2、1

8-1

	委八五 委三	月薪 120元	課員	任肇平		湖南 湘陰	前五、十二、三	湖南省立第二中學畢業	歷任上尉事務員歷任委七及月薪110之課員	(卅四)人務4458 34、2、23	34、2、25	✓
	〃	月薪 160元	〃	劉濯		江西 九江	民一、三、二	湖南嶽山中學高級商科畢業	歷任月薪120元課員歷任150元之課員	(卅三)總人務41207 33、12、23	33、12、23	△
	委十二 五委八	月薪 80元	〃	陳先明		四川 江北	民四、三、六	中華職業學校畢業	歷任月薪80之課員	(卅三)總人務字41207 33、12、23	33、11、5	○
	〃	月薪 70元	〃	鄭德義		江蘇 溧水	前一、二、七	立信會計學校畢業	歷任月薪55之課員歷任65元課員	(卅三)總人務41207 33、12、23	33、12、23	△
	〃	月薪 85元	〃	劉田畯		湖北 荊門	民四、二十五	中華職業學校畢業	歷任月薪80之課員	(卅四)人務字3721 34、2、5	34、2、5	△
工薪計算課	委二五 薦六	月薪 200元	課長	謝東毅		浙江 平陽	前六、八、七	上海私立民高中商科畢業	歷任委五課員歷任至200元課員	(卅四)人務字22191 34、4、25	34、4、25	○
	委四五 委二	軍簡 二階	課員	馬淦庭							32、1、1	X
	〃	委二	〃	尚聘三	效亮	河南 汲縣	民六、一、七	河南大學經濟系畢業	歷任委五科員歷任委三課員	(卅三)總人務字41207 33、12、23	33、12、23	✓

009

軍政部兵工署第五十工廠軍官佐屬現職錄

單位區分	現編制階	現階（月薪）	職稱	官佐	姓名	別號	籍貫	出生年月日	出身校期科畢業年月日及深造校期	初任職務及歷任各職	任職令字號及年月日	到職年月日	
	委六五 委四	月薪110元	課員		夏忠農		浙江紹若	前五、五、二五	浙江龍山法政專門學校畢業	初任月薪100元課員	（酉）人鈐3506 34、2、1	34、2、1	✓
	〃	月薪90元	〃		夏均		南京	前一、九、十五	安徽廣益中學高級商科畢業	初任月薪80元課員	（酉）人稚3347 34、2、1	34、2、1	✓
	〃	月薪85元	〃		周祖芬		四川江津	民四、二、十	中華職業學校畢業	初任月薪80元課員	（酉）人稚字3721 34、2、5	34、2、5	×
	委十五 委六	月薪70元	〃		潘獅韓		廣東文昌	民六、九、九	越南東法中法中學畢業	初任月薪[illegible]元譯員應加至65元課員	（酉）人稚00313 34、1、8	34、1、8	✓
	〃	月薪70元	〃		陳廣銀		四川江津	民五、二、二	廣安師主高中畢業	初任月薪60元譯員歷任65元課員	（酉）總人麻41207 33、12、23	33、12、23	○
	〃	月薪80元	〃		錢忠榮		四川江北	民四、五、十四	中華職業學校會計科畢業	初任月薪80元課員	（酉）總人稚字22231 33、六、2	33、六、2	△

9-1

少(准)尉	軍委三階	司書		王濟衆		河南民十六察綏北山口中 察綏七二五心小學畢業	委派准尉司書	(卅二)法人字23200	32、10、6	32、10、6 X
〃	〃	〃		李紹伯	劍萍	四川民六北平志成中學 宣賓一、八畢業	委派少尉司書	(卅三)法人(卅)字1702	33、1、18	32、10、25 X

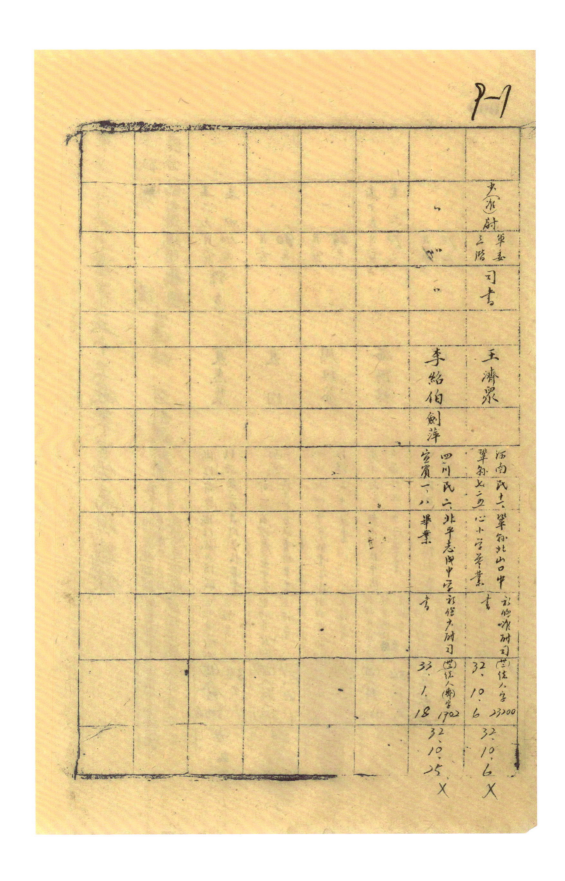

010

軍政部兵工署第五十工廠軍官佐屬現職錄

單位區分	現編制階	現階	職種	官佐姓名	別號	籍貫	出生年月日	出身校期科畢業年月日及深造校期	歷任各職	初任職務及任職令字號及年月日	就職年月日
工務處	荐二五 简六	荐一	廠長	凌雲從	雨人	河北天津	前十七、六、十七	同済大学畢業	初任荐五主任 歷任至荐二 廠長	(卅三)渝人務 20865 33.6.24	33.6.24
試工程師室	荐四五 简六	荐二	試工程師	沈華耕	景伊	江蘇松江	前十三、十一、十三	同済大学機械系畢業	初任荐六技士 歷任至荐三技正	(卅三)渝人務 35298 33.9.28	33.9.28
	荐六五 荐二	荐二	工程師	郑濟時	彝民	江蘇吳縣	前十一、四、二四	同済大学機械系畢業	初任荐六課員 歷任至荐三課長	銓(卅七)18字7956 33.6.2	33.6.2
	〃	荐二	〃	夏全鐸	振路	遼寧鳳城	前八、一、二〇	法國布魯斯學工業大学特許工程師	初任荐三工程師	(卅三)渝人務 30161 33.8.28	33.8.28
	〃	荐三	〃	張式齡		廣東開平	前十三、十二、一	同済大学機械系畢業	初任荐六主任 歷任至荐四主任	銓(卅七)18字13243 33.8.9	33.8.19
	〃	荐三	〃	邱世恩		浙江吳興	前三、八、五	法國機械大学特許電機工程師	初任荐六技術員 歷任至荐四主任工程師	銓七18 9679 33.6.28	33.6.28

10—9

薦六五 薦四	薦八	工程師	陳贊文		廣東茂名	前二六 二二三	兵工高校大藥科畢業	初任委二工程師歷任[illegible]九工程師	(卅四)銓字 8817 34.5.30	34.5.30	○
〃	薦九	〃	鄒序廷	仲虞	湖南新化	前十 十三	湖南大學電機系畢業	初任委六技術員歷任[illegible] [redacted] 薦工程師 (謹) 薦十	(卅三)總人薦 37508 33.10.14	33.10.14	△
〃	委一	〃	王漢錕		福建惠安	民三 十六	同濟大學機械電工系畢業	初任委二工程師	(卅三)總人薦 37958 33.11.21	33.11.21	
委八五 委五	委七	繪圖員	蘇光焰		四川南充	民十 七、十三	南充高級蠶絲科職業學校機械科畢業	初任委十一繪圖員歷任[illegible] [redacted] 八繪圖員	(卅三)總人薦 41207 33.12.23	33.12.23	✓
〃	月薪 110元	〃	朱宗熹		浙江杭縣	民六 十一、十二	杭州宗文中學畢業	初任委十一繪圖員歷任月薪[redacted] 100元 繪圖員	(卅三)總人薦 41207 33.12.23	33.12.23	○
委十一 委八	委九	〃	羅時欽		四川涪陵	民十 二、五	省瑞高工校畢業	初任委十一繪圖員歷任委十繪圖員	(卅三)總人薦 35580 33.10.23	33.10.23	×
〃	委十四	〃	赫宏謀		河南確山	民十四 五、四	第一技工學校畢業	初任委十五繪圖員	(卅四)銓字 31067 34.5.28	34.5.28	♡
〃	委十	〃	葉仲全		四川江北	民十六 十三	中央工業學校畢業	初任委十一繪圖員	(卅三)總人薦 27910 33.8.11	33.8.11	△

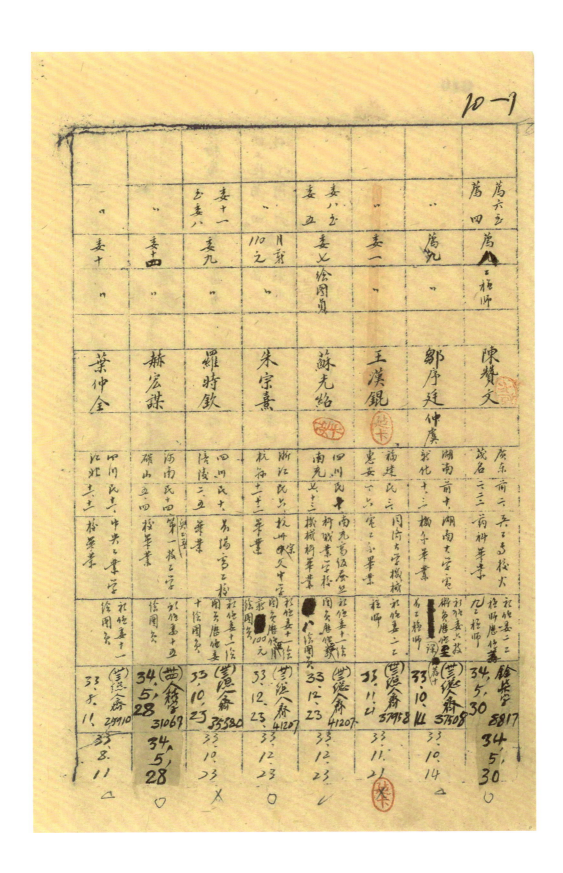

軍政部兵工署第五十工廠軍官佐屬現職錄

單位區分	編制階	現階	職稱	官位	姓名	別號	籍貫	生年月日	出身校別期科畢業年月及深造校期	歷任各職	初任職務及任職令字號及年月日	年月日
	委十一至委八	委十四	繪圖員		楊儒璠		安徽壽縣	民十六、十二、七	兵工學第一校工學校畢業	初任委十五繪圖員	34.5.15（卅四）人程字23755	34.5.15 X
	〃	委十四	〃		黃德鑾		廣東清遠	民九、十、十八	兵工學第一校工學校畢業	初任委十五繪圖員	34.5.15（卅四）人精字23755	34.5.15 X
	〃	委十四	〃		蕭歆		湖南長沙	民六、七、二三	中華職業學校機械科肄業	初任委十六繪圖員	34.3.17（卅四）人程字7701	34.3.17 〇
	〃	月薪85元	〃		張覃健		江蘇江陰	民六、七、一六	江蘇南菁中學高中肄業	初任[illegible]附司書 歷任[illegible]經理 [illegible]繪圖員	34.3.21（卅四）人程字7933	34.3.21 △
	〃	委九	〃		唐際斯		四川巴縣	民十三、一、八	中華職業學校機械科畢業	初任委十一繪圖員 歷任委十繪圖員	33.11.12（卅三）總人森37520	33.11.12 ✓
	〃	委九	〃		李菊生		湖北漢口	民十、五、十	中華職業學校機械科畢業	初任委十一繪圖員 現任委十繪圖員	34.4.23（卅四）人程字22036	34.4.23 X

备注	官等	职等	职务		姓名	印章	籍贯	年龄	学历	经历	任命文号	任命日期	到职日期	标记
	委十一 支委八	委十五	绘图员		朱玉琰		湖南 醴山	民十六 八、二	兵工学校第一技工学校毕业	初任委十五绘图员	(卅三)谈人(濟)字35586	33、10、25	33、7、19	○
	火(准)尉	军委三阶	司书		舒予方		湖北 汉口	民六 九十九	汉口震旦中学毕业	初任少尉司书	(卅)信人字1940	30、12、29	30、6、20	✓
	〃	军委三阶	〃		朱烈刚		四川 巴县	民六 十十三	武昌启黄中学毕业	初任少尉司书	(卅二)信人字13993	32、6、17	32、6、17	○
工程师室	荐三五 荐一	荐一	工程师		唐宏庆 家清	印	江苏 宜兴	前十 五十七	法国柏林大学毕业	初任荐四主任技术员 历任荐二主任	(七)侦字7956	33、6、2	33、6、2	✓
	荐六五 荐四	委一	〃		周纪善	印	浙江 诸暨	民前一 十二、十四	浙江大学理学士	初任委九技术员 历任委二主任技术员	(卅二)统人府34197	32、12、31	32、12、31	X
	委一	委二	技术员		杨树芬	印	广东 惠阳	民二 十六、十六	兵工学校造兵系毕业	初任技术员 历任委一级三技术员	(卅三)经人府20628 副	33、6、21	33、6、21	X
	委二	委五	〃		周起南		浙江 杭县	民五 二十五	浙江大学电机系毕业	初任委十技术员 历任委六技术员	(卅三)源人骑34496	33、11、30	33、11、30	X
	委三	委三	〃		任景业	印	山西 浑源	民六 十六、十三	清华大学电机系毕业	初任委七技术员 历任委四技术员	(卅四)人秘字7701	34、3、17	34、3、17	✓

11-2

軍政部兵工署第五十工廠軍官佐屬現職錄

單位區分	編制階	現階	職稱	官佐姓名	別號	籍貫	出生年月日	出身學校期科畢業年月日及深造校期	初任職務及歷任各職	任職令字號及年月日	到差年月	
	委五	委五	技術員	薛世誠		江蘇如皋	民六、四、七	浙江大學機械系畢業	初任委五技術員	(卅三)法人(儕)字40?44 33、11、3	33、8、25	✓
	委六	委七	〃	吳生林		江蘇宜興	民六、六、三	同濟大學機械系畢業	初任委七技術員	(卅四)人穫字2695 34、1、25	33、8、9	○
	〃	委六	〃	梁子祥		湖南安化	民四、六、二三	湖南省立高工校畢業	初任委十一技術員 歷任委七技術員	(卅四)人穫字2785 34、1、26	34、1、26	✓
	委八	委十五	繪圖員	牛修德		山東濟南	民十四、七、二五	兵工署第一技工學校畢業	初任委十五繪圖員	(卅三)法人(儕)字35586 33、10、25	33、7、19	△
	委十	委十五	〃	甯金富		河南陳留	民十二、五、一	兵工署第一技工學校畢業	初任委十五繪圖員	(卅三)法人(儕)字35586 33、10、25	33、7、19	✓
	委十一	委十一	〃	楊荷生		江蘇武進	民七、一、一	重慶商船學校肄業	初任委十二繪圖員	(卅四)人穫字2574 34、1、25	34、1、25	✗

11-3

單位	階級	官等	職務	姓名		籍貫	出生	學歷	經歷	任命	到職	
事務課	中校	軍需二階	課長	胡廸南		湖南長沙	前六、十二、十二	湖南私立湖濱大學教育系畢業	前任少校課員	(卅三)信人(渝)字34197 32、12、31	32、12、31	✓
	少校	軍需一階	課員	陳子英		浙江杭縣	前六、一、二四	浙江安定中學畢業	前任大尉課員 歷任中上尉科員	(卅三)信人(渝)字41117 33、12、22	33、12、1	○
	〃	軍需二階	〃	張義雲		浙江餘姚	前二、一、八	上海民立中學商科畢業	前任上尉課員	(卅三)信人字7846 32、4、2	31、12、4	△
	上尉	軍需一階	〃	陳正科		四川巴縣	民六、六、三	合川縣立鄉村師範肄業	前任准尉司書 歷任少中尉司務員	渝(卅)信人字2701 31、3、2	31、3、2	○
	〃	軍需一階	〃	周開明	手敍	四川成都	前十一、十二、十四	成都志成法政學校肄業	前任少尉司書 歷任中尉課員	渝(卅)信人字11852 30、7、22	30、7、22	X
	大(准)尉	軍需三階	司書	阮貽		廣東陽江	前一、九、二六	陽江縣立鄉村師範肄業	前任准尉司書	(卅三)信人(渝)字37520 33、11、12	33、11、12	△
	〃	〃	〃	馮啟梧		廣東南海	民九、五、八	漢口私立漢光中學肄業	前任准尉司書	渝(卅)信人字6520 30、4、25	30、2、7	○
	〃	〃	〃	張鑑文		四川眉山	民六、七、廿	眉山聯立中學肄業	前任軍需三階司書	(卅三)信人(渝)字40546 33、11、30	33、10、3	△

軍政部兵工署第五十工廠軍官佐屬現職錄

012

單位區分	工作準備課					
編制階級	薦五至薦三	委一至薦五	委三至委一	〃	上尉	中尉
現階		委七	委七	委[illegible]	軍委一階	軍委二階
職稱	課長	技術員	〃	〃	譯員	〃
官佐姓名		鄒今克	梁書林	陳國治	劉廣潤	劉光祖
別號				培川	澤人	偉
籍貫		湖南新化	湖北漢川	福建晉江	南京	四川江津
出生年月日		民五、十二、二〇	民七、二一	民一七、七、七	民二、五、二九	民四、十一、廿
出身校期科系及深造校期		湖南楚怡高工校畢業	重慶大學機械系畢業	兵工學校造兵十畢業	南京私立文化學院畢業	四川江津縣立中學畢業
歷任各職		初任委九技術員、應任委八技術員	初任委八技術員	初任委七附員、歷任至委三技術員	初任中尉譯員	初任中尉譯員
任職命令字號及年月日		(卅三)總人務41207 33.12.23	(卅四)人務字00303 34.1.8	(卅四)人務字31174 34.6.1	府從軍人4892 29.4.9	(卅二)從人字34208 32.12.31
到差年月日		33.12.23	34.1.8	34.6.1	29.4.9	32.12.31
		△	V	○	△	△

12-1

	少尉	軍委三階	司書	王宗恩		湖北宜昌	民五、九、四	湖北省立宜昌中學畢業	初任少尉司書	渝(卅一)經人字24988 31.10.30	31.6.18	X
工料預算課	薦五至薦三	〃	課長									
	委一至薦五	委四		林振寰		四川資中	民二、五、一	重慶大學機械系畢業	初任委七技術員歷任委五技術員	(卅三)總人爵39001 33.11.22	33.11.22	V
	〃	委四		歐陽暉		江西都昌	民六、九、六	同濟大學機械系畢業	初任委八技術員歷任委五技術員	(卅四)人務字22036 34.4.23	34.4.23	△
	〃	委五		左芙全		湖北雲夢	民五、一、三	重慶大學機械系畢業	初任委八技術員歷任委七六技術員	(卅三)總人爵39001 33.11.22	33.11.22	O
	委三至委一	委三		李澤深		河北天津	前九、七、二七	河北省立高工校畢業	初任委五技術員	(卅四)人務字33573 34.4.7	34.4.7	X
	〃	委五		周全	紹南	四川瀘縣	民八、十九	成都高工校機械科畢業	初任委十技術員歷任委六技術員	(34)人稽字5562 34.2.27	34.2.27	X
	〃	委五		段達成	德溥	湖南南縣	民五、三、二	兵工學校專科部畢業	初任委九技術員歷任委六技術員	(卅三)經人(齊)字41207 33.12.23	33.12.23	△

013

軍政部兵工署第五十工廠軍官佐屬現職錄

單位區分	編制階	現階	現職稱	實任姓名	別號	籍貫	出生年月日	出身校期科畢業年月日及深造校期	初任職務及歷任各職	任職令字號及年月日	到差年月日
	委三至委一	委五	技術員	王瑩		四川彭水	民六、九、十二	重慶高工校畢業	初任委十技術員，歷任委六技術員	（卅四）人整字22358 34.4.30	34.4.30
	上尉	軍委一階	課員	黃亮賢		廣西平南	民一、十、十二	廣東省立肇慶師範畢業	初任[illegible]司令，歷任中尉事務員	渝（卅一）統人字7673 31.4.27	31.4.27
	少尉	軍委三階	司書	歐體忠		湖南新化	民二、六、十二	湖南省立常德中學畢業	初任軍委三階司書	（卅三）統人（齊）字32481 33.10.4	33.8.5
工作分配課	薦五至薦三		課長								
	委一至薦五	委八	技術員	趙毓良		江蘇江陰	民八、七、二六	同濟大學機械系畢業	初任委八技術員	（卅四）人[redacted]字33422 34.7.8	34.7.8
	〃	委九	〃	張義良							

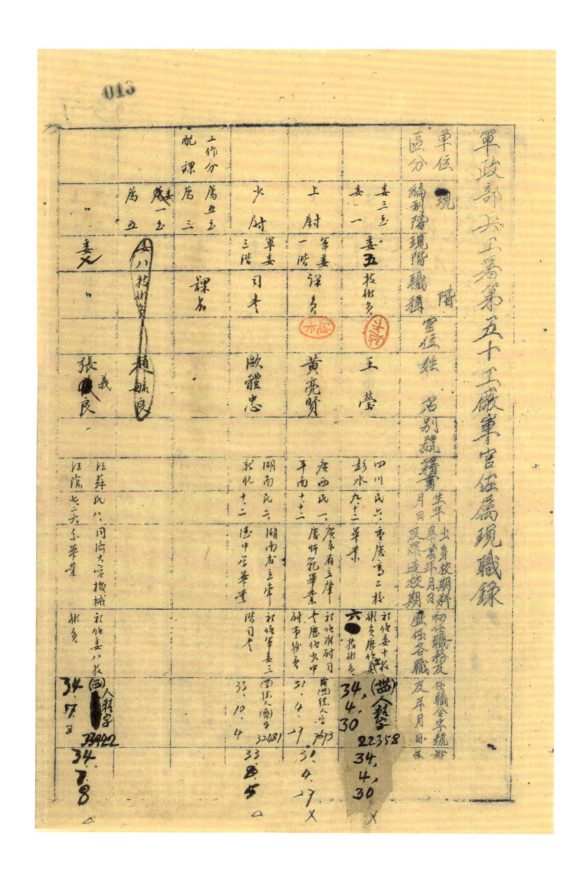

73-1

單位	職等	級	職別	姓名	籍貫	出生	學歷	經歷	核准文號	到職日期	備註
	委一五 薦五	薦九	技術員	陶執柄	江蘇武進	前五、十二、二〇	同濟大學機師科畢業	初任委二技術員歷任委一技術員	(卅三)總人銓 33.2.28 6116	33.2.28	△
	委三五 委一	委七	〃	陳光清	上海	民四、十二、十五	重慶大學電機系畢業	初任委八技術員	(卅四)人甄字 34.1.25 2674	34.1.25	○
	〃	委六	〃	陳立	江蘇江陰	民六、五、六	浙江大學機械系畢業	初任委八技術員歷任委七技術員	(卅三)總人銓 33.11.22 39001	33.11.22	○
	〃	委四	〃	曹保民	安徽巢縣	民四、九、二五	安徽高級工業學校畢業	初任委五技術員	(卅三)總人銓 33.10.7 33295	33.10.07	X
	上尉	軍委一階	譯員	趙重慶	廣東高要	前九、九、九	廣東肇慶中學畢業	初任准尉司務員歷任少中上尉司務員	(卅二)依人字 32.5.22 11986	31.8.28	△
	中尉	軍委二階	〃	古惠仙	廣東陵水	民四、一、二六	廣東體育學校畢業	初任中尉司務員	(卅)依人字 30.9.18 13967	30.6.1	V
	少尉	軍委三階	司書	曹菲	湖南長沙	前一、九、四	長沙私立中學畢業	初任少尉司書	(卅二)依人字 32.1.13 699	31.11.1	X
半成品檢驗室	薦五五 薦四	薦十	主任技術員	蔡恩成	遼寧海城	前五、九、十二	馮庸大學機械系畢業	初任委八技佐歷任委一技術員	(卅三)總人銓 33.8.28 31796	33.8.28	X

014

軍政部兵工署第五十工廠軍官佐屬現職錄

單位區分	編制階	現階	職稱	官佐姓名	別號	籍貫	出生年月日	出身校期科畢業年月日及深造校期	初任職務及歷任各職	任職令字號及年月日	年月日
	委一至薦五	委五	技術員	王紹清	捷如	湖北黃岡	前十六、六、七	漢陽鉄廠公學畢業	初任上尉司務員歷任技術員	渝(卅)總人 30267 31、12、31	31、12、31
	委三至委一	委三	〃	王耀榮		河南邯鄲	民四、九、二三	國立西北大學化學系畢業	初任委五技術員歷任委四技術員	(卅三)總人齋 39001 33、11、22	33、11、22
	〃	委五	〃	池開紀		四川合川	民六、三、一〇	重慶高工校機械科畢業	初任委十技術員歷任委六技術員	(卅四)人敘字 30873 34、5、28	34、5、28
	中尉	軍委二階	事務員	冉成郁		四川南川	前一、一、一	南川縣立第一小學畢業	初任准尉司書歷任少尉司書	(卅三)總人齋字 19524 33、6、7	33、6、7
	〃	〃	〃	周駿傑		浙江永康	民六、十二、二六	永康縣立中學畢業	初任中尉副官	(卅三)總人齋字 25946 33、8、11	33、6、1
	〃	〃	〃	賴自明		湖南寧鄉	民六、三、十一	長沙縣立中學畢業	初任中尉司務員	(卅三)總人齋字 8873 33、3、21	33、12、27

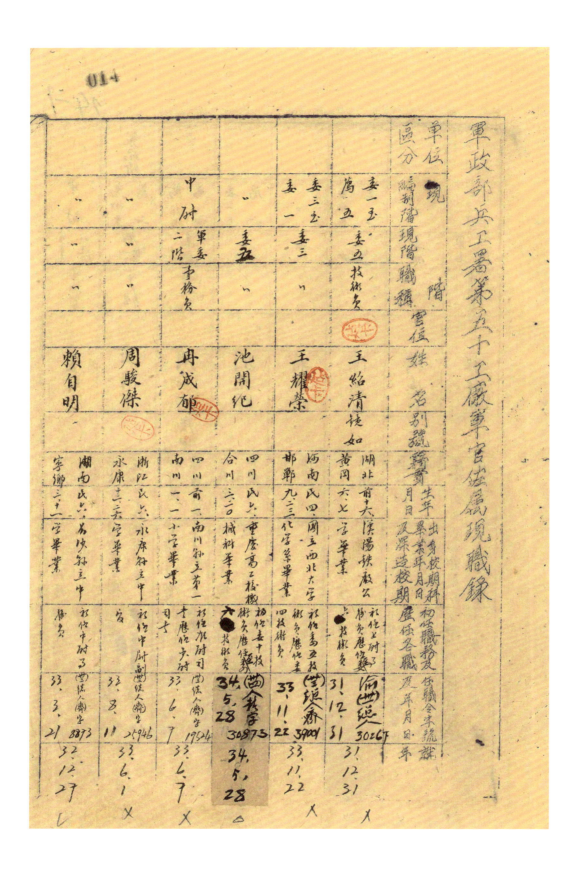

	中尉	軍需二階	事務員	盧賢傑		廣东番禺	民五、五、五	廣州文德學校肄業	前任中尉司務員	(卅)依人銜字34208 32、12、31	32、12、31	○
製砲所	薦四五 薦二	薦三	主任	王國章		河北定縣	前五、六、十九	同濟大學機械系畢業	前任委三技佐歷任薦四主任(?)	銓18 9679 33、6、28	33、6、28	×
	薦六五 薦四	委五	技術員	周必祐	慶申	四川涪陵(?)	民一、五、五	同濟大學附設高工科畢業	前任委十階技術員歷任委技術員	(卅)人銓字2674 34、1、25	34、1、25	×
	委二五 薦六	委四	〃	劉𢫬暉		江蘇江陰	民六、二、三	同濟大學機械系畢業	前任委八技術員歷任委五技術員	(卅)人銓字22191 34、4、25	34、4、25	△
	〃	委八	〃	蔣觀洪		河北博野	民七、十二、四	同濟大學畢業	前任委八技術員	(卅)依人銜字40554 33、11、30	33、9、13	∨
	委四五 委二	委七	〃	陳萬林		廣东汕頭	民十、十、十二	同濟大學高工科畢業(?)	前任委八技術員	(卅)人銓字30873 34、5、28	34、5、28	○
	〃	委四	〃	周德成	季禾	浙江鎮海	民八、十、十八	兵工學校專科部畢業(?)	前任委九技術員歷任委五技術員	(卅)人銓字00313 34、1、8	34、1、8	×
	上尉	軍需一階	事務員	程祥庭		察哈爾延慶	民五、十、八	察哈爾省立第二中學畢業	前任代理上尉司務員	(卅)保人字5174 32、3、2	32、3、2	○

015

軍政部兵工署第五十工廠軍官佐屬現職錄

單位區分	現階：編制階	現階	職稱	官佐屬	姓名	別號	籍貫	出生年月日	出身校科畢業年月日及深造校期	初任職務及歷任各職	任職令字號及年月日	就職年月日	
	中尉	軍委二階	事務員		吳渭智		安徽合肥	民八 三、十七	安徽黃麓鄉村師範學校畢業	初任中尉司務員	(卅三)法人(衞)字14516 33、4、29	33、2、20	〇
	少尉	軍委三階	〃		邵再興		浙江諸暨	民一 八、七	諸暨私立中學畢業	初任少尉司務員	(卅三)法人(衞)字14516 33、4、29	33、2、4	✓
	〃	〃	〃		竇嘯天		安徽含山	民一 二、三	安徽省立宣城師範畢業	初任少尉司務員	(卅一)法人字22224 31、10、3	31、5、16	〇
鍛工所	薦六至薦四		主任 技術員										
	委一至薦六	委七	技術員		朱德照		浙江開化	民六 一、一	同濟大學機械系畢業	初任委八技術員	(卅四)人甄00313 34、1、8	34、1、8	〇
	委二	委四	〃		楊永然		江蘇東海	民三 六、四	同濟大學[illegible]工系畢業	初任委七技術員 歷任委五技術員	(卅四)人甄字33573 34、7、1	34、7、1	×

地八-1

鑄工所

委四	軍委一階	事務員	劉燕庭	溥孫	廣東南海	前二、八、三〇	南海縣立中学畢業	歷任湘材司務員、歷任少中尉司務員	渝(卅)任人字17184 30、11、10	30、11、10 △
委六	委六	技術員	顧傳厚		山东东平	民六、四、十	西南聯大機械系畢業	歷任委八技術員、歷任委七技術員	(卅三)從人字35580 33、10、23	33、10、23 ○
中尉	軍委二階	事務員	劉傑		江蘇句容	民五、四、十七	江南省立戰區中学畢業	歷任少尉司書	(卅三)從人字40546 33、11、30	33、11、30 △
委一五 薦四		主任 技術員								
委四五 委二	委三	技術員	朱雲湘		湖南長沙	民三、一、二四	湖南大学電機系畢業	歷任委八技術員、歷任委七六五四技術員	(卅三)從人字35586 33、10、25	33、10、25 ○
〃	委六	〃	包月溶		四川鄰水	民七、二、四	重慶高工機械科畢業	歷任委十技術員、歷任委九八七技術員	(卅三)從人字22337 33、7、4	33、7、4 ○
中尉	軍委二階	司務員	唐士佩		廣东海康	前一、九、三〇	海康師範畢業	歷任少尉司書	渝(卅)任人字15899 30、10、22	30、10、22 ✓
〃	〃	〃	陸明鑛		湖北武昌	民三、九、十七	南京安徽中学徽州分校畢業	歷任中尉司務員	(卅三)從人字1233 33、1、8	33、1、8 ✓

016

軍政部兵工署第五十工廠軍官佐屬現職錄

單位區分	現階 編制階	現階	職稱	官佐姓名	別號	籍貫	出生年月日	出身校期科畢業年月日及深造校期	初任職務及歷任各職	任職令字號及年月日	任現職年月日
	少(准)尉	軍委三階	事務員	潘英		廣東茂名	民一、七、十五	茂名梅菉市立中學畢業	初任少尉事務員	32.12.31 (卅)佐人(衔)字34208	32.10.26
彈夾所	薦四至薦二	薦四	主任	職子英		河南溫縣	前十三、十、十六	同濟大學機械科畢業	初任薦六主任 歷任薦五主任	33.9.28 (卅)渝人爵35298	33.9.28
	薦六至薦四	委二	技術員	張仲偉		廣東開平	民六、一、一	中山大學機械工學畢業	初任委六技術員 歷任委三技術員	34.2.1 (卅四)人技字3347	34.2.1
	〃	委三	〃	熊松濤		安徽懷寧	民六、九、一	安慶高級工業學校畢業	初任委四技術員	34.2.23 (卅四)人技字4438	34.2.23
	委二至薦六	月薪160元	〃	林藻明		福建閩侯	民五、一、三	中山大學高中部畢業	初任委十一級技術員 歷任至月薪140元技術員	34.2.7 (卅四)人技字5562	34.2.7
	上尉	軍委一階	事務員	謝天錫	-	江蘇武進	民七、十二、三	杭州高級工業學校肄業	初任少尉事務員 歷任中尉事務員	33.11.30 (卅三)佐人(衔)字40546	33.11.30

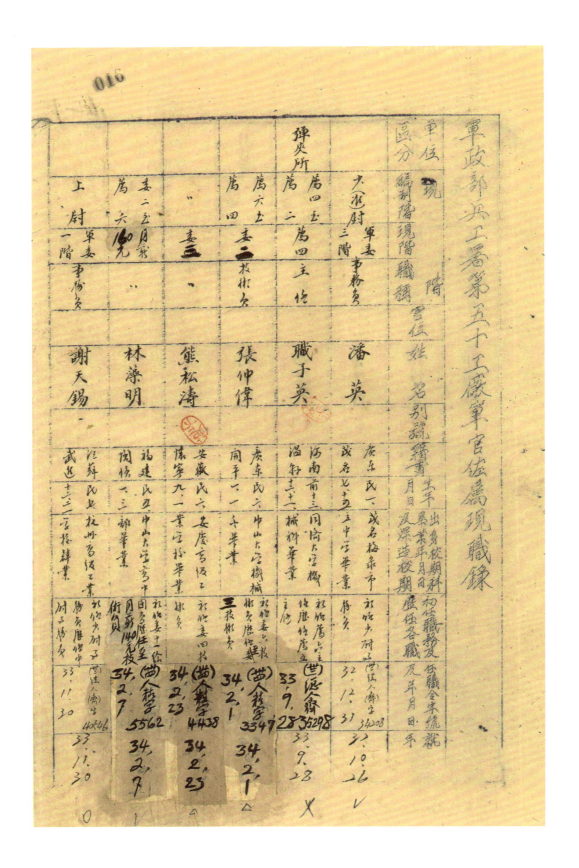

16-1

	中尉	軍委二階 事務員	鄧思誠	（印）	湖北黃陂	民六 七、二八	安徽省立高職校畢業	初任中尉三務員	32.3.2 （卅）銓人字5134	32.3.2	○
	少尉	軍委三階 〃	于寶海		江蘇青浦	民六 八、八	青浦高級中學畢業	初任少尉三務員	32.12.31 （卅）銓人審字34208	32.10.26	×
	〃	〃 〃	賀至剛		四川巴縣	民六 十二、四	重慶私立會計專修館畢業	初任少尉三務員	33.4.28 （卅）銓人審字13413	33.[illegible].17	○
引信所	薦四五 薦二	薦十 主任	劉天威		遼寧鐵嶺	前五 八、九	馮庸大學機械系畢業	初任薦六技術員歷任[redacted]技術員	主稿 33.12.6 銓字20063	33.12.6	△
	薦六五 薦四	委五 技術員	楊洪良	（印）	江蘇金壇	民七 七、二五	同濟大學機械系畢業	初任委八技術員歷任至上技術員	34.7.1 （卅四）人秘字33573	34.7.1	×
	上尉	軍委一階 事務員	曾復典	（印）	湖北武昌	民三 十二、六	朝陽大學肄業	初任上尉三務員	31.1.24 俯（卅）總人字28660	31.1.24	✓
工具所	薦四五 薦二	薦九 主任	施惟吾	長庚	江蘇武進	前十 三、二六	上海兵工廠同等學校畢業	初任委五技術員歷任薦十技術主任	34.5.30 銓叙字8817	34.5.30	✓
	薦六五 薦四	委五 技術員	鄧顯昭	（印）	廣東三水	民五 七、十三	同濟大學機械系畢業	初任委八技術員歷任至上技術員	34.6.1 （卅四）人秘字31183	34.6.1	○

017

軍政部兵工署第五十工廠軍官佐屬現職錄

單位區分	編制階	現階	職稱	官佐姓名	別號	籍貫	出生年月日	出身學校期科畢業年月日及深造校期	歷任各職	任職令字號及年月日	就職年月日
	薦六五 薦四	委七	技術員	黎大森		廣東羅定	民八、一、十	同濟大學機械系畢業	前任委八技術員	（卅四）人稽字23755 34.5.15	34.5.15
	〃	委四	〃	管鑣		江蘇太倉	民七、六、一	上海中華職業學校畢業	前任委四技術員	（卅三）人稽字3543 34.2.1	33.11.3
	委三五 薦六	委四	〃	宋鴻鼎		浙江紹興	民四、十二、五	同濟大學機械系畢業	前任委八技術員歷任委五	（卅四）人稽字30873 34.5.28	34.5.28
	〃	〃	〃	把健		江蘇泗陽	民五、九、十五	重慶大學機械系畢業	前任委八技術員 五	（卅三）人稽字40622 33.12.8	33.12.8
	〃	〃	〃	孫樹樺		河南汲縣	民四、二、五	西北大學化學系畢業	前任委八技術員歷任委五	（卅三）人稽字39502 33.11.30	33.11.30
	〃	委四	〃	胡健		安徽桐城	民七、四、四	安慶高工校機械科畢業	前任委九技術員歷任委四	（卅四）人稽字30873 34.5.28	34.5.28

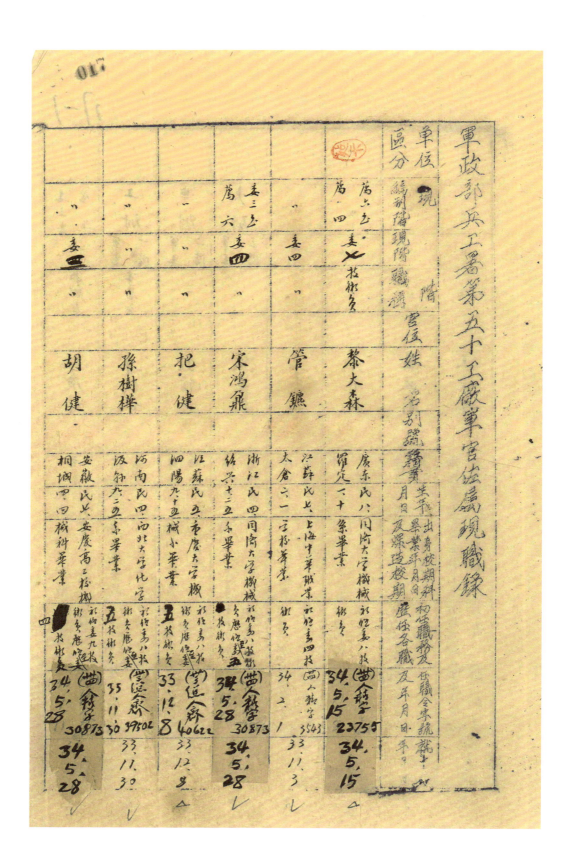

17-1

官階	階級	職務	印	姓名		籍貫	出生	學歷	經歷	任命	日期	記號
委三五 薦六	委五	技術員		張廣祥		南京	民五、一、六	上海中華職業學校肄業	初任少尉庫員 歷任中尉庫員 委六技術員	34.(卅四)人移字4438 34.2.23	34.2.23	△
上尉	軍委一階	事務員	（印）	李繩武		廣東東莞	前九、一、二一	廣東軍事政治學校畢業	初任准尉司務員 歷任少中尉司務員	33.3.21 (卅三)條人(齋)字8888	33.3.21	X
中尉	軍委二階	〃		鍾信祥		廣東梅縣	民七、十、十九	梅縣白宮公學畢業	初任准尉司書 歷任少尉司書	31.10.9 (卅一)條人字23712	31.10.19	○
少尉	軍委三階	〃		熊象乾		湖北廣濟	民一、十二、十六	湖北省立第九中學畢業	初任少尉司務員	31.4.25 (卅一)條人字7528	30.12.28	△
〃	〃	〃		李壽鶴		四川[illegible]壽	民七、七、二五	重慶文德中學肄業	初任少尉司務員	31.10.3 (卅一)條人字22224	31.5.4	X
〃	〃	〃		朱自誠		湖北麻城	民六、九、十	上海私立江西中學畢業	初任少尉司務員	33.1.8 (卅三)條人(齋)字1233	32.11.4	○
〃	〃	〃		黃啟圖		廣東花縣	民五、十二、二	廣州復旦中學畢業	初任軍委三階司務員	33.12.23 (卅三)條人(齋)字41207	33.11.19	X
〃	〃	〃		王宗導		浙江新昌	前一、一、五	新昌縣立中學畢業	初任准尉司務員	32.6.28 (卅二)條人字15188	32.6.28	X ○

軍政部兵工署第五十工廠軍官佐屬現職錄

單位區分	編制階	現階	職	官佐姓名	別號	籍貫	出生年月日	出身校期科畢業年月日及深造校期	初任職務及歷任各職	任職令年月日及字號	就職年月日	
樣板所	營一	營十	主任	周祖彭		江蘇無錫	前四、七、二〇	同濟大學機械科畢業	初任技佐，歷[redacted]一、技術員、股長	33、12、6 技七字第20063	33、12、6	X
	上(中)尉	軍委一階	事務員	趙憲章		河北清苑	前三、六、六	朝陽大學畢業	初任上尉司書、事務員	32、10、6 (卅二)法人字23187	32、6、24	△
	少尉	軍委三階	〃	李建安		陝西朝邑	民四、四、九	軍委會幹訓團畢業	初任少尉司書、事務員	33、6、20 (卅三)法人(薦)字20587	32、12、13	X
	委三	委八	技術員	何萬鍾		江蘇鎮江	民六、四、二二	兵工學校軍械技術班畢業	初任委九技術員	34、2、1 (34)人技3347	34、2、1	X
	委六	委六	〃	張禹門		江蘇無錫	民七、六、二一	同濟大學電機系畢業	初任委八技術員，歷任委七技術員	33、10、25 (卅三)總人薦35586	33、10、25	△
	委九	委十	〃	任宗耀		浙江鄞縣	民六、三、四	湖北省立高職機械科畢業	初任委十一技[redacted]術員	33、6、19 (卅三)總人薦20428	33、6、19	V

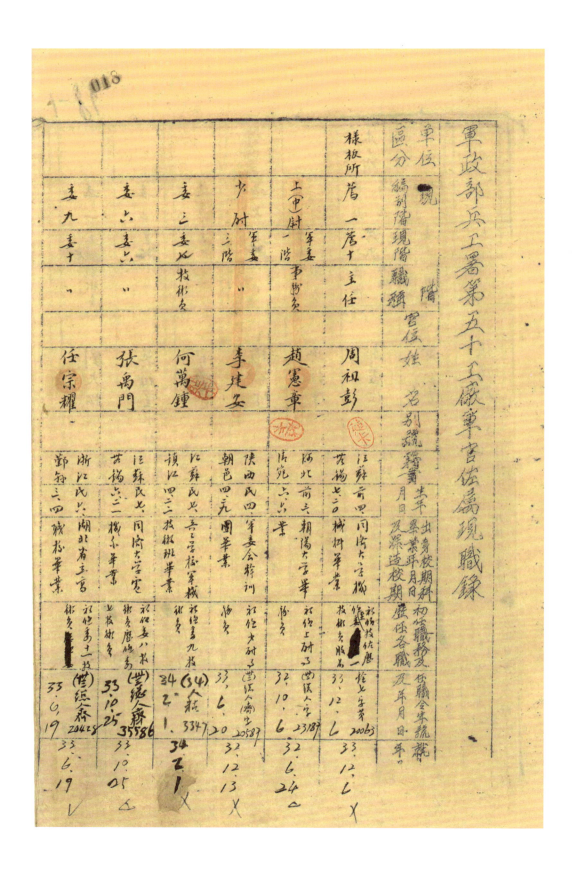

18-1

	委一	委四	技術員	劉大松	江西民六 贛縣八十三	同濟大學機械系畢業	前任委八技術員歷任經[illegible]	34,3,17 (甾)入藉字7701	34,3,17	△
	委三	委X	〃	莫祖望 永蔚	江蘇民九 芜錫八十六	兵工學校技術班畢業	前任委十技術員歷任經[illegible] 八技術員	34,4,25 (甾)入藉字22191	34,4,25	乚
	委五	委四	〃	曾讓賢	江西民六 九江十五	兵工學校專科部畢業	前任委九技術員歷任委八七六技術員	33,7,4 (字)縂人藉22337	33,7,4	X
	委七	委X	〃	楊家玕	江蘇民九 海門八十五	同濟大學機械系畢業	前任委八技術員	34,6,15 (甾)入藉字32625	34,6,15	X
	〃	軍委二階	服員	吳振犀	廣東民四 順德八十五	黃埔海軍學校畢業	前任中財服員	30,3,23 廣(州)法人字14423	28,8,14	0
	委一五 薦五	薦九	主任技術員	鄭蓋臣	河北前六 灤縣四二五	河北省立工業學院機械科畢業	前任薦六技術員歷任委五四三二一技術員主任	34,5,30 銓[illegible]字8817	34,5,30	△
木工所	委三五 委一	委三	技術員	黃金榮	廣東民一 著寧九十	同濟大學附設高工校畢業	前任委十一技術員歷任經[illegible]四技術員	33,12,8 (字)縂人藉40622	33,12,8	X
	〃	委六	〃	張鴻武 潔士	四川民六 涪陵五三	重慶高工校機械科畢業	前任委十技術員歷任委七技術員	33,9,11 (字)縂人藉29296	33,9,11	△

019

軍政部兵工署第五十工廠軍官佐屬現職錄

單位區分	現階：編制階	現階：現階	現階：職稱	官佐姓名	別號	籍貫	出生年月日	出身校期科畢業年月日及深造校期	初任職務及歷任各職	任職令字號及年月日	年月
	中尉	軍委二階	事務員	孫文斐		浙江餘姚	民十一	上海蘇中丞中學畢業	初任中尉事務員	(卅)伕人字5281 32.3.2	31.10.7 ✓
	〃	〃	〃	陳杰三		浙江杭縣	民三.十.六	安徽省立第二中等學校畢業	初任少尉事務員	(卅)伕人字3528 31.4.25	31.4.25 ○
水電所	薦五至薦三	薦三	主任	張君聄		江蘇吳縣	前五.六.一	金陵大學電工系畢業	初任委一技術員歷任薦四主任	銓叙15243 33.8.19	33.8.19 △
	委一至薦五	委三	技術員	闞樹田		河北寧津	前一.六.十三	東北大學電工系畢業	初任委四技術員	(卅)總人字37958 33.11.21	33.11.21 ○
	〃	委四	〃	趙廼驥		山東黃縣	民四.七.七	金陵大學電工系畢業	初任委六技術員歷任委五技術員	(卅)總人字39496 33.11.30	33.11.30 △
	委三至委一	委三	〃	郭耀泉		廣東番禺	民五.五.十四	兵工學校畢業	初任委七技術員歷任委四技術員	(卅四)人字2785 34.1.26	34.1.26 △

19-1

	委三五 委一	月薪 120元	技術員	余康	廣东中山	民五、十一、七	北平志成高中畢業	初任火砲團員 歷任 110元技術員	(34)人技 7933 34.2.21	34.2.21 X
	上尉	第一階 委	事務員	許捷三	河北滄縣	前十六.五.六	北洋軍乐教練所畢業	初任大尉 歷任中尉 庶務員	(卅)任人字 7090 33.5.3	30.5.3 l
	中尉	第二階 委	〃	李特	廣东南海	前六.十二.一	廣东燕塘軍校畢業	初任少尉司書 歷任大尉司書	(廿)任人字 23712 31.10.19	31.10.19 X
火工所	委四五 委一	委七	技術員	達衡	江蘇六合	民九.六.十六	工學校畢業	初任委十技術員 歷任委八技術員	(卅三)任人字 39405 33.11.29	33.11.29 △
	〃	委五	〃	陳祖蓂	湖南[illegible]	民四.十二.三	湖南省立高工校畢業	初任委八技術員 歷任委六技術員	(卅四)人技字 22558 34.4.30	34.4.30 ○
	委八五 委三	委四	〃	周祥觀	江蘇常州	民八.十二.八	工學校高科部畢業	初任委九技術員 歷任委五技術員	(34)人技 5562 34.2.27	34.2.27 X
	〃	委六	〃	沈继昌	江蘇鎮江	民七.十一.十六	工學校畢業	初任委十技術員 歷任委七技術員	(34)人技 2674 34.1.25	34.1.25 ○
	〃	委七	〃	陳霖瑞	湖南湘鄉	民五.三.二一	湖南省立高工校畢業	初任委十一技術員 歷任委七技術員	(卅四)人技 3347 34.2.1	34.2.1 ○

020

軍政部兵工署第五十工廠軍官佐屬現職錄

單位區分	現階	編制階	現階職稱	官佐姓名	別號	籍貫	出生年月日	出身校期科別畢業年月日及深造校期	初任職務及歷任各職	任職令字號及年月日	到差年月日
	上尉	軍委一階	事務員	梁公望		廣州	民一、二、二	南京東方中学畢業	初任少尉稽查員歷任中尉稽查員	(世)法人字8660 32、4、12	32、4、12 V
	〃	〃	〃	陶奐蓀		湖北武昌	民三、九、二七	中華大学附中畢業	初任大尉司務員歷任中尉司務員	前(世)法人字11852 30、7、22	30、7、22 △
	中尉	軍委二階	〃	李叔武	影三	湖南長沙	民三、七、十三	漢口法漢中学畢業	初任中尉司務員	前(世)法人字21194 31、9、25	31、6、1 ✕
	少尉	軍委三階	司書	鄒鼎珍		湖南新化	民八、十、一	湖南湘初中学肄業	初任少尉司書	前(世)法人字20190 31、9、14	31、5、11 △

021

軍政部兵工署第五十工廠軍官佐屬現職錄

單位區分	編制階	現階	現職		官佐姓名	別號	籍貫	出生年月日	出身校期科畢業年月日及深造校期	初任職務及歷任各職	任職令字號及年月日	到本廠年月日
材物保管科	委二主 薦六	薦十	科長		蕭鴻勳	燕石	江蘇吳江	前三.十.十五	同濟大學機師科畢業	初任委三主任技術員歷任至委二科長 [redacted]	銓叙18 13238 33.8.19	33.8.19
	上尉	軍委一階	科員		褚光煊		安徽巢縣	民一.九.十九	中央軍校十四期畢業	初任上尉課員次歷任上尉科員	(卅)法人(齊)字34171 32.12.31	32.10.19
	少(准)尉	軍委三階	司書		羅曙	天明	湖北漢川	民三.六.二	湖北省立沙市中學畢業	初任軍委三階司書	(卅)法人(齊)字40546 33.11.30	33.11.10
	〃	〃	〃		盧沛南		廣東東莞	民十六.十一.六	廣西大學先修班結業	初任軍委三階司書	(卅)法人(齊)字41207 33.12.23	33.10.18
材料庫	上尉	軍委一階	庫員		章天斗		安徽懷寧	前一.五.二	懷寧中學肄業	初任准尉司書額員歷任至中尉額員	(卅)法人字21093 32.9.18	32.6.1
	中尉	軍委二階	〃		邢敬康	仲之	河北昌平	前六.四.四	京師高小畢業	初任少尉庫員	渝(卅)法人字15899 30.10.22	30.10.22

△ X ○ X △ ○

21-1

库别	阶级	军衔	职务	姓名	籍贯及出生	学历	经历	任职令	到差日期	
	少尉	軍需三階	庫員	陳雲舟	湖南益陽 民五、九、五	湖南育才中學肄業	補任少尉庫員	32、4、20 (卅二)佐人字9405	31、5、28	0
	〃	〃	〃	范廣惠	河南洛陽 民六、四、一	洛陽市立中學畢業	補任少尉庫員	32、10、6 (卅二)佐人字23187	32、6、11	0
	中尉	軍需二階	庫員	蕭祿民	湖北黄陂 民八、十二、一	上海昌世中學畢業	補任少尉司務員	33、9、25 (卅三)佐人(齊)字31769	33、9、25	0
	〃	〃	〃	高鳳閣	遼寧新民 前六、七、二五	東北講武堂畢業	補任中尉庫員	34、1、16 (卅四)人務字1281	33、9、12	✓
	〃	〃	〃	涂餘三	湖北黄陂 民三、六、六	黄陂前川中學畢業	補任准尉司書、晉任少尉司書	32、3、3 (卅二)佐人字5360	32、3、3	✓
零件庫	中尉	軍需二階	〃	奎逸生	遼寧撫順 前五、四、二五	吉林法政專校畢業	補任軍需二階庫員	33、11、30 (卅三)佐人(齊)字40546	33、9、19	✓
軍械庫				張郁秋						
	委六五 委四一	軍需階	技術員	盧榮芬	廣东新會 前九、八、七	廣州達時商業中学肄業	補任中尉技術員	31、3、3 (卅一)佐人字2854	31、3、3	0

022

軍政部兵工署第五十工廠軍官佐屬現職錄

單位區分	現編制階	現階	職稱	實任階	姓名	別號	籍貫	出生年月日	出身校期科畢業年月日及深造校期	初任職務及歷任各職	任職令字號及年月日	就職年月日
	中尉	軍委二階	庫員		陳達明		廣東信宜	民一、七、十九	廣東軍憲兵教導隊畢業	初任准尉分隊長歷任大尉分隊長	(卅)係令字14100 32、6、18	32、6、18
	少尉	軍委三階	〃		夏新志		四川南川	前一、五、十八	涪陵縣立簡易師範畢業	初任少尉庫員	(卅)係人(衡)字34191 32、12、31	32、11、1
雜物庫	上尉	上尉	技術員	上尉	吳志廣		河北灤縣	前三、十一	東北邊防軍〃械教育班畢業	初任上尉技術員	(渝)總平(人)11100 29、9、6	29、6、3

023

軍政部兵工署第五十工廠軍官佐屬現職録

單位區分	檢驗科				理化試驗室	
編制階級	薦四至薦二	委二至薦六	少校	少尉	委一至薦五	〃
現敍階級		薦十	軍薦二階	軍委三階	委三	委一
現職	科長	技術員	科員	司書	技術員	〃
官佐姓名		姜貴恩	劉龍文	劉香仁	李耐宜	沈洪濤
別號		澤溥	継光	志超		
籍貫		河北冀縣	四川華陽	江蘇鹽城	廣東番禺	浙江桐鄉
生年月日		民一 十二 三	民六 十二 一	民六 九 十五	民六 六 八	民四 六 十五
出身		國立北平師範大學物理系畢業	中央軍校特訓班六期畢業	湖南沅郡中學畢業	金陵大學物理系畢業	清華大學物理系畢業
經歷		本廠委九技術員歷任委[redacted]一級技術員	本廠[redacted]上尉播音員	本廠少尉司書	本廠委五技術員歷任委四技術員	本廠委三技術員歷任委二技術員
到職令字號及年月日		33.12.27 籤(北)字2705	32.9.16 (卅)依人字20841	33.1.8 (卅)依人(鄉)字1233	33.10.25 (卅)總人齋35586	33.10.07 (卅)總人齋33295
到本廠年月日		33.12.27	32.9.16	32.10.18	33.10.25	33.10.07
		✓	△	△	×	○

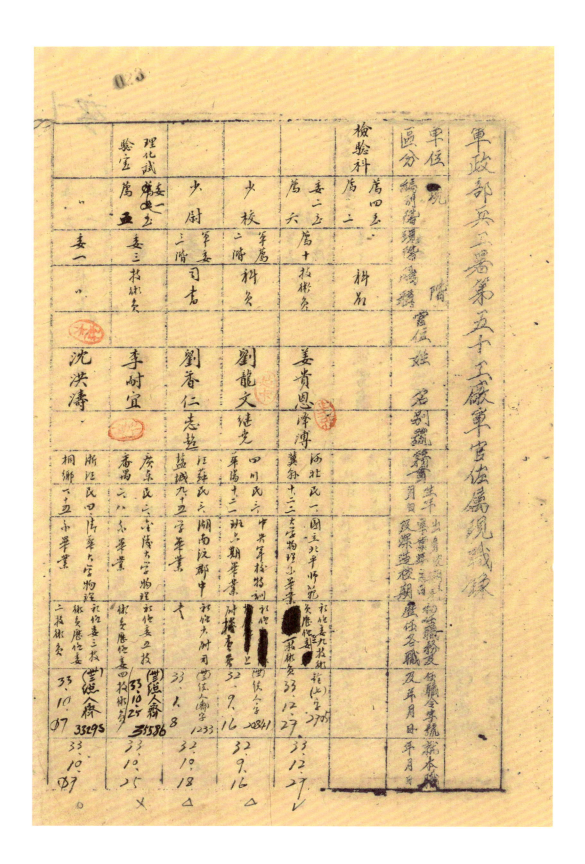

28-1

委三五 委一	〃	〃	上尉	少尉	委一五 薦五	〃	〃
委四	委六	委五	軍委一階	軍委三階	薦十	委二	委六
技術員	〃	〃	事務員	司書	技術員	〃	〃
					成品檢驗室		
沈慧真	戴錦軒	向玉律	萬宗武	朱惠民	熊鸞翥	嚴恩絅	曾慶和
		正吉	經三	傑		子俊	
江蘇吳江	江蘇丹陽	四川巴縣	遼寧桓仁	安徽壽縣	湖北廣濟	湖南長沙	江西九江
民六、一、四	民四、五、十五	民四、四、一	前六、六、十	民十六、八、十六	前一、四、十五	前六、三、八	民六、七、九
浙江大學物理系畢業	浙江大學機械系畢業	重慶大學機械系畢業	東北教導隊第六期畢業	河南第七行政區聯立中學畢業	清華大學物理系畢業	湖南楚怡工業學校畢業	浙江大學機械系畢業
前任委六技術員歷任委五技術員	前任委八技術員歷任委七技術員	前任委八技術員歷任委至六技術員	前任中尉事務員	前任少尉司書	前任薦三技術員歷任委至一技術員	前任委七技術員歷任委至三技術員	前任委八技術員歷任委七技術員
(卅一)經人 30267 31.12.31	(卅三)經人齊 39496 33.11.10	(卅四)人稽字 30873 34.5.28	(卅三)經人齊字 19910 33.6.10	(卅三)經人齊字 1702 33.1.18	(卅二)經人字 2616 32.2.3	(卅四)人稽字 31183 34.6.1	(卅三)經人齊 35580 33.10.25
31.12.31	33.11.30	34.5.28	33.6.10	33.11.11	32.2.3	34.6.1	33.10.25
○	○	V	○	○	△	X	△

024

軍政部兵工署第五十工廠軍官佐屬現職錄

單位區分	現階 編制階級	現階級	職務		官佐姓名	別號	籍貫	出生年月日	出身校別及畢業年月日及深造校期	歷任各職	現職任命文號及年月日	到差年月日	
	中尉	軍委二階	事務員		謝卿材		浙江平陽	民一、六、十五	甌海中学畢業	前任少尉司書	(卅三)法人(瑞)字8888 33、3、21	33、3、21	0
	〃	〃	〃		胡貽文		湖北漢川	民六、一、二一	漢口宗漢会計学校畢業	前任少尉司書	(卅)法人字15899 30、10、22	30、10、22	✓
	〃	〃	〃		王自然		湖南益陽	民三、二、二一	湖南育才中学肄業	前任少尉司務員	(卅三)法人(瑞)字33481 33、10、9	33、10、9	X
精確研究室	上(中)尉	軍委一階	〃		周志光	孝先	遼寧新民	民六、六、十七	中央軍校特訓班六期畢業	前任中尉庫員	(卅)法人字1467 30、1、8	30、1、28	X
	委二	委四	技術員		蕭善駿		浙江象山	民三、六、二九	同濟大学機械系畢業	前任委任技術員歷任委四委五技術員	(卅四)人精字7933 34、3、21	34、3、21	0
	委三	委六	〃		凌受震		江蘇江都	民十、五、二一	[illegible]工学校畢業	前任委十技術員歷任委五技術員	(34)人[illegible]2674 34、1、25	34、1、25	✓

委四 委五 技術员	晏良鴻	安徽 民五五、 合肥 五、五	安慶職業學校機械科畢業	前任委十一级 國民歷任委 六技術员	（卅三）總人齋 41207 33、12、23	33、12、23	✓ 0
〃 委六 〃	潘延齡	廣東 民六六、 南海 八、十一	西南聯合大學機械系畢業	前任委八技術員 歷任委七技術員	（卅三）總人齋 27400 33、8、26	33、8、26	✓
委六 委七 〃	祝家杰	浙江 民七、 杭縣 一、二	同濟大學機械系畢業	前任委八技術員	（卅四）人轉字 23755 34、5、15	34、5、15	✓
委八 委十二 〃	胡單城	湖南 民七、 長沙 五、十三	中華職業學校機械科肄業	前任委十三技術員	（卅四）人轉字 23755 34、5、15	34、5、15	✓
〃 委八 〃	于連陞	河南 民八、 南陽 四、十六	西北大學化學系畢業	前任委八技術員	（卅三）依人齋字 36840 33、11、8	33、9、13	✗

軍政部兵工署第五十工廠軍官佐屬現職錄

單位區分	現編制階級	階		官佐	姓名	別號	籍貫	出生年月日	出身學校期別科目及深造學校期別	初任職務及歷任各職	任職令字號及年月日	到差年月	
採購科	薦四五 薦一	薦十	科長		高潔安		浙江紹興	前九、九、五	北京郁文大學肄業	初任委七薪置員歷任委六五委一科員科長	(卅)選人(鄉)字6123 33.2.28	33.2.28	V
	委六五 委一	軍薦中校一階	科員		朱有揆	宅夫	湖北江陵	前九、八、三	武昌中山大學畢業	初任少校課員	31.11.11 (卅)僑人字26074	31.11.11	○
	〃	軍委一階	〃		李慕白		江蘇無錫	前三、六、十九	江蘇省立第三師範畢業	初任中尉課員	31.9.15 (卅)僑人字20395	31.2.18	X
	委九五 委五	月薪100元	〃		張惠生		江蘇江陰	前五、五、二七	同濟大學附設德文班畢業	初任月薪85元科員歷任90元科員	33.12.23 (卅)僑人(齊)字41207	33.12.23	△
	〃	月薪70元	〃		方俊		浙江鎮海	民六、六、二七	鄞縣縣立甲種商業學校畢業	初任月薪90元科員	33.11.18 (卅)僑人(齊)字37821	33.7.14	△
	大(准)尉	軍委三階	司書		周家龍		江蘇江陰	民八、八、五	上海私立光華中學畢業	初任軍委三階司書	33.12.26 (卅)僑人(齊)字41314	33.10.6	X

25-1

軍委 少(准)尉 三階 司書

馮文輝

四川民十六合江縣立中校派准尉 (亖)任人尉字6079 33、六、27

合江十六十二學畢業 司書 33、六、27

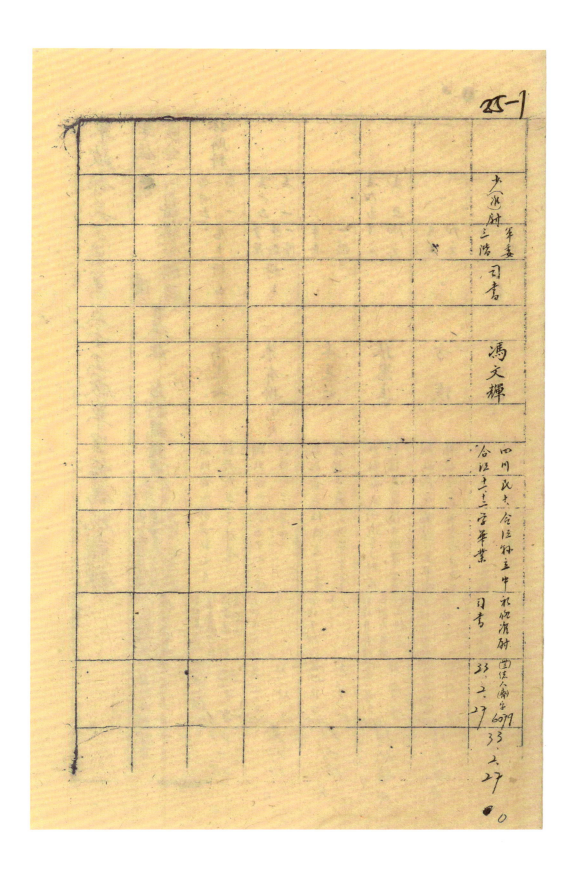

軍政部兵工署第五十工廠軍官佐屬現職錄

單位區分	編制階級	現階級	現職	官佐姓名	別號	籍貫	出生年月日	出身校別科別期別畢業年月日	曾任職務及經歷各職	敘職令字號及年月日	就職年月日
地產科	薦四至薦一	薦二	科長	陳慧新		廣東東莞	前六.十二.七	同濟大學土木系畢業	初任薦五工程師歷任至薦三科長	銓敘字21383 33.12.27	33.12.27 0
	委六至委一	委一	科員	蘇天德		廣東潮陽	民四.六.六	廣東省立勷勤大學土木系畢業	初任委四科員歷任至委三科員	(卅三)銓人齋字14593 33.5.2	33.5.2 V
	〃	月薪140元	〃	陳英鵬		廣東台山	前三.六.二三	軍委會特訓團畢業	初任月薪120元科員歷任130元科員	(卅三)銓人齋字41207 33.12.23	33.12.22 0
	委九至委五	軍委一階	〃	李人傑		湖北漢陽	前四.四.二	漢陽益智中學畢業	初任少尉書記歷任中尉書記	(卅三)銓人齋字10907 33.4.1	33.12.12 X
	〃	月薪130元	〃	吳子辰		江蘇無錫	民三.三.八	上海中國公學經濟系肄業	初任月薪110元科員歷任120元科員	(卅三)銓人齋字39496 33.11.30	33.11.30 0
	上(准)尉	軍委三階	司書	王振武		湖南平江	民一.四.二四	湖南平江私立師範畢業	初任准尉司書	(卅三)銓人齋字39502 33.11.30	33.11.30 X

26-1

			土木工程室				
少(准)尉	〃	〃	委九 委五	〃	〃	〃	〃
軍委三階	〃	〃	委五技術員	〃	〃	月薪130元	軍委三階
司書	〃	〃		〃	〃	〃	司書
朱煥廷	陳濟川	林士貽	顧英	高佩卿	汪鍾鈺	毛猶龍	鄭芝欽
光煦	伯鈞		伯炎				
浙江杭州 前十六、六、二五	廣東海源 民一、六、三	廣東中山 民五、四、二五	江蘇海門 民四、四、八	四川崇寧 前十、三、八	江蘇江都 民三、十六高	湖南衡陽 民一、八、廿	浙江浦江 民五、十、十一
湖南鐵路學校畢業	河源縣地方自治人員訓練所畢業	廣東順德縣立德華中學畢業	南通工業學校畢業	重慶高工校畢業	揚州中學肄業	湖南建國中學畢業	浙江省立第七中學畢業
初任少尉司書	初任准尉司書	初任准尉司書	初任委九技術員 [illegible]歷任委五技術員	初任軍委三階司書	初任月薪100[illegible]元技術員歷任120元技術員	初任少尉司書	初任少尉司書
30.9.10 (卅)法人字5935	32.2.20 (卅)法人字4234	31.4.27 (卅)法人字7673	34.1.26 (卅四)人稽2785	33.12.23 (卅三)法人(齊)字41207	33.11.22 (卅三)總人齊39001	33.2.17 (卅三)法人(齊)字5127	33.12.22 (卅)總人字8363
30.9.10	32.2.20	31.4.27	34.1.26	33.11.9	33.11.22	33.1.8	31.2.1
○	○	✓	○	✓	△	✓	△

0?7

軍政部兵工署第五十工廠軍官佐屬現職錄

單位區分	林場					
編制階級		委九五 委五	〃	〃	〃	少(准)尉
現階級		一等獸醫佐	委五	月薪120元	月薪85元	軍委三階
職務		場員	〃	〃	〃	司書
官佐姓名	程志伊	黃守益	吳成林	宋克齋	周翔	王克南
別號		子謙				
籍貫		湖南湘潭	浙江(江蘇)興化	江蘇丹徒	江蘇松江	湖北漢口
出生年月日		民一、十二、廿	前五、十、十二	前九、七、十二	民六、八、四	前三、七、二六
出身校名期別及畢業年月日及深造校期		陸軍獸醫學校畢業	金陵大學農業專科肄業	江都私立國學專修班畢業	河北省立大名高級師範肄業	武昌文華書院畢業
初任職務及歷任各職		初任一等獸醫佐	初任中村課員、應修至[illegible]六、技術員、場員	初任月薪110之場員	初任月薪80之場員	初任少尉司書
任職令字號及年月日		(卅一)總人字3031 32、2、11	(卅三)總人齋27400 33、8、26	(卅四)人林字3721 34、2、5	(卅四)人料字4438 34、2、23	(卅二)總人字15849 32、7、5
到職年月日		31、6、5	33、8、26	34、2、5	34、2、23	32、3、9
		X	O	V	X	X

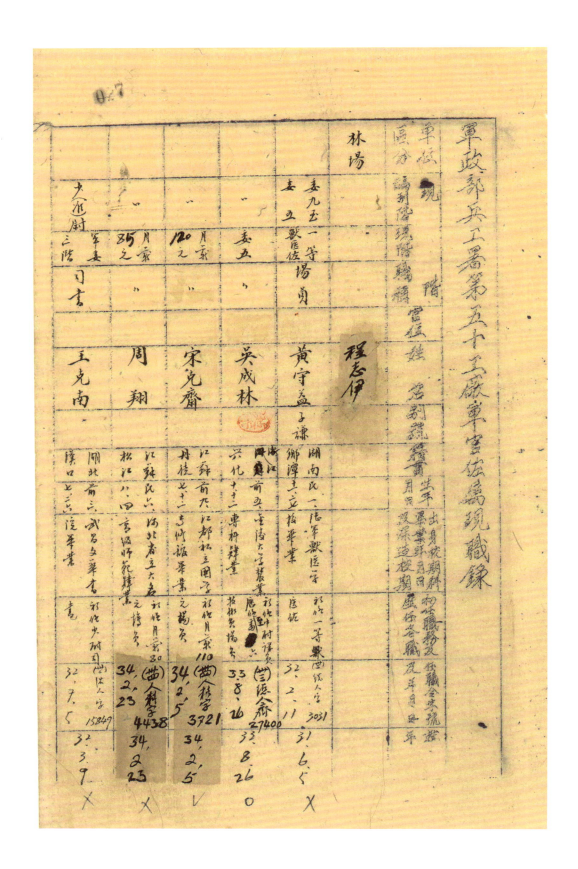

軍政部兵工署第五十工廠軍官佐屬現職錄

單位區分	編制階級	現階級	職別	官佐姓名	別號	籍貫	出生年月日	出身校期科及畢業年月日及深造校期	初任職務及歷任各職	現職任命令字號及年月日	就職年月日	
職工福利處訓育課	委六至委三	軍委一階	課員	周正家		安徽當塗	民一、五、九	上海法學院肄業	初任上尉課員	32、10、7 (卅)造人字23295	32、1、27	×
	委九至委六	軍委二階	〃	婁道義	仲常	安徽合肥	前十六、四、二四	安徽廬州府官立中學畢業	初任中尉課員	31、3、1 (卅)造人字1598	30、7、22	V ○
	〃	軍委一階	〃	李潤華	雨軒	河北定縣	民六、一、一	中國公學政治系畢業	初任上尉課員	31、8、28 (卅)造人字21504	31、7、15	×
	少(准)尉	單委三階	司書	李景德		山東禹城	民五、一、二六	北平私立山東中學肄業	初任少尉司書	31、12、31 (卅)造人字30267	31、5、27	×
	〃	〃	〃	傅德載		湖北麻城	民六、九、二七	安徽旅鄂中學畢業	初任少尉司書	33、11、12 (卅三)造人(衛)字37520	33、7、12	V

28-1

事業課	委二五 薦六	月薪180元	課長	易道常	静寰	湖南長沙	民一、十、十二	中和國學專科學校畢業	於總月薪120元任課員應院至160元課員	33、10、20 (卅三)法人(齊)字35170	33、10、20	△
	委六五 委二	月薪110元	課員	馬肇龍	雲飛	湖北襄陽	民六、七、九	湖北省立第二中學高中科畢業	於總委十課員應院月薪100元課員	34、2、5 (卅四)人秋字3721	34、2、5	X
	〃	軍委一階	〃	趙冠一		江蘇宿遷	前五、九、四	廿五路軍幹部訓練班畢業	於總中尉差員	34、7、3 (卅四)人秋字33613	34、7、3	△
	委九五 委六	月薪130元	〃	任明熀	文欽	湖北黃陂	前四、五、十九	漢陽精川中學畢業	於總月薪90元課員應院至120元課員	34、5、4 (卅四)人秋字22872	34、5、4	√
	〃	月薪140元	〃	夏肇堯		湖北廣濟	前六、八、六	家傳國學	於總月薪120元課員應院130元課員	33、4、11 (卅三)匠人齊10907	33、4、11	√
	火(准)尉	單委四階	司書	李錦三		四川江北	民六、七、十	鄰都用賓中學畢業	於總軍委四階司書	33、10、4 (卅三)法人齊字32481	33、7、15	X
	〃	單委三階	〃	許昌明		湖北漢陽	民十、十、七	國立第八中學畢業	於總少尉司書	33、4、1 (卅三)法人齊字10907	32、10、4	√
	月薪50至80	月薪110元	助產士	王詠蘭		南京	前六、三、三	上海同德產科學校畢業	於總月薪80元助產士應任[illegible]至100元助產士	33、9、13 (卅三)人發兵8356	33、9、13	X

軍政部兵工署第五十工廠軍官佐屬現職錄

單位區分	現編制階級	現階級	現職務	官位	姓名	別號	籍貫	生年月日	出身校期科別畢業年月日及深造校期	初任職務及歷任各職	銓敘職令字號及年月日	就本職年月
警衛稽查組	上校	上校	組長		郭慕亮		廣东大埔	前十六、一、二四	俄國莫斯科中國勞動大學政治軍事學系畢業	初任上校組員	銓字5513 33、3、3	31、5、14
	少校	~~少校~~ 中尉	組員		蔡琳	卿甫	廣东合浦	前十三、九、三	廣东政治學校肄業	初任上尉中尉組員	(卅)佚人字21515 31、9、28	31、9、28
	〃	代少校	〃		杜蔭遠	詩宇	四川南充	前三、六、十	浙江警官學校畢業	初任代理少校組員	(卅)佚人字8212 32、4、6	31、12、15
	上尉	上尉	〃		羅蔚澄		廣东興寧	前三、四、二一	汕頭警察教練所畢業	初任准尉特務長歷任少中尉組員	(卅)佚人字32187 32、12、15	32、12、15
	〃	軍士一階	〃		余克輝		廣东梅縣	民七、三、一〇	廣东省立梅農高中畢業	初任中尉組員	(卅)佚人(齊)字39613 33、11、30	33、11、30
	〃	上尉	〃		杜學文		山东濟寧	民一、八、二八	南京憲兵學校畢業	初任少尉稽查員歷任中尉組員	(卅)佚人字19448 32、8、24	32、8、24

2H

官階	上尉	〃	〃	〃	〃	〃	中尉	〃
軍委階	軍委一階	〃	軍委二階	軍委二階	〃	〃	軍委三階	軍委二階
職務	組員	〃	〃	〃	〃	〃	〃	〃
姓名	王滌生	塗正倫	高亭玉	呂健霖	張貴堂	李瑞	傅作忠	牟文彬
別號	士彥	維綱		奇中	雅卿	思蕘	儉樸	炳麟
籍貫	山東日照	四川巴縣	江蘇武進	四川宜賓	山西應縣	河北武清	四川安岳	四川巴縣
	前二 二五	民八 十六、五	民五 六、三	民五 二、三	前五 十二、二	民四 六、七	民五 八、五	民四 十六、五
出身	中央軍校特訓班畢業	四川軍官兵訓練所畢業	中央軍校特訓班畢業	四川軍官兵訓練所畢業	中央軍官學校畢業	中央軍官學校特訓班畢業	四川軍官兵訓練所畢業	江津縣立第二小學畢業
經歷	初任少尉組員	初任准尉稽查員歷任少中尉組員	初任軍委二階組員	初任准尉稽查員歷任少尉稽查員	初任少尉稽查員歷任中尉組員	初任中尉組員	初任少尉組員	初任准尉司書歷任少尉司書
	33.5.8 (卅)俵人(齋)字14936	33.11.30 (卅)俵人(齋)字39613	33.12.26 (卅)俵人(齋)字41322	34.2.28 (卅四)人精5414	32.3.8 (卅)俵人字5796	31.9.28 (卅)俵人字21515	33.1.16 (卅)俵人(齋)字1654	33.5.6 (卅)俵人(齋)字14302
	33.6.4	33.11.30	33.12.19	34.2.28	32.3.8	31.~~10~~9.28	33.1.16	33.5.6
	X	V	V	V	△	X	V	△

軍政部兵工署第五十工廠軍官佐屬現職錄

單位區分	編制官佐屬階級	現階	官佐姓名	名號	籍貫	出生年月日	出身學業及經歷簡明	初任職務及歷任各職	任職令字號及年月日	就本廠年月日	
	中尉	軍委二階	何君賢	克定	四川江津	民六六.止	重慶[illegible]校畢業	初任少尉司書	(卅三)係人衛字14802 33.5.6	33.5.6	X
	〃	軍委三階	彭濤		四川江北	民六六.一	南京憲兵訓練所畢業	初任少尉稽查員	(卅三)係人衛字1654 33.6.16	33.6.16	△
	〃	〃	關翊鵬		廣東中山	民六十.十五	財政部查緝訓練班畢業	初任准尉組員	(卅三)係人衛字33493 33.10.9	33.7.23 10.9	0
	〃		羅毅								
	〃	二階軍委	蘇澂生		四川江津	民五七.二	中央警校特訓班畢業	初任軍委二階組員	(卅三)係人衛字40554 33.11.30	33.9.9	✓
	〃	二階軍委	江惠池		廣東惠陽	民六九.一	財政部查緝訓練班畢業	初任少尉組員	(卅四)人俸字23755 34.5.15	34.5.15	✓

30-1

中尉	军需二階	侯鴻欽					
中尉	军需二階	陳國樑	廣东民共 新会十六三	財政部李海訓練班畢業	前任中尉組員	(卅)任人字23323 32.10.7	32.7.22 ○
〃	〃	楊鳳林	南京民卅 四三	南京市立中学肄業	前任军需二階組員	(卅)任人字19524 33.6.7	33.7.17 ×
〃	〃	袁安民	四川民五 宜賓二六	四川軍需兵訓練所畢業	前任水研檢查處組員	(卅)任人字14802 33.5.6	33.5.6 △
少尉	军需四階司書	林廷鰲	安徽民五 懷寧八八	皖南中学畢業	前任军需四階司書	(卅)任人將字30065 33.9.13	33.7.30 ㄥ
〃	〃〃	胡連成	四川民十 渠縣十二	渠縣縣立中学肄業	〃	〃	33.7.30 ㄥ
〃	〃〃	曾鴻新	廣东民八 雲浮一十五	梅縣市立中学畢業	〃	(卅)任人(將)41322 33.12.26	33.11.3 △
〃	〃〃	楊學墻	四川民卅 郫都一八	郫都縣立中学畢業	〃	(卅)任人將字30065 33.9.13	33.7.30 ×

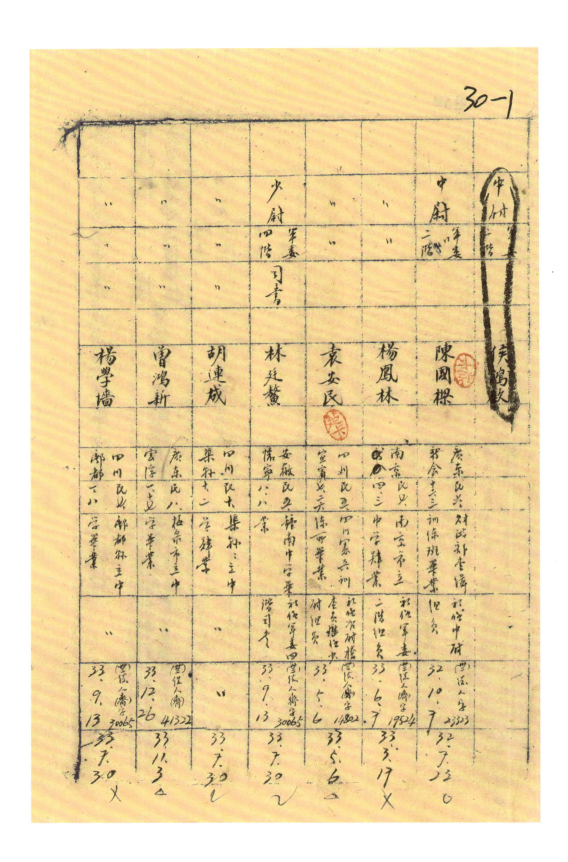

軍政部兵工署第五十工廠軍官佐屬現職錄

單位區分	現編制階級	現階	職務	官佐屬姓名	別號	籍貫	出生年月日	出身及畢業年月	經歷	任職令字號	任職年月日	到職年月日
第十六技術大隊	大(中)校	中校	大隊長	汪憲	萁倫	湖北黃岡	前四、十二、六	中央軍校第七期畢業	歷任少尉排長、中上尉大隊	(卅)信人齊字33473	32、12、29	32、3、15 △
	中尉	少尉	副官	羅紹池		廣東興寧	民六、一、八	行伍	歷任准尉特務長	(卅)信人齊字30810	32、12、7	32、12、7 ×
	一等佐	一等佐	軍需	唐天駒	季垚	廣東南海	前五、十九	上海法科大學法律本科畢業	歷任少尉校官、歷任二等軍需佐	(卅)信人字10469	30、6、20	30、6、20 ✓
	大(中)尉	中尉	書記	龍玉麟		四川永川	民六、七、二五	永川私立中學畢業	歷任准尉特務長	(卅四)人稽字23236	34、5、9	34、5、9 ✓
第一中隊	上尉	上尉	中隊長	龔謙		湖南常德	民三、五、二	中央軍校十五期畢業	歷任少尉排長、曾任中尉隊附	(卅)信人齊字36840	33、11、8	33、11、8 △
	中尉	中尉	中隊附	杜文祺		山東榮城	民五、九、六	中央軍校十五期畢業	歷任中尉分隊長	(卅)信人齊字9597	33、3、24	33、3、24 ✓

31-1

	中尉	中尉	分隊長	梁耀廷	廣東連縣	前九、二四	行伍	初任准尉分隊長歷任少尉分隊長	(卅三)法人(齋)字9597 33、3、24	33、3、24
	少尉	少尉	〃	葉青	廣東南海	民一、五六	行伍	初任准尉特務長	(卅三)法人(齋)字[illegible] 33、12、31	33、12、31
	〃	〃	〃	林振興	廣東[illegible]名	前六、六十八	行伍	初任准尉特務長	(卅二)法人字26390 32、10、28	32、10、28
	准尉	准尉	特務長	楊榮	廣西蒼梧	民四、四十二	行伍	初任准尉特務長	備(卅)法人字15492 30、10、11	30、六、1
第二中隊	上尉	上尉	中隊長	吳貴山	廣東合浦	前一、七、四	廣東軍政學校畢業	初任少尉分隊長歷任中尉分隊長	備(卅)法人字6150 30、4、21	30、4、21
	中隊	中尉	分隊長	吳海庠	廣東合浦	前六、六十二	廣東燕塘軍校畢業	初任准尉分隊長歷任少尉分隊長	(卅三)法人(齋)字1654 33、1、6	33、六、16
	少尉	少尉	〃	董明新	廣東欽縣	民一、十六三	行伍	初任准尉特務長	備(卅)法人字23946 31、10、21	31、10、21
	〃	〃	〃	趙東初	浙江紹興	民六、二十二	中央軍校十八期畢業	初任少尉分隊長	(卅三)法人(齋)字10035 33、10、20	33、8、9

42126

032

軍政部兵工署第五十工廠軍官佐屬現職錄

單位區分	編制階	現階	職稱	官佐姓名	名號	籍貫	出生年月日	出身校別期科畢業年月日及深造學校期	初任職務及歷任要職	任職令字號及年月日	就本職年月
第三中隊	上尉	上尉	中隊長	王鳴岐	（印）	河北安陽	民五、九、一五	中央軍校十四期砲科畢業	初任少尉連附歷任中尉排長	(卅三)從人(齋)字19524 33、6、7	33、6、7 X
	中尉	中尉	分隊長	彤耀堂	（印）	河南新野	民六、七、七	中央軍校十七期砲科畢業	初任中尉分隊長	(卅三)從人(齋)字9858 33、3、24	33、1、8 △
	准尉	准尉	特務長	杜傳琪		湖北鍾祥	民一、十六、三	行伍	初任准尉特務長	(卅四)人[illegible]字5624 34、2、28	34、2、28 ✓
機槍中隊	上尉	上尉	中隊長	劉壽廷	（印）	湖南新化	民六、十六、三	中央軍校十五期砲科畢業	初任中尉中隊附	(卅三)從人(齋)字3555 33、2、4	33、2、4 ✓
~~機槍中隊~~	中尉	中尉	中隊附	何道階	（印）	四川江津	民五、九、二三	中央軍校十六期砲科畢業	初任中尉分隊長	(卅三)從人(齋)字9597 33、3、24	33、6、24 X
	中尉	中尉	分隊長	梁錫百	（印）	浙江黃巖	民十、十二、四	中央軍校十七期砲科畢業	初任中尉分隊長	(卅三)從人(齋)字9597 33、6、24	33、12、4 ✓

32-1

中尉 中尉 分隊長（原書：少尉 中尉 准，已塗去）	王宇崑	四川渠縣 前一、九、二	仝	仝 前任少尉 小隊長	(卅)人鉞字23161 34.5.8	34.5.8 ×
上尉 上尉 分隊長	陳剛強	廣東欽縣 民四、七、二	仝	仝 前任准尉 副官	(卅)仕人(滿)字23363 33.5.19	33.5.19 ○
消防隊中尉 中尉管理員	駱少章	四川資中 民一、六、十三	重慶防空司令部消防訓練班畢業	前任中尉管理員	(卅)仕人字21084 32.9.13	31.11.19 △
少尉 准尉司機	趙國忱	河北安國 民一、七、十八	泰安育英中學畢業	前任准尉 司機	(卅)仕合字23295 32.10.7	33.5.19 △
准尉 准尉助手	張少城	四川江北 民八、七、九	仝	仝 前任准尉助手	(卅)仕人(滿)字9597 33.6.24	33.12.20 △

军政部兵工署第五十工厂为报送请领抗战纪念章名册致兵工署的呈（一九四五年九月二十五日）

附：军政部兵工署第五十工厂请领抗战纪念章名册

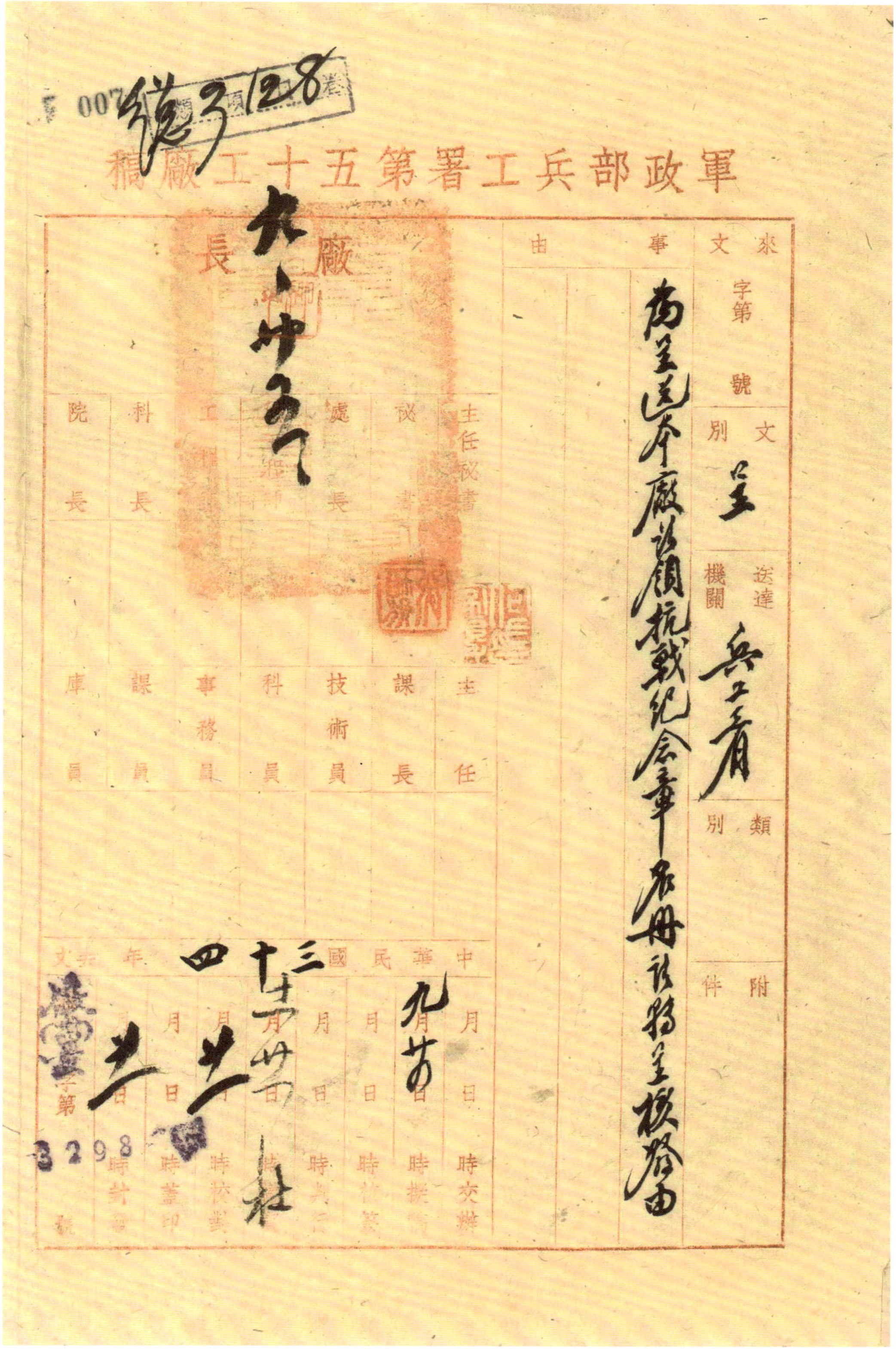

軍政部兵工署第五十工廠稿

來文字第　號

文別：呈

送達機關：兵工署

事由：為呈送本廠請領抗戰紀念章名冊請轉呈核备由

中華民國三十四年九月廿五日

7-1

案奉

鈞署（當）工人發文甲字第07769號訓令，為案令抄發抗戰紀念章頒發辦法，仰遵照等因，奉此遵經依式造具名冊，理合備文呈送，仰祈鑒核，賜予轉呈核發。

謹呈

署長俞

計呈送本廠請領抗戰紀念章名冊三份

第五十工廠廠長丁〇〇

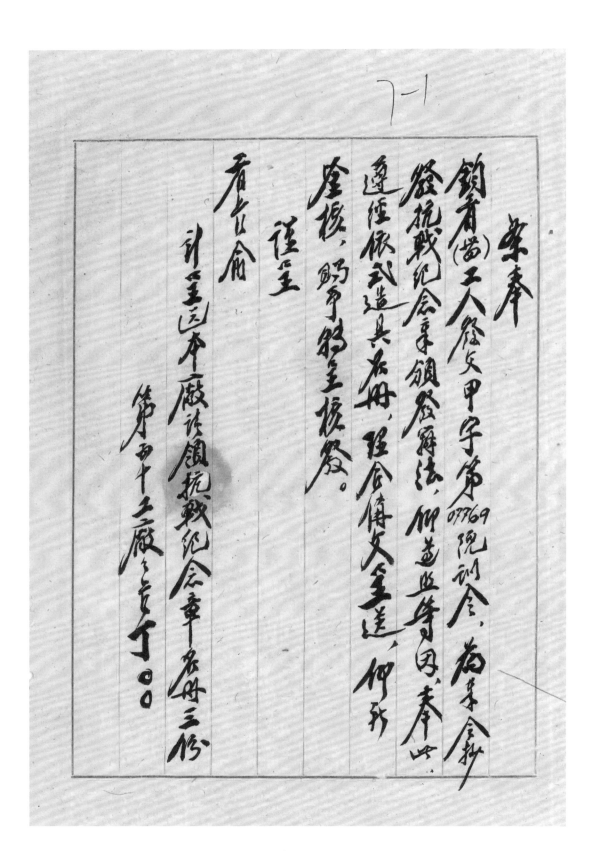

009

共寫三份

軍政部兵工署第五十工廠請領抗戰紀念章名冊

隸屬及職級	姓名	在抗戰期間服務年資	備考
簡任四級 廠長	丁天雄	民國十八年七月入兵工署服務迄今共十六年又二月	原頒辦法規定聘續任職五年以上者為限本廠各職員係截至日本正式投降之日為止向前推算年資以在兵工界服務繼續至五年以上者列入
薦任一級 主任秘書	何家俊	二十五年入廣東第二兵器製造廠服務迄今共九年又一月	
秘書室			
薦任四級 秘書	張裕祿	二十九年五月入本廠服務迄今共五年又四月	
軍委一階 秘書	鄧少年	二十八年七月入本廠服務迄今共六年又二月	
軍委二階 事務員	蕭孟壽	二十七年十一月入二十五廠服務迄今共六年又十月	
軍委二階 事務員	楊師震	二十八年九月入本廠服務迄今共七年又三月	
同上	王德明	二十七年十月入兵工署服務迄今共六年又十一月	
軍委一階 事務員	韓赫	二十八年七月入第二十五廠服務迄今共六年又二月	

軍政部兵工署第五十工廠公文紙

7-1

	軍薪二階 事務員	周金沛	二十五年十月入廣東第二兵器製造廠服務迄今共八年又十月
出納室	軍薪一階 主任	黄國祺	二十六年七月入廣東第二兵工廠服務迄今共八年又二月
	軍薪二階 事務員	陳意萍	二十八年六月入第二廠服務迄今共六年又三月
	軍委一階 事務員	周伯鈞	二十六年七月入廣東第二兵工廠服務迄今共八年又二月
	同上	伍振愷	二十八年十一月入第二十五廠服務迄今共五年又十月
庶務室	軍薪一階 主任	徐鍾泉	二十三年前入肇縣兵工二廠服務迄今共十一年又月
	軍薪二階 事務員	馬保和	二十九年七月入本廠服務迄今共五年又一月
	軍委一階 工務員	蘇華	十六年四月入漢陽兵工廠服務迄今共十八年又四月
會計處 簿記課	軍委一階 課員	譚瀛	二十六年六月入廣東第二兵工廠服務迄今共八年又二月
成本課	課長 月支180元	桑懷	二十九年四月入第二十三廠服務共五年又五月

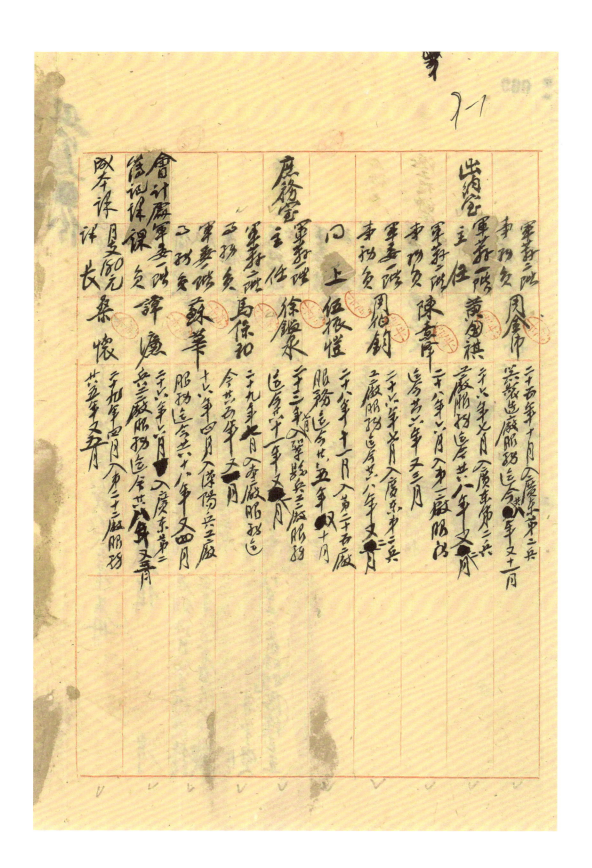

010

軍委一階　魯暄祚　二十七年八月入本廠服務迄
課員　今廿六年又一月

審核課
月支160元　岳鍾華　二十九年九月入本廠服務
課員　迄今廿四年

月支120元　侯肇平　二十七年十二月入本廠服務
課員　迄今廿五年又九月

月支75元　二十八年十二月入本廠服務
課員　鄧治義　迄今廿五年又九月

工薪課
月支200元　謝秉毅　二十八年五月入本廠服務
課長　迄今廿五年又四月

月支120元　夏惠農　二十八年六月入第一廠服
課員　務迄今廿五年又三月

工務處
簡任一級　凌雲民　二十四年一月入漢陽兵工廠
處長　服務迄今卅年又八月

總工程師室
簡任二級　沈肇耕　二十二年八月入兵工署服務
總工程師　迄今卅一年又一月

簡任二級　鄒濟時　二十五年十一月入第二十三廠
工程師　服務迄今廿八年又十月

簡任二級　張武齡　二十五年八月入廣東第二兵器
工程師　製造廠服務迄今廿九年

軍政部兵工署第五十工廠公文紙

10-1

薦任三級 工程師 邵光貞 二十八年四月入第二十五廠服務迄今共六年又五月

薦任八級 工程師 陳寶文 二十三年二月入廣東兵器製造廠服務迄今共十一年又七月

薦任九級 工程師 鄭虞廷 廿六年八月入漢陽兵工廠服務迄今共八年又三月

同上 陸炯浩 二十七年十二月入第二十二廠服務迄今共[redacted]年又十一月又九月

委任六級 繪圖員 蘇光緒 二十九年四月入本廠服務迄今共五年又五月

月支120元 繪圖員 宋宗慧 同上

月支90元 繪圖員 張寧健 二十八年一月入本廠服務共六年又[redacted]八月

工程師室

薦任一級 工程師 詹克慶 二十六年八月入（隧道研究所服務共八年又一月

委任一級 工程師 周紀善 二十五年七月入（隧道研究所服務共九年又[redacted]月

委任一級 技術員 楊樹芬 二十九年四月入兵工署服務共[redacted]年[redacted]

委任四級 技術員 周越南 二十八年八月入第二十五廠服務共六年又一月

事務課

軍需一階 課員 陳正科 二十七年八月入本廠服務共七年又一月

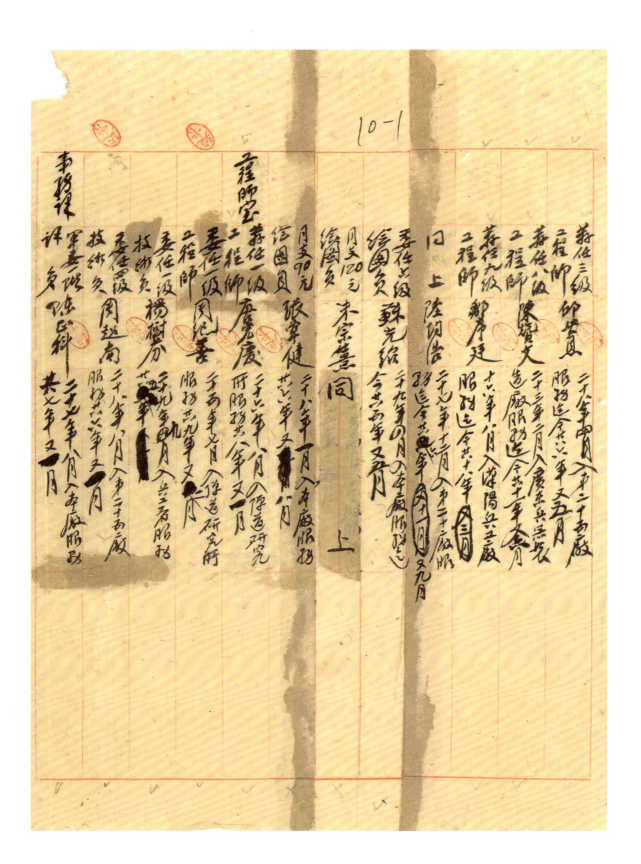

011

同上　周志光　二十八年十二月入本廠服務　迄今共五年又九月

同上　周陽明　二十九年十一月入本廠服務　迄今共五年又十月

保修課　委任一級技術員　陳國炸　二十九年六月入兵工署服務　迄今共五年又三月

軍委一階課員　劉廣潤　二十八年二月入本廠服務　迄今共六年又七月

委任四級技術員　周全　二十九年八月入本廠服務　迄今共五年又一月

材料課　同上　王瑩　二十八年八月入本廠服務　迄今共六年又一月

軍委一階課員　黃亮賓　二十六年一月入廣東第二兵工廠服務　迄今共八年又一月

原紙課　薦任八級課長　陶執柄　二十八年三月入本廠服務　迄今共六年又六月

半成紙檢驗室　薦任九級主任技術員　蔡良誠　二十四年三月入兵工署服務　迄今共十年又五月

委任四級技術員　王維清　二十八年四月入本廠服務　迄今共六年又五月

委任五級技術員　池閔紀　二十八年七月入本廠服務　迄今共六年又二月

軍政部兵工署第五十工廠公文紙

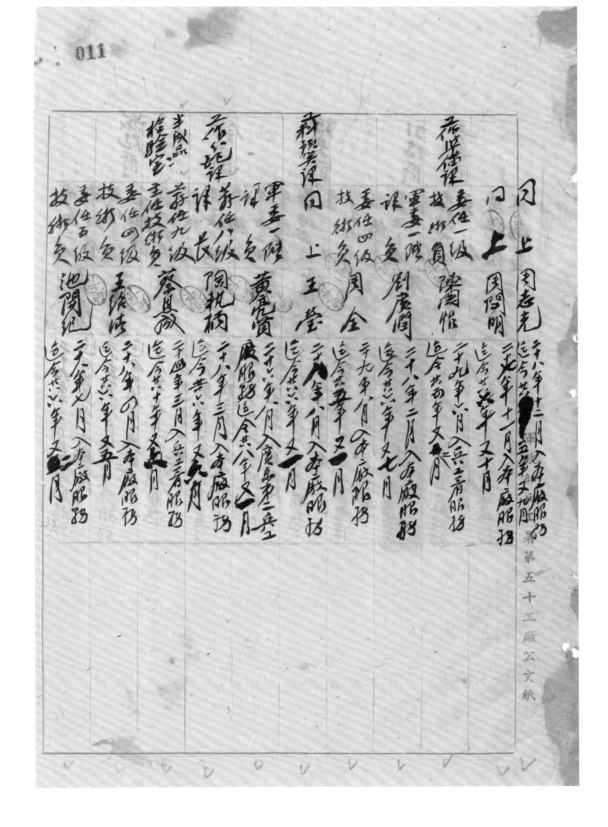

11-1

製砲所
軍委二階 事務員 冉啟師 二十九年三月入本廠服務 迄今共五年又[illegible]月
薦任三級 主任 王國章 二十三年五月入兵工署服務 迄今共十一年又[illegible]二月
委任四級 技術員 周如禧 二十八年七月入本廠服務 迄今共六年又[illegible]二月

鍛工所
軍委一階 事務員 劉藎庭 二十六年七月入廣東第二兵工廠服務迄今共八年又[illegible]月
軍委二階 事務員 廖士佩 二十九年三月入本廠服務 迄今共五年又六月

彈夾所
薦任四級 主任 臧子英 二十三年六月入兵工署服務 迄今共十一年又[illegible]二月
月支180元 技術員 林森明 二十五年六月入廣東兵器製造廠服務迄今共九年又二月

引信所
薦任十級 主任 劉天威 同上

工具所
薦任九級 主任 施惟音 二十一年一月入鞏縣兵工廠服務 迄今共十二年又[illegible]月
委任三級 技術員 胡健 二十八年十一月入本廠服務 迄今共五年又十月

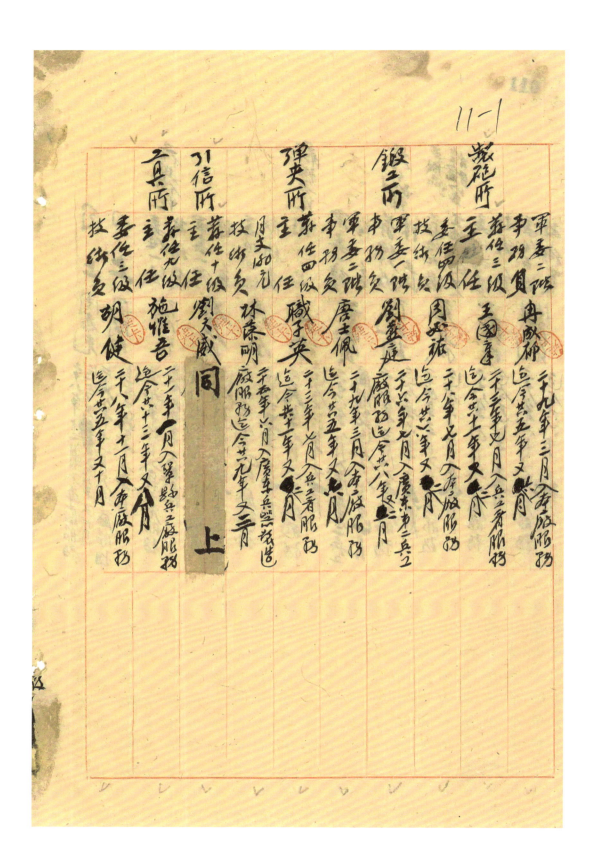

012

委任四級 技術員 張廣祥 二十七年十二月入本廠服務迄今共六年又九月

軍委一階 事務員 李繩武 二十六年七月入廣東第二兵工廠服務迄今共八年又二月

軍委二階 事務員 鍾仔祥 二十九年一月入本廠服務迄今共五年又八月

樣板所

主任 薦任十級 周祖彭 二十四年十月入兵工署服務迄今共九年又十一月

軍委二階 股員 吳振群 二十八年八月入本廠服務迄今共六年又一月

木工所

主任 薦任九級 主任技術員 郝盡臣 二十六年六月入廣東第二兵工廠服務迄今共八年又三月

黃金榮加入郝盡臣之後

委任二級 技術員 黃金榮 二十六年七月入漢陽兵工廠服務迄今共八年又二月

水電所

主任 薦任三級 張君皓 二十七年六月入本廠服務迄今共七年又三月

軍委一階 事務員 許捷三 二十六年七月入廣東第二兵工廠服務共八年又二月

軍委二階 事務員 李特 二十九年一月入本廠服務迄今共五年又八月

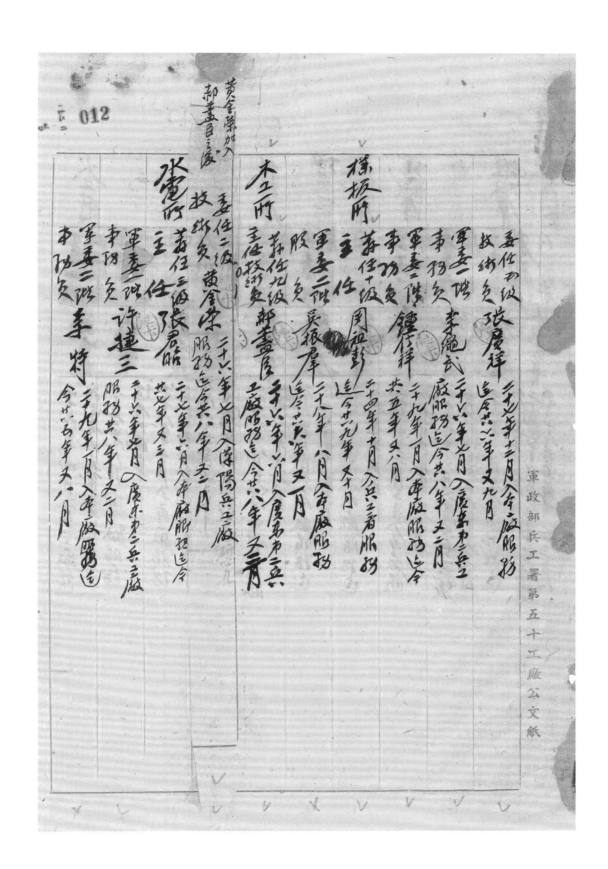

12-1

火工所

委任五級 技術員 陳霖瑞 二十九年四月入第一工廠服務迄今共五年又五月

軍委一階 司務員 梁公望 二十七年九月入本廠服務迄今共七年

同上 陶炳蓀 二十八年二月入本廠服務迄今共六年又七月

材料保管科 薦任十級 科長 蕭儒勳 二十八年五月入本廠服務迄今共六年又四月

材料庫 軍委一階 庫員 章文斗 二十七年八月入陸道研究所服務共七年又一月

庫 軍委二階 庫員 邢毅廣 二十九年二月入本廠服務迄今共五年又六月

兵器庫 同上 涂餘三 二十九年四月入本廠服務迄今共五年又五月

軍械庫 軍委一階 技術員 盧榮蓀 二十九年三月入本廠服務迄今共五年又六月

庫 軍委二階 庫員 陳達明 二十五年六月入廣東兵工[illegible]廠服務迄今共九年又三月

雜物庫 軍委一階 技術員 吳志廣 二十九年六月入本廠服務迄今共五年又三月

同上 陳雲升 二十九年六月入第十二廠服務迄今共五年又三月

013

	委任五級技術員	沈培英	二十九年四月入兵工署昆明辦事處服務迄今共五年又五月
檢驗科	薦任十級技術員	姜貴恩	二十六年九月入彈道研究所服務迄今共八年
成品檢驗室	薦任十級技術員	熊鸞翥	二十六年七月入彈道研究所服務迄今共八年又一月
	委任二級技術員	嚴毓炯	二十四年八月入漢陽兵工廠服務迄今共十年又一月
精確研究室	軍委一階司務員	陳子英	二十二年六月入濟南兵工廠服務迄今共十二年又三月
	委任五級技術員	婁言鴻	二十五年九月入百水橋研究所服務迄今共九年
採購科	軍薦一階科員	朱有揆	二十七年八月入本廠服務迄今共七年又一月
地產科	薦任三級科長	陳慧新	二十七年三月入本廠服務迄今共七年又六月
	委任一級科員	蘇之德	二十八年十一月入本廠服務迄今共五年又十月
同	軍委三階書記	陳濟川	二十七年六月入本廠服務迄今共七年又三月
同	上	林士焰	二十九年七月入本廠服務迄今共五年又二月

第五十工廠公文紙

13-1

土木工程室	委任六級技術員	張鴻武	廿八年七月入本廠服務迄今共六年又二月
林場	同上	吴啟林	二十六年八月入徐益研究所服務迄今共八年又一月
職工福利處	軍需一階處長	蔣賢因	二十九年一月入兵工署服務迄今共五年又八月
訓育課	軍需中尉課員	周居家	
醫院	主任醫助理士	王詠蘭	
警衛稽查組	少校組員	蔡琳	二十六年二月入廣東第二兵工廠服務迄今共八年又七月
	上尉組員	羅蔚登	二十五年九月入廣東第二兵工廠服務迄今共九年
	同上	杜學文	二十八年十二月入本廠服務迄今共六年又七月
	同上	塗正倫	二十八年五月入本廠服務迄今共六年又二月
	同上	吴徒霖	同上

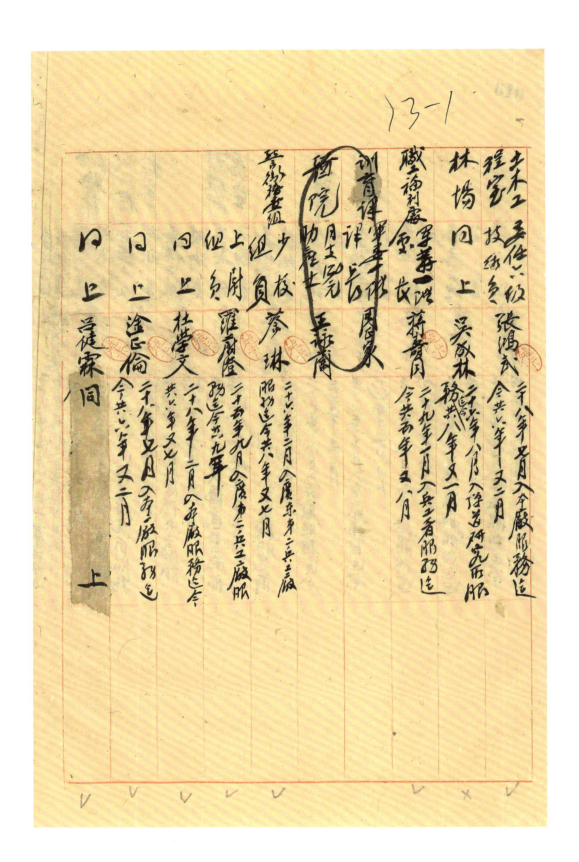

014

[illegible]

同上 張貴堂 二十八年五月入本廠服務迄今共六年又四月

組員 軍委三階 辛文彬 二十八年九月入本廠服務迄今共六年

同上 彭濤 二十九年六月入本廠服務迄今共五年又三月

第十六警衛大隊 中尉隊官 羅維池 二十九年十一月入本廠服務迄今共五年又八月

一等佐軍需 唐天駒 二十六年一月入廣東第二兵工廠服務迄今共八年又八月

第一中隊 中尉分隊長 梁雄廷 二十五年五月入廣東第二兵工廠服務迄今共九年又四月

少尉分隊長 林振興 二十六年五月入廣東第二兵工廠服務迄今共八年又四月

上尉中隊長 吳貴山 二十五年九月入廣東第二兵工廠服務迄今共九年

第二中隊 中尉分隊長 吳海庠 同上

少尉分隊長 董明新 二十六年十一月入廣東第二兵工廠服務迄今共七年又十月

軍政部兵工署第五十工廠公文紙

機槍中隊 同上 陳嗣強 二十九年四月（本廠服務起）今共五年又五月

額外人員 月支180元 工程師 傅樹彥 二十八年八月（本廠服務起）今共六年又一月

月支180元 技術員 何釗文 二十九年一月（本廠服務起）今共五年又八月

月支160元 技術員 郭啓慶 二十九年二月（本廠服務起）今共五年又七月

以上共計[illegible]員

專於德

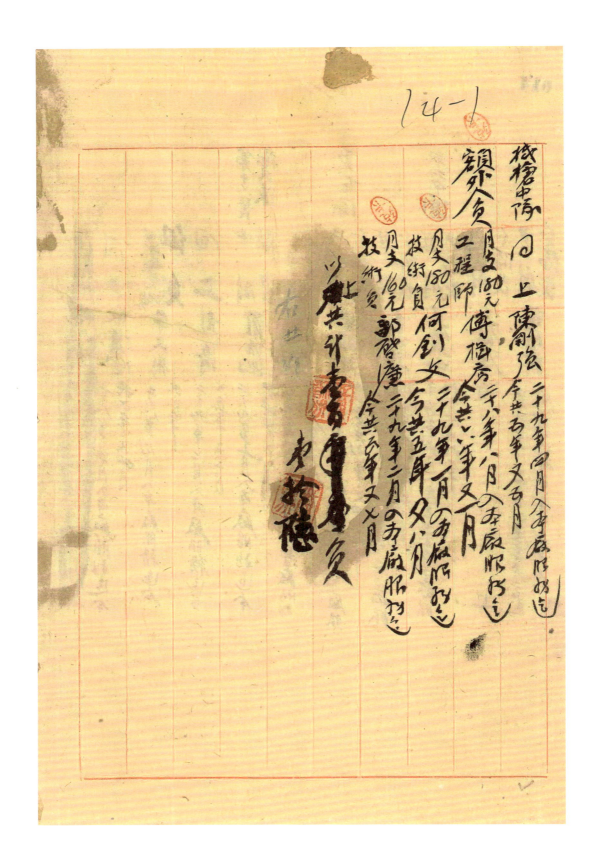

军政部兵工署第五十工厂为报送何家浚等请授胜利勋章勋绩事实表致兵工署的呈（一九四六年二月七日）

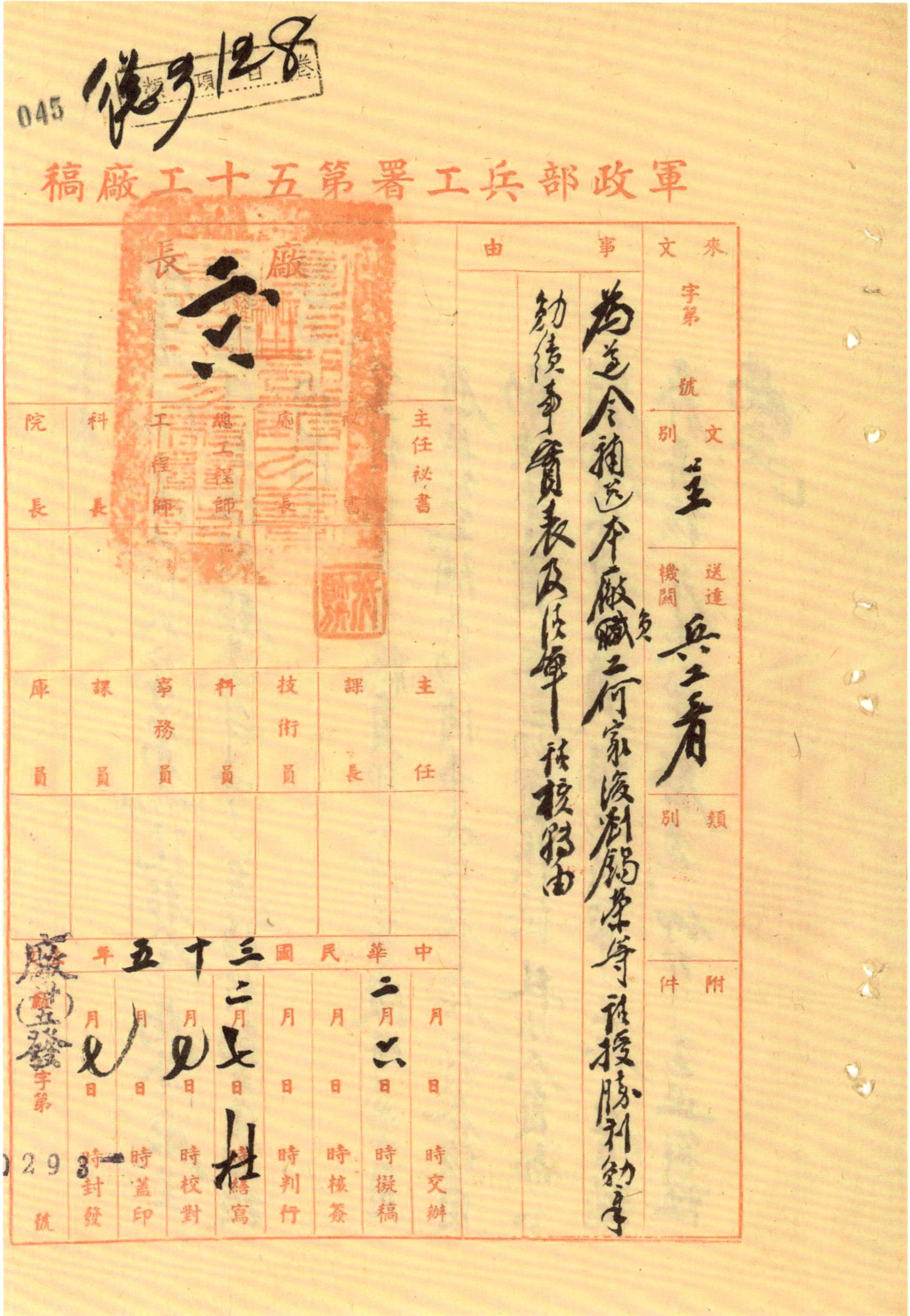

案奉

鈞署（勞）署工秘人字第00513號指令，為令廠呈請授何家浚、劉錫棠等四十六名勝利勛章請核轉由，內開：

「呈件均悉，查職員部分何家浚等四十五員應照規定補具勛績事實表三份，對各該員勛績事實，並應切實核填，技術人員部分劉錫棠等廿一員，漏送該筆三份，應補齊再核，原表並發還，仰即遵照辦理為要。」

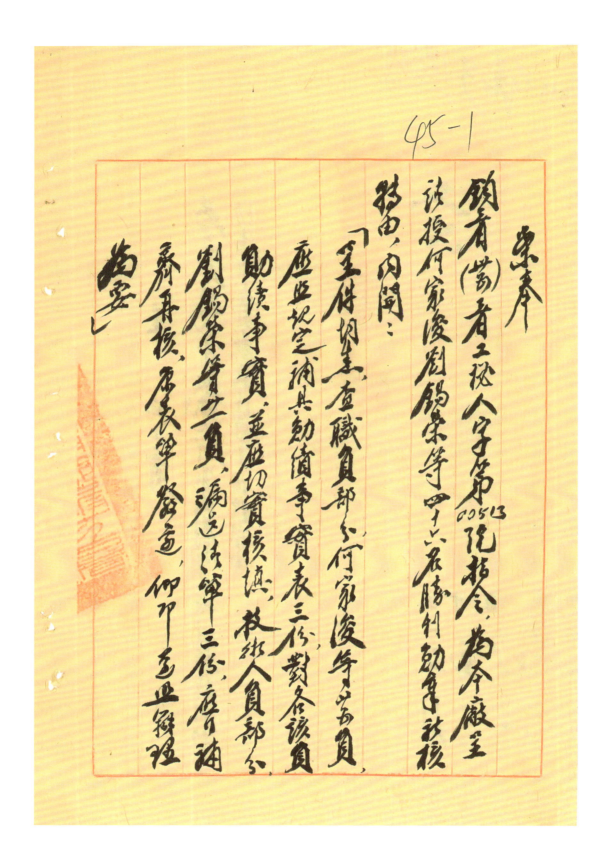

等因，奉此，兹經分別轉造完竣，理合備文呈
送，仰祈
鑒核，轉呈核發。
謹呈
署長俞
計呈送職員何家浚等請授勝利勳章勳
績事實表及清冊各三份，技術工人劉錫
榮等請授勝利勳章勳績事實表及清
冊各三份
第五十工廠廠長丁〇〇

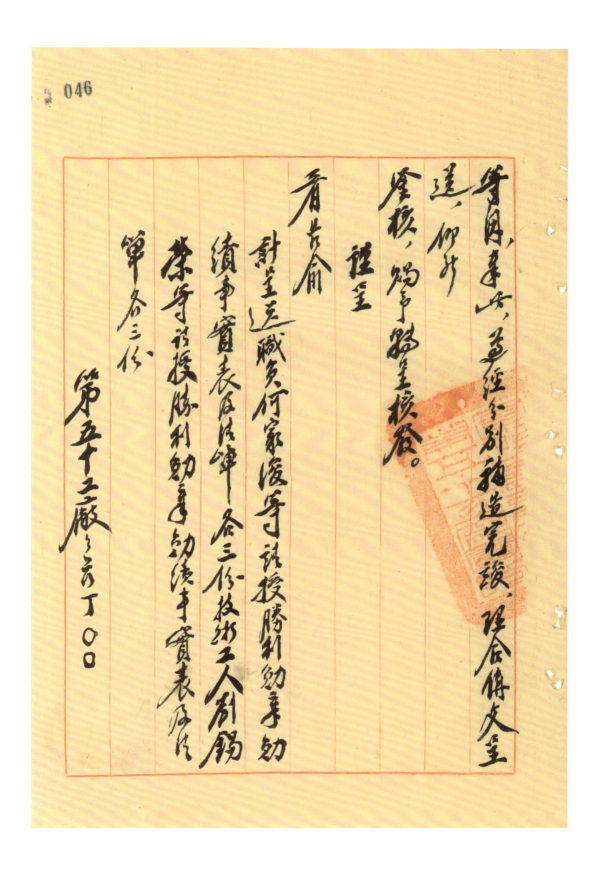

附（一）拟请特授勋章人员勋绩事实表

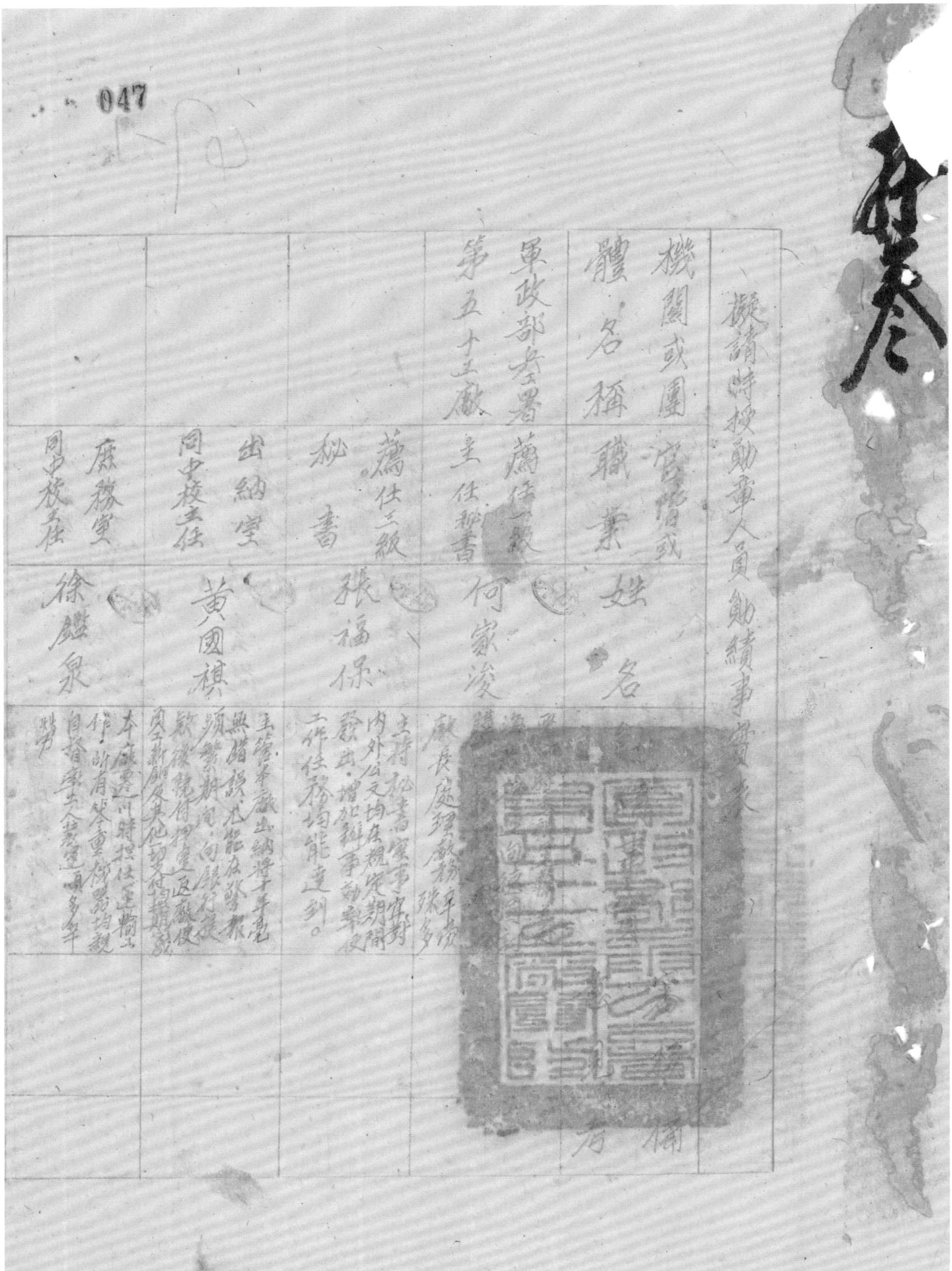

047

擬請特授勳章人員勳績事實表

機關或團體名稱	官階或職業	姓名	勳績事實
軍政部兵工署第五十工廠	薦任一級主任秘書	何家浚	廠長庭[illegible]廠務[illegible]殊多[illegible]
	薦任三級秘書	張福保	主持秘書室事宜，對內外公文均在規定期間發出，增加辦事効率，使工作任務均能達到。
	出納室同中校主任	黃國祺	主管本廠出納將十年[illegible]無錯誤，尤能在警報頻繁期間，向銀行提款，按時運廠，使員工薪餉及其他一切支付均[illegible]
	庶務室同中校主任	徐鑑泉	本廠奉遷川時擔任運輸工作，所有笨重機器均親自督率工人裝運，[illegible]多辛勞

職別	廠務室 薦事務員	工務處 簡任級處長	薦任二級 總工程師	薦任二級 工程師	薦任二級 工程師
姓名	馬保和	凌雲從	沈華耕	張君[illegible]	夏金鐸
事蹟	主辦運輸工作凡成品材料等均能盡速隨時趕運達到任務	督促各製造工作在抗戰期間能達到最高產量完成本廠使命	設計各兵器製造圖樣頗多貢獻	主持全廠水電設備本廠遷建之初極為困難即設法[illegible]陸續整修使本廠工作按期推進	主辦本廠[illegible]工作提高[illegible]加[illegible]

47-1

048

張式齡	〃	隨廠遷川時協助[illegible]搶拆[illegible]各種[illegible]辛勞		
郎世恩	〃	主裝新廠電廠，并能在短期內完成，免除本廠動力上之困難		
陳贊文	荐任八級工程師	設計自製傳爆管、雷管、火帽等，對于大工方面貢獻頗多		
鄒序廷	荐任九級工程師	主辦全廠福利，頗具成績，使全廠員工在戰時生活安定，而提高工作効率		
唐宏慶	荐任八級工程師	籌備并設計擴充本廠檢驗部，俾使所有成品及半成品均能臻於精確程度		

工作分配課 薦任八級課長	陶執柄	研究改良翻砂模鑄件廢品減少并能自行配鑄特種合金重要砲件
半成品檢驗室 薦任十級主任	蔡思威	檢驗半成品另件工作頗有辛勞
製砲所 薦任七級主任	王國章	籌造三七平射砲及八公分迫擊砲并改良十五公分迫擊砲具能在短期內完成品作大量出品
工具所 薦任九級主任	施惟吾	設法自製各種工具以供給抗戰期間缺乏之外來工具對於工作方面頗有勞勣
樣板所 薦任一級主任	郯濟時	在抗戰期間外國材料來源斷絕時有停工之虞該員設法採用國產材料替用外貨使工作順利推進不致停頓

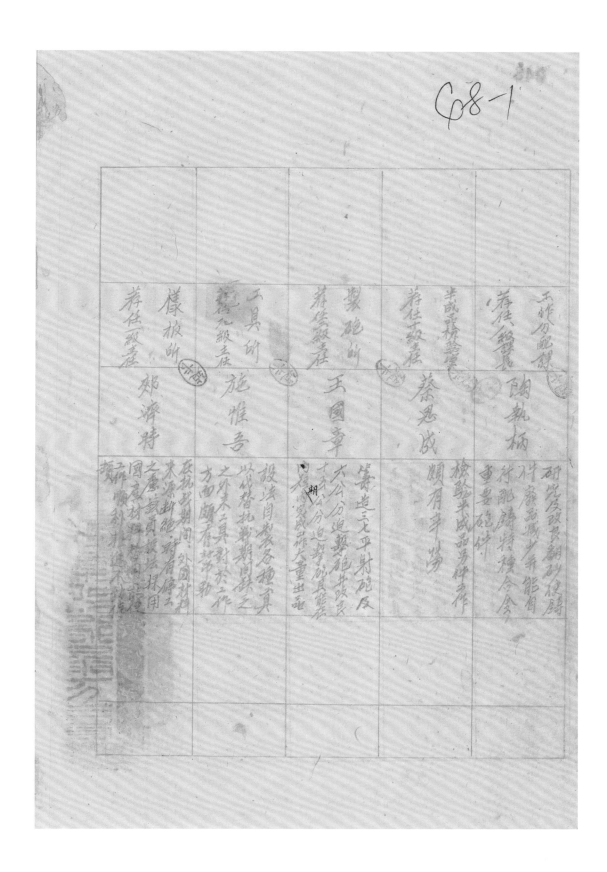

049

引信所 荐任十级主任	劉天威	對于引信頗有研究，曾改良[illegible]引信之構造[illegible]，加砲彈之功用	
木工所 荐任九級主任	郝蓋臣	隨廠遷川時協助辦理運輸，遷川後主持木工所工作，頗多勞績	
材物保管科 荐任九級科長	蕭鴻勳	籌備材料，在抗戰期間材料來源困難，但均能適時供應，不使工作場所有缺料停工之虞，能達到預定出品數量，頗多協助	
檢驗科 荐十技術員	姜貴恩	檢驗成品試射彈藥，關于技術上困難問題之解決殊有貢獻	
精確研究室 荐十主任	周祖彭	主持及改進樣板製造，成績顯著，并發明有電訊密碼機	

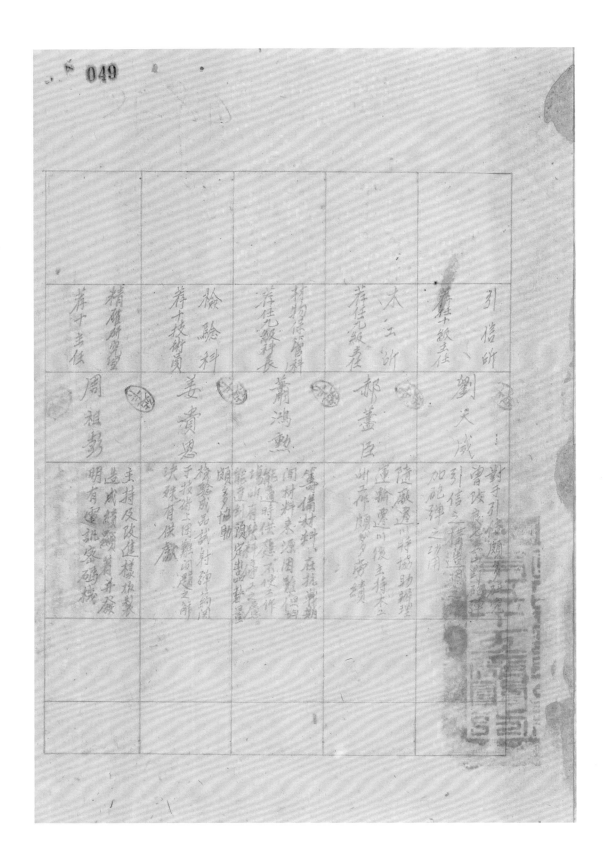

49-1

地產科
第二科長
陳慧新

本廠遷建時，主持營繕，能迅速完成廠房建築，使本廠得以提早開工

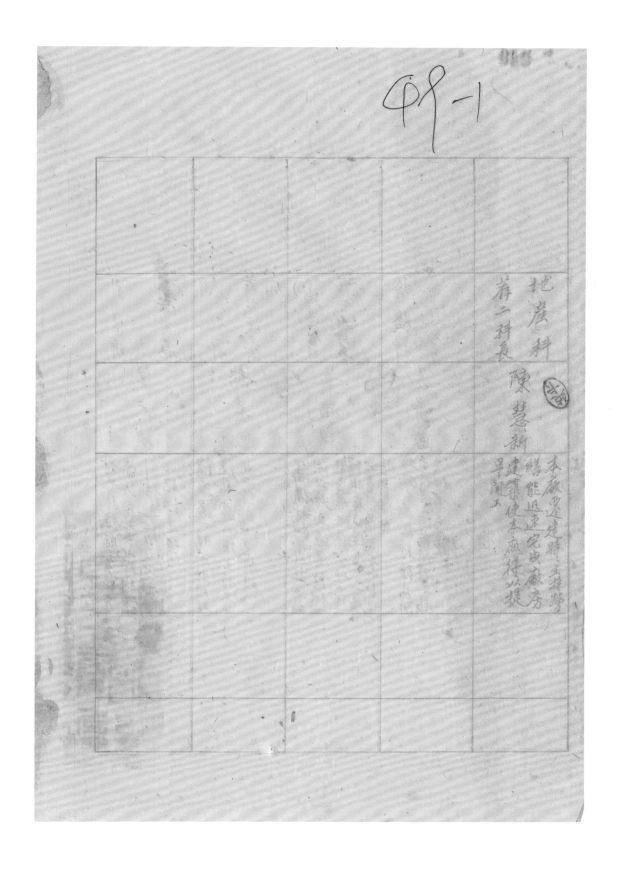

附（二）公务员在抗战期间服务八年考绩优异请授胜利勋章清单

053

公務員在抗戰期間服務八年考績優異請授勝利勳章清單

機關名稱	現在官階或職務	姓名	歷年考績分數 27	28	29	30	31	32	33	34	三次在八十分以上	備考
第五十工廠水電所	助理技術員	劉錫榮			80	79	81	78	82			29.3.11
〃	〃	陳國球		80	78	81	78	80	79			28.1.7
製砲所	〃	楊兆釗			80	78	79	80	81			24.4.13
〃	〃	林雨民			79	80	80	79	80			29.4.17
彈夾所	〃	姚敬		78	80	81	79	80	78			28.4.14
〃	鉗機械士	王寶琦		80	79	78	80	81	79			28.2.3
引信所	助理技術員	盧潤				80	79	80	80			30年11月14日
〃	機械士	呂道全		78	80	79	80	79	80			28.7.10

53-1

所別	職別	姓名								日期
鍛工所	助理技術員	李勤				79	80	80	80	30,2,18,
〃	機械士	周星	78	80	79	80	79	80	78	25,5,11,
鑄工所	助理技術員	于致佩	80	78	80	76	78	78	80	27,11,29
〃	鑄工	劉心誠				78	80	80	82	30,5,17.
木工所	助理技術員	陳滌	79	80	78	80	79	82	78	23,10,10,
〃	〃	張榮	80	79	80	78	80	78	76	26,5,7
火工所	〃	武慶友		80	78	80	79	79	80	28,2,1,
〃	〃	李昌					80	80	80	31,9,16,
樣板所	〃	聶尚清	79	80	80	78	80	79	78	26,3,1,
	機械士	招渭	80	78	79	80	76	80	78	25,4,21,

054

工具所	助理技術員	楊學明		80	80	79	80	78	79		28，6，24，
	〃 〃	何衡				80	79	80	80		31，4，7.
真樣板室	機械士	朱明偉					80	80	80		31，2，8.

120

0076

軍政部兵工署第五十工廠成都分廠軍官佐屬現職錄

單位/區分	現階（編制階）	現階	職	印	官佐姓名	別號	籍貫	年齡	出身校別	初任職務及歷任各職	任職命令字號及年月日	到職年月日
廠本部	薦三至簡六	簡八	主任	印	鍾林	育秋	湖南寧鄉	前八、九、三	湖南省立高工機械科、美國麻省理工大學化工科肄業三期	工程師、技士、廠主任、兵工研究委員	銓崇字一九六五號、卅三、十二、廿五	卅四、六、一
	薦六至薦二	薦三	秘書	印	鍾興義		四川新都	前十三、九、七	法國索米爾機械校畢業、法國格城大學電機學院畢業、巴黎高等電校無線電子科畢業	廠長、業務課長、工程師、秘書	渝處人精字七五三三六號、卅四、十、廿六	卅二、七、十六
總務科	薦六至薦二		科長	印	樓兆鼎							
文書股	單委二（一）階		股長	印								
	單委一至薦二階	單委一階	股員		孫永成		雲南呈貢	前八、三、十六	呈貢縣立舊制中學畢業	區員、股員	部人字七八三八號、卅二、四、六	卅一、五、五
	單委六（一）階	單委一階	股員	印	田錫三		四川溫江	前十、九、廿	四川大學肄業、廿九年政治講習所畢業	書記、秘書、財務局長、文書股長	部人精字三三〇四七號、廿六、廿一	卅四、六、一
	〃	單委二階	〃		汪浩		安徽太湖	一、十六、十三	安徽省立臨時中學高中肄業	會計員、事務員、軍需	部人字二四〇號、人[illegible]字卅六、十六、其	卅二、九、廿

文書股		庶務股				營繕股	
軍委四(三)階	軍委四(三)階	軍荐二階	軍委一荐三階	軍委二(一)階	軍委四(三)階	委五荐五	委五五荐六
軍委四階	軍委(三)階	軍委一階	軍委一階	軍委一階	軍委二階待遇	委三	
司書	司書	股長	股員	股員	司書	股長	股員
張鍾生	翟光耀	徐希俊	黃德猷	韓敏	周連璋	傅俊沂	
					[illegible]昌		
四川大足	四川安岳	安徽望江	廣東中山	貴州黃平	四川新津	江蘇武進	
五八、廿	十九、十五	前六、三、廿	六、三、廿五	六、九、六	十一、九、五	前一、一、五	
大足縣立中學畢業	安岳縣立中學肄業	軍需學校第七期學生隊畢業	廣州知用高中畢業	陸軍一〇四師幹部隊學員隊畢業	新津縣立中學畢業	東吳大學土木工程系畢業	
教員 服務員		排長 書記 副官 服務員	書記 司務員	排長 分隊長	區員 司書	測繪員 工務員 技術員 科長 工程師	
署力人字〇二〇四號 卅四、八、三	部人字二九五〇四號 卅四、八、一九	部人字一五七四號 卅一、一、卅	部人字一八一五六號 卅、七、廿	部人字二八四三四號 卅二、十二、廿	署卅六、六、廿 大藝乙字五六八七號	部人稿字七一八八二號 卅四、十九	
卅四、二、八	卅二、九、十七	卅一、三、三	卅二、七、廿	卅二、十二、廿	卅二、十一、二	卅四、三、七	

76-1

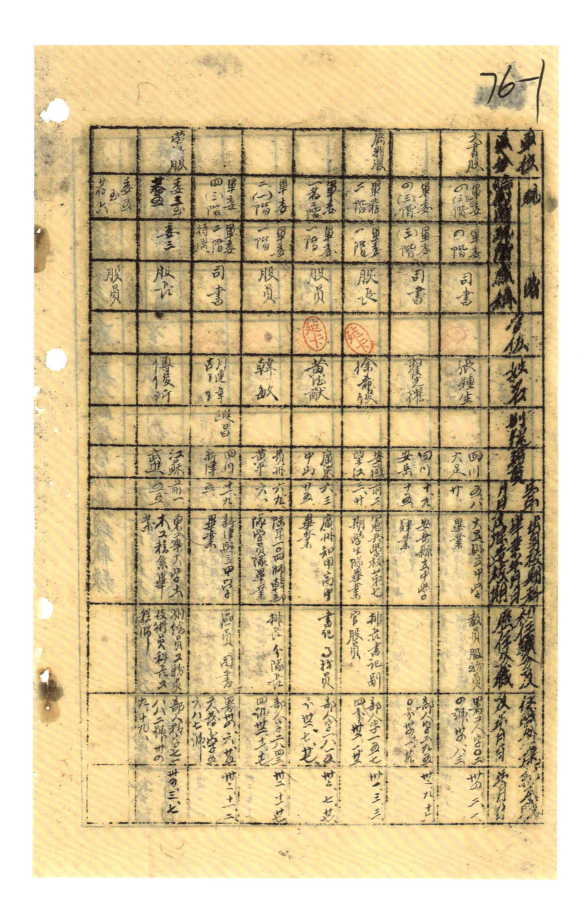

八、軍政部兵工署第五十工廠成都分廠雇員官佐籍貫現職錄

單位區分	官階	比照現階	職稱		官佐姓名	別號	籍貫	年齡	出身	經歷	任現職文號	任現職年月日
	委才 委三	軍委二階月薪四元	股員		萬朝依		四川渠縣	八、三、廿四	四川省地政訓練所畢業	測繪員、技術員	部人秘字〇八八〇八号卅四、二	卅二、十一、十八
		軍委一階	〃		楊崇銘		四川華陽	四、三、十六	軍需學校員班三期畢業	會計科員、課員	部人秘字三三四七号卅四、六、廿	卅四、四、廿五
	准尉（步尉）		司書									
成品庫	軍佐二階	軍委〃階	庫長	[印]	張鐵國	斌	湖北陽新	四十、十四	陽新縣立中學畢業	司書、書記	部人字一七〇二號卅三、一、十八	卅三、一、十八
	軍佐二（一）階	軍委一階	庫員	[印]	江源龍	曜武	四川成都	一、四、四	江油縣立中學畢業	會計司書	部人字三四七七號卅三、十、十三	卅、二、九
	〃	〃	〃	[印]	劉安德	子勤	河北灤縣	七十、六	陸軍檢閱使署西北教導團畢業	排長、連長、副官、少校團附	部人字三〇一七七號卅三、十、十三	卅三、三、二
	軍委四（三）階	軍委三階	司書		葉福		浙江紹興	二、三、廿九	合作事業管理局合作人員訓練班畢業	軍需、辦事員	部總人秘字三九八〇八號卅三、十、卅	卅三、九、一

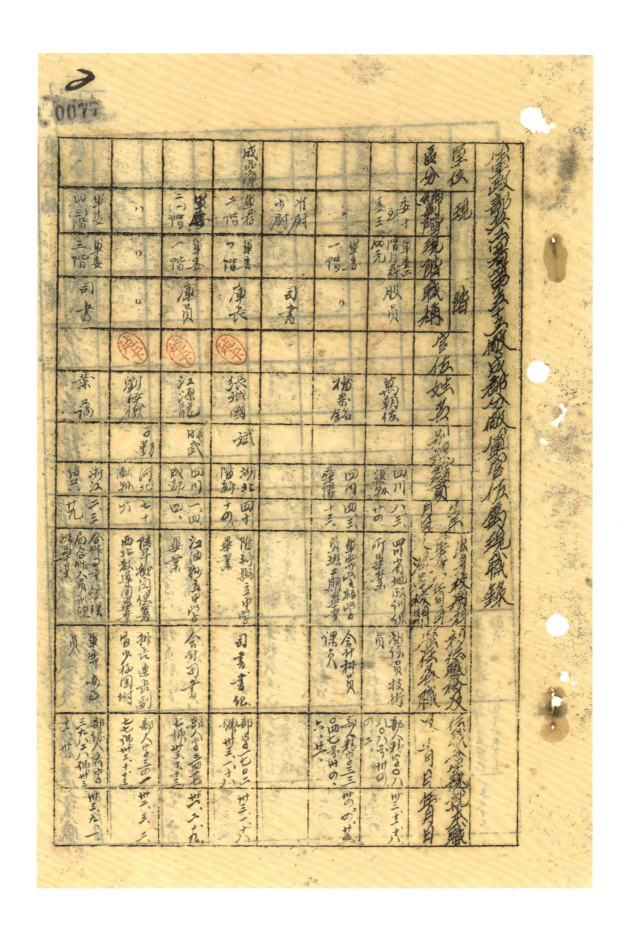

771

單位	級階	待遇	職務	印章	官佐姓名	別號	籍貫	年齡	出身（學校、科別、畢業年月日及入學期）	經歷（前任職務及任職年月）	任職命令文號及年月日	到職年月日
出納股	軍需二(一)階		股長									
	軍委一 荐二階	軍需二階	股員	〔印〕	魏雨泉	嘯波	四川成都	五三、六、	成都法文專門學校畢業	科員 副官 庫員	部令字三二三號 卅三、十四、	卅三、一、廿五
	軍委二(一)階	軍委一階	股員	〔印〕	胡昭文							卅四、三、廿六
	軍委四(三)階	軍委二階待遇	司書		李素松	石筠	四川岳池	五八、廿三	四川省立樂中學高中師範畢業	業務員 助理員	部令人普文(乙)一〇六三六號 卅四、十一、廿九	卅三、一、一、
福利科	荐五 荐六	月支薪三二〇元	科長		郭慕泉		四川威遠	前五、三十五	俄國莫斯科中山大學畢業	書記官 秘書 科長	銓審字一七四五七號 卅三、十、廿六	卅三、四、二、
事業廠	軍需二(一)階	軍需一階	股長	〔印〕	張景奐		河北天津	前一、四十五、	北平民國大學法律系畢業	庫員 少校教官	銓敘18字一〇六七號 卅三、三、四、	卅三、三、四、
	軍委 (荐二階)		股員		~~陳鴻儒~~							
	軍委 (荐二階)	軍委二階	股員		陳毅原	賡賢	四川金堂	四九、十、	金堂縣立中學畢業	軍需書記 勤務員	部字三四一七 卅三十十五	卅三、十、十三、

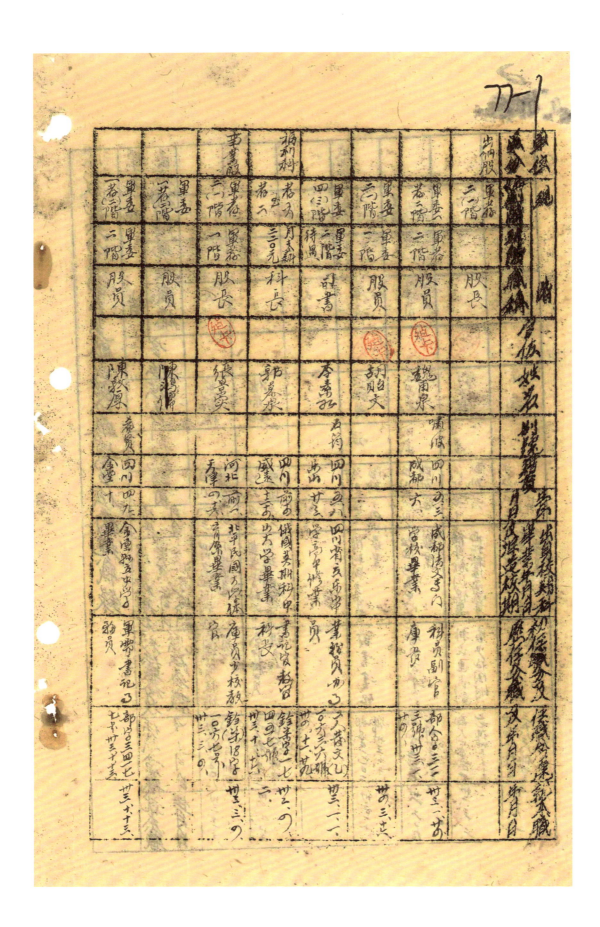

三
0078

（八）军政部兵工署第五十厂成都分厂军医佐属现职职员录

单位 区分	级阶 编制阶级	现阶级	职称	官佐姓名		别号	籍贯	年岁	出身 毕业学校及期别	经历 前任职务及主要经历	任职命令字号及年月日	到职年月日
	军委二（一）阶	军委一阶	股员	（印）	刘一	勃栢	四川华阳	前四、八、六	华西大学修业	科员书记级官指导员	卅三总人新字二七〇六九号 卅三、八、十九、	卅一、四、一
	军委二（一）阶	军委一阶	股员	（印）	董文政							
	军委四（三）阶	军委三阶	司书		徐世全		四川成都	六、二 廿四、	华阳县立初中毕业	助理员	部总人新字二七〇六九号 卅三、八、十九	卅二、六、十五
医务股	委六至荐五	[illegible]	股长									
	委十五至荐四	军荐一阶 支荐六级	医师		唐昌升		四川梁山	前三、十、廿七	同济大学医学院毕业	医师教授	铨荣医字九〇一〇号 卅四、六、一、	卅四、六、九
	委十至委四	委十	助理医师		郎秀珍		山东潍县	前六、十二、十	华西协合大学医学院五年级肄业		部人新字四九二八七号 卅四、八、九、	卅四、七、一
	月支五〇至八〇元	月支一三〇元	看护长		魏贵珍		湖北黄陂	一、七、廿七	成都仁济护士学校毕业	护士、护士长	厂甥字二四九四号 卅四、十、廿七、	卅三、二、廿六

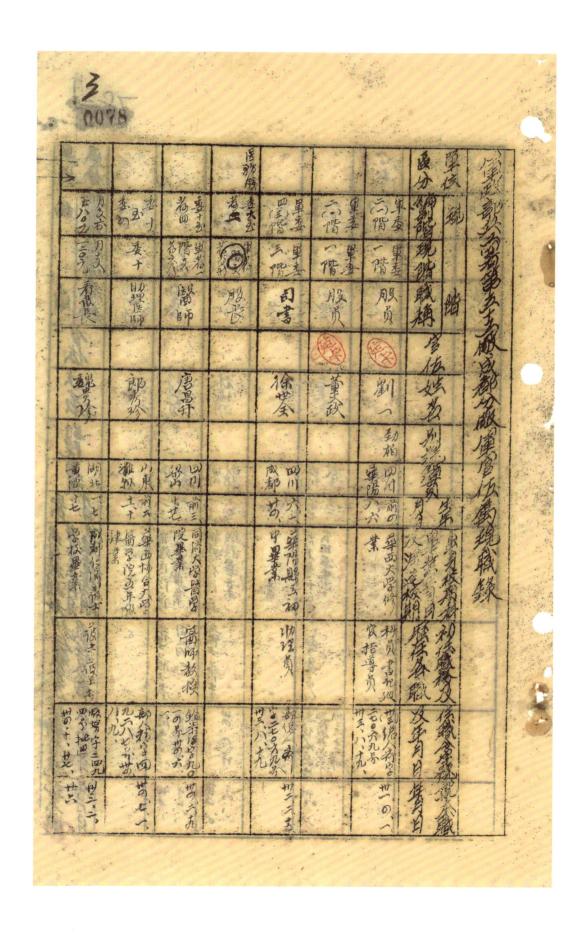

78-1

实授级	暂支薪俸级		职别	盖章	姓名	别号	籍贯	年岁	出身校别及毕业年月日	初任职务及历任职务及年月日	现任职务及到差年月日	到职年月日
	委十五 委の		药剂师									
	の十五 六十元	月支 一百元	看护士		彭汝贤		四川安岳	二三、八、	甫澄医院护士学校毕业	护士 护士长 司药	卫勤部第二一九军第卅の 九、十、	卅の八 十七、
	月支 の十五 六十元	月支 の十五 元	〃		林俊明		四川成都	一、十三、十七、	绵阳仁济医 战校毕业	护士 护士长	卅の、の、廿	卅の、の、六、
	月支 の十五 六十元		〃									
	单委 (三)阶	单委 三阶	司书	[印]	王汉文		四川威远	前七、十一、	四川省药剂所 官班毕业	督查员	部队人事室 三五の九占 卅三、十二、卅	卅三、八、
子弟学校	兼任		校长	[印]								
	聘任		教务主任									
	聘任		教员									

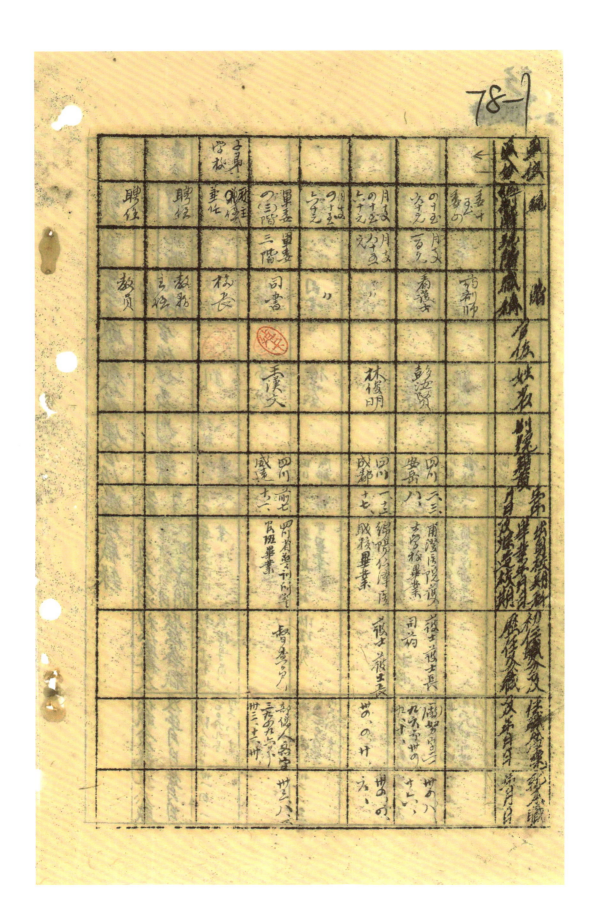

44
0079

軍政部兵工署第五十工廠成都分廠僱官佐屬現職錄

單位區分	銓敘階	現階	職稱	（印）	官佐姓名	別號	籍貫	生年月日	出身（畢業學校科期年月日、入學校期）	初任職務及歷任各職	任職命令號數及年月日	就本職年月日
	聘任		教員	（印）								
	〃		〃	（印）								
	〃		〃									
	〃		〃									
	〃		〃									
	〃		〃									
	軍委二（一）階	軍委一階	事務員	（印）	王松齡							卅叁、十二、八

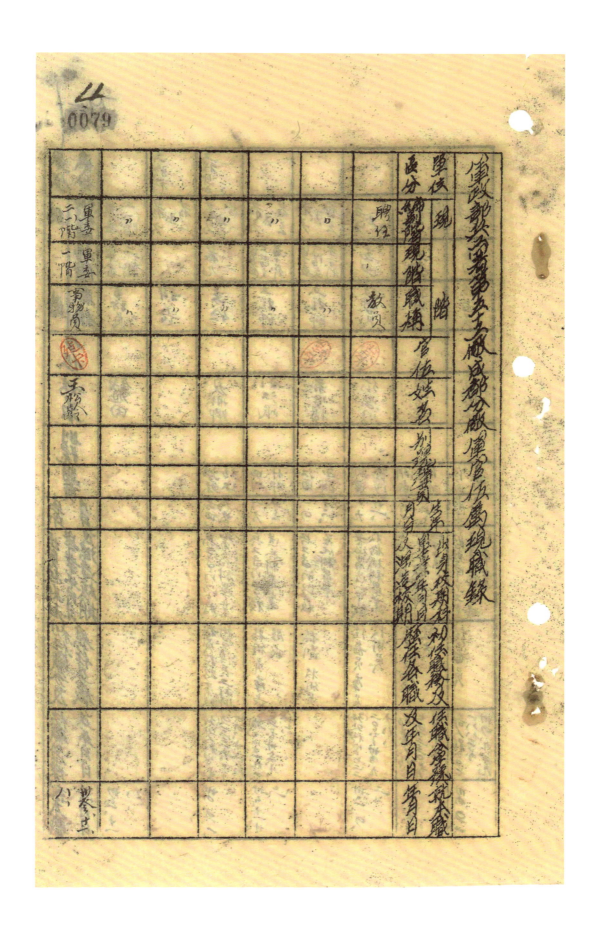

79-1

单位	级	阶级	职别	盖章	姓名	别号	籍贯	年岁	出身校别科毕业年月日及派充校期	初任任职及历任任免职	任职命令字号及年月日	就本职年月日
	单委 二(一)阶	单委 二阶	事务员		钱旭田							卅三、十一、八、
事务科	荐六 五 荐四		科长									
工程师室	荐六 五 荐一	荐九	主任		夏彤卿		江苏 靖江	前四、九、廿	兵工专门学校机械科毕业	科员、技术员、技术员课长、工程师	(34)处人称字七五三三六号 卅四、十、廿六	卅四、五、一、
	荐六 五 荐三	单荐 二阶支 荐十薪	工程师		刘江岷		四川 什邡	一、六、廿五、	兵工专门学校造兵科毕业	技术员、库长、股长	铨(七)字一九一五号 卅三、十、廿七、	卅三、十一、廿六、
	荐六 五 荐三	单委 一阶支 委一薪	工程师	[印]	萧贤扬		江西 丰城	一、〇、十六、	兵工专门学校应化科毕业	技副、技术员		
	委六 五 委三	委四	技术员	[印]	孙学川		湖南 长沙	一、九、廿六、	安徽省立一中职校机械科毕业	绘图员、技术员、库员	(34)处称字七三二〇号 卅四、九、十八、	卅二、四、二、
	委六 五 委二	委七	技术员		李少昆		湖南 湘乡	前一、一、六	上海中华职业学校机械科毕业	领工、管理员、技士	部处人称字七五三三〇号 卅四、十、廿五、	卅四、六、八、
	委八 五 委四	委四	绘图员		徐树德		江苏 泰兴	前十、十、廿六	江苏南通工业专门学校纺织科毕业	绘图员	部人称字七一八八二号 卅四、九、廿九、	卅四、五、一、

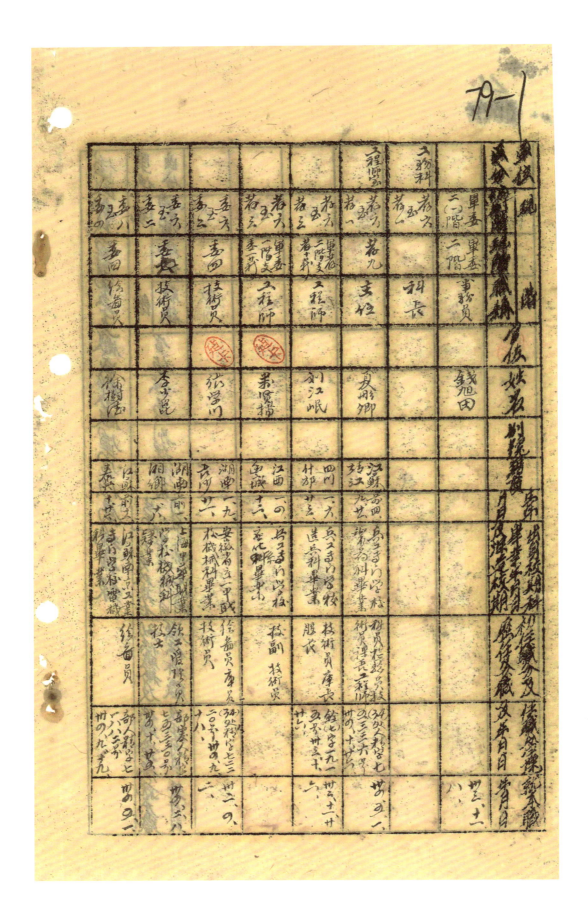

0080

5

銓敍部三十六年度第三十六次成都分處銓定任職現職錄

單位區分			工作籌備股			
銓敍階	委八五 委四	單委の(三)階	委二五の	委の五 蔭二つ	委十五 委五	委十五 委五	單委の(三)階
現階	委七	單委三階		月委 二百元	單委三階	單委三階	
職稱	保管員	司書	股長	股員	股員	股員	司書
官佐姓名	楊人傑	廖克恩		黃景曦	王肇鏑	范世標	
別號							
籍貫	湖南湘鄉	四川重慶		廣西義寧	四川威遠	四川羅江	
年歲	二六、光	六、六、廿二、		前三、九、の	七、八、廿六、	七、三、十、	
出身及學校期別及畢業年月日	東三省兵工廠兵工學校中級班機械科畢業	重慶建文中學畢業		成都大學歷史系畢業	瀘川高中畢業	國立七中四分校畢業	
初任職務及歷任各職	兵工技師、軍械員、技術員	書記員、稽收員		教員、教官、助教	教員	教員、幹事、科員	
任職命令號數及年月日	部人特字七一八八二號 卅四、九、廿九、	部甘字二二五七八號 卅六、六、廿、		部七七五號 卅四、三、十七、	部〇三九號 卅四、五、十、	部〇三九八七號 卅四、六、十、	
任職年月日	卅四、七、十六、	卅六、八、廿八、		卅年十月	卅四、一、	卅四、一、	

單位	官階	待遇	職別	姓名	籍貫	年齡	畢業學校科別及畢業年月日	經歷	任職命令字號及年月日	到職年月日
	單委の三階	單委六階待遇	司書	宋仙航	陝西西安	六三 廿	成都協進中學肄業	曾任本廠文書 單委六階 [illegible]	委員司書	卅三 八 [illegible]
工作文書股	委二五の	委三	股長	秦毅明	四川遂寧	五三 [illegible]	兵工專門學校造兵科畢業	技術員	部人[illegible]字七三一七號 卅四 [illegible] 令	卅六 九 十
	委四五級	委四	股員	黃明	湖北武昌	[illegible] 十卅	日本東京[illegible]學高等研究科	廠員 司[illegible] 兼主任技師	部人[illegible]字七二八二三號 卅四 [illegible] 令	卅六 八 十六
	委六五級		股員							
	委六五級	委七	股員	劉舜祺	湖南湘鄉	一九 十	東三省兵工廠兵工學校中級機械科畢業	部人[illegible]字七六[illegible]二九[illegible] 卅四 [illegible] 令		卅四 九 十六
	單委の三階	單委の階	司書	廖宏勳	四川什邡	[illegible]	四川省[illegible]鄉[illegible]業	曾任司書記	曾委人(乙)字一五九五號 卅二 廿	卅三 十一 一
稽核股	委二五の		股長							
	委四五の		股員							

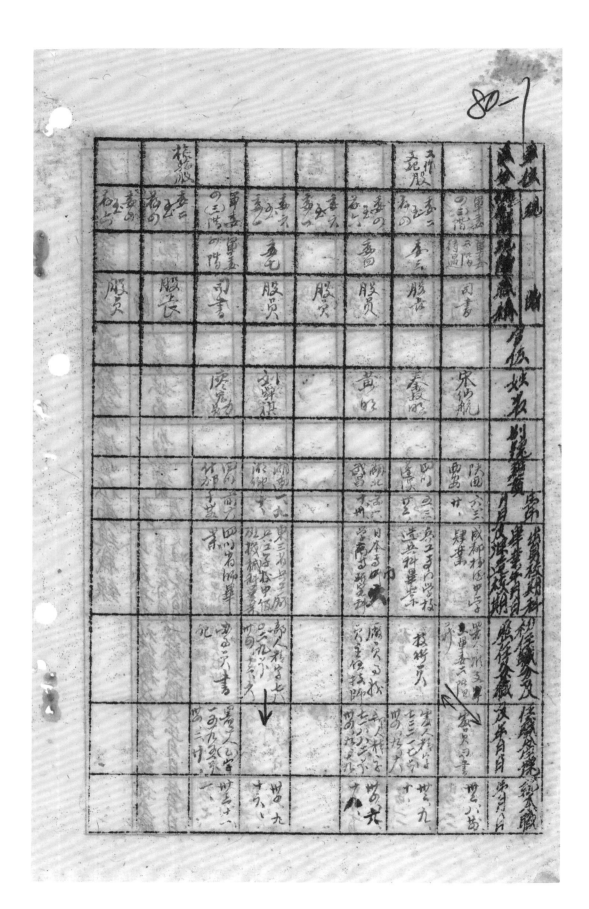

軍政部兵工署第五十工廠成都分廠僱員佐屬現職錄

單位區分	銓敘階	現階	職稱	官佐姓名	籍貫	年齡	出身校、期、科別（畢業年月及校別）	曾任各職	任職令號及發令年月日	到職年月日
	委四 若干	單委三階 技委九	股員	康濂	四川成都	七、八、十六	四川省高工校機械科畢業		部字三二九 一[illegible] 卅四、廿五	卅三、九、六
	委十 玉 委五	單委三階 技委八	股員	馮秀和	四川華陽	五十、二	四川省高工校機械科畢業	製圖員	部字二三九 一〇[illegible] 卅四、廿五	卅三、十一、十五
	單委四（三）階	單委三階	司書	呂煥東	河南沁陽	三一、八	河南省汴高中畢業		部字〇七七三 工字 卅四、三、十九	卅三、十、十九
工政股	單薦二（一）階	單薦一階	股長	周瑛	山東金鄉	前三、八、廿八	東北大學經濟系畢業	科員 司助員 股長	部 卅三、三、十五	卅三、六、十七
	單委一（薦）階	單委一階	股員	傅馨鵬	四川[illegible]陽	一、十、廿六	[illegible]高中肄業	科員 副[illegible] 書記	部字三四七 七〇[illegible] 卅六、三、十三	卅二、十二、一
	單委二（一）階	單委一階	股員	劉健雄	四川金堂	一、五、七	四川省軍官總隊畢業	中隊長 連長 稽查員	部字四五七[illegible] 卅四、四、廿九	卅三、八、八
	單委二（一）階	單委二階	股員	敖伯齡	四川崇慶	一、九、七	四川省合州初師畢業	連政指導員 附員	部字八七〇二 卅三、三、十九	卅一、十、十六

[illegible]	军委(四)(三)阶	军委三阶	司书		黄建勋		广西义宁	十二、五、の	土地陈报人员训练班毕业	教师 陈报处	部铨人字二三二九〇号 卅三、十、七	廿一、七、一
技工学校	厂长兼任		校长									
	教育[illegible]	厂[illegible]兼任	教育主任									
	荐三 五 荐二	军荐二阶支荐九级	教务组组长		洪世魁		江苏淮安	五九、六四	法国汉诺威工科大学肄业	技术员 课员 教员	会一三二四三号 卅三、八、十九	卅、八、十六
	委六 五 委二	委三	组员		房子华		天津市	一、三、十八、	辽宁省立第一工科职校毕业	指导员 [illegible] 技术员	部铨人字第七三〇号 卅四、九、十八	卅四、二、十六
	委[illegible] 委二	委三	组员		官锡[illegible]		[illegible]文	廿、二、二、	贵州省立师范毕业	书记 教员	部铨三五三八〇号 卅三、十、廿二	卅一、三、三、
	军委二(一)阶	军委二阶	书记		李轩		四川安岳	廿七、一、	四川省立资中高中毕业	训育员 组长	部铨人字二九三〇号 卅四、四、十九	卅四、二、一、
	军委三(一)阶	军委[illegible]阶										

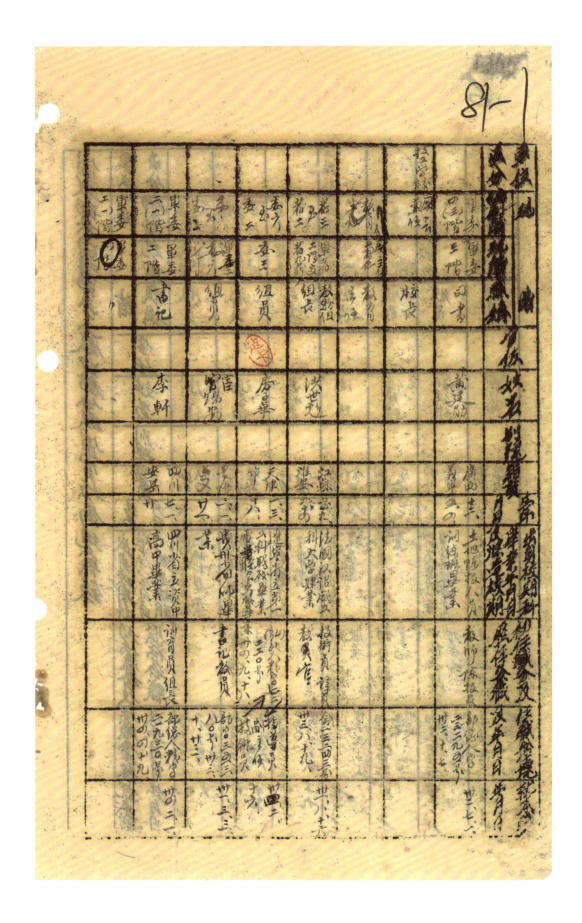

軍政部兵工署第五十工廠成都分廠軍官佐屬現職錄

單位 區分	現階	銓敘階	現職		姓名	別號	籍貫	年齡	出身（學校期別及畢業年月日）	初任職務及歷任各職	任現職命令字號及年月日	到差年月日
	軍委(三)の三階	軍委三階	司書		邓蜀蓉		四川華陽	十八、八、	成都大成中學畢業	書記 征收員	兵人推文字02五六二号 卅三、三、八、	卅二、九、七、
	軍委(三)の三階	軍委の階	司書		董殿初		江蘇無錫	三六、五、	無錫成達中學畢業	会計 助理員	署字四一三八 卅四、五、七	卅四、二、一、
	軍委(三)の三階	軍委三階	司書		湯峯		江蘇太倉		無錫補習班校畢業	会計員	卅三人新字二三三六号 卅三、七、十九、	卅三、五、一、
	軍佐一階	軍佐一階	訓育組組長	[印]	王有儀							
	軍佐二階	軍佐二階	訓育員		戴國金							
	〃	〃	〃	[印]	盧文彬		廣東番禺	前三六、一、	廣東高師附中畢業	副官 司務員 書記	銓(七)字一二二九〇号 卅三、八、廿八、	
	軍委二階	軍委一階	訓育員		[illegible]							

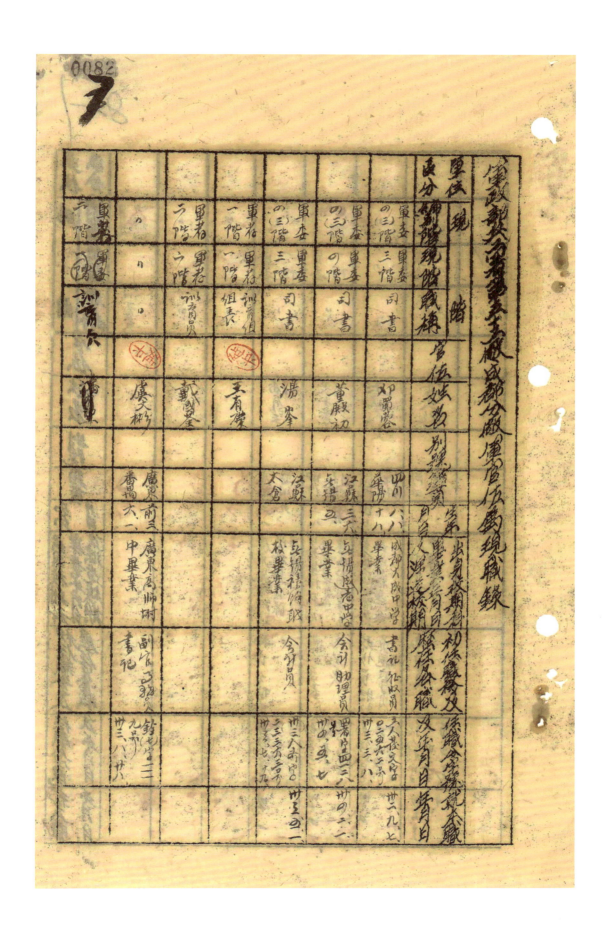

82-1

番號	級 原敘	現敘官階	職給	官佐	姓名	別號	籍貫	年齡	出身（學校期別及畢業年月日及經過戰役）	初任職務及歷任各職	任職命令及年月日	就本職年月日
	軍委一階		試[illegible]員									
	〃		〃									
	〃		〃									
	〃	軍委一階	〃		潘有望		廣西當川	二一、九、	廣東軍事政治學校軍官隊畢業	排長 參謀隊長	部任令字四二八七號 卅〇、三、十八	卅、一、
	軍委一階	軍委一階	〃		張子君		四川儀隴	三八、廿九	中央軍校[illegible]編隊畢業 [illegible]畢業	排長連長 分隊長	部字二二九八五號 卅、十、十五	卅、〇、
	〃	〃	〃		王曉人		河南汜水	四七、二、	第四方面軍幹部學校畢業	政治員特務員 視察員	部任人字[illegible]號 卅、[illegible]	卅、四、十
	軍委一階	軍委三階	〃		李文彩		湖北漢陽		湖北省九中高中肄業	辦事員	總人精字二一四二一號 卅、四、十七	卅五、十、十一
	〃	/	〃									

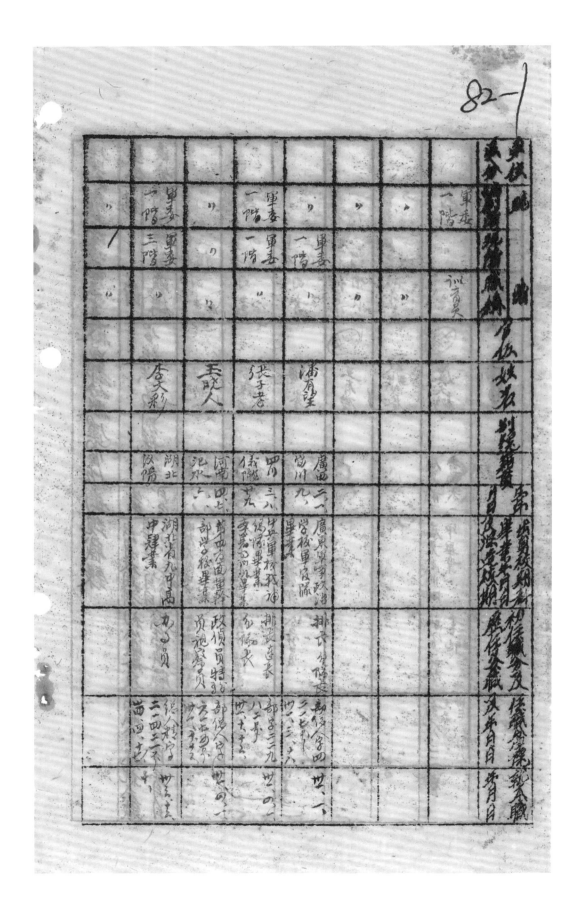

0083
8

軍政部兵工署第五十工廠成都分廠[illegible]官佐屬現職錄

單位	區分	現階	現階職稱	官佐	姓名	別號	籍貫	年齡	出身及畢業學校畢業年月日	初任職務及歷任各職	任現職令號及年月日	到差年月日
	單委一階	軍委二階	三訓育員兼	鄧燮榮			江蘇靖江	七、三、一	上海聖約翰大學文理學院肄業	教員、小學訓育主任	部人稿字四九二七號 卅四、八、九、	卅四、五、
第一製造所	委二五 若三	軍若二若三	主任 若七	宋家駒			四川彭山	三十五、十三	兵工學校應化系畢業	服務員、技術員、技佐	人稿字七三四三二號 卅四、十六、十三	卅四、十二 卅四、九
	委六五 委一	軍委一階 委二新	技術員		何義成		四川崇慶	一、八、廿七	兵工學校造兵科畢業	本署服務員、技術員	總人稿字二〇六三八號 卅三、五、廿	卅三、九、八、
	委六五 委一		劉德林		技術員							
	委六五 委一	軍委二支委五新	技術員		金增雷		四川峨眉	七、四、十六	兵工學校補科畢業	技術員	部字二二八七號 卅四、五、四、	卅二、八、 卅四、
	〃	委四	〃		鄧俊		四川寧陽	卅四、三、廿三	四川兵工廠藝徒學校畢業	領工技師	總人稿字七二二〇六號 卅四、九、廿	卅三、一、十八、
	委六五 委一	軍委二階支委四新	〃		毛文華		江蘇江寧	一、三、廿五	瀋陽兵工廠藝徒學校機械科畢業	技士	部字二二八七號 二〇一 卅四、五、四、	卅三、十五 廿九

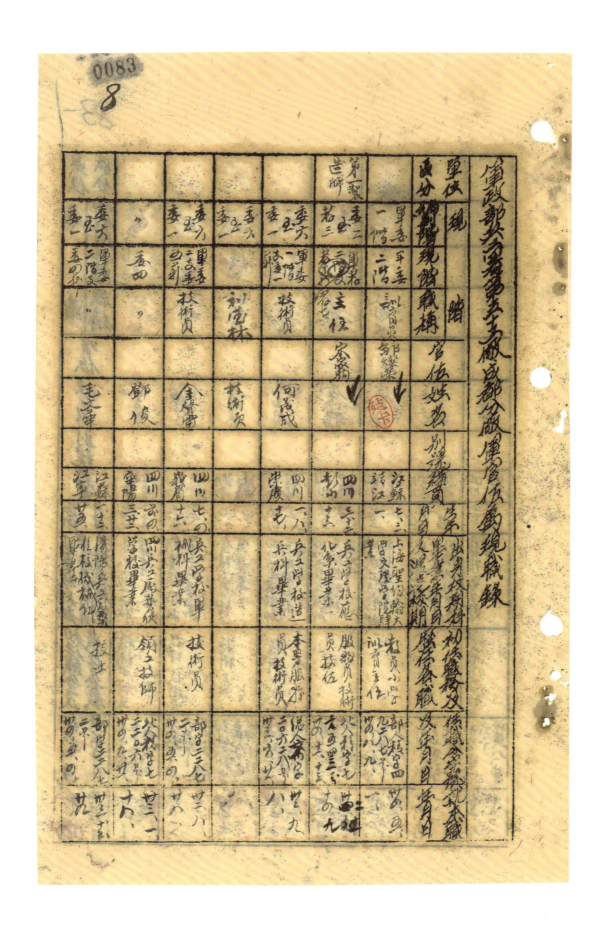

83

单位								
官阶 现叙	委一 委十六	委一 委十六	委八 委十六	委五 委十	委五 委十	委五 委十	委五 委十	军委 三（三）阶
官阶 原叙	军委二阶 委十[illegible]	委二	委四	支委 七薪	支委 七薪	委十	委六	军委 三阶
职别	技术员	技术员	技术员	技术员	技术员	技术员	技术员	事务员
姓名	李子英	张传希	崔曙英	陈法湘	李映鹤	卢文昭	周诚	王泽沛
别号								
籍贯	辽宁辽阳	湖南长沙	湖南益阳	四川成都	四川邛崃	四川崇庆	湖南湘乡	四川郫县
年龄	二十五	三十五	二十七	二十四	二十一	二十三	[illegible]	[illegible]
出身（学校及毕业年月）	奉天省立工校毕业	湖南省立高职校金工科毕业	金陵大学化学系毕业	四川省立成都高职机械科毕业	四川省立成都高职机械科毕业	中央工专机械科毕业	东三省兵工厂兵工学校中级机械科毕业	华阳私中肄业
经历（初任职务及现任职务）	机械士 领工	技师 技术员	技术员	技术员			技师 事务员	[illegible]
任职命令文号	部字[illegible]	[illegible]	部[illegible]人[illegible]字[illegible]	部[illegible]人[illegible]字[illegible]	部字[illegible]	部[illegible]人[illegible]字[illegible]	部[illegible]人[illegible]字[illegible]	部字[illegible]
到职年月	廿[illegible]	廿六、一、	廿四、七	廿[illegible]	廿二、十[illegible]	廿三、八、	廿四、六、	廿[illegible]、八、

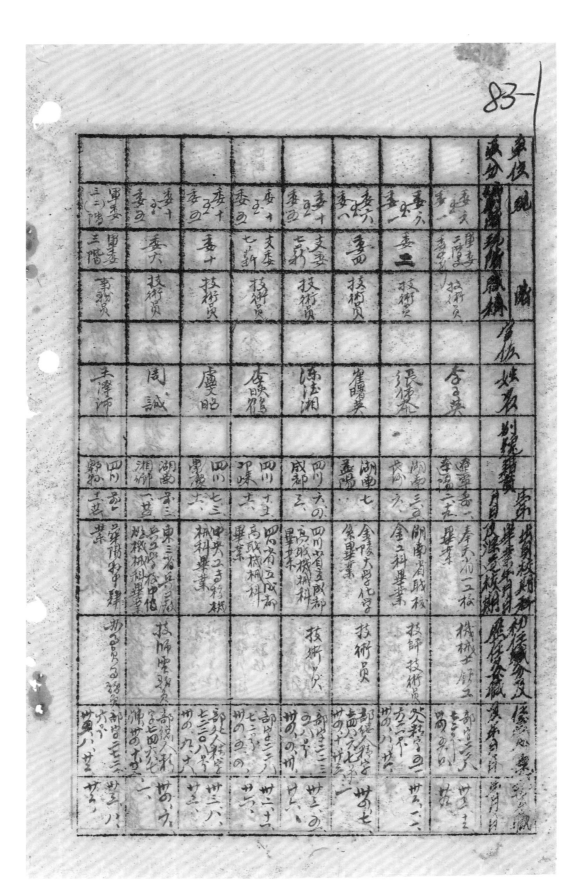

0084

9

已√

軍政部兵工署第五十工廠成都分廠僱官佐屬現職錄

官佐屬員分類	現階	現職階級	職稱	姓名	籍貫	年齡	出身學校期別畢業年月日及深造校期	初任職務及歷任各職	任現職命令字號及年月日	到差年月日
	軍委三(二)階	軍委二階	事務員	居天成	河南鄢陵	十六、九	兵工署高工訓班畢業	司務員	部字二三三六八號 卅三、七、十五	卅二、十、廿五
	軍委三(二)階	軍委一階待遇	事務員	宋培[illegible]	山東金鄉	卅八、十二、七	鄉村師範畢業	管理員 副官	署工人技文字二八七七號 卅三、十二、廿七	卅三、八、廿八
	軍委三(二)階	軍委二階	事務員	海德文	廣東三水	十、二、二	湖北省立六高中畢業	僱員	廠甲字一一三八九號 卅二、十一、廿二	卅二、九、一
第二製造所	委二五 薦三	軍薦一階 支委五級	主任	鄭呂韋	湖北大冶	前三、九、一	兵工學校大學部二期畢業	技術員、工程師、總隊附、教官	銓七字六九一三號 卅四、九、廿五	卅五、二、十五
	委六五 委八	委五	技術員	馬秀岑	山東惠民	三、六、廿	西北工學院化工系畢業	助教、技士、工務員、講師	部字〇三九八七號 卅四、六、十六	卅四、十二、六
	委六五 委七	委四	技術員	柳伯良	江蘇無錫	前十、九、廿三	金陵兵廠藝徒學校畢業	技術員	部總人字八七〇二號 卅三、五、十九	卅三、十二、一
	委六五 委八		〃							

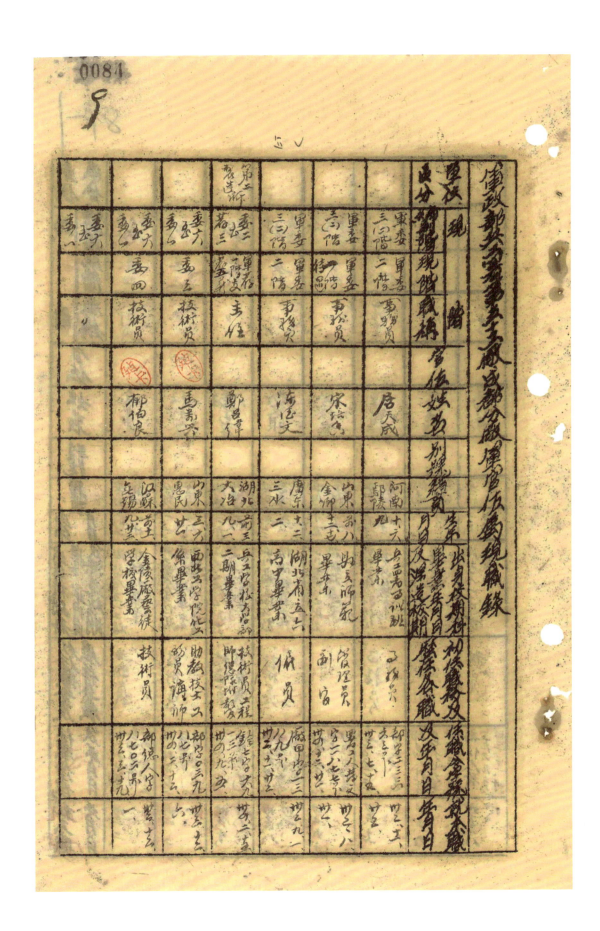

84

单位	原叙职级	现叙职级	职务	官阶	姓名	别号	籍贯	出生年月日	毕业学校科别及毕业年月	历任职务及现任职务	任职命令字号及年月日	到差就职年月日
	委五六 委一	委四	技术员		金业宽		安徽巢县	前一、廿、	湖北省立一工校机械科毕业	工务员	处人精字七六五四三号 卅四、十二、十五、	卅二、二、一、
	委五六 委一	委三	〃		骆新鎏		江苏江宁	一一、十八、	兵工署金陵厂艺徒班毕业 兵工署高级机械毕业	技术员	处人精字七六五四三号 卅四、十二、十五	卅二、二、一、
	委十一 委五	支委四薪	〃		王笃安		湖南邵阳	三、九、七、	湖南省立高职校机械科毕业 兵工署技术训练班毕业	修备员 技术员	部令渝字 卅四、五、花、	卅、十、 廿八、
	委十一 委五	委八	〃		彭文祺		四川潼阳	七、三、五、	四川省高工校机械科毕业	技术员	处人精字七六五〇七号 卅四、十、九、	卅二、八、 卅一、
	委十一 委五	支委九薪	〃		廖様生		四川华阳	十、九、六、	四川省高职校机械科毕业		部字三二一九 一下 卅四、四、廿五	卅二、九、六、
	军委三(二)阶	军委二阶	工务员		钟伯龙		四川新都	前十三、七、十六	四川军务学校蜀山毕业	工务员	部字四一三七号 卅三、六、廿七	卅二、十、一、
	〃	军委三阶	工务员		李嘉林		湖南湘乡	一、二、四、	宪兵二团军士班毕业	司书 副官	部铨人精字五七六七九号 卅四、三、十六	卅二、四、一、
	军委四(三)阶	军委三阶	司书		王仲衡		安徽婺江	十二、四、六、	湖北省一高毕业	科员	部铨人[illegible]三九四九六 卅三、十一、卅	卅二、八、一、

軍政部兵工署第五十工廠成都分廠僱傭人員現職録

單位區分	銓敘階級	現階	職稱		姓名	別號	籍貫	年歲	出身學校期別入學及畢業年月日	歷任各職	任職命令文號及年月日	任現職年月日
第三製造所	委二五 薦六	薦十	主任		彭長松		湖南長沙	卅二 四五	清華大學機械工程系畢業	技士 工程師	銓七字四九二号 卅四、十、七	卅四、十、七
	委六五 委四	委六	技術員		王維周		湖南湘鄉	卅四 四二	遼寧高工職校畢業	領工 技師	部兵人穆字七五三三号 卅四、十、十八	卅四、二、八
	委六五 委一	委一	〃		閻衡		遼寧遼陽	卅三 三十二	遼寧大冶工科學校畢業	料員 檢查員 庫員 股長 主任工程師	(34)兵人穆字七三三九号 卅四、九	卅四、七、一
	委六五 委二		事務員									
	委六五 委二	軍委三階	事務員		周君初		湖南湘鄉	一一 八	中央軍校軍官訓練班畢業	軍需 書記	部字二三二四五号 卅四、五、八	卅四、六、八
	委六五 委二	軍委一階	〃		劉子和		河北清苑	一三 六	河北保定中學畢業暑期訓練班畢業	軍需 副官 科員 課員	部兵人二二九八二号 卅六、七、廿三	卅六、七、一
	軍委の三階	軍委三階	司書		黃[illegible]		四川華陽	廿三 一廿三	成都府中學肄業	軍械員 初級員	部字吳八六七号 卅四、二、八	卅五、十、一

单位	级别	现支薪俸	职别	官佐	姓名	别号	籍贯	年龄	毕业学校期别科及毕业年月日及深造学校期	初任官职务及历任各职	任现职级及年月日	到职年月日
会计科	荐六支荐二	军荐二阶支荐二级	科长		俞守身		浙江诸暨	四十六	暨南大学商学院毕业	会计员、股长、课长、专员	兵人精字七六五〇号 卅四、十二、十二	卅二、十、一
	荐六支荐三	军荐二阶支荐三级	专员	（印）	黄雄贤		四川华阳	二九、英	四川大学政经系毕业、中训团会计班毕业	审核主任、科员、佐理员、会计主任	会字一八九〇号 卅五、四、十七	卅一、九
[illegible]股	委三支委五	月支一百〇五元	股长	（印）	钱昌祚		江苏无锡	五十、苏	无锡工商中学毕业	会计课员	兵人精字五一〇三〇号 卅四、八、廿三	卅二、七、一
	委四支委二	月支薪一三〇元	股员		胡柱臣		四川郫县	四十、黄	正则会计校毕业	股员、科员、会计员	总人会字四一二〇七号 卅五、十二、廿三	卅二、廿五
	委四支委一	月支一百廿元	股员		李阁		湖南宁乡	二一、一	全国会训班毕业	副官、科员、助理员	兵人精字七二二一七号 卅四、九、十八	卅五、十二、六
	委四支委二	月支一百四十元	股员		高翔		江苏无锡	一五、十一	江苏无锡工商中学毕业	科员、会计长、军需、书记员	部兵人精字七五三三四号 卅四、十、廿五	卅五、四、八
	委十支委五	月支薪一百一拾元	股员		邓嘉		四川[illegible]阳	二七、八	全国会训班毕业	军需、会计	部兵人精字七二二〇八号 卅四、九、廿六	卅五、十、廿七
成本计算股	委三支委五	月支薪一百四十元	股长		钱邦勋		江苏无锡	一八、十七	无锡工商中学毕业	会计员、办事员、科员	部字二二〇三六号 卅四、四、廿三	卅六、十二、六

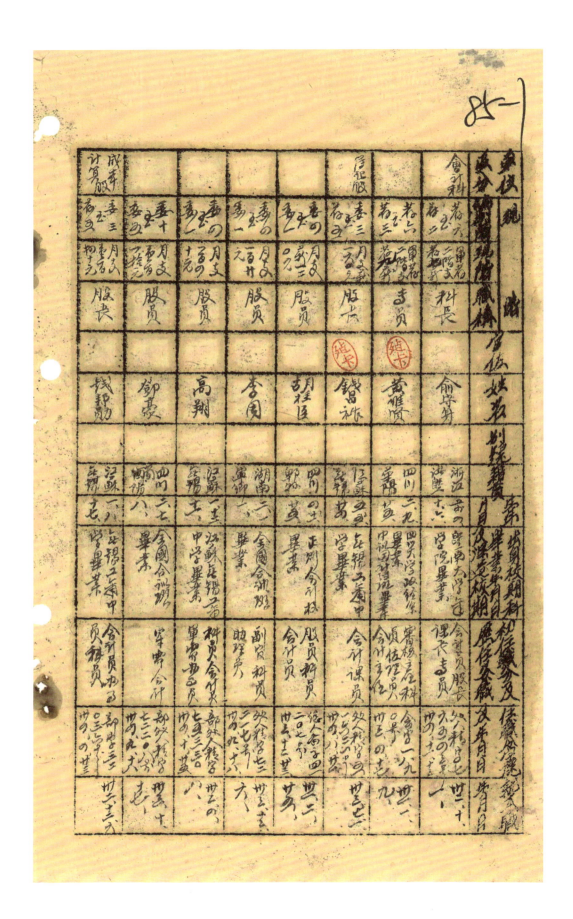

0086

11

軍政部兵工署第五十工廠成都分廠軍官佐屬現職錄

單位區分	現階（銓敘階）	現階（現支階）	職稱	官佐姓名	別號	籍貫	年歲	出身（何校何科何年畢業、何年月日入學及期別）	初任職務及歷任各職	任職令字號及年月日	就本職年月日
	委四 委五 委八	月支委五 十七級之	股員	歐陽椿		四川新津	六〇 十六	志誠高商畢業	軍需	部外人軍字七五三三三號 廿四、十、廿五	廿六、十二、二
	委四 委五 委六	單委一階	股員	瞻瑤甫		四川成都	三十、卅	成都聯中校肄業	軍需司務員司書	部人軍字七七三二號 卅四、三、十九	卅一、三
	委四 委五 委一	月支委五 廿九	股員	沈鴻雁		浙江杭縣	二、八、一	浙江省第□肄業	會計軍需處司員	部(加)外人軍字三三七六號 卅四、七	廿七、十、七
	委十 委五 委五	月支八十五元	股員	朱明玉		四川資陽	一、六、三	四川成都女職校會計科畢業	會計員科員	(34)外人軍字七二三二〇號 卅四、九、十八	卅二、十、十九
審核股	委三 委五 薦五	單薦二階	股長	張琳		河南開封	三、五、十一	軍需學校學員班十三期畢業	庫員	會字二九九七 卅四、一、十五	廿九、十九
	委四 委五 委六	委八	股員	劉法溥		四川什邡	四、六、七	成都私立川康農工學院工商管理系畢業		部人軍字七一八八二號 卅四、九、九	卅四、七、十六
	委四 委五 委六	月支委五 十七級之	股員	盧俠勛		四川瀘縣	七、十三、廿	宗錄會計學校畢業 四川省軍管區計政班畢業	會計員	部□總人字四一二〇七號 卅三、十二、廿三	廿六、十、七

86

單位	官等級俸（核定）	官等級俸（月支）	職務		姓名		籍貫	年歲	畢業學校及科別畢業年月日及深造學校科別	初任職務及歷任各職	依職務分發部令文號及年月日	到職年月日
	委十 委五	月支 本俸 卅元	股員		魏廣		浙江 杭縣	二七、十五	金陵大學附中高中畢業	會計課助理員 組員	部發人精字 卅六、七、廿六	卅六、十三、
工務科計算股	委三 荐五	月支二 百卅元	股長		汪清漢		湖南 祁陽	卅四、九、	祁陽初師畢業	司書 書記	部字三一〇三五 卅四、十六、	卅六、三、三
	委四 委六	月支 本俸 元	股員		李國瑋		四川 簡陽	三、九 十二	瀘縣農業學校畢業	初小校長 軍需	部發人精字 三二八六號 卅四、一、一、	卅一、三、十七
	委四 委二	月支 捌拾 五元	股員		岳非岑		四川 成都	二、六 廿二	成都市甲商級會計學校畢業	科員 會計員	部發人精字 〇九六二號 卅三、二、廿四、	卅六、十、
	委十 委五	月支 玖拾元	股員		蔡定安		四川 重慶	一八、四	重慶求精中學畢業	銀行行員	部發人精字 七五三三號 卅四、十、廿五、	卅三、十一
	軍委 四（三）階	軍委 三階	司書		宋玉誠		四川 眉山	十四 廿六、	四川省會警察訓練所警班畢業	警長 特務長	部總人精字 〇三九八七號 卅五、二、十三、	卅五、七、
	〃	〃	〃		祁覺非		安徽 懷寧	六 十一 廿二	安徽省立臨時第三中高中畢業	書記 會計員	部字三四〇七〇九號 卅五、六、廿八、	卅五、七、
購買科	荐六 荐二	軍荐二階 荐六級	科長		沈其栢		安徽 合肥	前十六 十三 卅二	軍需學校簿記班畢業	課員 科員 司務長 主任	部總人字 七九八三號 卅五、四、卅、	卅六、

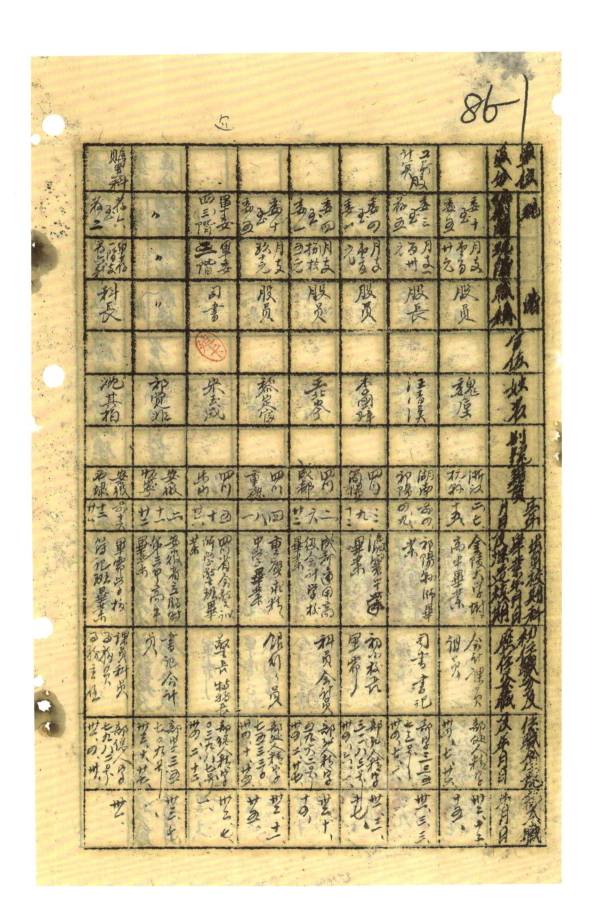

0087
12
18

軍政部兵工署第五十工廠成都分廠僱員官佐屬現職錄

區分	現階：編制階	現階：現階	職稱	官佐姓名	別號	籍貫	年齡（歲月日）	出身（學校期別及畢業年月日及源流校期）	初任職務及經歷各職	任職命令號數及年月日	到差年月日
	委五 委四		科员								
	〃		〃								
	委四 委一	月支 委一 元	科员	刘凌云		江蘇 無錫	卅二、八、	大夏大学肄業	書記員 檢驗員	部派人字二九七七三号 卅二、十二、廿六、	卅二、七、廿九、
	委四 委一	月支 委一 元	科員	魏世俊		湖北 黃陂	二六、十四	漢口博文中学 高中畢業	辦事員	部派人字四五四九七号 卅四、四、廿八、	卅四、四、十八、
	軍需二 (一)階	軍需 一階	〃	闕柏森		北平	卅八、八、廿六、	奉天 … 習所畢業	區官 … 隊長 科员	部派人字二九… 卅一、三、三、	卅一、三、三、
	軍需 (三)四階	軍需 四階	司書	周壽年		湖南 長沙	九、五、廿六、	武昌大公中学畢業	書記	署六四八 卅四、一、廿、	卅三、八、三、
	軍需 一階	軍需 一階	組長	張○○							

877

兼任職别	編制階級	現任階級	職務	官佐	姓名	别號	籍貫	年歲	出身學校期別科別畢業年月日及深造學校期別	初任官佐職務及歷任各職	任職命令號數及年月日	到差年月日
	軍械二階		副組長									
	軍械二階	軍械二階	組員		金廣禔		山東日照	前七、二、廿七	中央軍校特訓班畢業 軍令部參謀班畢業	調查一員 科員	部人字二四五六二 卅二、十、十三	卅二、四、十六
	軍需一階	軍需一階	組員		吳廣義		福建詔安	七、[illegible]、十三	中央軍校特訓班畢業	隊員	署字一四九六 卅四、十二、十三	卅二、八、十六
	〃	〃	〃									
	〃	軍需二階	〃		齊根男		四川樂山	三五、十七	中央警官學校特警班畢業	檢查員 稽查一員 督察員 所長	秘人稱字七〇五二〇號 卅四、八、廿九	卅四、六、一
	軍需二階	軍需二階	組員		張桂星		湖南祁陽	前四、七、廿八	陸軍七師教導隊畢業	排長 副官	部人字三九〇〇號 卅三、十、廿三	卅三、九、一
	〃	〃	組員		馮克堅		廣東平遠	六、八、十四	中央軍校十八期步科畢業	書記 組員	部人字三四五二二〇號 卅三、十、廿五	卅三、二、廿五
	〃		組員									

軍政部兵工署第五十工廠成都分廠軍官佐屬現職錄

單位區分	編制階級	現階	職務	官佐姓名	別號	籍貫	年齡	出身學校及期別	初任職務及歷任各職	任現職令號及年月日	到職年月日
	軍委二階		組員								
	〃		〃								
	軍委三階	軍委三階	司書	羅鳴鶴		四川銅梁	六、三、十二、	銅梁正誼高級中學畢業	課員	部人郵字七一〇四號 廿四、九、七、	廿六、一、
警衛隊	軍委一階	軍委一階	中隊長	侯世傑		江蘇南通	一、五、十五、	中央軍校十六期畢業	排長 隊附 連長	部人字第三八〇五二二號 卅三、十、廿五、	卅二、六、一、
	軍委二階	軍委一階待遇	中隊附	王殿選		河南登封	六、四、十七	漢中行營教導總隊畢業 軍委會特訓班畢業	連附 副官	署人字第一五二三二號 廿五、五、廿六、	卅二、四、一、
	〃		分隊長								
	軍委三階	軍委二階待遇	分隊長	吳淞南		浙江寧海	六、十、十二、	中央軍校十二期畢業	司書 副官 排長	署人字第一五二三二號 廿四、五、廿六、	卅二、八、十六、

57

88-1

单位	现任官阶	铨叙官阶	职务		姓名	别号	籍贯	年龄	出身	经历	到职年月日	离职年月日
	军委三阶	军委三阶	队长		李[illegible]俊		广西藤县	五十九	中央军校十八期湖南[illegible]科毕业	队长、排长	前入[illegible]三〇 六、一三 卅二、十二、二	卅六、九、十七
	军委四阶	军委四阶	事务长		耿世康		湖北汉口	一七、五	省陶专校毕业	服务员	罗[illegible]八月[illegible] 一〇[illegible] 卅三、十二、二	卅三、八、一
秘书室	月支一百廿元		秘书		胡嘉馆		四川成都	十三	成都联合中学毕业	书记、干事员、股长	联办字一五九[illegible] 卅四、七、廿八	卅二、十、十〇
庶务场	月支[illegible]元		技术员		来佩斌						努字二七 九二号 卅四、十二、七	卅三、九、十二
医院		月支二百元	医师		胡子谋							
待善人员					梁子英							
					郑[illegible]林	已去						
					汪[illegible]劲							

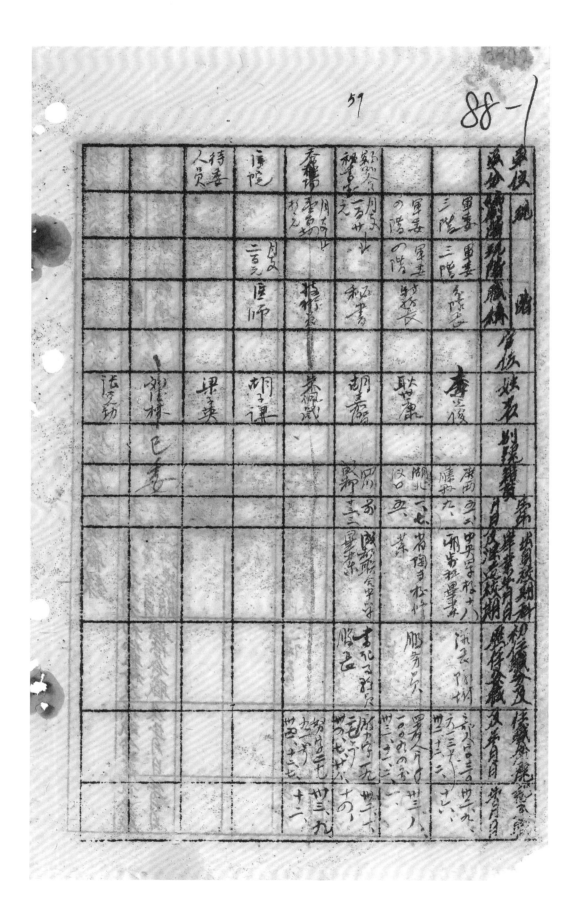

0089

14

軍政部兵工署第五十工廠成都分廠軍官佐屬現職錄

單位區分	現階：本制階	現階：實現階	現階：職稱	官佐姓名	別號	籍貫	生年月日	出身及期別畢業年月日及入選經歷	初任職務及歷任各職	任職令字號及年月日	到本職年月日
				黃檮							
				鄒士林							
				曹燮							
				張起泉							
				朱競							
				[redacted]							
				曾義堉							

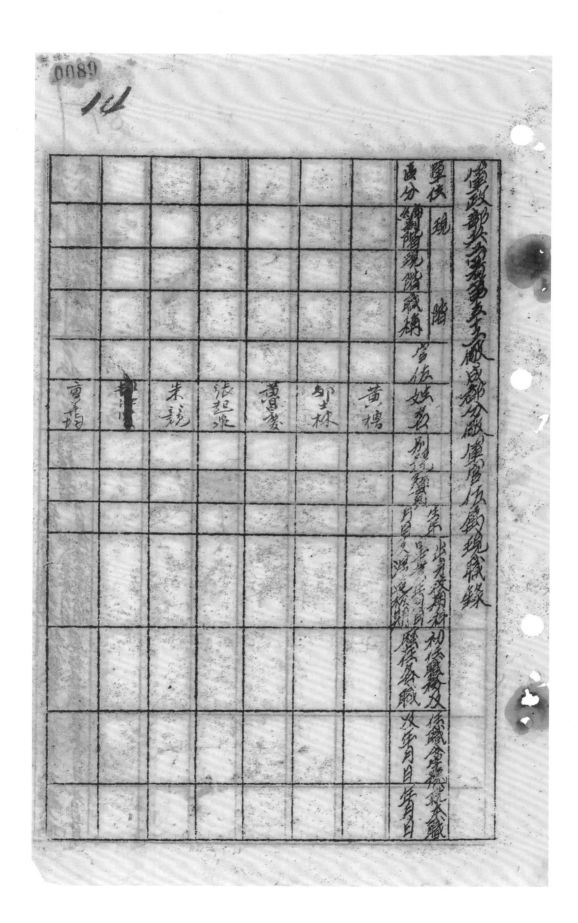

89

單位部號	兵科分類階級職稱	官佐姓名	別號籍貫	年齡	出身資格畢業年月日	最近受訓期	初任職務及歷任各職	任現職年月日
		張一晴						
		李英						
		楊本傑						
		郭伯高						
		張頤						
		高介榮						
		朱幽深						
		王錫銅						

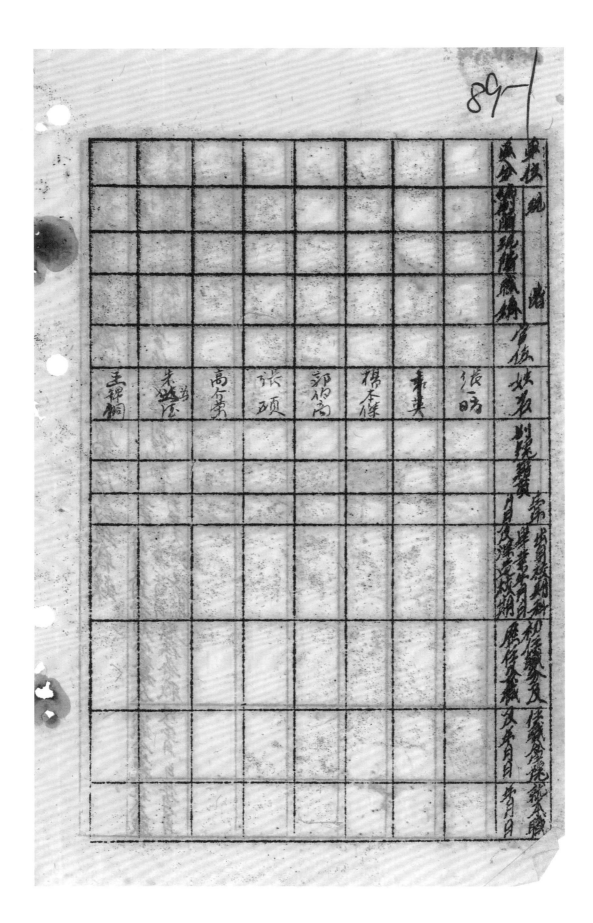

15 0090

軍政部兵工署第五十工廠成都分廠軍官佐屬現職錄

銓敘 現階	區分 編制階 現階 職稱	官佐姓名	別號	出身及經歷	初任職務及任職年月日	任現職及年月日
		陳鴻儒				

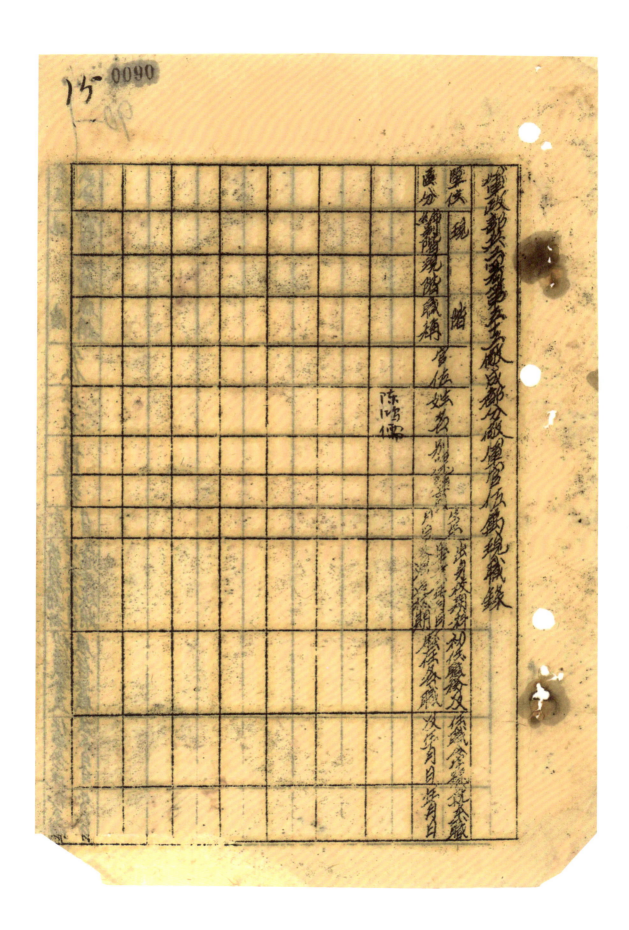

90—1

军校號	兵分								
	兵科階級								
	現階								
階	職務								
官佐									
姓名									
别號									
籍貫									
年齡									
出身學校期别科	畢業年月日 月日及派充[illegible]期								
初任[illegible]職及	歷任[illegible]職								
任[illegible]	及年月日								
[illegible]	年月日								

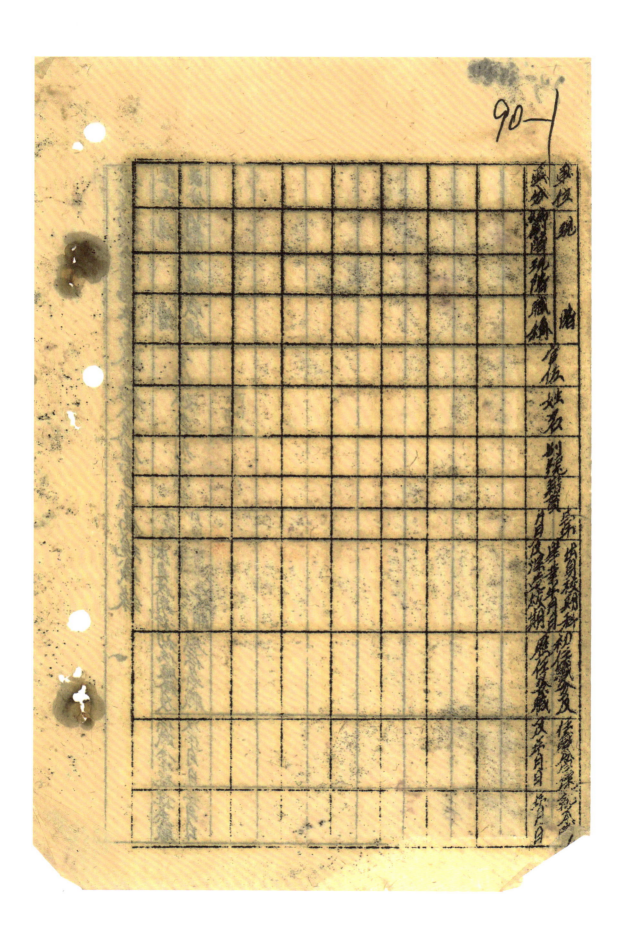

0091

中華民國卅五年二月　日

主席鍾○

国防部、联合勤务总司令部兵工署第五十工厂成都分厂职员请领抗战纪念章名册（一九四七年一月）

071

國防部
聯合勤務總司令部 兵工署第五十工廠成都分廠職員請領抗戰紀念章名冊

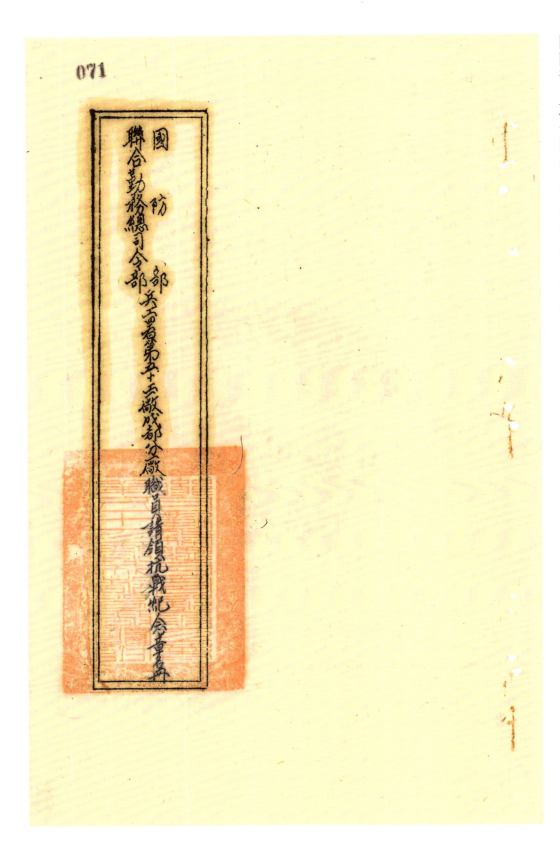

聯合勤務總司令部兵工署第五十二廠成都分廠職員請領抗戰紀念章名冊

隸屬	職級	姓名	參加戰役地點及次數	在抗戰期間服務年資	備考
廠本部	簡七 廠主任	鍾林		八年	符合抗戰紀念章頒發辦法第三條第二項之規定
	月支薪140元額外秘書	胡嘉瀋		六年	以下全同
總務科	月支薪240元科長	郭蕃泉		〃	
	兼薦二階 文書股長	魏甫泉		五年	
	兼委一階 文書股員	孫永成		〃	
	兼委一階 庶務股員	韓敏		〃	
工務科	薦六主任工程師	夏聆卿		八年	
	委三 繪圖員	徐樹德		六年	

721

兼委八階 工政股員	傅聲揚		五年
兼委二階 工政股員	敖德幹		〃
薦九級 股長	何葳成		七年
委四 技術員	鄧筱		六年
委一 技術員	金聲雷		五年
委三 技術員	毛文華		〃
〃	余子英		〃
兼委三階 事務員	王澤沛		〃
薦三所 長任	鄭呂緯		七年
委二 技術員	王篤厚		八年

	月支200元 准尉股員	黃景暘		五年
	薦十八三 支股長	秦叔明		〃
	第委三階 事務員	周春初		八年
	薦七 許主任	彭長松		〃
	第委一階 訓育員	宋培香		七年
	薦八級 務組長	洪世崟		八年
	第委一階 訓育員	張予彥	二六年在魯南抗戰二十七年八年在晉南抗戰	六年
福利科	第委一階 股員	劉一		〃
會計科	〃	關瑞甫		〃
	月支140元 股長	汪清漢		〃

73-1

單位	職別	姓名	經歷	年資
購置科	科長（薦六）	沈其栢		八年
	科員（委一薦）	關楨林		六年
稽查組	中校組長	汪興德		五年
	少校組員	楊靜修		〃
	上尉組員	龍君才		〃
	中尉組員	張發生		七年
	〃	馮克堅		〃
警衛隊	上尉中隊長	侯世傑	二十六年八月十五日參加上海[illegible]淞滬抗日文役，二十六年十二月五日參加衛戍南京之役，二十七年八月參加隴海路蘭封文役	八年
合計		十六員		

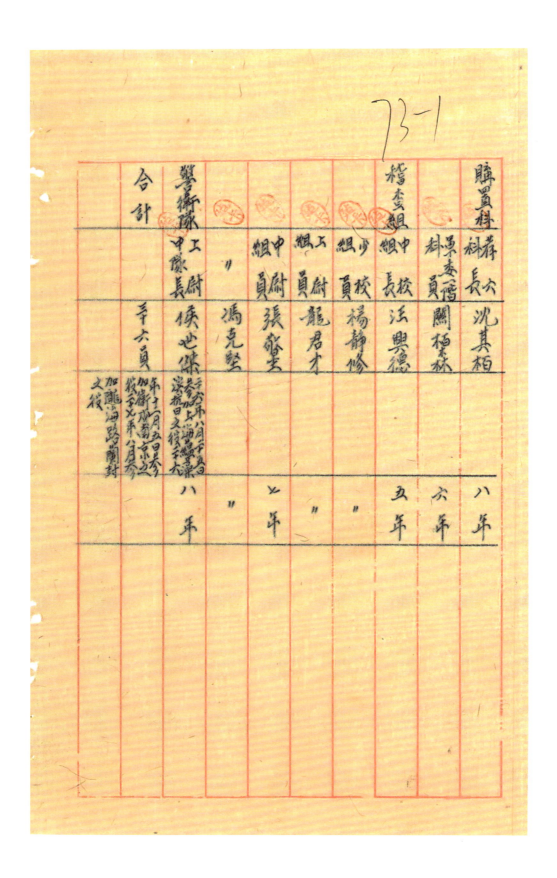

074

主任鍾林

中華民國三十六年九月　日

国防部、联合勤务总司令部兵工署第五十工厂成都分厂工人请领抗战纪念章名册（一九四七年一月）

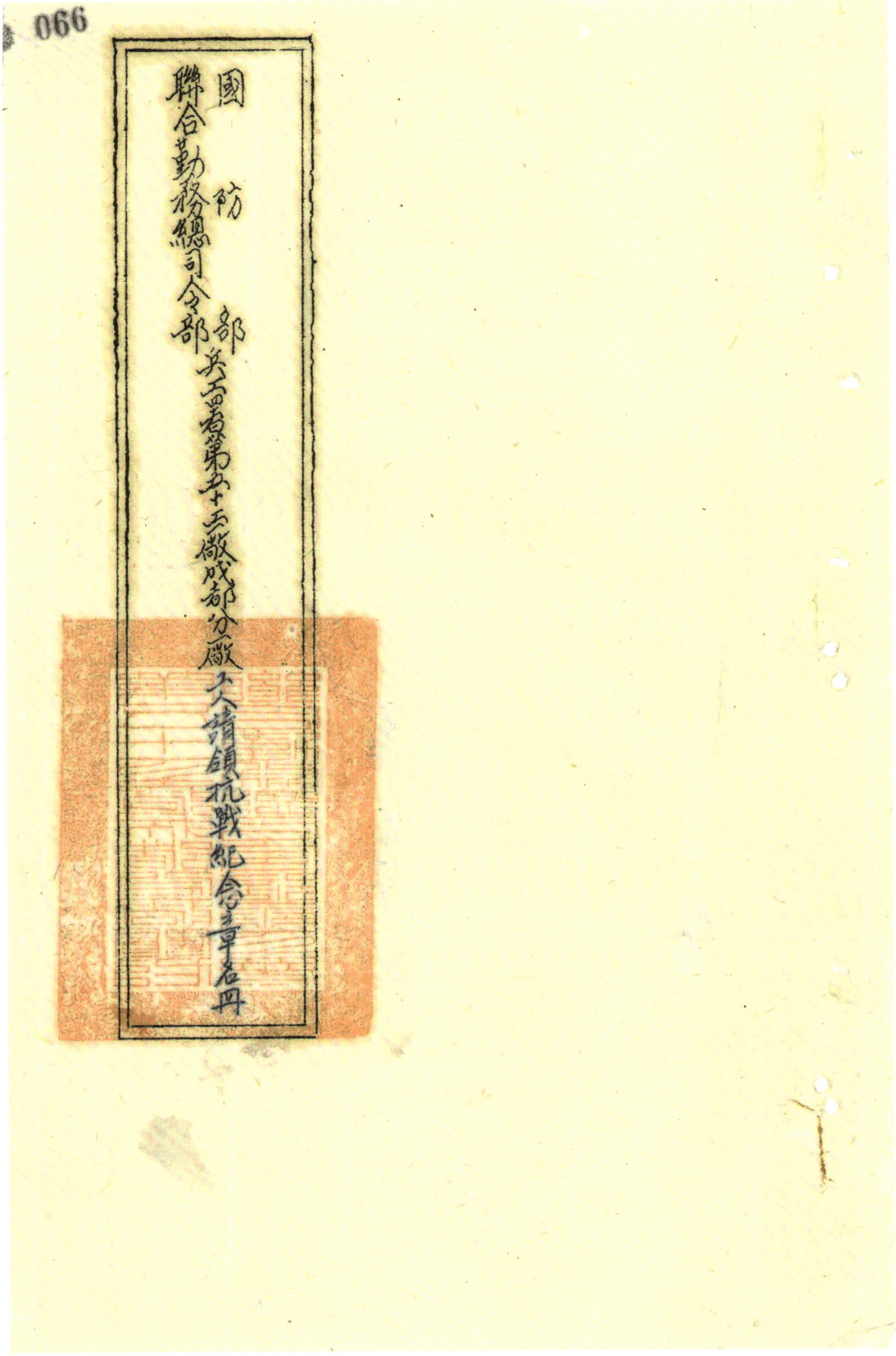

066

國防部
聯合勤務總司令部兵工署第五十工廠成都分廠工人請領抗戰紀念章名冊

聯合勤務總司令部兵工署第五十三廠戍都分廠工人請領抗戰紀念章名冊

隸屬職級	姓名	參加戰役地點及次數	在抗戰期間服務年資	考
工務科領工	李錫金		六年	
〃	游志高		〃	
〃	王鴻德		五年	
〃	曾雲銘		〃	
〃	陶啟明		〃	
領班	魏作銀		〃	
〃	汪玉山		〃	
領工	宋国林		〃	

67-1

謝金欽	〃	六年
劉書堂	〃	七年
陳民義	助理技術員	五年
張均祥	機械士	〃
劉治德	〃	〃
嚴文達	〃	六年
姚民權	〃	〃
傅子敏	〃	五年
巫錫麟	〃	〃
熊偉	〃	〃

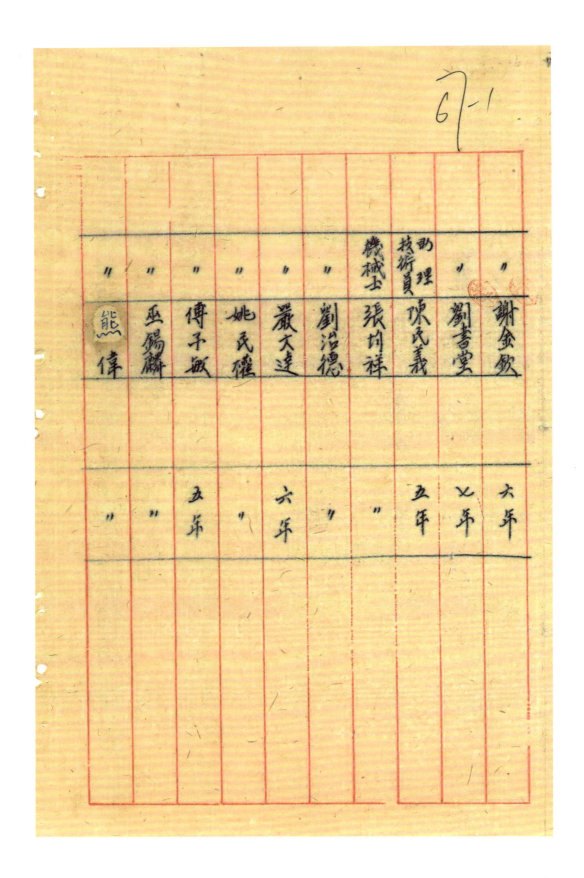

〃	王少章	〃
〃	李東衡	〃
〃	張雲鵬	〃
〃	周耀廷	〃
〃	陳少安	〃
〃	蔡炳榮	〃
〃	蕭治鈞	〃
〃	宋景光	〃
〃	張銘泉	〃
〃	陳昌榮	〃

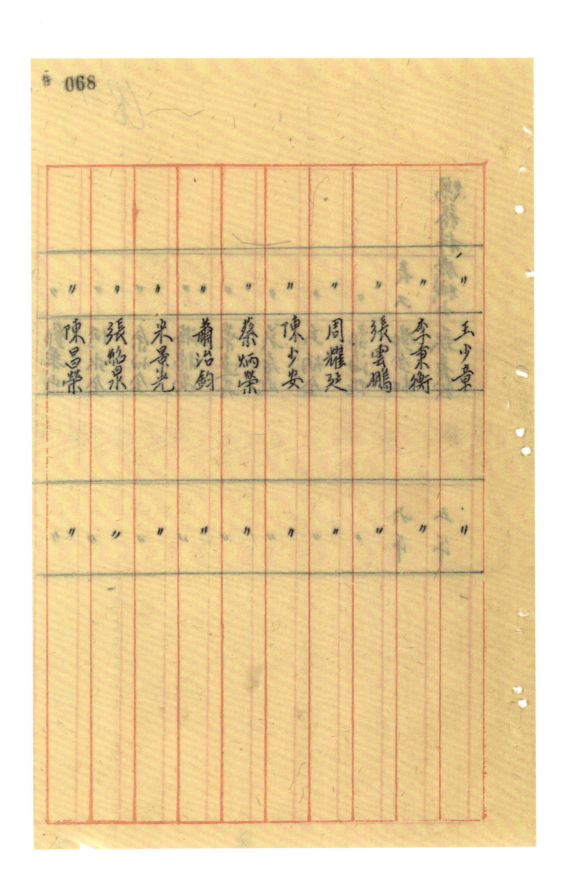

68-1

總務科	機械士	蘇長發	五年
	長工	鄧金和	六年
	〃	郭海帆	〃
	〃	王炳全	〃
	〃	吳居成	〃
	〃	葉達其	〃
	〃	游德安	〃
	〃	余柏全	〃
	〃	何永金	〃
	〃	鄧華山	〃

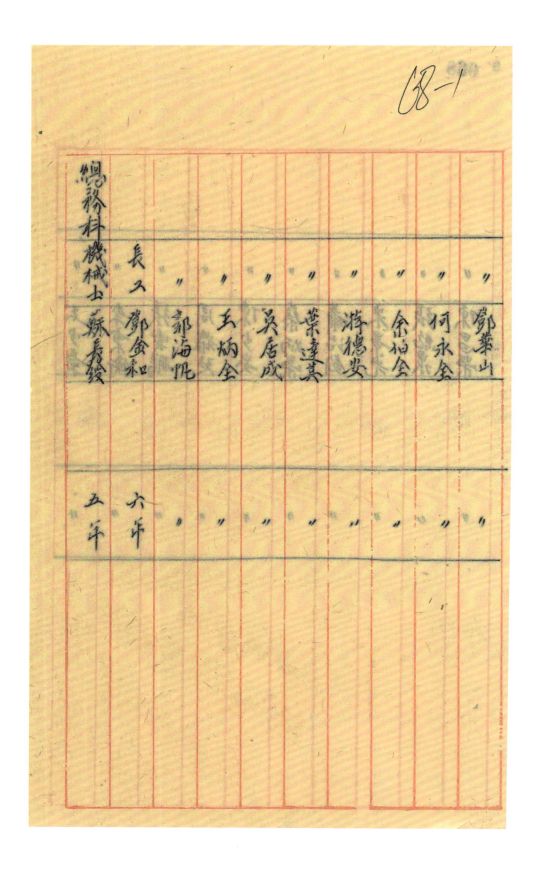

運輸科	服務員	王華章		〃
警衛隊	上士	袁林		六年
合計		四〇名		

070

中華民國三十六年一月 日

主任 鍾林

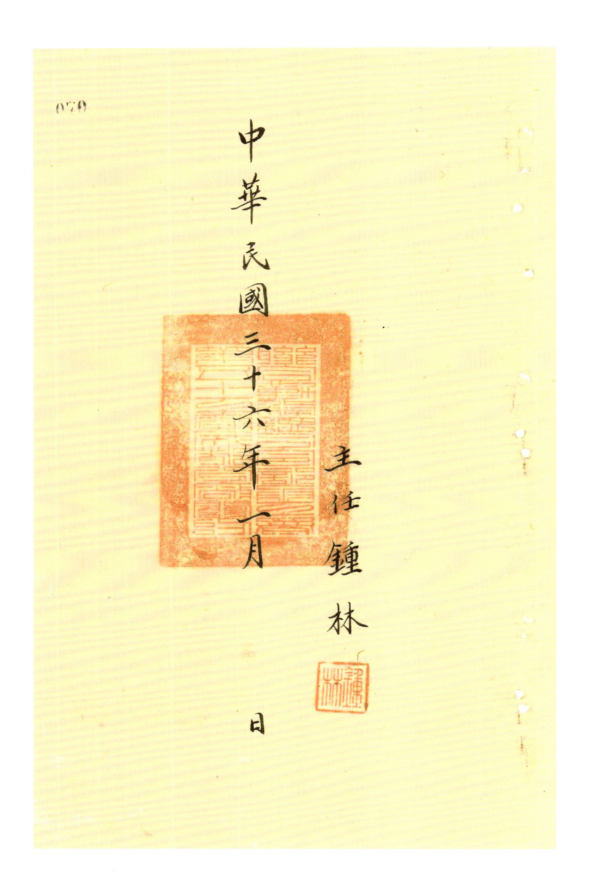

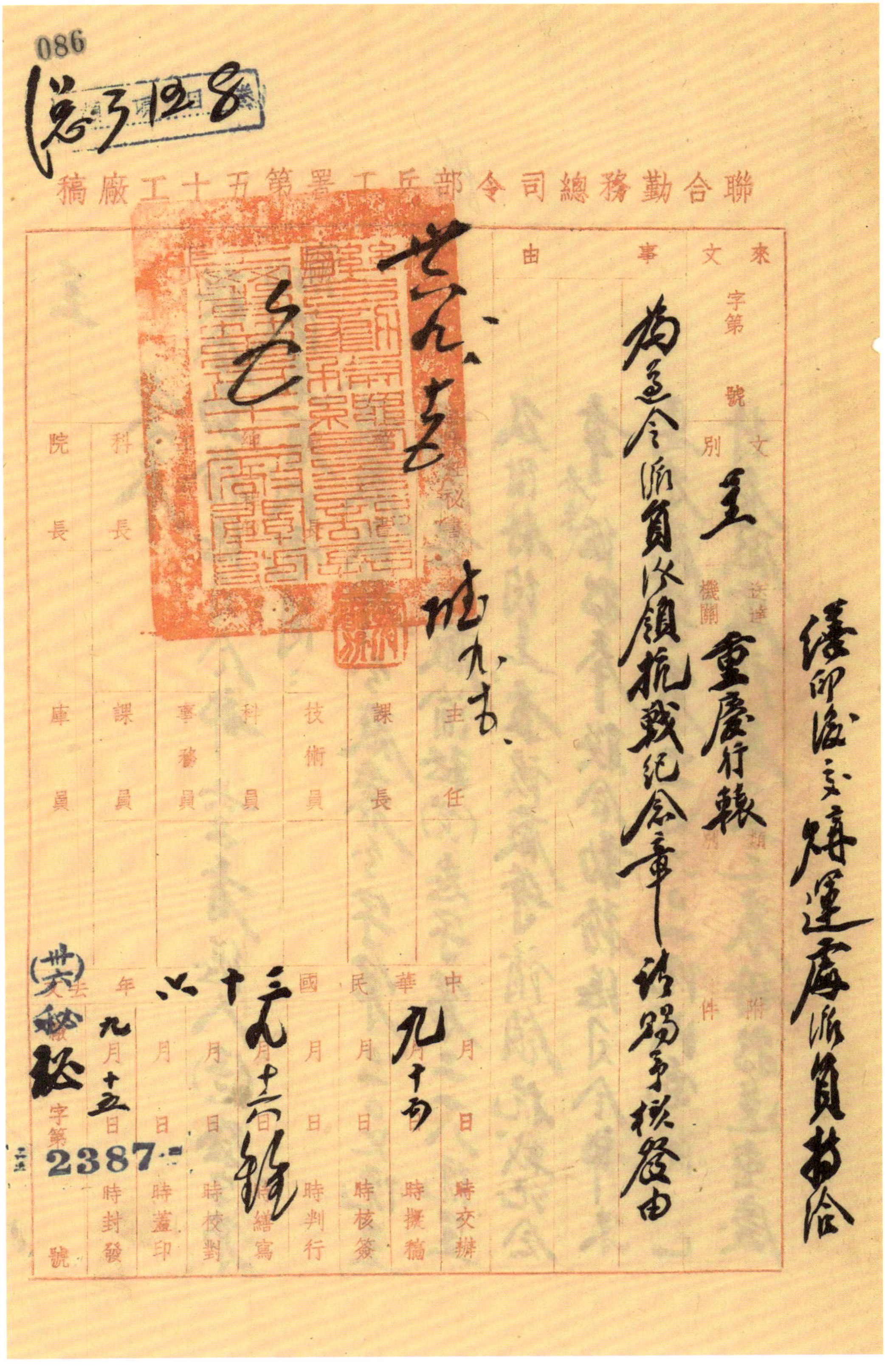

联合勤务总司令部兵工署第五十工厂为派员领取抗战胜利纪念章致国民政府主席重庆行辕呈（一九四七年九月十五日）

86-1

呈

案奉

聯合勤務總司令部兵工署有總人(三六)發字第19894號來有代電開：

「該廠政部公廠叁公字第○一○五號呈，又惠懇公廠渝秘(貢)惠字第二一八號呈及附件均悉，查該廠等請領抗戰紀念章，各案經轉奉聯合勤務總司令部未馬才屬字第二九六○一號代電開：『已將各廠處所原呈之表冊轉送重慶行據就近核發，仰轉飭前往洽領」等因，合電知照」等因，奉此，查本廠原呈請領抗戰紀念章名冊內之人數，計有職員壹百壹拾陸員，成都分廠冊列職員叁拾陸員，工人肆拾名，茲奉前因，除飭是總分廠派員逕詣鈞轅祗領外，關於本廠及成都分廠各員工之上項紀念章，謹派員前往接洽，理合備文呈明，仰祈鑒核，賜予給領，以憑轉發。

87-1

謹呈

國民政府主席重慶行轅

兵工署第五十工廠廠長李○○

中華民國　年　月　日

監印

校對

繕寫

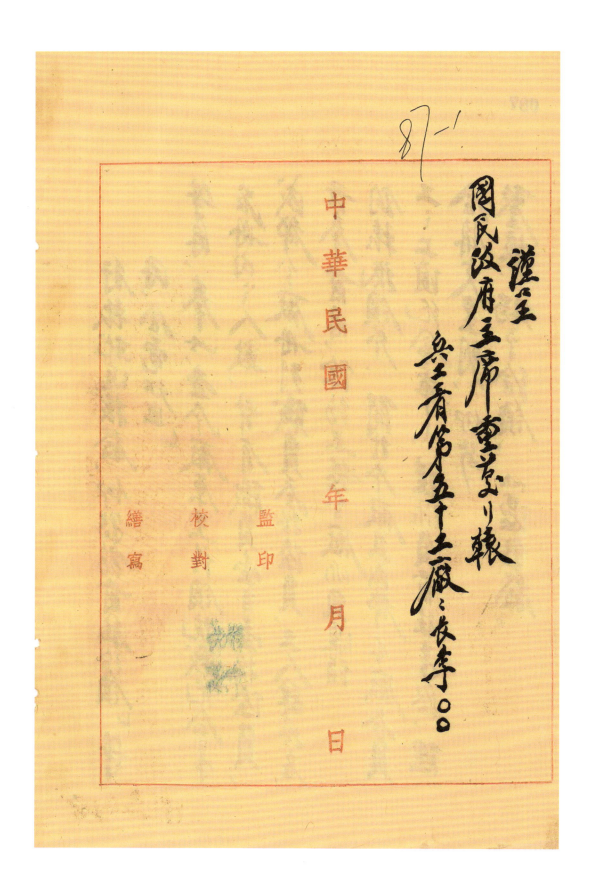

五、生产

（一）生产过程

军政部兵工署广东第二兵工厂接收委员会为请代制传爆管致广东第一兵工厂的公函（一九三七年三月五日）

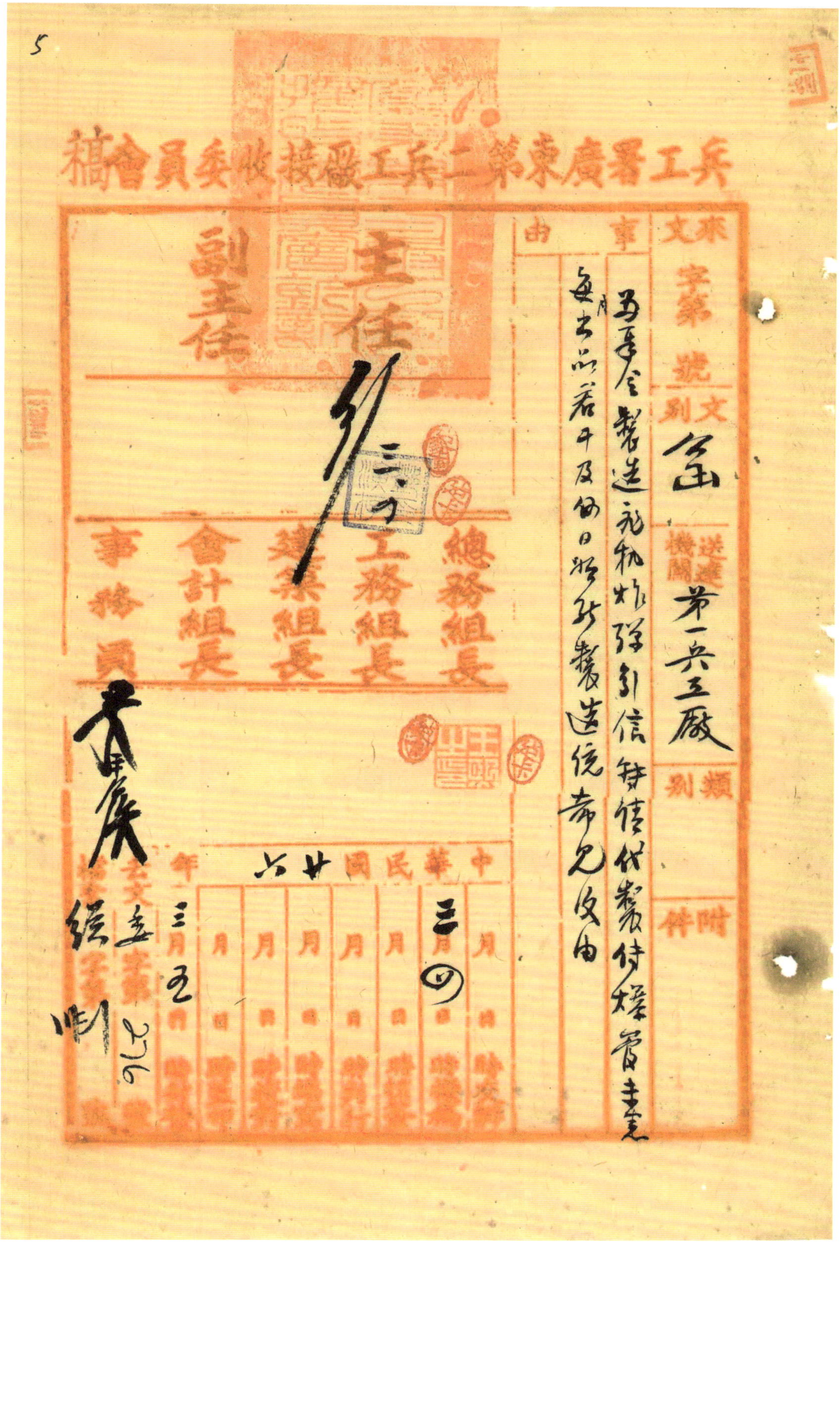
兵工署廣東第二兵工廠接收委員會稿

來文字第　號

文別：箋

送達機關：第一兵工廠

事由：為奉令製造飛機炸彈引信請代製傳爆管壹千　每月出品若干及何日能製造統希見復由

主任

副主任

總務組長　工務組長　建築組長　會計組長　事務員

中華民國廿六年三月四日

三月五日

發文字第276號

5-1

公函 第　號

查本廠奉

命在未正式開工之前，計畫製造二四式四號飛機炸彈引信。但以本廠之機器設備而言，對於信爆管部份，目前未能製造，擬改請由

貴廠代製。至於所用工料，並由

兵工署核銷。未悉

貴廠對於上項信爆管之製造，每月可出品數量若干？及經已若干方有出品？統希

見覆，以便轉呈決定，茲送上爆信管圖

7

樣兩冊，請

查收，爲荷！

此致

第一兵工廠廠長鍾

主任鄭〇

7-1

中華民國廿六年三月9日

繕寫
校對
監印

军政部兵工署关于制造二四式四号飞机炸弹引信给广东第二兵工厂接收委员会的指令（一九三七年三月二十五日）

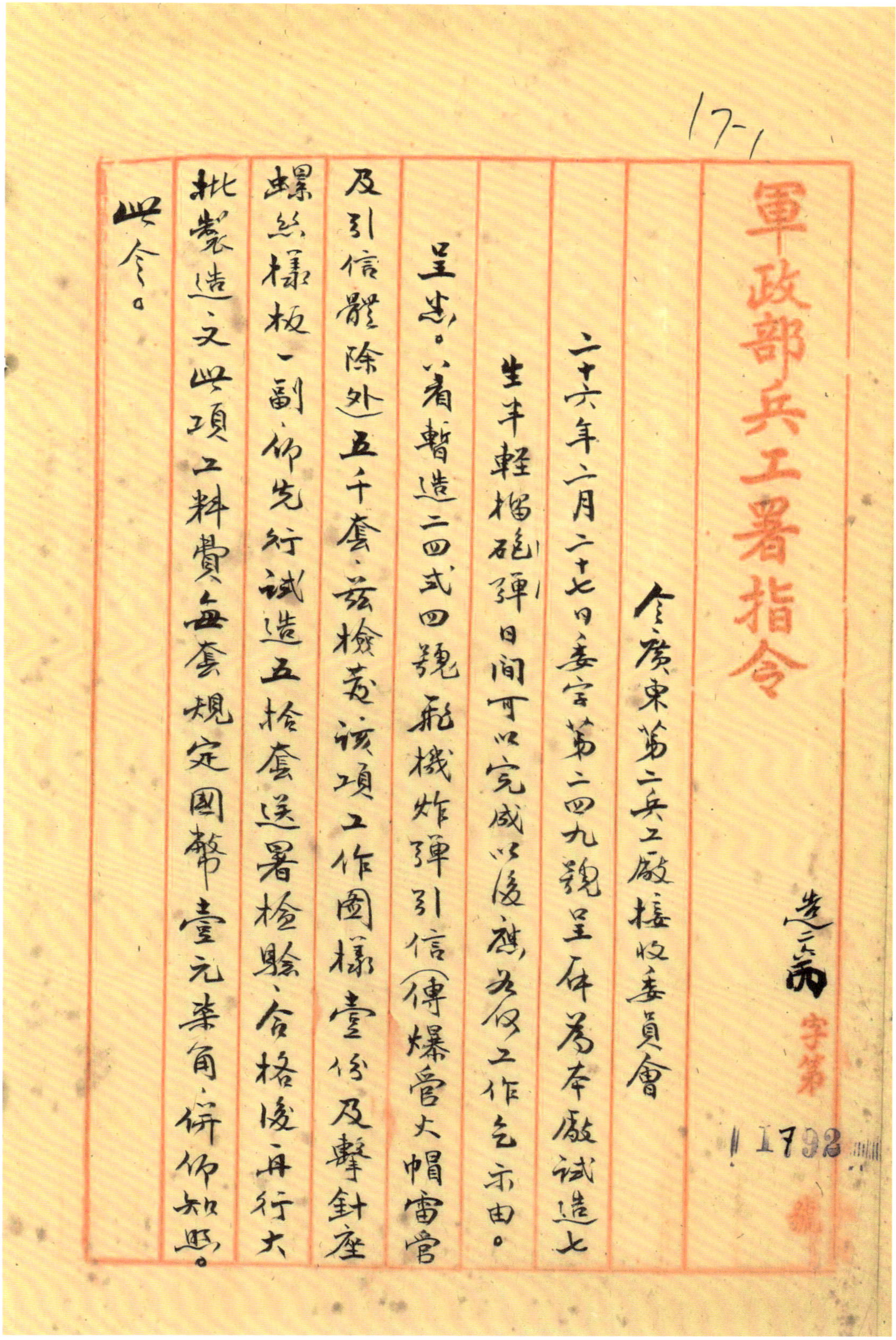

17-1

軍政部兵工署指令

造二六字第1792號

令廣東第二兵工廠接收委員會

二十六年二月二十七日委字第二四九號呈一件為本廠試造七生半輕榴砲彈日間可以完成以後擬恢復工作乞示由。

呈悉。著暫造二四式四號飛機炸彈引信（傳爆管大帽雷管及引信體除外）五千套，茲檢發該項工作圖樣壹份及擊針座螺絲樣板一副，仰先行試造五拾套送署檢驗，合格後再行大批製造，又此項工料費每套規定國幣壹元柒角，併仰知照。

此令。

18

附發六四式四號飛機炸彈引信工作圖樣一份，

六四式四號飛機炸彈擊針座螺絲座樣板一副。

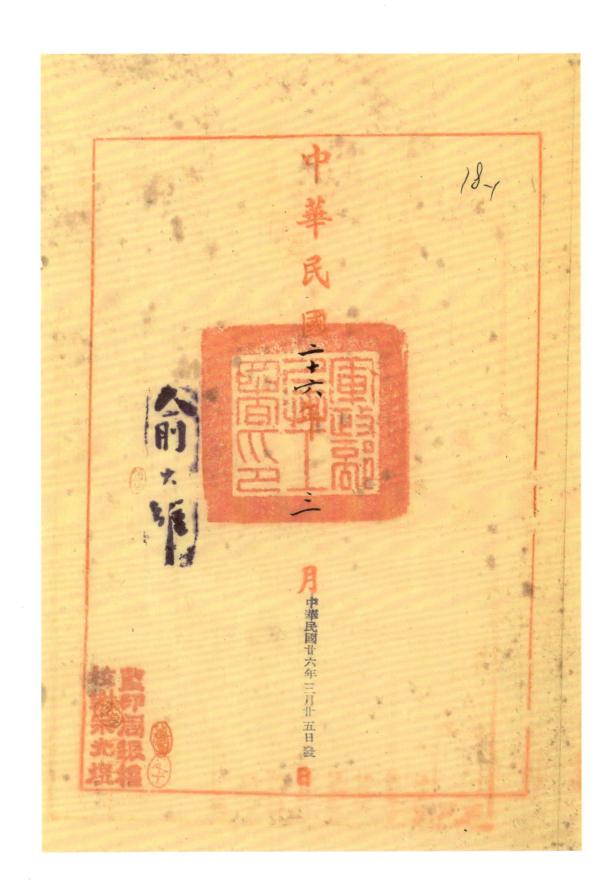

18-1

中華民國二十六年三月　日

俞大維

中華民國廿六年三月廿五日發

军政部兵工署广东第二兵工厂为请代制传爆管、雷管及引信座毛坯致广东第一兵工厂的公函

（一九三七年九月十七日）

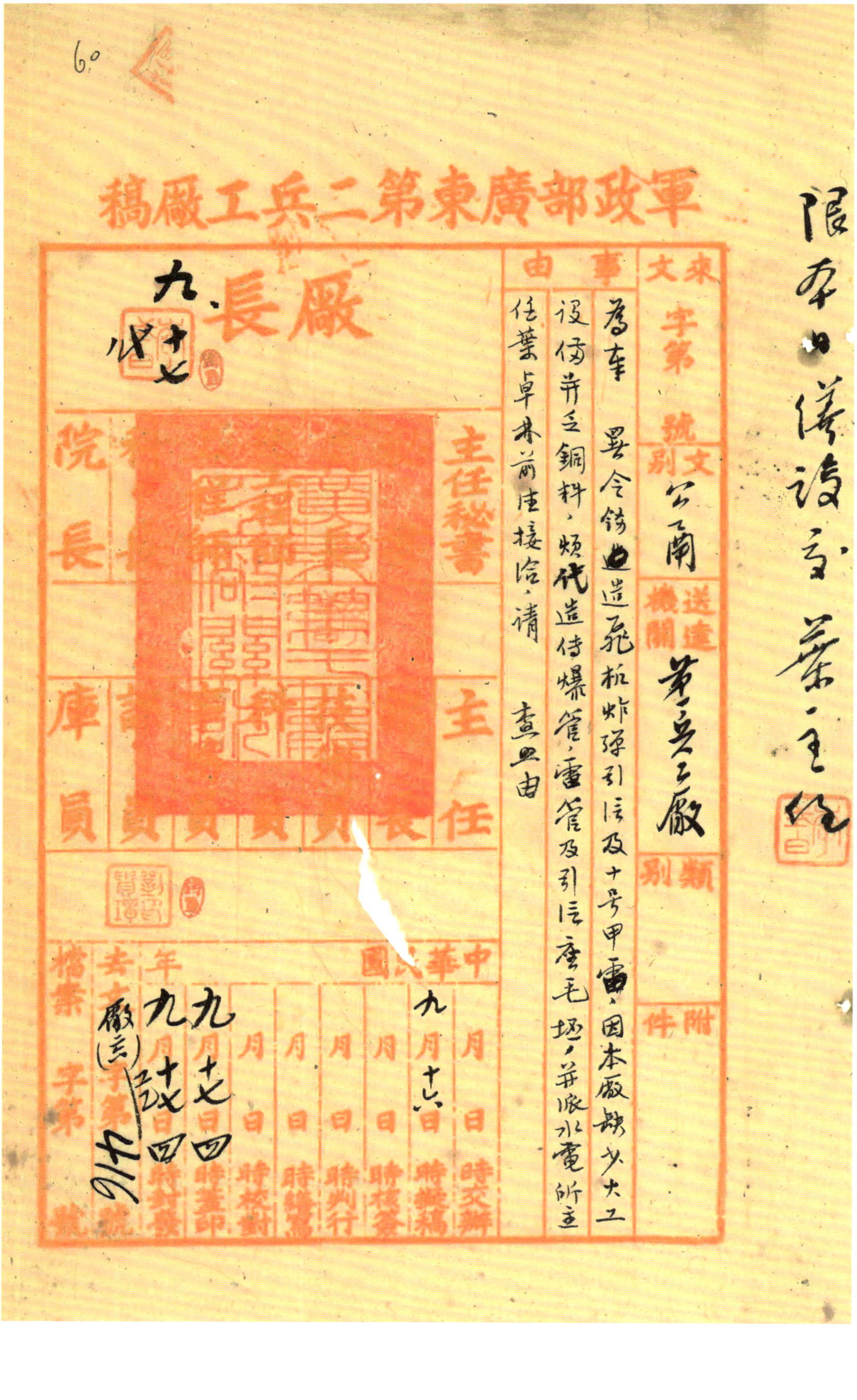

軍政部廣東第二兵工廠稿

廠長

事由：為奉署令飭由造飛机炸彈引信及十号甲雷，因本廠缺少大工設備并乏銅料，煩代造传爆管、雷管及引信座毛坯，并派水電所主任葉卓林前往接洽，请查照由

文別：公函

送達機關：第一兵工廠

中華民國 年 九月十六日 時 擬稿

九月十七日 時 核簽

九月十七日 時 封發

60-1

查本廠第奉

兵工署令仿造二四式四號飛機炸彈引信五千套。本

月九日又奉

署長虞電仿造十號甲雷五千套，限半月完工。因

本廠缺少火工設備，并奉

署長歸酉造丙電開：

「前令仿造之十四公斤飛機炸彈及四號

引信已籌備至若何程度，仰速電復。再加造

該項十四公斤彈壹萬顆。所有火帽雷管及

傳爆管可向粵一廠接洽代製，仍將辦理情

形雷復」。

等因；奉此，刻擬煩請

貴廠代製二四式四號飛機炸彈引信之傳爆管（附6號零件表及航字第113 114 115 116 117號圖各二張）及雷管（附8號零件表及航字第119 120 121 122 123 124 125號圖各二張）全套各五千套，裝箱加封，以便解繳；十號甲雷之雷管（附第[illegible]2879 2880 2881 2882 2883 2884 2885 2468號圖各二張）全套五千套，四當裝置。又查十號甲雷之引信座毛坯（附圖2445號二張）須用直徑八十公厘黄銅條，目前無從購買，亦煩代鑄五千三百個，若不能一次鑄齊，祈分批交用。並

61-1

派來廠水雷所主任葉卓林赴

貴廠接洽一切，關於以上各節，至盼加以指示，並祈

函覆，至紉公誼！此致

廣東第一兵工廠廠長鍾

附清單一張及圖樣七套

廠長江杓

（注意：各種圖底均存工務處，附開圖樣~~本廠數案本處未存卷~~及清單由葉主任自行帶去）

2492

62

坯清單請增入

九月十九日函第一兵工廠請代製傳爆管及雷管及引信座毛坯等由

圖樣清單

（一）6號零件表乙張

航字第113 114 115 116 117號圖各乙張

每套六張，共兩套

（二）8號零件表乙張

航字119 120 121 122 123 124 125號圖各乙張

每套八張，共兩套

（三）2879 2880 2881 2882 2883 2884 2885 2492號圖各乙張

每套七張，共兩套

（四）試尺2445號圖兩張

工務處曹協由葉主任帶

去

九、一七

俞大维、江杓为改造六年式山炮弹的往来电

俞大维致江杓电（一九三七年十一月一日）

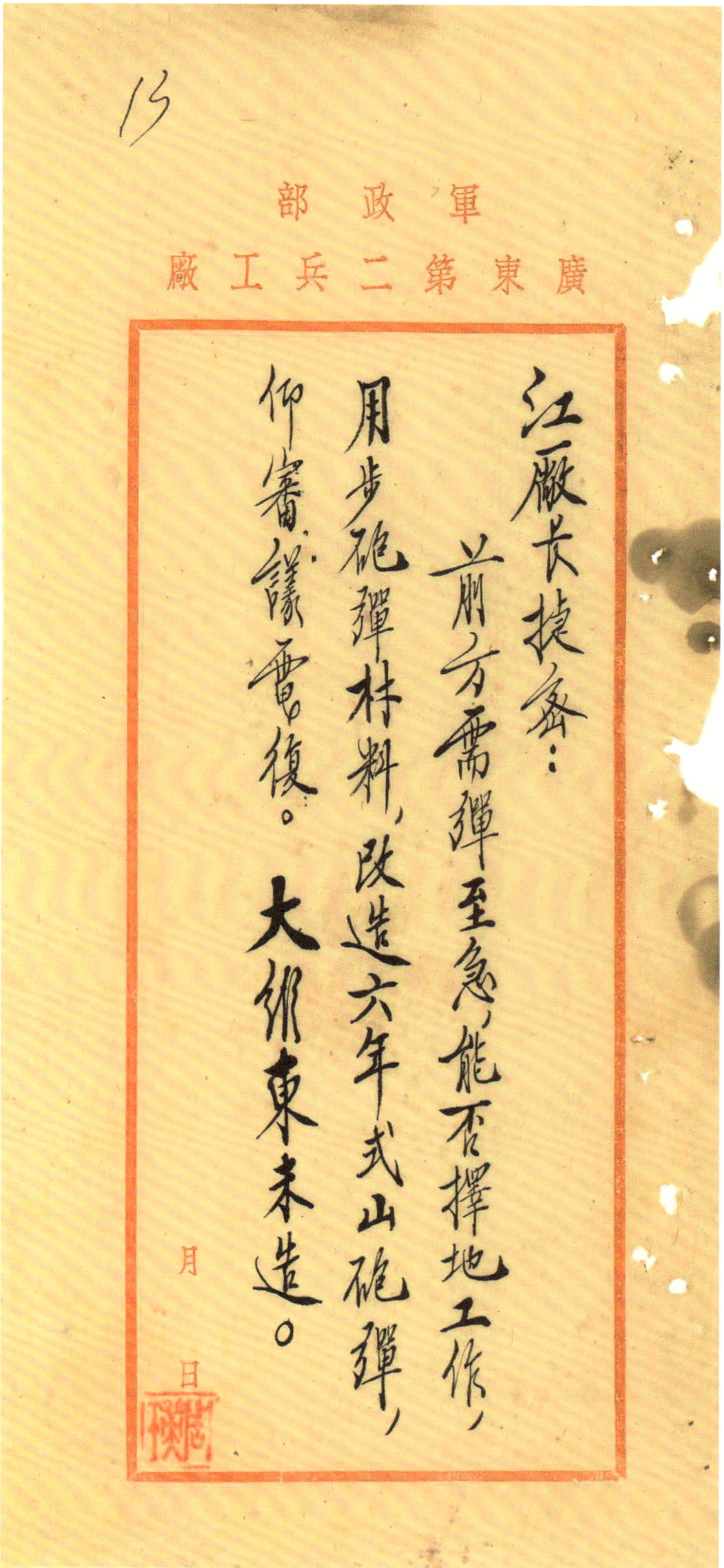

13

軍政部

廣東第二兵工廠

江廠長捷密：

前方需彈至急，能否擇地工作，用步砲彈材料，改造六年式山砲彈，仰審議電復。

大維東未造。

月 日

江杓致俞大维电（一九三七年十一月二日）

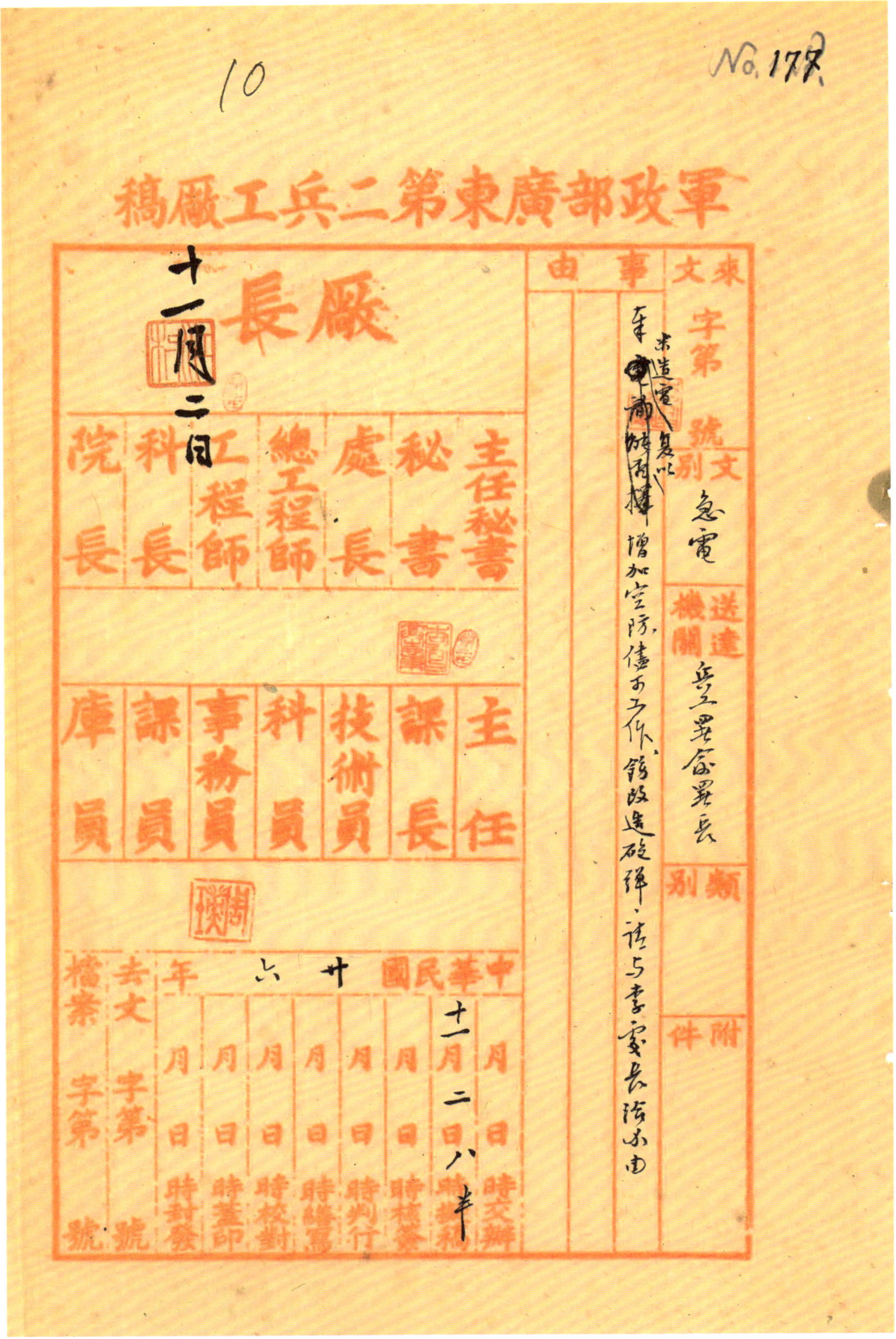

10　　No.178

軍政部廣東第二兵工廠稿

廠長　十一月二日

主任秘書　秘書　處長　總工程師　工程師　科長　院長

主任　課長　技術員　科員　事務員　課員　庫員

來文字第　號

文別：急電

送達機關：兵工署俞署長

類別

附件

事由：來造電復以增加空防，儘可工作，飭改造砲彈，請與李處長洽示由

中華民國廿六年

十一月二日八半時交辦　月日時核稿　月日時核簽　月日時判行　月日時繕寫　月日時校對　月日時蓋印　月日時封發

去文字第　號

檔案字第　號

101

急電

6511南京署長俞捷鑒。東未造電悉。(1)此間空防，如能增固，不必擇地，儘可整理開工。(2)廠無□式彈圖樣，可否改造，李處長寶即到京，可否改造，請賜洽辦。杓冬。

杨继曾为请试验六年式山炮弹致江杓电（一九三八年八月二十三日）

15

軍政部
兵工署第五十工廠

江廠長進密：

查六年式山砲庫存甚感缺乏，而前方需用頗鉅，已由渝鋼廠試燒鋼彈頭，惟是否合用，除電該廠撥給數十顆外，請即試驗，以便將來可請貴廠設法完成，藉資增加出品，如何，希電復。繼曾梗（廿三）丙。

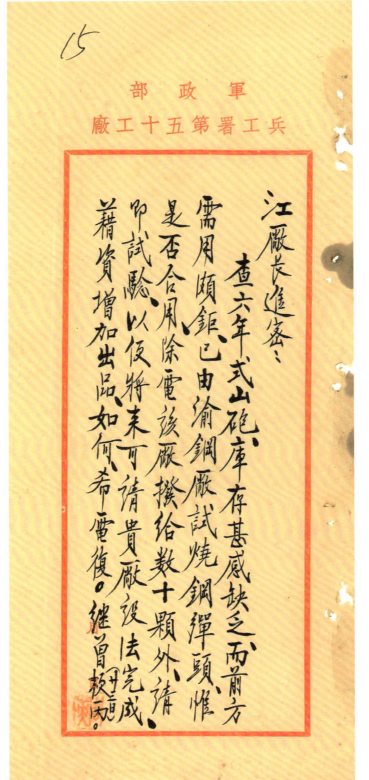

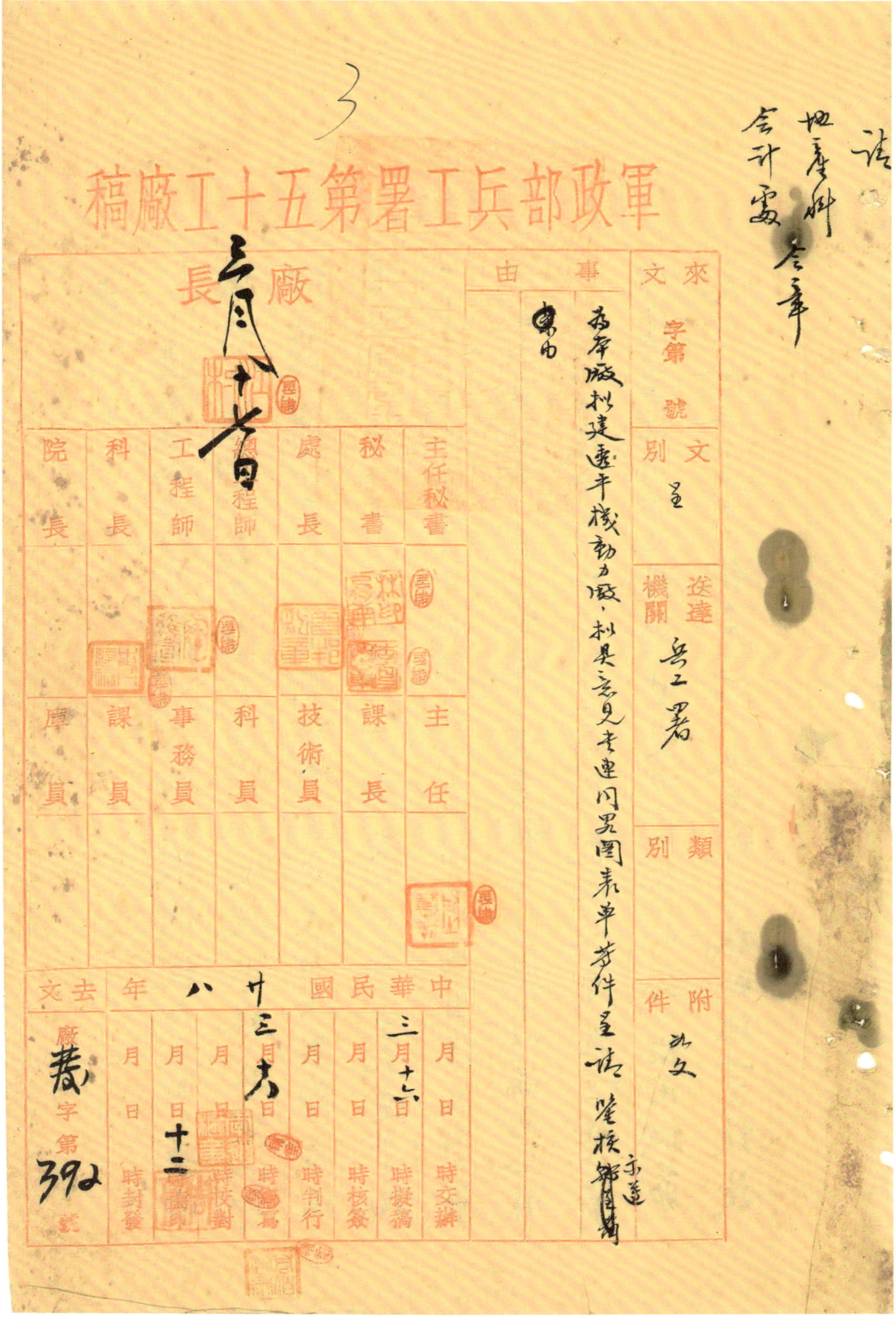
軍政部兵工署第五十工廠稿

來文	字第　號
文別	呈
送達機關	兵工署
類別	
附件	如文

事由：為本廠擬建透平機動力廠，擬具意見書連同略圖表單等件呈請 鑒核 由

廠長 三月十八日

請地產科會計處會章

中華民國廿八年 去文 廠發字第392號

三月十六日擬稿

三月十八日十二時

軍政部兵工署第五十工厂为报送建筑透平机动力厂意见书等致兵工署的呈（一九三九年三月十八日）

3-1

呈

查本廠動力廠為全廠最重要之機構，現在所用之柴油機，雖可作為原動力，惟所發電流，不敷供應，且柴油仰給海外，價格奇昂，運輸艱困，為適應需要，與節省經費起見，似非改用蒸氣機不可。頃者本廠有蒸氣透平機一座，可供給電流二千啟羅瓦特，如經裝置，自堪應用。第際此抗戰時期，對於空襲，貴有相當防禦，以保安全，用特擬將此項廠房，依照防空原則，挖地建築，在可能範圍內，儘量採用當地材料，其受力重要部份，始用鋼筋水泥，除三合土用之鋼筋一二四、八噸及起重機炉座工字鉄鉄

22

门铁閂、铁夹螺栓暨各种金属附件，拟由本厂供给或购料自制外，估计约需工料费贰拾捌万捌千柒百柒拾叁元之谱。此项费用，亦在未经列入二十八年度第二期建设费预算分配表内，拟请准予专案列报，是否可行？理合拟具建筑遷平機動力厰意见书，连同厰房位置图、厰房设計图、地盘挖方计算表、估价单等件，备文送请

鉴核示遵！

谨呈

署长俞

计附：意见书、地盘挖方计算表、单价分析表、估价单各二份，位置、設計图四纸

全衔名

底稿請

陶先生維宣斧正

建築透平機動力廠意見書

(一)序言

查本廠自遷建以來，經年餘之積極建設，第一期各項工程，業已就緒。當時為期早日開工起見，暫以柴油機作為原動力，惟柴油來自海外，際此抗戰期間，不特價格飛漲，而且運輸不便，雖可參用植物油替代，然現在尚在試驗中，功效若何，殊難確定。復以本廠需用電流約一千六百啟羅瓦特，而原有柴油機所發電流，不敷甚鉅，為圖久遠與節省經費起見，似非改用蒸汽機不可。按本廠現有蒸汽透平發電機一座，可供電流二千啟羅瓦特，如經裝置，堪資應用，況蜀地產煤甚豐，供給已易，需費又省，爰擬擇地設廠，以為裝置該機之用。當此非常時期，為防禦空襲計，自宜依

4-1

四、防空原則，爰為設計，但因建築材料，來源缺乏，故在可能範圍內，擬儘量採用當地材料，並受力重要部份，不能以其他材料替代者，始用鋼筋水泥，鋼鐵仍力圖撙節，以重國帑。茲將建築計畫分述於下。

（二）動力廠位置

該廠廠址，擬設于蓄水堤端馬路旁，就兩山間凹崖處掘地建築，與其他廠房分離，俾敵机難以發現，再因該處地面岩石露現甚多，下層大半均係石質，擬掘深六公尺至十六公尺，俾廠身大半藏在地下，不特汲水便利，對于空襲，尤保安全。至掘深部份，如係土方，則移築蓄水堤底，如係石質，則毋須填建地基，工費自少，且該處臨江不遠，於高水位時，船筏可達廠旁，運輸尤便，就大體言，該廠廠址，尚屬適當，但以離堤過近，恐敵机利用堤壩作空襲目標，則擬將廠房建成後，凡露出地面部份，掩以泥土，并施偽裝，以資補救。

（三）設計概要

該廠長三六.六公尺，寬二六.〇公尺，高一〇.〇公尺至二七.〇公尺（連六公尺之防炸層合計），全座廠房在地下六.〇公尺至一六.〇公尺，分前後兩部份，前者為進口洞、煤屑洞、配電室、辦公室、庫房附設其間。後者為動力室、鍋爐室。進口洞分上下兩層，上層直通馬路，備機器運入及通風之用。下層在地平下，為運輸煤屑之用。在平時左面洞口，為工作員工出入之所，右面上下兩層洞，可移作辦公及配電室，寬敞裕如，管理亦便。庫房原非必要，但係利用餘地建築，所費僅多增加頂蓋一項，自屬無多，此項庫房甚可作為本廠戰時醫院之用，如在庫房內添設窗間墻，則又可成一完善之防空救傷室。至動力室寬

51

九公尺，長二〇·四公尺，能容透平發電机兩座，現时暂設一座，異日再添一座，以備替換之用。鍋爐室寬一〇·四公尺，長二〇·四公尺，容鍋爐兩座，室後另設抽風机室，並預留门口烟道，以備將來擴充。動力室及鍋爐室後墻上設通氣洞，尤為逃意外时之出路，前墻上預留窗眼，戰时暫加封閉，異日拆去，以通光線。至燃料之運輸，另築小路，用小车推至拱墓下之洞口運煤台，較以升降机運送者，工程費上減省甚多。全座廠房掘土深入地下六公尺至十六公尺，目的非僅在空防上着想，良以動力廠吸水管之裝設，愈低愈省力，故地台面水準高度定為二八·五公尺，入水道則更低，乃俾与蓄水庫所定之水面相等，則水源可自動流入廠內水池。如蓄水未達至胡過高度时，須設抽水机補助。再烟道係由後墻地下伸出，扩展築至適宜地点，裝設

3

6

烟道，以免暴露目標，此乃動力廠設計之大概也。

(四)建築材料

建築材料之採用，除不得已外，以就地採用為原則。全座廠房各部份中，以拱蓋受力最大，故用鋼筋三合土構造，炉座机座，因關係重要，亦用鋼筋三合土建築。其餘牆壁小洞，則全用条石水泥石灰砂漿砌結。鍋炉室動力室牆壁，須特别堅固，故牆心填築水泥三合土使條石凝結更堅。此項造法，全為節省水泥及用鋼筋上着想，其堅固性亦不亞于水泥三合土也。且条石開採容易，所費頗廉，如用水泥三合土，尚須模型木料，故採用条石建築，較為適宜。拱蓋填卵石沙泥四公尺厚，上設防炸蓋，用条石砌結厚二公尺，石蓋為抵禦炸彈之侵徹与爆炸，卵石沙泥，在減

此項係[illegible]照地產科原文謄列

61

其爆炸時之震動力，石蓋上面填泥土，四面起伏，呈不規則形狀，使與兩旁地勢銜接。進口洞內口及兩旁護土墻，均用堅性大連二条石砌結，復以偽裝掩蔽，俾敵机不易發現。

（五）防空學理依據

防空建築，為歐戰後新興科學，其學理經各專家研究探討，常有同一防空建築問題，而計劃主旨不同，同一對象，而計算結果差異，良以設計標準，未易準確，故所用公式，雖自確當，茲就市氏公式（Dr. W. Visser）（見Wehrtechnische Monatshefte 40 J., 4. Heft, Seite 174），及彼氏(Petry)等公式合算所得之結果，則動力廠頂蓋取拱形式用鋼筋三合土構造，拱面填卵石砂泥四公尺厚，上設防炸石蓋厚二公尺，用石灰砂漿砌結，則以三百

4

7

公斤之炸弹，苟非在四千公尺以上之高空投弹，殊难侵澈石拱盖也。然此项侵澈估计，係假定炸弹不爆炸时所得之深度，设若爆炸，则石盖当被炸燬呈漏斗形，今以甫氏公式计得之侵澈深度代入格兹氏弹道学爆炸公式（Cranz Ballistik, Bdl, S479）则石盖有被炸穿危及拱盖之虞，蓋因假定石质太劣，其坚度仅与卵石沙土相等，则三百公斤之炸弹，可炸出沙土一〇六立方公尺，斗径九·八公尺，斗深二·四五公尺，倘用迟动信管，深二·七四公尺，仅及防炸层厚度之半，但现用之公式，均係欧战前观测所得之结果，战後各国军备进步，炸药威力比昔猛烈，例如欧战前一公斤炸药之效力，估计当於十五吨公尺之功能，欧战初期已增至四十吨公尺，然此种估计，仅能视作一种比较而已。又海氏（Heidlinger）分释各种炸药淨所生之压力，（见 Webert

71

echnische Monatshefte, J. 39, H. 10, Seite 439）常隨藥量之增加而及遞減，小型彈約五十公斤者在其勢力圈內所生之壓力，最大可每平方公尺五九八噸，比最大風力大四十倍，對于動力廠之結構，尚無妨礙，惟通空襲時，各洞口鉄門必須關閉，通氣洞及運煤洞之口位置較高，須加設鉄閘，以防彈片，在平時則關閉以免疏虞。又炸彈威力，除前述侵徹、爆炸、空氣壓力外，尚有炸藥氣壓、泥土震蕩、破片衝擊等力量，亦予建築物以極大影響，惟參考各防空文献，關于此項力量與性質，僅知其一般情形，未能以公式準確計算，故動力廠如上述設計方法建築，究能抵抗若干公斤之炸彈，殊難作精確之推算，惟就大体言之，拱蓋上有防禦爆炸之石層，有減輕震動力之沙層，則一百公斤之炸彈，如上述計算法，可炸毀石層僅深一、五二公尺，

5

8

即俟炸药威力比往时大及二倍，则二公尺之石盖，足以抵抗一百公斤之炸弹，虽未敌之推测准确，要亦相差不远，再按事实，敌机远航或高空密集轰炸，大都用六十公斤至一百公斤炸弹，兹照现时设计，拱上防空层厚度暂定为六公尺，原系初期计划，将来似可加厚加强，或再加建钢筋水泥三合土构造，尤可坚实。且拱盖之设计，虽纯就静力学推测，但如将防空层增厚四倍，（即廿四公尺厚），自能负荷有余，盖就已预先设计增加此项重量在内，以备将来加强也。

（六）材料数量及工程费预算

动力厂全部工程需用材料数量，工程费之精确估计，须俟全部设计图案完成后，方能作详细之计算，兹暂以略图为标本，估计需用材料及工程费分列於下：

8-1

A. 所需主要材料數量

名称	數量	名称	數量
水泥	一二一〇〇桶	鋼筋	一二四八噸
砂	六〇〇〇方	碎石	三四〇〇方
卵石	四〇〇〇方	石灰	二七〇〇〇〇市斤
大連二石	五二〇〇方		

B. 工程費預算

廠房建築費　六八七七三〇二元

附記

一、三合土用之鋼筋一二四八噸，不在本項建築費內。

6

9

二、起重机炉座工字铁、铁门、铁闸、铁夹、螺栓及各种金属附件，拟由本厂备料自制，所需工料费暨安装机器费，将来另案呈报，暂不列入预算。

俞大维为请赶制六年式山炮弹一万发致江杓的便函（一九三九年四月二十八日）

24

第　頁

前綫現需用六年式山砲彈。急如星火。務請於最短時期。趕成一萬發備用。

江廠長

維

四月二十八日

軍政部兵工署

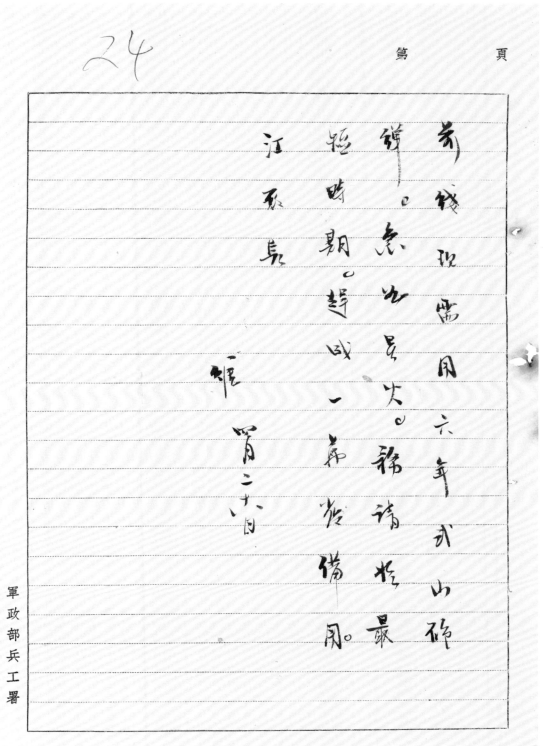

军政部兵工署第五十工厂为检送小口径迫击炮计划图致俞大维的笺函（一九三九年五月二十一日）

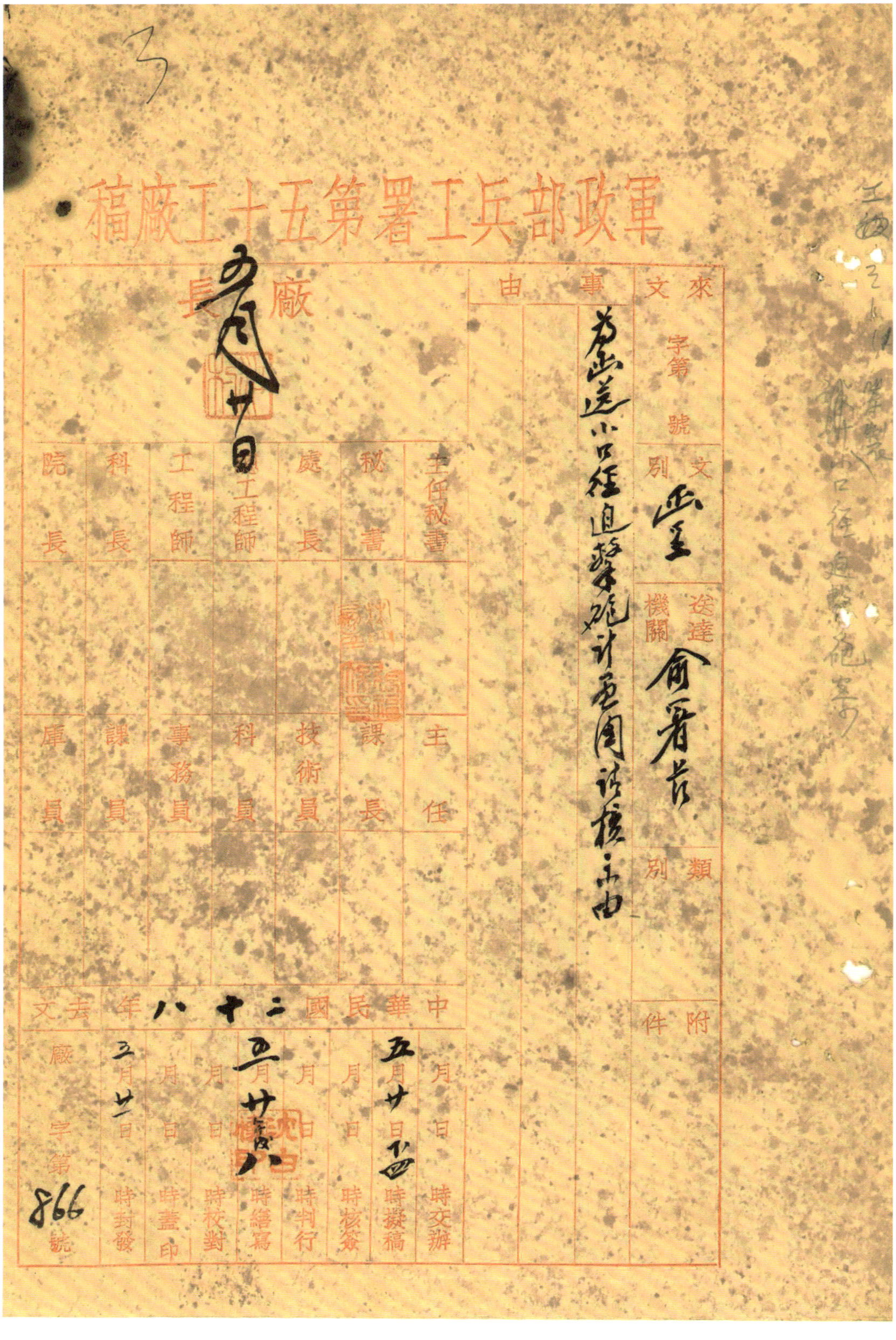
軍政部兵工署第五十工廠稿

廠長 廿日

來文 字第 號

文別 函

送達機關 俞署長

事由 為檢送小口徑迫擊砲計畫圖請核示由

主任秘書 秘書 處長 總工程師 工程師 科長 院長

主任 課長 技術員 科員 事務員 課員 庫員

附件

中華民國二十八年 去文

辦交 月 日 時

擬稿 五月廿日下四時

核簽 月 日 時

判行 月 日 時

繕寫 月 日 時

校對 月 日 時

蓋印 月 日 時

封發 五月廿一日 時

廠字第866號

7-1

簽呈

署長鈞鑒，前奉

面諭設計八公徑迫擊砲、並經擬定計畫圖、茲

將呈送

鈞核，並將設計說明如下、

一、砲管擬以炭素鋼自行鍛製、口徑為八公分、

長十倍、砲管及底蓋重約五公斤、

二、底板擬以炭素鋼板焊成、惟此項材料、不易

購辦、將來擬請　署方設法相助、

三、砲架全部材料、除彈簧鋼絲外、均利用

4

材料已商有部隨

鋁製，藉以減輕重量，其砲管方向瞄準，僅

以支腿上之螺絲調整之，如此瞄準時之手續

署煩，但構造上似較簡單。

四、瞄準器，擬職與同廠長自新商洽結果，可

以用光學瞄準器，該廠擬將有四五十個其存步，并擬藉

構造尚不甚繁雜，本廠亦可仿造，第一步

在光學瞄準器未到以前，擬以第二十一廠所造

之瞄準器替代，

五、砲彈尚在設計中，俟完成後再行呈　核，

以上各項，未審

47

鈞意以為善否，謹將圖樣一張，附呈

察閱，並祈

核示，專肅祗請

崇安

職江○敬啟 五月廿日

中華民國　年　月　日

監印

校對

繕寫

廣州市西湖路大中工業社承印

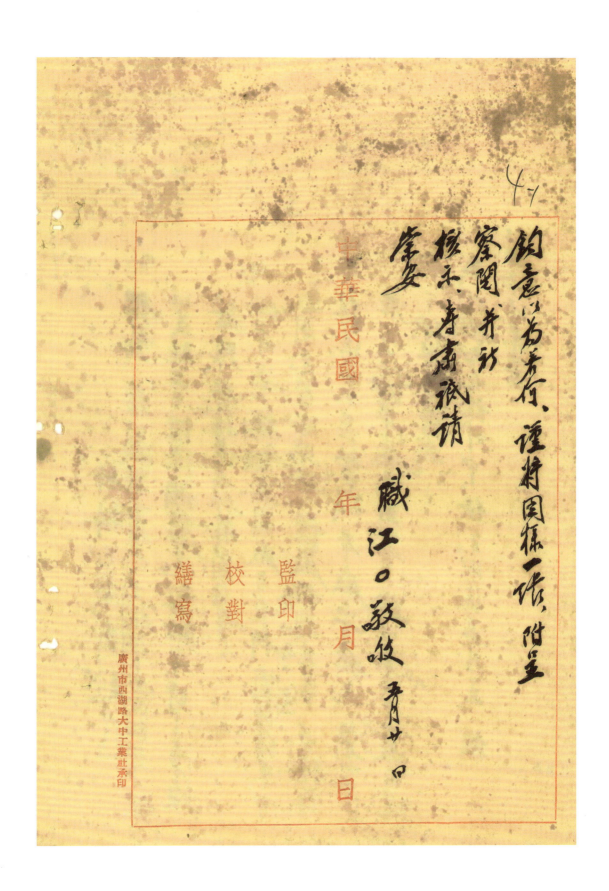

俞大维为命令筹造克式山炮弹致江杓的代电（一九三九年九月二十日）

19836

4

軍政部兵工署代電

俞造(天)丙字第9239號

案由 檢發克山彈圖樣由

第五十工廠江廠長鑒：齊造西渝代電飭俟十年式山砲彈完成後籌造克式山砲彈壹萬顆，并檢發克山彈圖樣三紙，仰即遵照籌製。大維(印)造西渝叩。附圖三紙

中華民國廿八年九月廿日發出

共 頁第 頁

軍政部兵工署第五十工廠業務開展意見書

全國抗戰開始前二月，適奉
命赴粵接收軍政部廣東第二兵工廠，從事修理、準備
開始製造；但自寇敵向粵進擾，即以本廠為轟炸
目標，敵機連翻轟炸，投彈達百餘次之多，賴全体同
仁努力，朝夕遷移器材，廠房雖屢被炸毀，而機器全
部運川，將來全廠同仁受此敵機狂炸教訓，更堅抗
戰勝利信心，共策互勵，期報黨國於萬一，謹就我國
重兵器製造萌芽時期，掬誠貢獻本廠業務進展意
見如下：

66-1

業務目標主旨——

一、適應長期抗戰需要。

二、切合战时經濟條件

三、建設富國強兵重工業

良以現代戰爭、係科學戰爭、除積極製造重兵器供給抗戰需要外，于研究製造、訓練供用尤應講求，故業務進行之方針：

一、研究與製造合一

二、製造與供用連繫

三、研究、製造、供用互相合作。

67

本此方針前進，才能於研究製造中，接受歐美新兵器的發明，迎頭趕上，同時在抗戰使用中有切合實際戰鬥之改進，更于使用部隊增進戰鬥素質，發揮戰鬥威力。於推進步驟：

一、關於兵器研究製造者：

(一)培養研究製造專門人才，

(二)確立研究製造專門人才終養制度，

——研究員終身生活保障與獎勵金及榮譽之累進，

二、關于兵器使用訓練者：考選軍校砲科畢業

67-1

学生或现任砲兵长官，予以短期训练使能：

(一)了解兵器制造程序

(二)具备简易修理兵器技能

(三)灌输科学基本知识，使于适当时机，使用兵器

(四)增进爱护兵器心理，节省消耗，藉增国力。

三、关于兵器使用谘询者：

(一)徵集兵器制造意见

(二)徵询使用兵器成果。

（三）徵詢兵器與戰鬥地區，配置適宜（指各某種地區適宜某種兵器供用能發揮火力）

茲以上陳述，基於適應長期抗戰進展與節約兵器材困難之今日，為獲得主動新最後之勝利，于重兵器供求，固須加緊大量製造，以為戰鬥需要，于求依用兵器技術之增進，俾節省消耗，及適合時代進步，與各戰鬥經驗，速建設富國強兵、軍事工業之需切要，敬祈蒐羨，以供採擇！

军政部兵工署第五十工厂为请改定制造十年式7.5铸铁山炮弹每发单价致兵工署的呈（一九四〇年四月十二日）

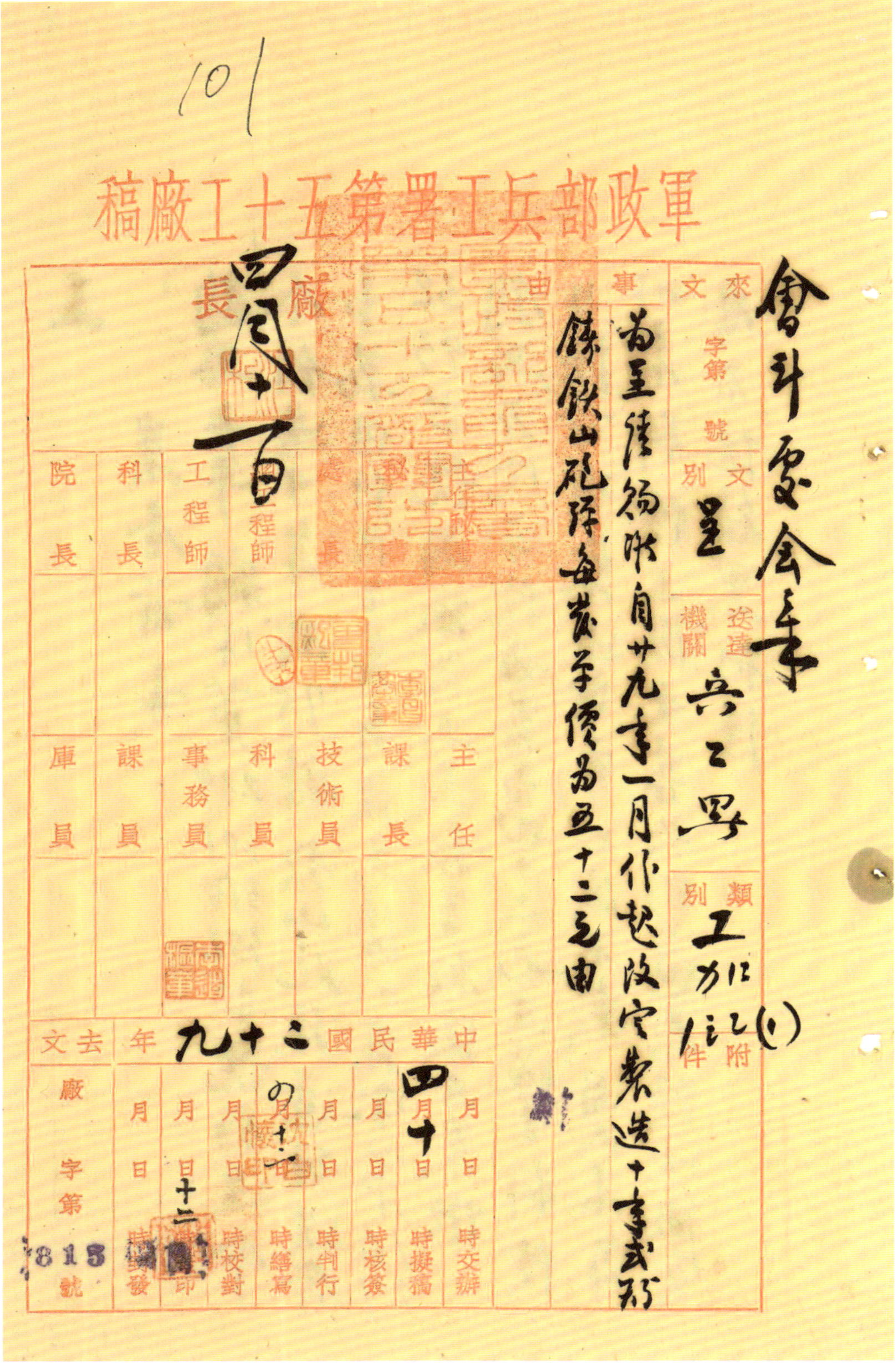
101

軍政部兵工署第五十工廠稿

廠長

會計處會簽

來文字第號

文別 呈

送達機關 兵工署

類別 工加

附件 (1)

事由 為呈請將自廿九年一月份起改定製造十年式75鑄鐵山炮彈每發單價為五十二元由

中華民國二十九年四月十二日去文

廠字第815號

101-1

呈

案查前奉

鈞署上年額字第289、301、315、352等號飭造命令，飭造十年式7.5鑄鐵山砲彈，遂經造齊壹萬伍仟陸百發，并經先後以保字第1627、32、45等號解繳成品，呈報單解繳在案。惟

鈞署原定單價每發為四十二元，查過去料價日增，所有製造成本已感不敷，自入本年以來，料價上漲更甚，若仍遵原價造繳，實屬不堪賠累，擬請

102

鈞署飭准自廿九年一月份款字第348號仿造令全部改為每費等價五十二元以鐵廠本，理合造具工料費用清單備文呈送，

仰祈

鑒核，是否有當！伏乞

指令祗遵！

謹呈

署長俞

附十年式75鑄鐵山砲彈工料費用清單一份

第五十工廠廠長江〇

江杓为请代决定仿造法式10.5轻山炮或卜福斯7.5山炮并请协助致王仍之的笺函（一九四〇年五月三日）

3

軍政部兵工署第五十工廠稿

來文	字第 號
文別	箋
送達機關	第五十二廠 王廠長仍之
類別	工
附件	
事由	為擬倣造法式10.5輕山砲及卜福斯7.5山砲請代決定並請惠予協助由

廠長

主任秘書 秘書 處長 工程師 工程師 科長 院長

主任 課長 技術員 科員 事務員 課員 庫員

中華民國廿九年 去文

廠 字第1005號

交辦	擬稿	核簽	判行	繕寫	校對	蓋印	封發
月 日 時	五月二日 時	月 日 時	月 日 時	月 日 時	五月三日 時	月 日 時	五月三日 時

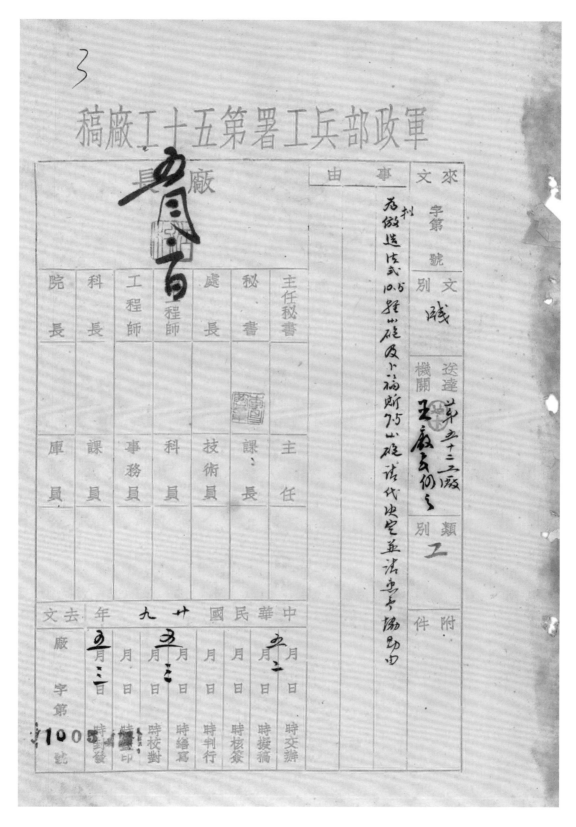

31

職

仍之廠長吾兄左右：敝廠頃奉

署座面諭，囑將法式10.5糎山砲及卜福司7.5山砲擇一仿造。並因按該兩山砲吾

兄昔曾擬為纂造，第因種種關係迄未實現，茲奉

署座所囑，自當勉為其難。吾

兄對於上述兩砲研究有素，夙所景仰，究竟以何者為佳，

竊欲取決於

兄也。設

尊意決造法式10.5糎山砲，其設計圖樣及工具設備等可否

惠賜協助，請即

41

賜復俾有遵循爲盛。專此敬頌

勛綏

弟江〇拜啓 五、二、

军政部兵工署第五十工厂奉令造交十年式山炮弹数量表（一九四〇年六月十一日）

（107）

谨将 署领饬造令先后饬造十年式山炮弹数量列表呈请

钧鉴

饬造令日期	饬造令号数	饬造数量	饬缴月份
二八、八、二四、	颁字289號	四六〇〇顆	廿八年八月份
二八、九、一三、	颁字301號	三〇〇〇顆	廿八年九月份
二八、一〇、四、	颁字315號	四〇〇〇顆	廿八年十月份
二九、一、五、	颁字352號	四〇〇〇顆	補廿八年十二月份
二九、一、九、	颁字348號	二五〇〇顆	廿九年一月份
二九、二、一、	颁字365號	四〇〇〇顆	~~本號月份~~ 廿九年六月份
二九、六、三、	颁字415號	三〇〇〇顆	廿九年六月份
共计		二五一〇〇顆	

职 黄（印）

呈 六十一

杨继曾为原定炮弹工作完成后筹造克式十四倍山炮弹致江杓的代电（一九四〇年六月十一日）

軍政部兵工署代電

總製兵丙第6503號

為原定砲彈完成後請籌造克式十四倍山砲彈希復由。

第五十工廠江廠長勛鑒：前准貴廠李處長來司面洽，為籌備砲彈工作之繼起見，原定三八式野砲彈壹萬顆及十年式山砲彈四萬顆完成後，應造何種出品，以便先行籌製為由，經向軍械司接洽，請俟該兩項砲彈完成後，籌造克式十四倍山砲彈，在該項克式山砲彈未出品以前，仍請按照所有機力，加以半數製造三八式野砲彈及十年式山砲彈兩種，特此電請查照辦理為荷。弟繼曾 丙印

中華民國廿九年六月拾壹日發

军政部兵工署第五十工厂、兵工署为筹造克式山炮弹所需材料的往来文书

兵工署第五十工厂致兵工署的呈文（一九四〇年七月十日）

附：第五十工厂奉令添造克式山炮弹及十五公分迫炮练习弹请拨材料表

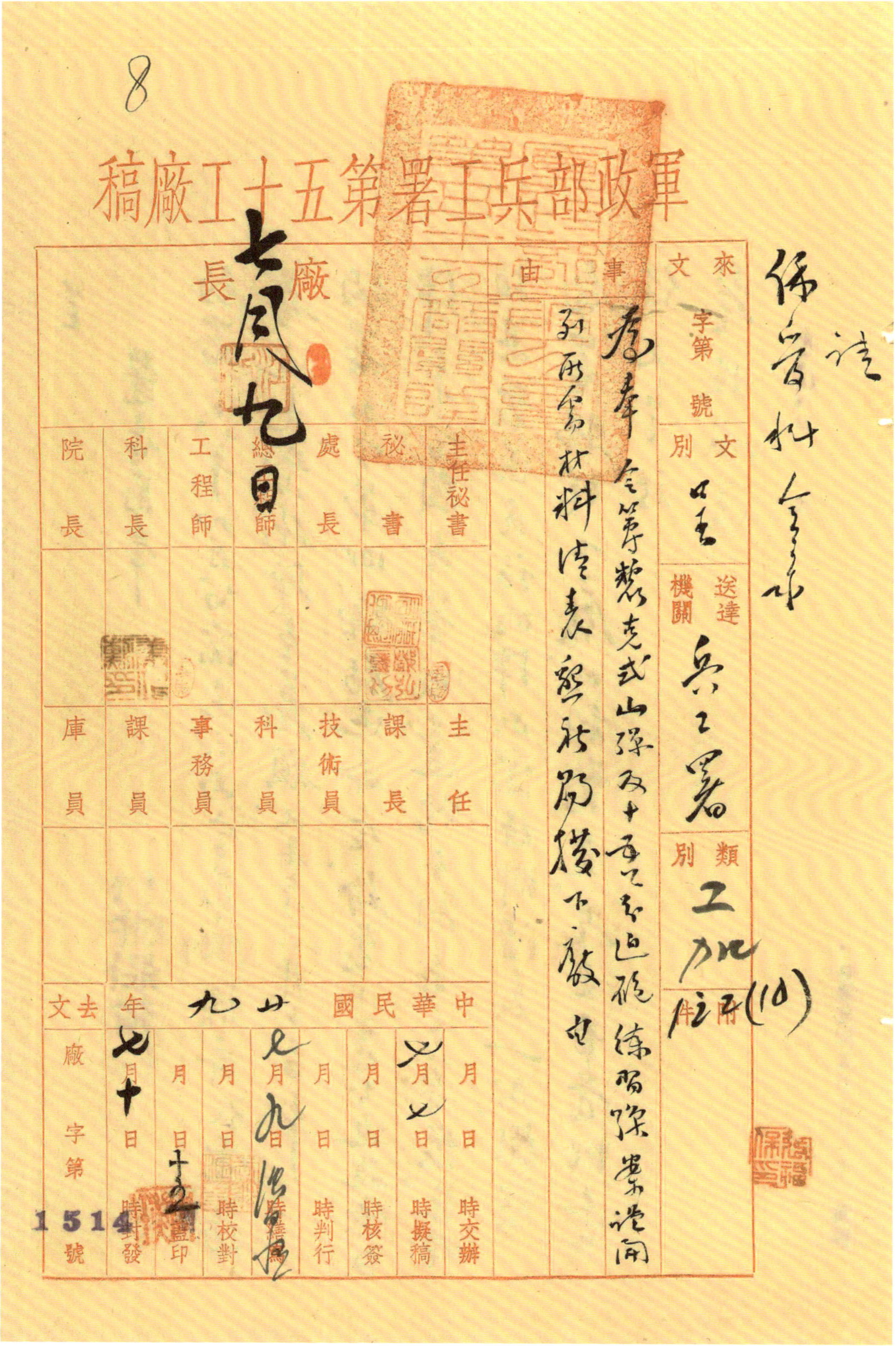

呈

案查前奉

鈞署二十八年九月廿日滬造(六)丙字第8859號齊代電，飭

籌造克式山砲彈壹萬顆，又本年六月十二日奉

鈞署加字第1017號飭造命令，飭製十五公分迫砲練習

彈三千二百顆各等因，遵經分別着手籌製，茲謹

填具製造各該砲彈所需材料清表一份，擬懇

鈞署賜撥下廠，以利製造，是否有當，理合

備文呈請

鑒核示遵！

署长俞

谨呈

附筹造克式山炮弹及十五公分迫炮练习弹请拨材料表

第五十工厂厂长江〇

第五十工廠奉令添造~~十年式山砲彈~~克式山砲彈及15c.m迫砲練習彈請撥材料表

名稱	說明	單位	數量	用途	備考
Ms72黃銅板	11×150×1700公厘	公噸	55	克式七五砲彈銅殼	
〃 〃	16.3×110×1200〃	〃	4	克式七五砲彈底火體	
鐵皮	2公厘厚	張	300	十五公分迫彈尾翼	
馬丁鋼	29公厘中	公斤	8000	〃〃尾管	
白鐵皮	35#	張	2000	裝箱用	
藍粉焊條	4.2公厘中	根	1000	焊尾翼	
十五公分迫彈引信		個	3200	十五公分迫彈用	
〃 保護管		〃	3200	〃	
12#空底火		〃	6400	〃	
加黑藥之無煙藥		公斤	60	〃	

10

兵工署致第五十工厂的指令（一九四〇年七月二十九日）

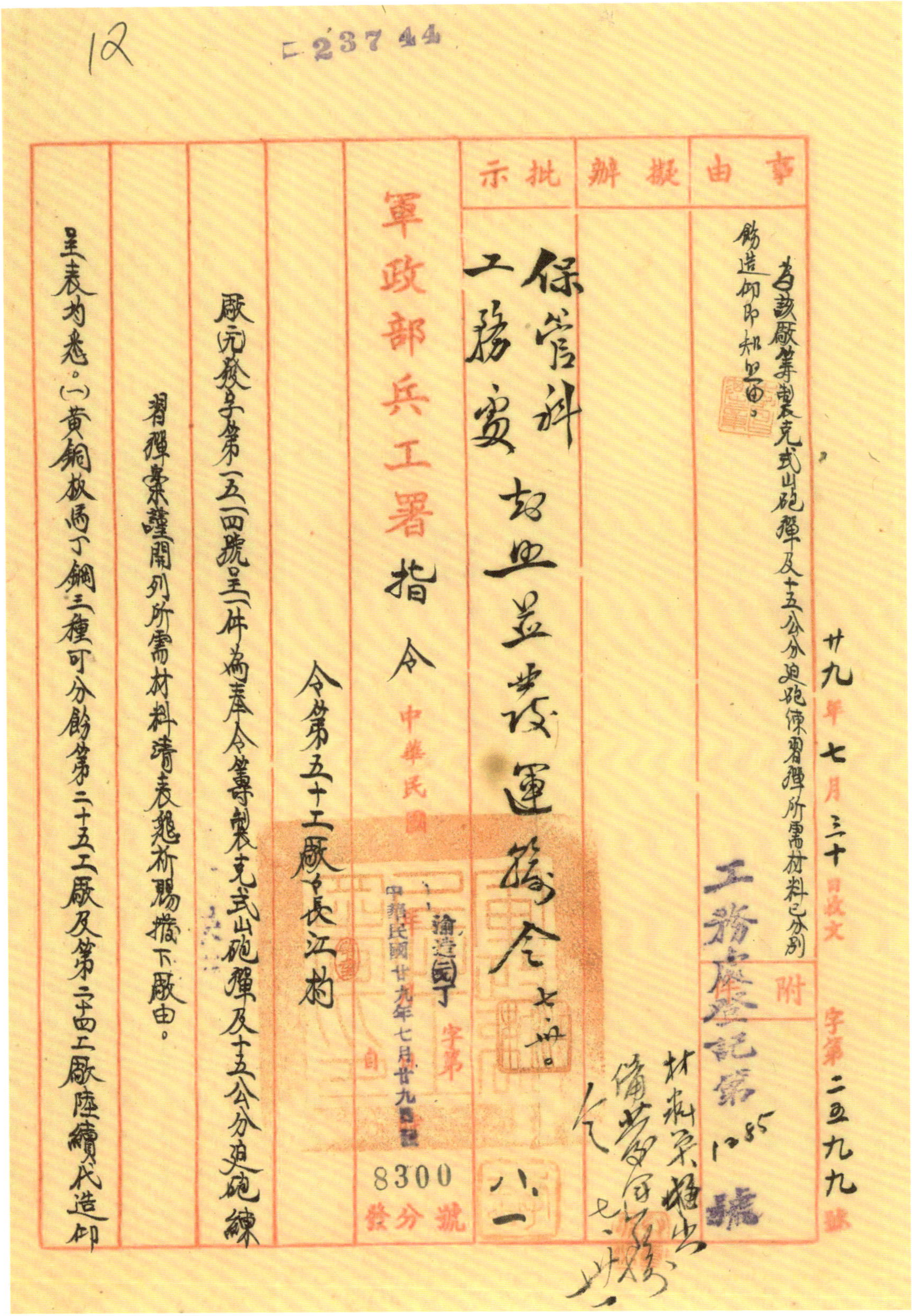

□23744

12

事由：為該廠等電（表）克式山砲彈及十五公分迫砲練習彈所需材料已分別飭造即知照由。

擬辦

批示

廿九年七月三十日收文 字第二五九九號

工務處登記第1285

附

保管科 工務處 抄知並趕運 務令 七.卅

軍政部兵工署指令

中華民國 年 月 日 渝造（丁）字第 號

中華民國廿九年七月廿九日

8300 發分號 八一

令第五十工廠長江杓

廠（元）發字第（五）（四）號呈一件，為奉令籌製（表）克式山砲彈及十五公分迫砲練習彈業謹開列所需材料，請表懇祈賜撥下廠由。

呈表均悉。（一）黃銅板、隔丁鋼三種，可分飭第二十五工廠及第二十四工廠陸續代造，即

12-1

將接月需用數量呈報以憑核辦(二)鉄皮白鉄皮倉庫無存仰自行設法收購(三)藍粉焊條及發射藥准由第五材料庫撥發(四)12卅空砲火已飭第二十工廠照撥(五)十五公分迫彈引信及保護管已飭第二十工廠代製並附發核(元)字第879號材料領發單及回單各一紙仰即知照。此令

附件二紙

署長 俞大維

校對石鎮中

監印

军政部兵工署第五十工厂、兵工署为筹制山炮所需材料及调用员工事宜的往来文书

兵工署第五十工厂致兵工署的签呈（一九四〇年八月二十四日）

軍政部兵工署第五十工廠稿

來文字第 號	
文別	簽呈
送達機關	署長俞
類別	工加
附件	（3）
事由	為關於籌製山砲案內所需材料及調用員工各點簽陳鑒核示遵由
廠長	八月廿四日

院長	科長	工程師	工程師	處長	秘書	主任秘書

庫員	課員	事務員	科員	技術員	課長	主任

中華民國廿九年

去文廠字第1778號	時封發	時蓋印	時校對	時繕寫	時判行	時核簽	時擬稿	時交辦
	八月廿五日	月日	月日	八月廿四日	月日	月日	八月廿三日	月日

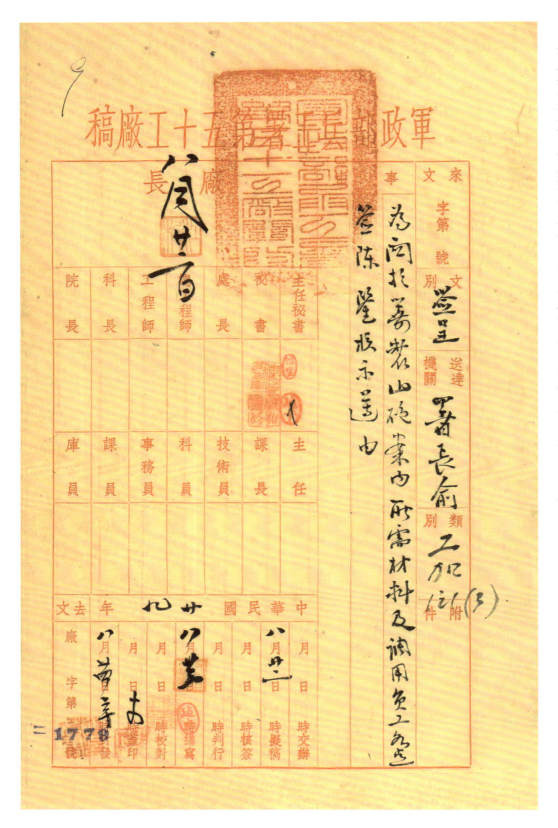

簽呈

部長鈞鑒、本廠奉 令籌製山砲一案、現已積極進行、關於材料工具之準備與精練員工之調用、謹簽陳如次：

一、材料部份——查山西綏靖公署以前曾向美國訂有大批山野砲材料（詳見附表）已分別運存海防仰光及在內運途中、擬懇 賜予設法促請運來渝、撥廠利用。

二、工具樣板——前漢陽廠所用車刀夾頭及樣板等、標查已將一部移交趙主任遠接收、擬懇

10

特飭撥用。

三、調用員工——查沈莘耕主任君對製造大砲類饒經驗，擬請調用，此外尚有熟練工人多名，現分在各友廠服務，謹開具清單，並祈

賜准分予調用，俾收指臂之效。

所陳各節，是否有當？伏祈

鑒核示遵！

職 江〇謹簽 八月廿二日

附第五十工廠籌製山砲案 請撥用材料表 請調用員工名單 各一份

13

晉經署訂購山野砲材料

品名	體量	牌號	用途	單位	數量	合同號數	編號	現存地点
黃銅皮	0.8×8mm		山砲表尺	磅	35	202	陸302/1	(防)造193(存防未運)
〃	0.8×11mm		山砲迴轉盤簧	〃	90	〃	〃	
〃	1×10mm		山砲信管迴	〃	60	〃	〃	
鉻鎳鋼	7"φ×54"		山砲身	〃	24,000	~~TY 437~~ 202	陸363/4	(防)造202 } 存防未運
琴鋼線	0.3mmφ		山砲	〃	165	〃	陸363/5	(防)造201 } 存防未運
〃	1mmφ		〃	〃	330	〃	〃	
〃	1.5mmφ		〃	〃	300	〃	〃	
防盾鋼板	3.5mm×17¾"×43"	鳳凰NPF	〃	張	9000	208	陸333	(防)造40 27/3/2運700塊 7/5/29〃187〃
二號鋼皮	1/16"×4'×8'	普通鋼皮	山砲駄鞍	磅	144,000	219	陸221	〃大1 存防288件
五號鋼皮	2.5mm×4'×8'	炭素鋼	山砲	〃	18,000	218	陸159	6/10/27 #957/1運廣州
〃	3mm×4'×8'	〃	〃	〃	24,000	〃	〃	
鎳鉻鋼	1450mm×3¾"×6"元角	美國SAE 3435	野砲	〃	23,000	160	陸259/1	(防)造190(存防未運)
扁四號鋼	3/8"×4¾"×4200mm	美國SAE 1045	〃	〃	25,000	〃	陸87/3	〃〃185 27/10/[illegible]
方鎳鉻鋼	6 1/16"□×1030mm元角	美國SAE 3135	〃	〃	100,000	〃	陸259/5	〃〃37 15-17/2/29運135条
一等鎳鉻鋼	7"φ×54"長	美國SAE 3345	山砲	〃	114,000	209	陸290/1	(晉)造49/8(存晉未運出)
〃	5"□×20'長	〃	〃	〃	25,500	〃	陸386 陸259/3	(晉)造52/1(15/4/29運勝戍)
〃	9½"□元角×20'長	美國SAE 3340	〃	〃	90,000	〃	陸386 陸259/2	(防)造3 6/12/28運完
二等鎳鉻鋼	3½"φ×41"長	〃 3240	〃	〃	40,500	〃	陸87/7	(晉)造40/3(存晉未運)
〃	5/8"φ×20'長	〃	〃	〃	15,000	〃	陸290/1	〃〃49/18(存晉未運出)
〃	2"×6"×20'	〃	〃	〃	13,800	〃	陸259/3	(防)造3 6/12/28運完
〃	1¼"□×20'長	〃	〃	〃	2,000	〃	陸290/1	(晉)〃49/18(存晉未運出)
〃	4"□×20'長	〃	〃	〃	19,500	〃	陸259/3	(防)造3 6/12/28運完
三等鎳鉻鋼	5¼"φ×20'長	美國SAE 3140	〃	〃	2,100	〃	陸259/3	
〃	2"□×20'長	〃	〃	〃	7,500	〃	陸290/2 290/3	(防)造191(存防未運)
〃	6"□×20'長	〃	〃	〃	2,100	〃	陸386 259/3	(晉)造52/1(15/4/29運勝戍) 防)造3 6/12/28運完
扁五號鋼	5"×8"×20'	美國SAE 1045	〃	〃	24,000	〃	陸338/1	〃〃33 } 12/2/29運32条
扁四號鋼	5"×10"×20'	〃	〃	〃	66,000	〃	陸338/2	〃〃〃
黃銅	10mm□×4800mm	美國SAE 1095	〃	条	800	〃	陸87/5	〃〃188 } (存防未運)
〃	10mm×11.5mm×4800	〃	〃	〃	1,200	〃	陸87/9	〃〃189

14

車工部	領工周蔚徵	湖南長沙人，曾充東三省兵工廠中大口徑砲廠砲身部領首、漢陽兵工廠砲廠車工部領工，在陸主任君和任内辭職，現不知在何處服務
工部	領工孟繼忠	天津人，曾充東三省兵工廠中大口徑砲廠砲身部領班、磨工部領首、漢陽兵工廠砲身砲架檢驗部領工，現充第一工廠机器廠車工部領工
砲門部	領工彭松生	江蘇上海人，曾充東三省兵工廠中大口徑砲廠砲門部領首、漢陽兵工廠砲門部領工，聞現在桂林修砲廠服務
裝配部	領工蘇芳瀛	安徽合肥人，曾充東三省兵工廠中大口徑砲廠裝配部領首，經手裝配七七野砲三百餘門，漢陽兵工廠砲廠裝配部領工，現充第一工廠机器廠鉗工部領工
銑工部	領工徐爾康	江蘇鎮江人，曾充東三省兵工廠中大口徑砲廠銑工部領首、漢陽兵工廠砲廠銑工部領工，聞現在桂林修砲廠服務
鉚刨工部	領工林寶定	浙江鎮海人，曾充東三省兵工廠中大口徑砲廠鉚工部領首、漢陽兵工廠鉚刨工部領工，聞現在桂林修砲廠服務
表尺部	領工喬玉春	天津人，曾充東三省兵工廠重砲廠表尺部領首、日本大阪砲兵工廠實習、漢陽兵工廠砲廠劃綫部領工，現充第二工廠修理間領工
砲架部	工匠陳駒	廣東人，鄉做砲架制退管彈簧等工作尚佳，現年已六十餘歲，聞現在阮陵修砲廠
鍛工部	領工張煖	廣東東莞人，漢陽兵工廠鍛工部領工，裝倉克式野砲鍛製，山砲砲身有二十餘年經驗，聞現在阮陵修砲廠

15

28083

事由：據九廠呈請製山砲需用材料及調用員工各情形指令分別核示由

附件

廿九年九月九日收文 字第二九六四號

擬辦批示：發秘書辦 九.九

軍政部兵工署指令

中華民國廿九年九月七日 渝造字第 號

9851

令第五十工廠廠長江杓

八月廿三日廠(九)發字第1779號簽呈一件為關於籌製山砲案內所需材料及調用員工各點簽陳呈核示遵由

簽呈悉。茲分別核示如下：

75-1

（一）材料部份已列在滇緬線提前內運順序表催運

（二）另案辦理

（三）沈主任峯耕准予調用惟該員已呈部調署服務仰補辦正式手續呈署調委其餘名單所列各工人已分別電飭各廠調用周尉徵彭松生二員已經桂炮廠委充技術員仰逕分別洽商辦理

此令 件存

署長 俞大維

校對石鎮中

監印 楊揚熙

军政部兵工署第五十工厂关于拟具整理第一军械库现存废炮弹计划书上兵工署的呈（一九四〇年十月十八日）

附：拟具拆卸第一军械库现存废炮弹计划书

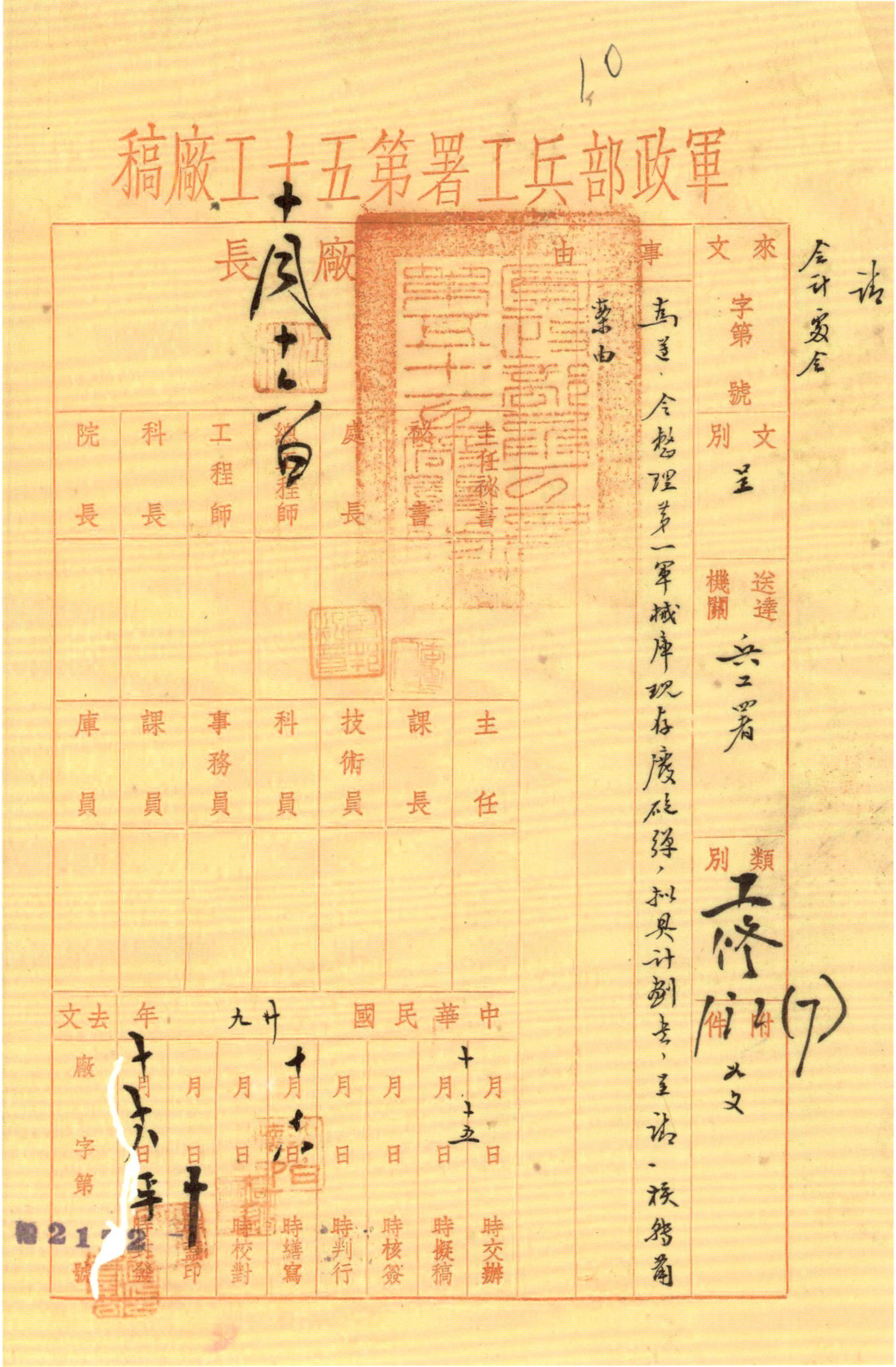

呈

案奉

鈞座本年十月三日條諭二、五項廢砲彈可交第五十二廠整理利用等因。自應遵辦。惟查該項廢砲彈為數甚夥，關於存儲及拆卸等項設備，亟須分別籌辦，以便整理。茲着估計應建一〤〇公尺面積存儲廢彈庫房十二座，一〇〤〇公尺面積拆卸工作房一座，〇〤〇公尺面積試驗拆出火藥房一座，約需建築費弍萬柒千元。又拆卸工具置辦費伍千元，由碼頭運至拆卸地點之運輸費肆千元，共計約需叁萬陸千元，擬請准予專案列報。此外，

10-1

15

需用熟悉火工作業員工薪資，每月約需陆百肆拾元，則擬請准在本廠製造費下增列。至該點火藥之器具，以市面不易購致，擬請[illegible]鈞令廠械發火藥組予以借用，是否可行，理合抄具拆卸第一軍械庫現存廢破彈計劃書三份，簽文呈送，敬請

核能備案，並祈

示遵！謹呈

署長俞

計附呈拆卸第一軍械庫現存廢破彈計劃書三份

全銜名

13

拟具拆卸第一軍械庫現存廢砲彈計劃書

一、數量：約廢砲彈貳萬壹千柒百餘顆及引信叁千餘個共重約三百三十噸。（詳附表一）

二、拆卸及存儲地點：大兴場東南銅台路通海廣路一段附近。

三、存儲上項廢品需用庫房面積：估計約需四百五十平方公尺

四、應建房屋：(1) 9X5公尺 面積庫房拾貳座

(2) 10X6公尺 面積拆卸工作房壹座

(3) 6X5公尺 面積試驗拆出火藥房壹座

五、人工：熟悉火工作業之技術員一人，機械士二人，長

13-1

工四人及運輸小工四人。（上列人數係分為兩班同時工作）

六、預估費用：

(1)設備費—建築房屋約貳萬柒千零廿元（詳附表二）

(2)—拆卸工具置辦費約伍千元

購買試驗器具約壹千元

（合計~~33020~~元）36000

(2)運輸費—約計肆千元 係指將廢品由碼頭運至拆卸地点之費用

(3)卸拆員工薪餉—每月約六百肆拾元（詳附表三）

（附表一）　根据废委会册列废砲弹数量

名称	数量	重量	名称	数量	重量
7.5cm 山野砲弹	1133	11,330	各种引信	3082	3,000
7.62cm 野砲弹	1531	15,310			
7.7cm "	141	1.692			
各种高射砲弹	465	1,395			
各种平射砲弹	4113	2,052			
各种迫击砲弹	12770	255.40			
11.5及15cm 榴弹	587	17,610			
杂色砲弹	1044	10,440	总计 砲弹 引信	21784 3082	共重约330噸

147

（附表二） 建造房屋估計費用

名稱	構造說說	數量	單價（元）	總價（元）	
5×9m. 庫房	牆壁用竹籬塗石灰 屋頂用竹瓦	12座	1800 ~~1560~~	21600 ~~13720~~	（土石方工程在內）
10×6m 工作房	厚土牆竹瓦頂	1座	4200 ~~4000~~	4200 ~~4000~~	〃
5×6m 試藥房	牆壁用竹籬塗石灰 屋頂用竹瓦	1座	1200 1300	1200 1300	〃

總計 ~~19020~~ 27000 元

（附表三） 薪工預計

技術員	一人	每月	140	均以半工計算
機械士	四名	〃	200	
小工	四名	〃	180	
運輸工	四名	〃	120	

總計 640 元

军政部兵工署关于准备接收各军械库废炮弹整理拆卸利用给第五十工厂的训令

（一九四〇年十月二十二日）

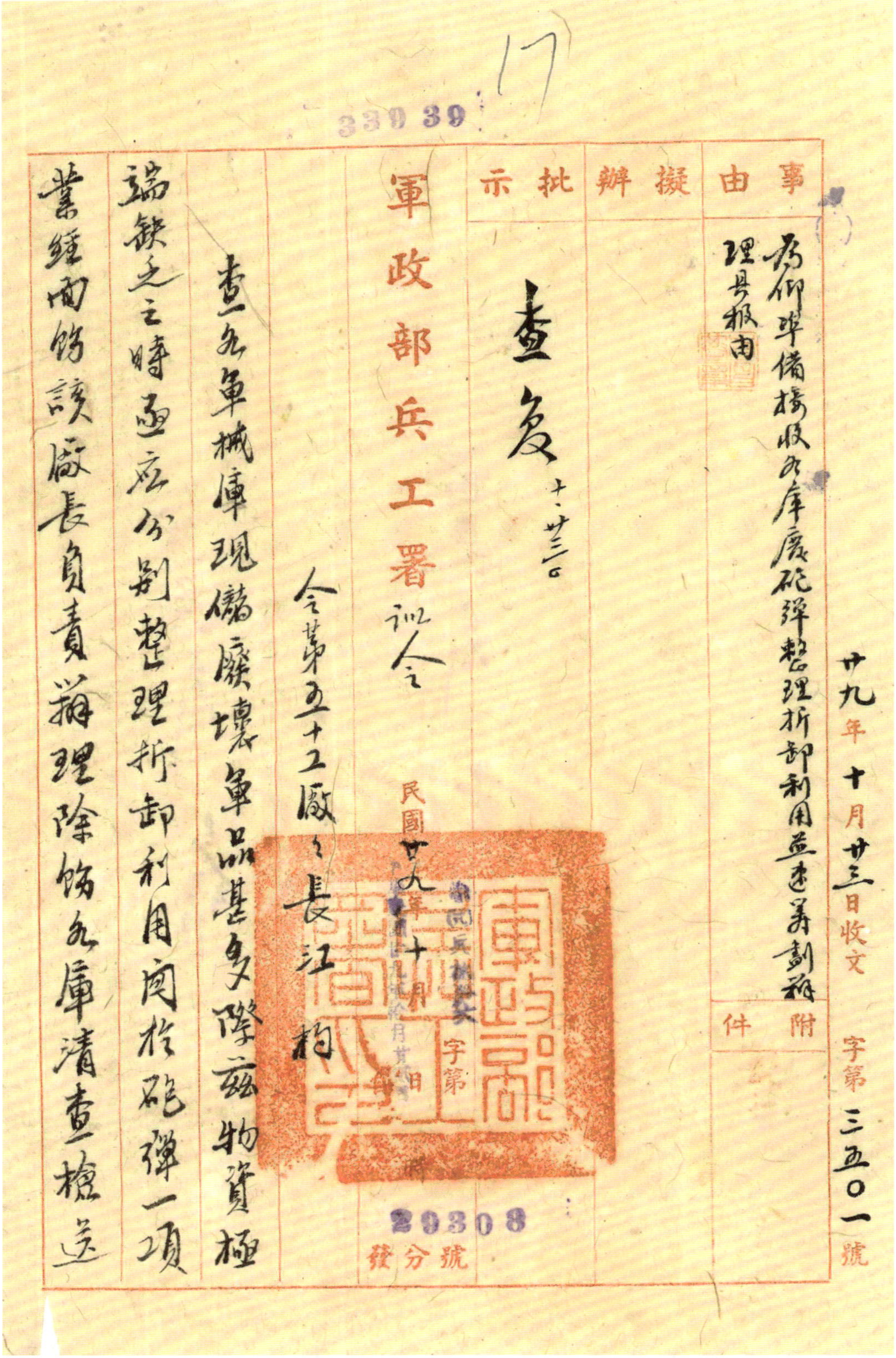
17

33939

事由：為仰準備接收各庫廢砲彈整理拆卸利用並速籌劃辦理具報由

廿九年十月廿三日收文 字第三五〇一號

附件

擬辦：

批示：

查復 十、廿三

軍政部兵工署訓令

令第五十工廠廠長江杓

民國廿九年十月 日 字第 號

查各軍械庫現儲廢壞軍品甚多，際茲物資極端缺乏之時，自應分別整理拆卸利用。關於砲彈一項，業經函飭該廠長負責辦理，除飭各庫清查檢送

29308

發分號

171

該廠外仰即準備接收并速籌劃辦理具報爲要

此令

署長俞大維

監印 楊物熙

军政部兵工署关于对所报整理第一军械库现存废弹计划书应办理事项给第五十工厂的指令（一九四〇年十一月六日）

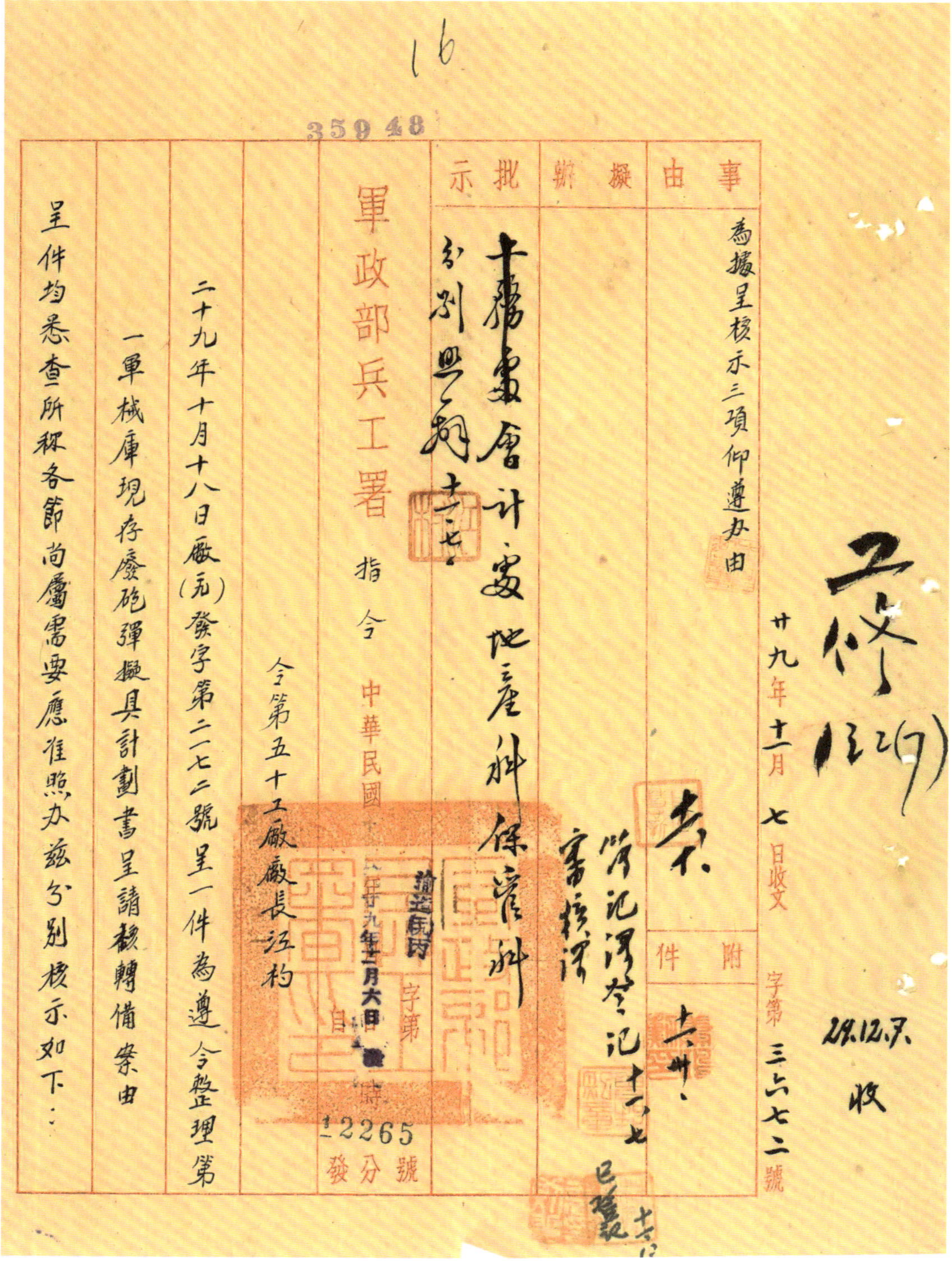
事由：為據呈核示三項仰遵办由

廿九年十一月七日收文 字第三六七二號

軍政部兵工署指令

中華民國二十九年十一月六日 渝造技字第12265號

令第五十工廠廠長江杓

二十九年十月十八日廠(元)發字第二七二號呈一件為遵令整理第一軍械庫現存廢砲彈擬具計劃書呈請核轉備案由

呈件均悉。查所稱各節尚屬需要，應准照办，茲分別核示如下：

16-1

（一）房屋—庫房十二座拆卸工作房二座准予建造

（二）經費—除房屋由建設費項下開支外其他購置工具費運輸費及薪餉等均由該廠製造費開支項下

（三）試驗火藥之器具—該廠可開列清單以便向彈道研究所洽借

上列三項仰即遵办將房屋圖說等件賫署以憑呈部備案為要此令

署長 俞大維

校對 石鎮中

監印 楊勃熙

郑大强为六公分迫击炮及炮弹样品已制出致江杓电（一九四一年一月十九日）

39

軍政部
兵工署第五十工廠

江廠長○密：六公分砲及彈均製妥樣品，即派常壽山去渝呈驗，底火已收，銅皮未到，新生廿五日可抵校。

職強叩皓（十九日）

月　日

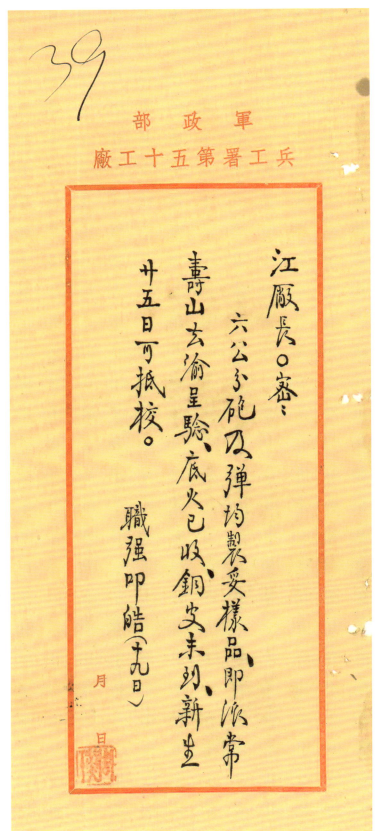

庄权、江杓为解决各自试造三七平射炮和炮弹能否合用有关事宜的往来函件

庄权致江杓函（一九四一年一月二十四日）

49

字第　　號第　　頁

星初我兄大鑒　上次傅滙川續婚時
署長語我須在四月初設備好砲彈一
千發為兄試造成功平射砲之用以自
造之新砲用自己之砲彈　就兩署方看來
是一種新的成功　我等應當分別努力
使其實現　不過弟所造平射砲彈各部尺寸是
否與兄所造之新砲能完全配合　請送砲
彈及銅殼圖樣全份及彈道性能說明

軍政部兵工署砲兵技術研究處用箋

50

字第　號第　頁

此砲筒倍數、初速、藥量及彈重等最為
特造成之砲筒砲內（尺寸須準確）整套送工
廠，俾可實地試驗，修正銅殼尺寸（此事並
不簡單）。又為愛護新砲起見，可囑承造
砲彈不裝炸藥，蓋恐一膛炸，見之犧牲太
大，第　廠尚在試造中，不能擔保每個砲彈毫
無意外之發生也。新砲產生大非易事，要不得
不慎重將事，諒蒙同意，特此奉商，並希
見復，以便進行，即頌
時祺

弟　權上　八、廿四

江杓致庄权笺函（一九四一年一月二十五日）

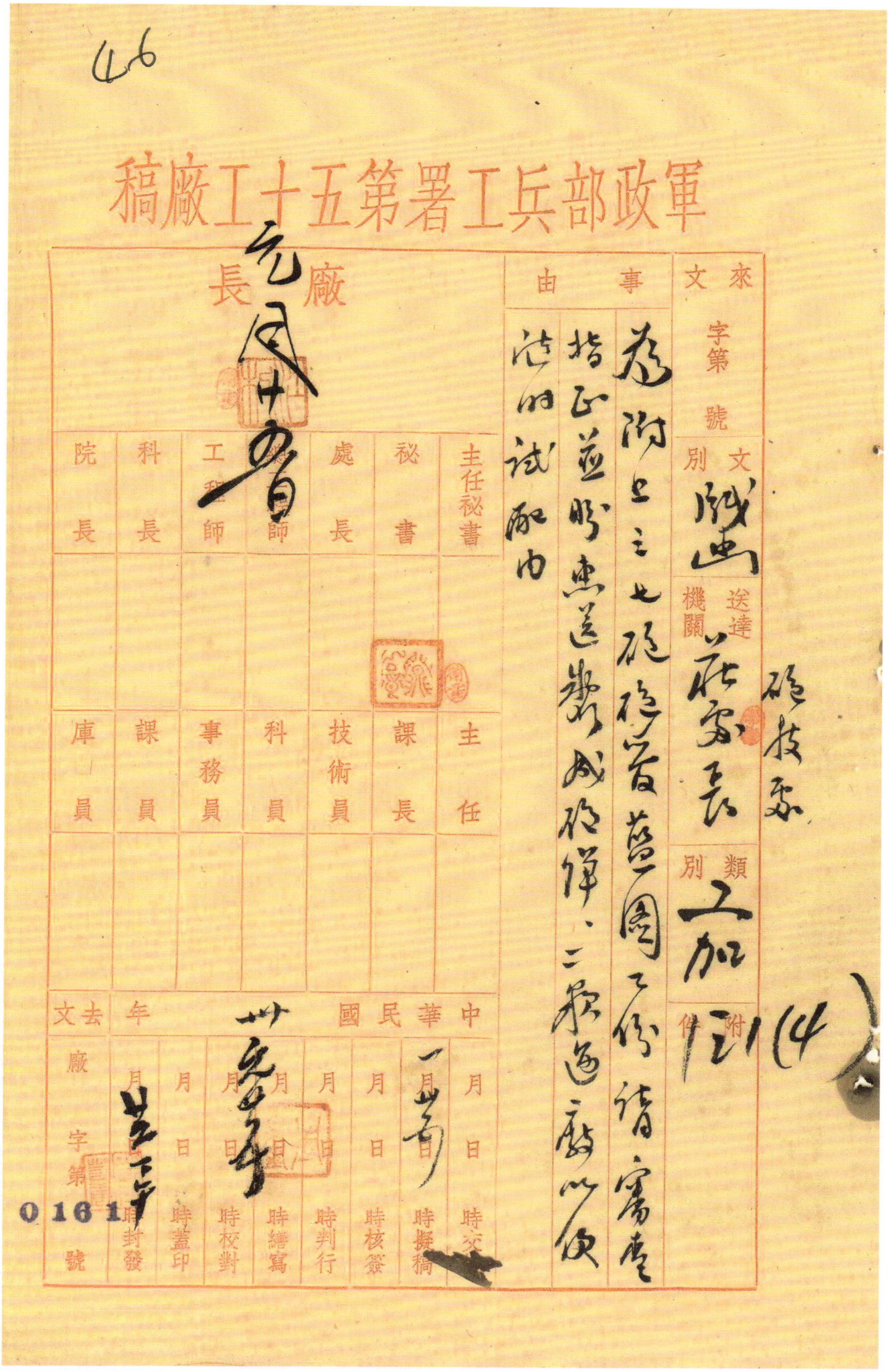

46-1

笺函

巽行吾兄鹏鉴：一月廿四日

手教奉悉，承

示各点顾周详，甚是甚是感激。

兹造三七炮仿照德国兵工署图样

付装阅。

贵处所装炮弹亦仿照德品图样装

造，当不致径庭难合。兹请附上该

炮弹装图一份，所有尺寸大小及公差等均

已注明之。

47

賜寄查濾材指教，為求精確適合
實情，
貴處惠送裝成短綫二根過廠保送
時試行，然後以確定閥等件換置較
難，不若稍候得熟此為佳也。專此敬頌
勛綏，並祝
春禧暴萬

弟江○拜啟 二月 日

附三七號機器圖一份

军政部兵工署第五十工厂为报告三七战车炮制成经过及拟请奖励出力员工致兵工署的呈

（一九四一年三月十四日）

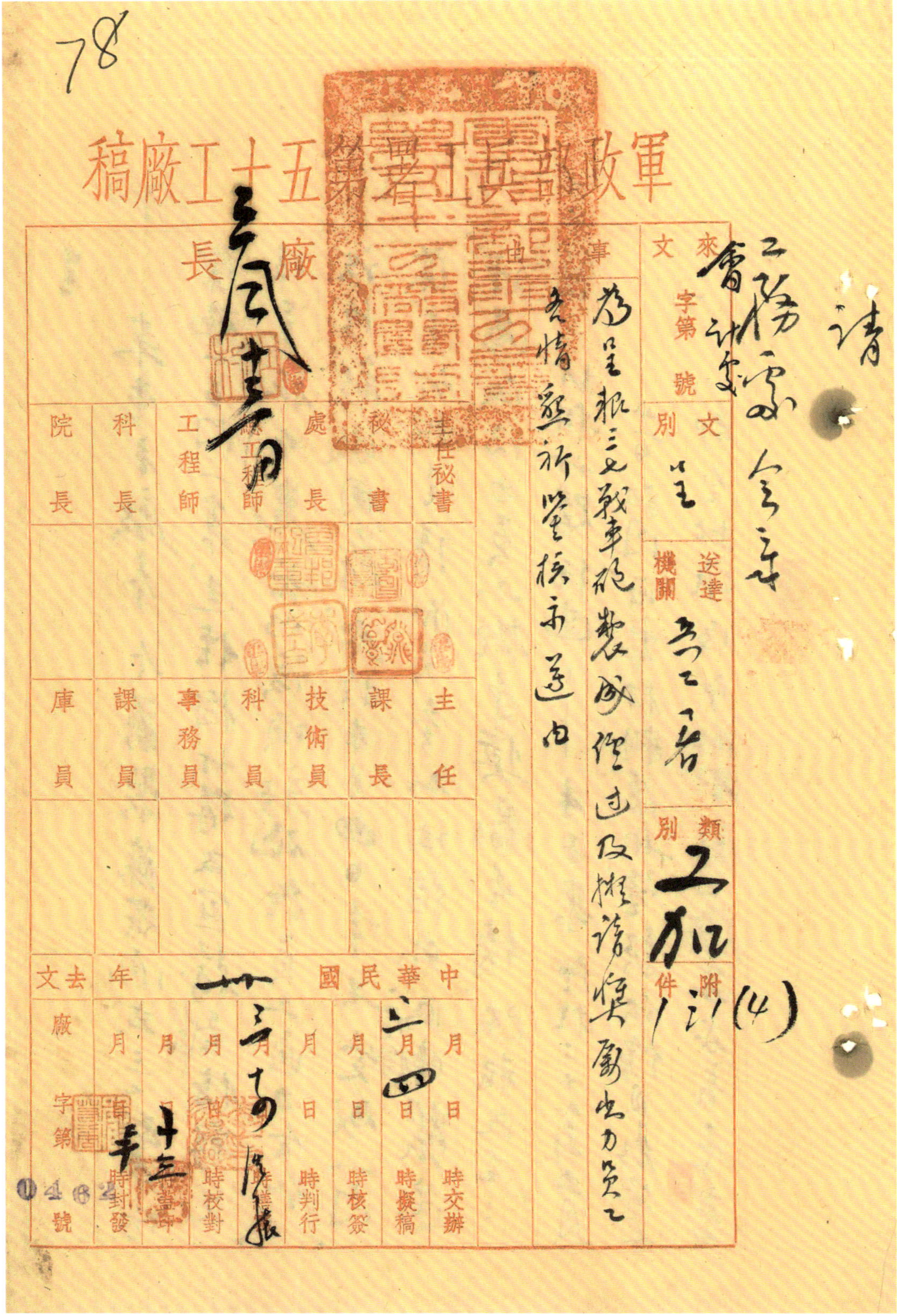

呈

案查本廠奉 令籌製蘇羅通式三七戰車防禦砲一百門一案，迭經將訂購及運輸材料各情形先後呈報在卷，並以該項新砲經員工通力合作，設法解決困難，卒於本月四日告完成一門，除另訂期呈請派員參加試驗外，謹將製造經過及協力員工擬予獎勵各情，陳報如左：

一、材料訂購經過——查本案經於二十七年五月廿日列同所需材料清冊暨估價目表，簽奉

部令批准後，即派本廠工務處副處長李式白

79

率同技正王衛之於同年六月底乘輪赴港
辦理訂購材料事宜。本案總預算（連運川及添設
備在內）原定為十一萬餘英鎊，中因外匯困難，一度改
為八萬九千鎊，最後於廿七年十月復奉令緊縮為
二萬二千鎊，於二十八年一月間是兩般報商估價。惟以項目零星、數量
過少，一二大廠商均不願承接，而同時德國政府已
有禁運軍火及有關器材某等之令，祇得就德廠
在國外設有分廠者設法訂購，幾經磋商，始於
二十八年一月至五月間先後簽訂合同。工務處處長李式白
本廠需運新備並運至國內，未了事項由技正王衛之王冠豐

80

協同柏林商專家之協助、此訂購材料之大概情形也。

二、材料運輸情形——本廠所購材料、大抵於二十八年二月間在德同船運華、起卸口岸初定為海防、而同時本廠遷江時代所訂購之機料、亦改由海防內運、於是海防及昆明兩地、接收運輸、极形重要、遂派工程師何家俊技術員陶亨豫分駐海防、昆明、主持其事、計第一批三七材料、能於二十八年五月間運達海防、顧以（海防國庫物資甚多、由山積如西）運輸車輛缺乏、竟屢遲至二十九年初始陸續運達本廠、其中砲廠砲閂等主要材料、又遲至廿九年七月始行到達、其時越

~~[illegible]炮闸中之安字~~
~~依由厂之要求而得以发~~
~~[illegible]铸钢厂~~
~~再行[illegible]~~

又

南向西安化冶编中断，向欧战紧张、动荡，运料法编又中途在荷印停泊、耽搁不前，材料又改装他轮转由仰光内运，综计三七之安材料，运至廿九年杪始到达十之六七（尚有炮闸中之安锻钢坯、管钢管及大特殊铸钢等数量现在尚未运来）此材料运输之大概情形也。

三、材料补充情形——二七材料能够运达一大部，然其间如铸钢料及特种钢料，则因欧战关系，（或）系承制厂商拒绝交货，或货能交而无船运来，故均须自行设法补充，或改他品代用（其中锻件以厂方要求，凡可代用者，则以钢坯小大件锻小），（所需）大部工具亦祇得自制，~~所有设计绘图以及~~~~锻钢料等件~~（调剂利用）然费经甚多，惟原料估计

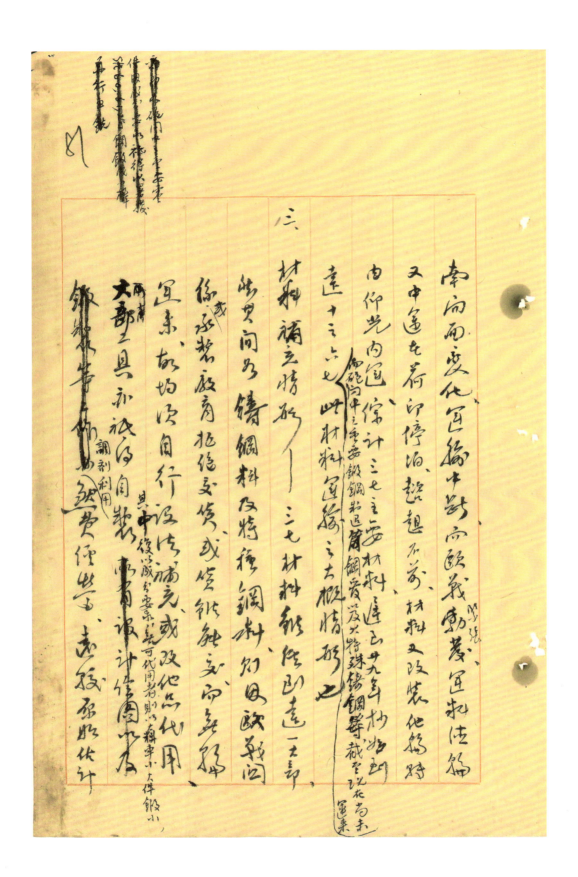

有一部艙未毛壞，或現成之具可資利用者，故倍感艱難，此材料補充之大概情形也。

四、施工時日——本案正式施工能在廿九年七月起始，則中間以修改十五公分迫擊砲集~~[illegible]~~[illegible]機，限期過迫，而本廠設備、機力人力均感不充，顧彼失此，三七砲一項，移歸鋼部局承作，預計此砲實際施工為期不過四個月，此施工之大概情形也。

總之，三七戰車砲之製造，在國內尚為創舉，本廠承此艱巨工作，又適在歐陸戰雲瀰漫，軍需原料采購極艱，運輸交通多被封鎖之際，卒植員工通力合作，奠此自給自足之基，血汗交流，手腦並用，不無微勞足錄，擬懇就有關本案裝造得力員工各照其月得薪資，贈給獎金一個月，以酬勞勩，而勸來茲。是否可行？理合懇陳裝造經過，及造具擬獎得力員工清冊，備文呈祈

鑒核示遵！

謹呈

署長 俞

附請獎三七砲裝造得力員工及獎金數目清冊

（全銜 名）

军政部兵工署第五十工厂关于陈报制造琴弦案始末经过情形致兵工署的签呈（一九四一年三月十五日）

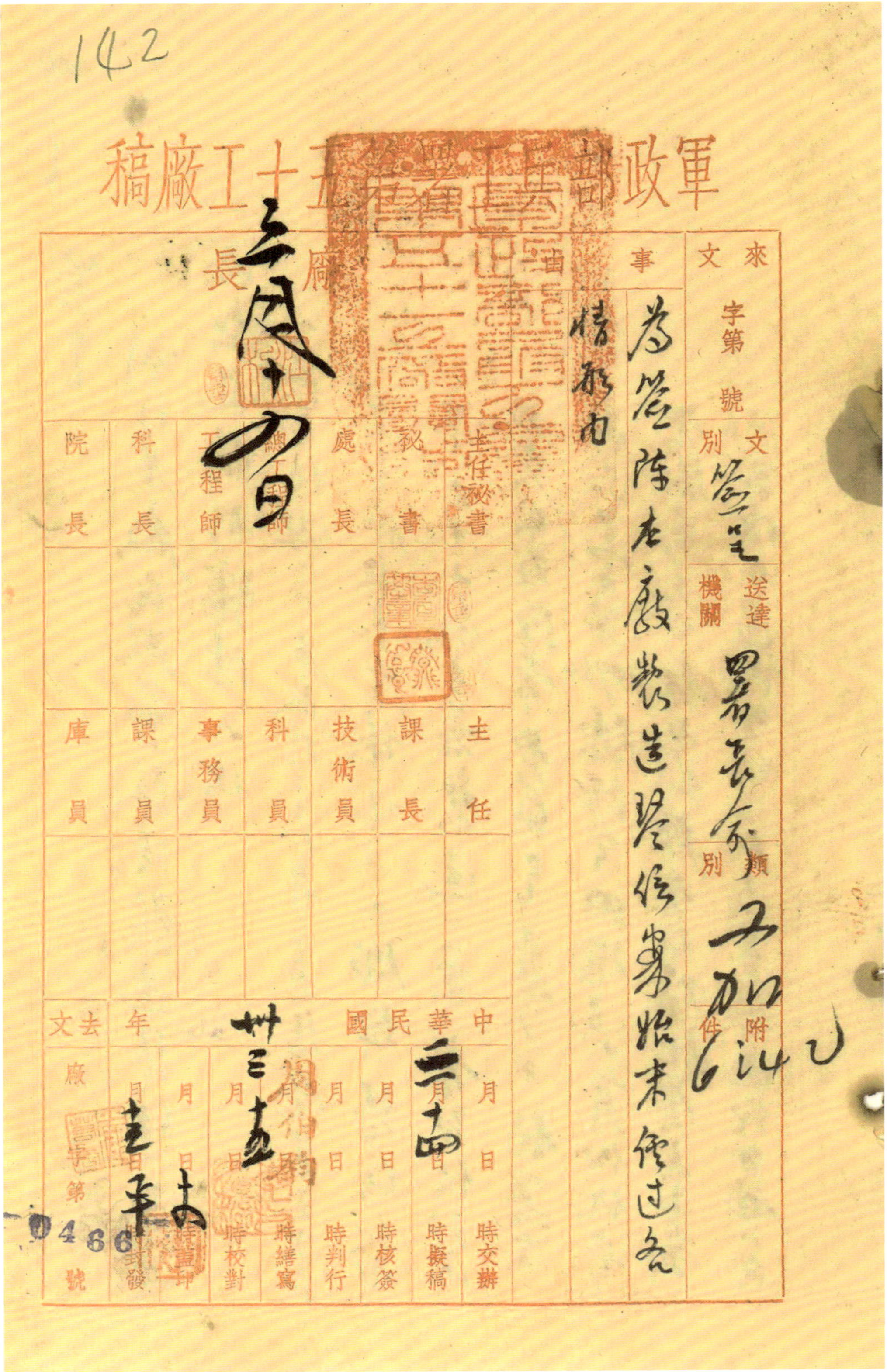
142

軍政部兵工署第五十工廠稿

來文	字第 號
文別	簽呈
送達機關	署長俞
類別	
附件	如文

事由：為簽陳本廠製造琴弦案始末經過情形由

廠長：三月十四日

院長　科長　工程師　總工程師　處長　秘書　主任秘書

庫員　課員　事務員　科員　技術員　課長　主任

中華民國卅年 月 日 去文廠 字第 0466 號

月 日 時交辦　三月十四日時擬稿　月 日 時核簽　月 日 時判行　月 日 時繕寫　三月十五日時校對　月 日 時蓋印　三月十五日時封發

614

签呈

142-1

签呈

关于本厂在成都设场制造引信一案，谨将处理情形胪陈如次：

（本案始末）

一、成立经过——本厂于二十八年十月接受第七次在渝各厂厂长会议议决，手榴弹引信交由第五十工厂负责制造一案，当即估列开办费用及经常费用，呈奉 钧署渝造六八七字第10954号指令照拨。十二月份经常费拨款充下厂，其开办费及材料费各款元并于建设费项下列支等因；遵经分备一面特飭本廠駐蓉工程師鄭大強着手擬工綫裝，一面函請裝造司轉商財政部貿易委員會按月供應生絲，於是裝線工場，即在成都本廠藝徒學校附設成立。

二、原料供應情形——裝線主要材料，除色膠料運至成都採購外，生絲一項，經於廿八年十月商准貿易委員會批購二百両担，每両担作價一千二百元，分期付款提貨，除於廿八年十月價提回二十両担，及廿九年六月價提廿五両担外，廿九年六月，擬再提五十五両担，該會即以生絲加價

144

為辭，未允履行信約，經分別呈署及函該會據理力爭，迭飭發給，至廿九年八月，以製鋼攄需孔急，不得已按照期貨價格請之儲備下，再向該會價購一百噸，而付價之後，又每噸價二千七百三十元，尤不幸者，本廠於此價付訖，貨已出倉，待裝輪運蓉之際，竟遭敵機空襲，著彈焚燬八十三噸，損失共值二十三萬餘元，現尚在檢証呈請核銷中，厥後發給困難，即就近在蓉渝等處零星蒐購，以資應急。

165

三、製造單價問題——最初署定製造單，價為每公斤國幣三十六元，當時生絲市價每公斤約合二十二元八角，尚可勉敷成本。嗣於廿九年五月以工料均日增，而良琴絃之漲至每公斤六十四元，當呈奉鈞署指令准自製字第124號飭造令起改為照市價六十四元九折發價，即每公斤五十八元，而前此向貿易委員會購入生絲，已先後造繳完竣，而購生絲，價即已漸減賠累，遂又於十月廿五日具敘(29)發字第2474號呈懇自製字第165號飭造令

2011

146

起，拟照实际成本每公斤七十元计价，而　钧署指令核准未解缴者暂作价七十元，已解缴者仍照每公斤五十六元发价。其时经核实估计，即已解缴二千一百九十六公斤实际成本为五十八元四角九分，照　署发单价已短亏累二千零五十六元。而当时尚未解缴及经于廿九年十二月仍造解者，计二千二百五十公斤，此项琴弦实际成本为八十八元一角八分，即依新定造价每公斤七十元发给之，亏折四万〇九百〇五元，亦经援情呈恳加价，旋　钧署渝造（卅）丁字第760号指令，以该项琴弦因已入账，仍照每公斤柒拾元之计标，等因，僚计本厂因制造

琴弦先後之虧蝕四萬二千九百六十七元，而因
空襲損失之二十三萬餘元尚未計算在內。
四、停製經過——本廠以製造琴弦，有下列
種種困難：計(一)造價難於按照實際
成本，又無核於署令成例，不能照成本定價，
以致賠累不堪。(二)大宗生絲不易購得，停工
待料，損失尤巨。(三)生絲在滬購入裝車運
蓉，製成又裝車運回，車輛汽油均感缺乏，
往往緩不濟急。基於此數因，並奉鈞署滬造卅二字第5411號一月卅一代電令飭遷滬辦理，以逕提交第○次
在滬各廠廠長會議議決由二十二廠以兼劃

148

接办，现已将现存成品及半成品结存数量，

静待三十工厂接收。

继之，整理各项搜集附属之各材料，在荒

装造，所用经济材料，供应市场感不宜，自以

由本厂友厂装造为佳。谨将本案始末

经过，签陈伏祈

鉴核！

谨呈

署长 俞

职 江◎ 谨签 三月十四日

军政部兵工署关于继续制造琴弦给第五十工厂的训令（一九四一年四月二十八日）

151

14395

軍政部兵工署 訓令

事由：據瀝陳製造琴弦困难并請交由第三十工廠接办一案令仰仍由該廠继續製造由

中華民國 年 四月 廿八 日

4787

附件：

令第五十工廠

案查前據該廠廠(辛)發字第[illegible]號代電簽呈先後瀝陳製造琴弦困难情形並請交由第三十工廠接办各等情前来当經指令知照并分飭第三十工廠派員逕洽接收具報各在卷茲據該廠三十年四月十日渝(廿)工字第2463號呈称：「案奉鈞署渝造(廿)丁字第三四九七號訓令節開為令飭從速接收第五十廠製弦所設備仰遵照办理具報等因遵即派員前往五十廠洽收據報該廠对于琴弦製造仍拟继續办理等語奉令前因理合備文呈請鑒核」等情並據前情除分令第三十工廠外合亟令仰遵照对于琴弦製造仍由該廠继續办理為要此令

署長 俞大維

第 頁（共 頁）

军政部兵工署第五十工厂为请拨发恢复制造手榴弹拉索所需周转金致兵工署的代电（一九四一年五月一日）

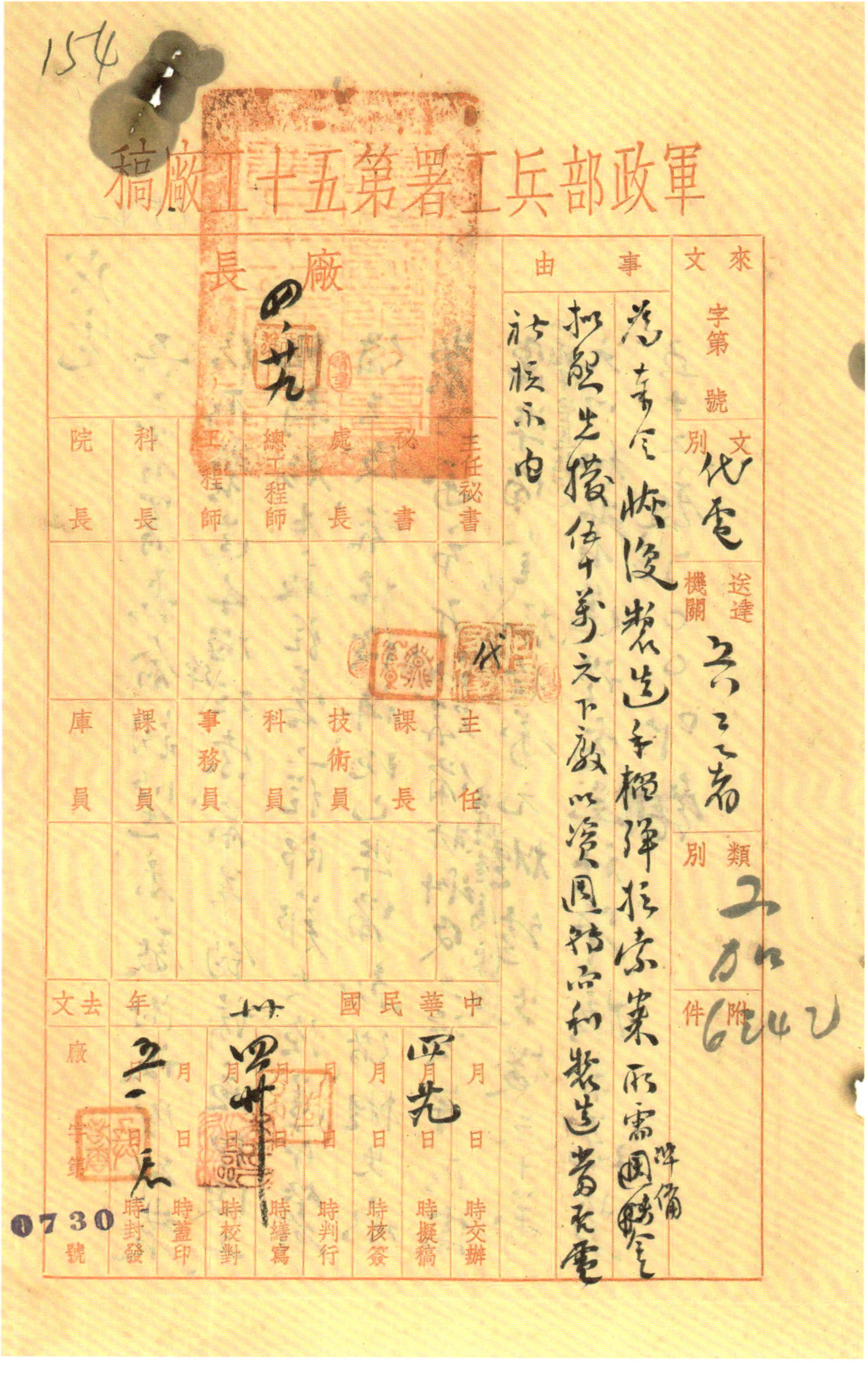
軍政部兵工署第五十工廠稿

來文字號：

文別：代電

送達機關：兵工署

事由：為奉令恢復製造手榴彈拉索案所需準備周轉金擬懇先撥借十萬元下廠以資周轉而利製造當否電祈核示由

廠長 四、廿九

中華民國卅年 四月卅日

去文廠字第 五一一號

0730

154-1

代電

兵工署署長俞鈞鑒：本廠附設成都製造所製造手榴彈拉索，前奉鈞諭應即恢復工作，經轉飭本廠駐蓉工程師鄭大強遵即籌備去後，茲據復稱現已準備就緒，惟先行製作一萬付，所計籌備材料及工資等所需，需準備金額捌拾萬元，等情，查屬需要，擬請先撥五十萬元，本廠俾資週轉，以利製造，謹電呈請鑒核示遵。第五十工廠廠長丁〇〇叩 [illegible]

王熙关于一九四一年八月三十一日厂区遭受空袭及伤亡损失情况的报告（一九四一年九月一日）

報告

郭稽（卅）字第二五二號

三十年九月一日

事由：為呈報八月三十一日午後敵機在廠區投彈損失及救護情形祈鑒核由

竊昨（八月三十一星期日）日後十三時三十分有敵機二十七架分批到廠區相繼投彈，計先一批九架在牛耳沱至銅鑼峽山頂碉堡一帶投彈，相隔約十餘分鐘，次一批在牛耳沱至飛來埡東溪溝鑼旗寺附近一帶投彈，並盤旋辦公廳及雜物庫、運輸工具房、木作場等處均即燃燒。當仍聞機聲之際，各官佐士兵職工即紛紛出動救火，皆異常奮勇，辦公廳及工具房、木作場等處旋即撲滅，惟保管科之雜物庫竟召焚如。除受傷工人已抬送醫院施救、死亡者殮埋外，並傷亡人數及落彈地點經派稽查員分别堪查，理合列表具文呈請

察核。

謹呈

廠長丁

呈附傷亡人數表及落彈地點草圖各乙紙

職 稽查室主任 王熙

批示：閱於九、二

秘甲字第一〇三一號

中華民國三十年九月二日收到

九月三日錄批

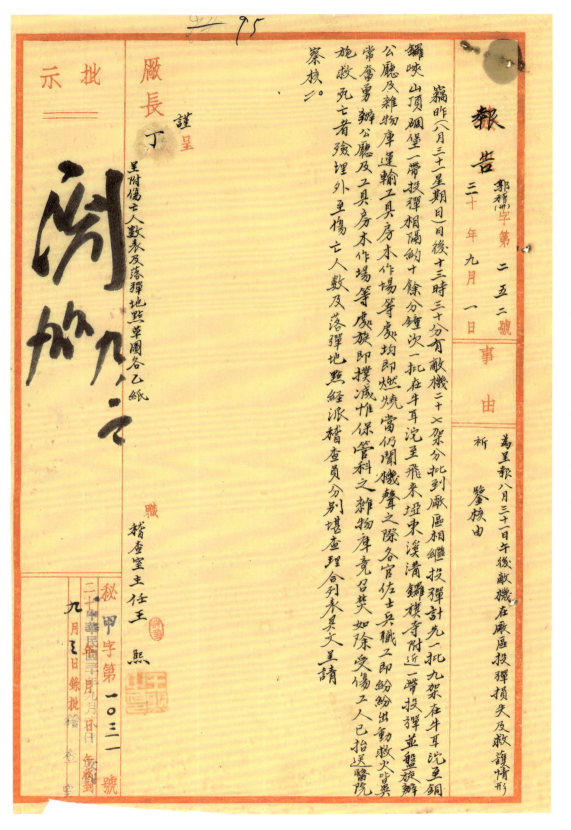

八月卅一日廠區落彈地點草圖

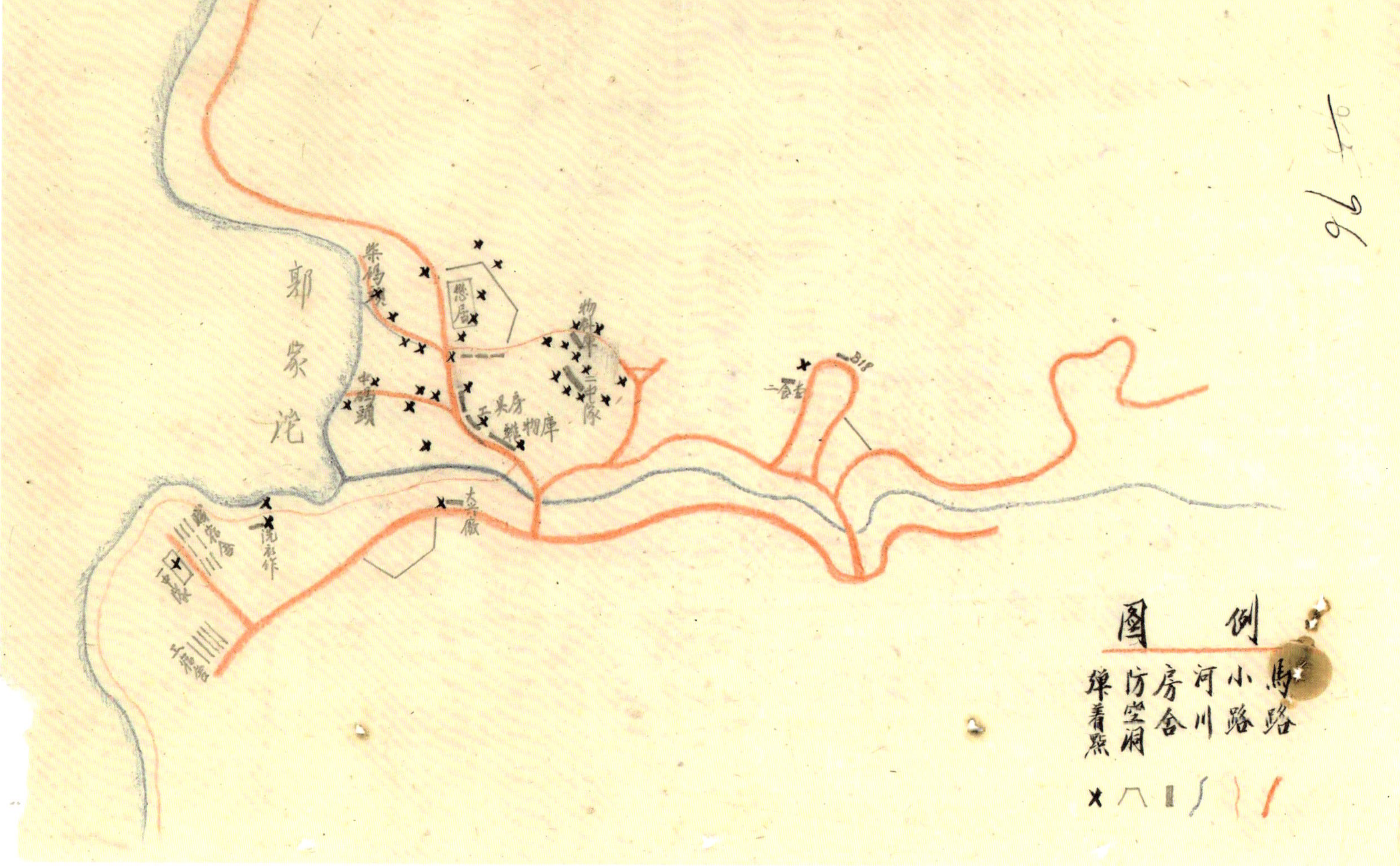

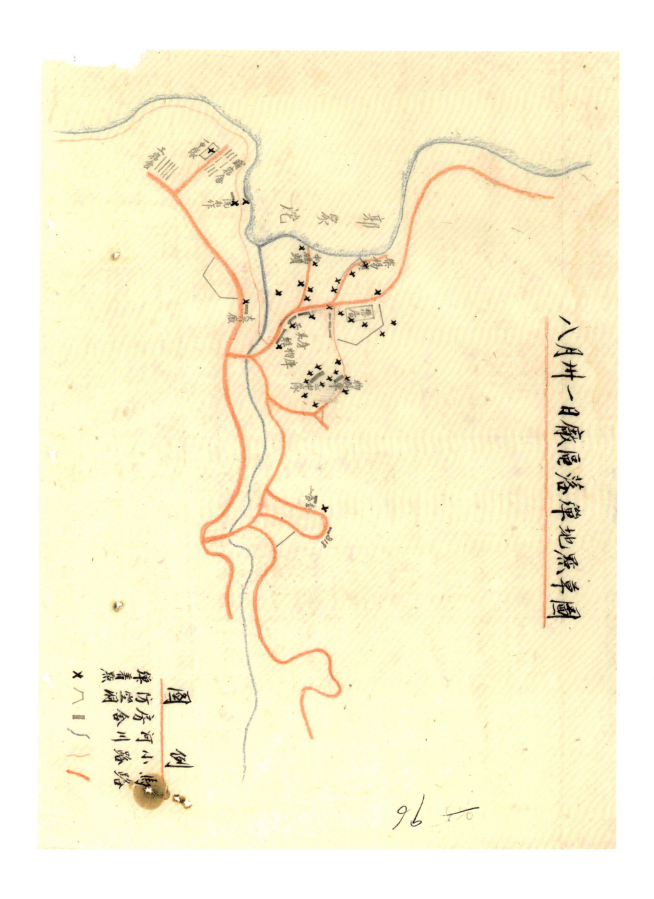

97

八月三十一日敵機投彈傷亡情形查報表

隸屬	職務	姓名	傷亡情形	受炸地點	備考
運輸科	長工	唐彤雲	肩背受傷	運輸科工具房	
〃	〃	江立法（李清云替工）	死亡	〃	查死亡者係六〇五一江正明之胞兄現充李清云替工
〃	水手	陳義（陳海洲替工）	受傷	牟耳沱船上	查陳義係陳海洲之替工
〃	〃	嚴樹雲	輕傷	〃	
〃	長工	袁本玉	右腿外皮傷	運輸科工具房	
〃	臨時工	魏樹雲	死亡	中隔頭河邊	
第二中隊	一等兵	胡少清	〃	飛來埡山腳	
	二等兵	陳德全	足部輕傷	〃 〃	

97-1

隸屬	職務	姓名	傷或亡情形	受炸地點	備考
第二中隊		陳德聰	跌斷左腿骨		查陳德聰係中隊長吳貴山之妻
		鄭梁氏	左後腰部受傷	飛來寺山腳	查鄭梁氏係開設烟館犯人
醫院	長工	吳應階	左膝骨折斷	中碼頭	
		王厚光	受傷	斗耳沱船上	查王厚光原係運輸科班長，已于八月十八日開除
		熊雲山	腰部受傷	大溪溝旁	查熊雲山係土著居民
		李老么	死亡	中碼頭船上	查死亡者係運載木板柴屑船戶鄧雲清之船夫
		鄧吳氏	左後腰部	〃 〃	船戶鄧雲清之妻

杨继曾为询问兵工署第五十工厂继续出品十年式山炮弹原因致江杓的代电（一九四二年四月六日）

軍政部兵工署快郵代電

字第3825號

第五十工廠丁廠長勛鑒：查貴廠四月份主要出品數量預計表內第四項列有十年式山砲彈四千枚，唯因克式砲彈需要廹切，經于去年十一月間迭電貴廠停製十年式砲彈，改製克式砲彈，並經貴廠于十二月間（卅）發字第2221號皓代電略稱「三十一年一月底可有出品，每月可製五千發」各在案。何以現在仍製十年式砲彈，是否有誤，即請查明見復，並請儘可能改製克式者，以應需要。希迅復為禱。弟繼曾。魚丙印

中華民國　年　月　日　午　點　分發

第　頁共　頁

（覆電請註明原來電年月日及字號）

字第　號　電代

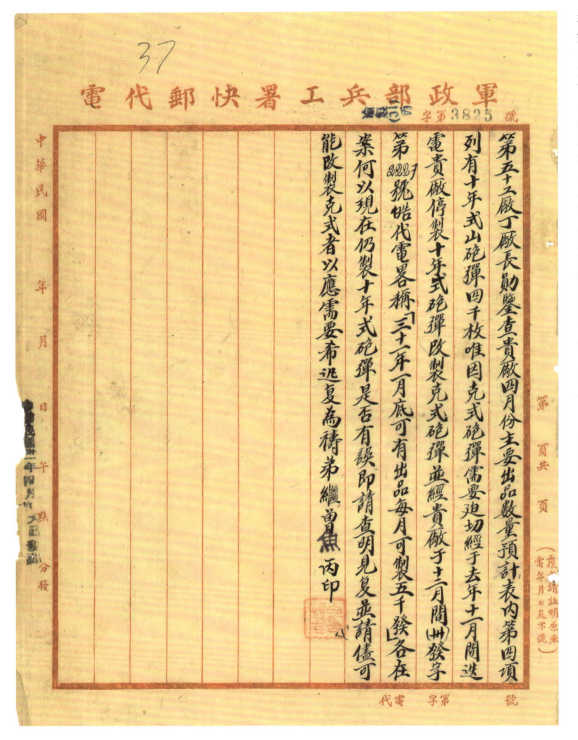

军政部兵工署第五十工厂为已停制十年式山炮弹赶制克式山炮弹情况致兵工署制造司的公函
（一九四二年四月十五日）

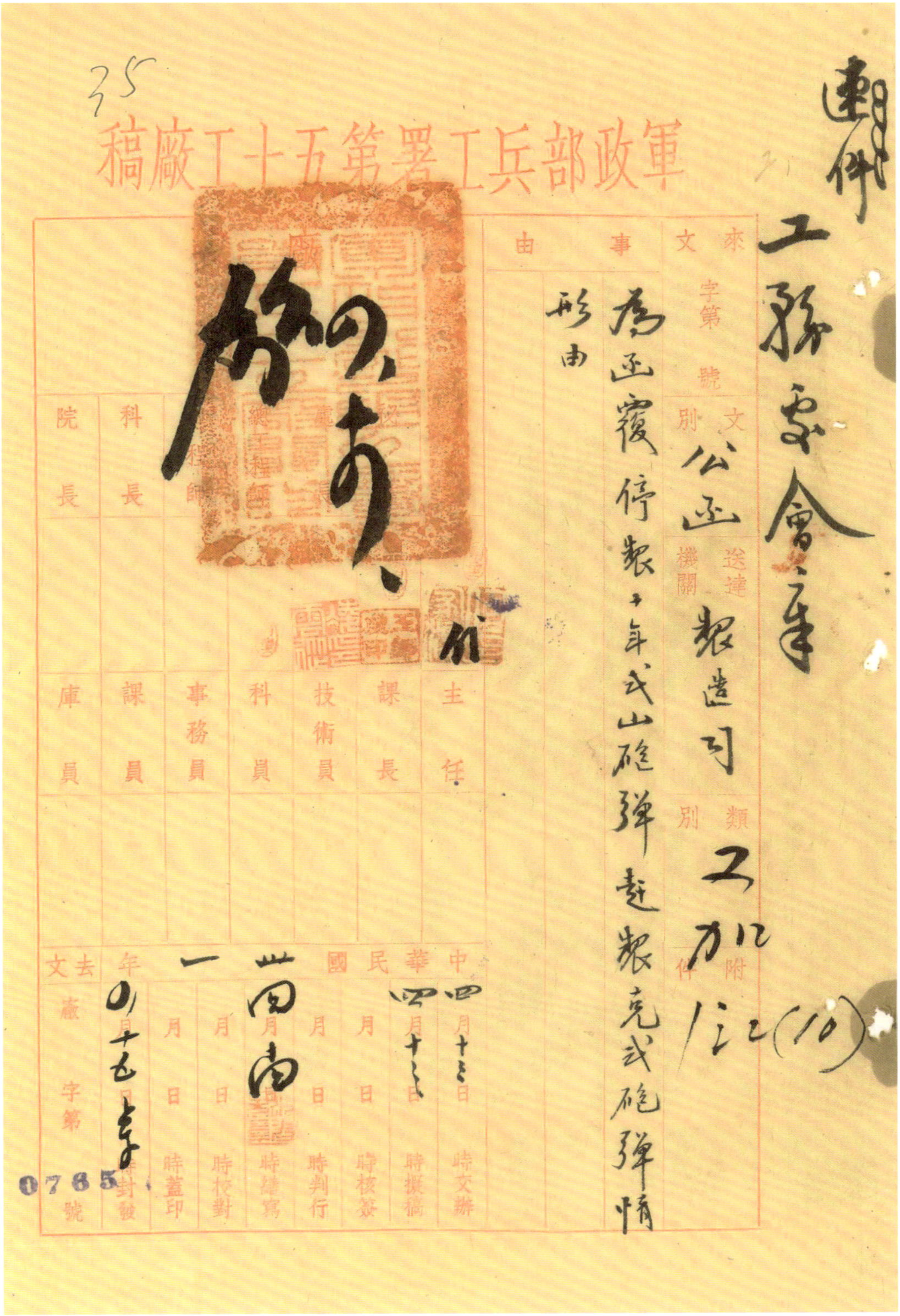
35

軍政部兵工署第五十工廠稿

速件

工務處會章

來文字第號	
文別	公函
送達機關	製造司
類別	工
附件	
事由	為函復停製十年式山砲彈趕製克式砲彈情形由

廠長	總工程師	工程師	科長	院長

主任	課長	技術員	科員	事務員	課員	庫員

中華民國卅一年

辦文時	撰稿時	核簽時	判行時	繕寫時	校對時	蓋印時	封發時
四月十三日	四月十三日	月日	月日	月日	月日	月日	四月十五日

去文 廠 字第 0765 號

公函

案准

貴司渝製(31)丙字第3825號魚代電內開：

「查貴廠四月份主要出品數量預計表內第四項云云，希迅覆爲禱」

等由；准此，查本廠十五式砲彈早已遵令停製，改製克式砲彈、彈體及銅殼之造成重要零件，這因缺引信、大多數廢棄，於不甚合用，本廠未便，故未裝配，現正設法趕製中，計有一二三月份額造出品數內已積欠克式砲彈玖仟枚，擬自本月份

趕造續補繳，定價俟呈頒，至四月份主要出品數量預計表內所列十年式山砲彈四千枚，係利用積存之零件配裝成，准電前由，相應覆請

查照為荷！

此致

兵工署製造司

廠長（職）

军政部兵工署第五十工厂、兵工署为停止制造琴弦的往来文书

兵工署第五十工厂致兵工署的呈（一九四二年九月一日）

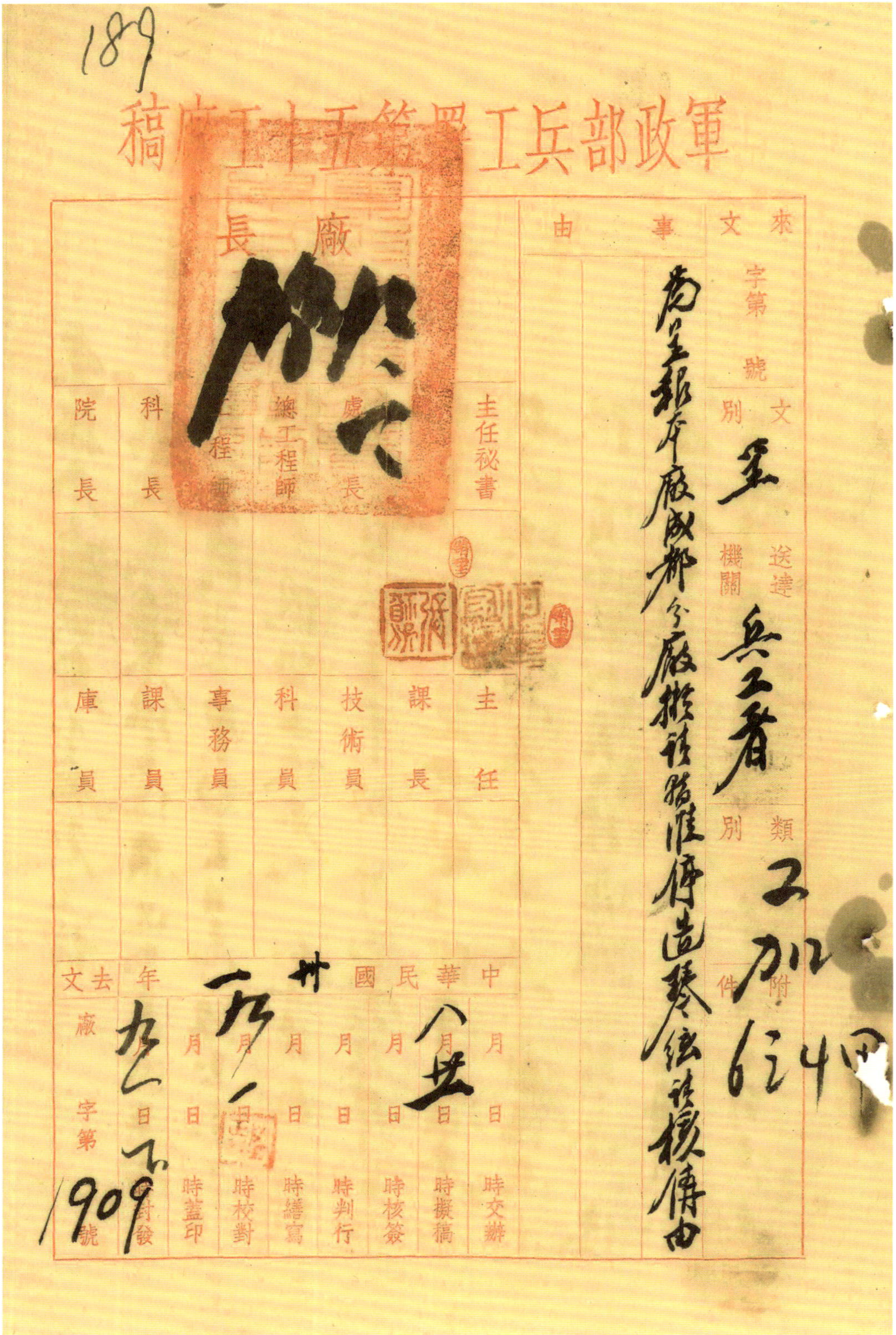
189

軍政部兵工署第五十工廠稿

廠長

來文字第號

文別：呈

送達機關：兵工署

類別：工

附件

事由：為呈報本廠成都分廠擬請暫准停造琴弦請核備由

主任秘書　處長　總工程師　工程師　科長　院長

主任　課長　技術員　科員　事務員　課員　庫員

中華民國卅一年八月廿　日

去文廠字第1909號

月日時交辦　月日時擬稿　月日時核簽　月日時判行　月日時繕寫　月日時校對　月日時蓋印　月日時封發

案據本廠成都分廠簽呈稱：
「竊查製造琴弦之絲價近忽飛漲異常，自四月間由每市觔壹百元，漲至叁百數拾餘元，現仍上漲不已，似此情形，則製造琴弦每市觔，即已需款肆百元，較之本署規定每公觔所繳單價叁百叁拾元，其數額相差甚遠，本分廠經費有限，實不能担負此種鉅額之賠累，復查琴弦一項，成都市現可隨時購到，今後擬請暫予停造，如本署有所需用

190

時，本分廠自可負代鑄之責，以便挪用隨累之款，移作儲辦機器、硝酸、及酒精之製造，是否有當，理合具文呈請鑒察」等情，據此，查所陳生絲價值，日益高漲，確係實在情形，除飭將琴絃暫予停造外，理合備文呈明，仰祈

鑒核，俯准備案。

謹呈

署長俞

第五十工廠廠長丁〇〇

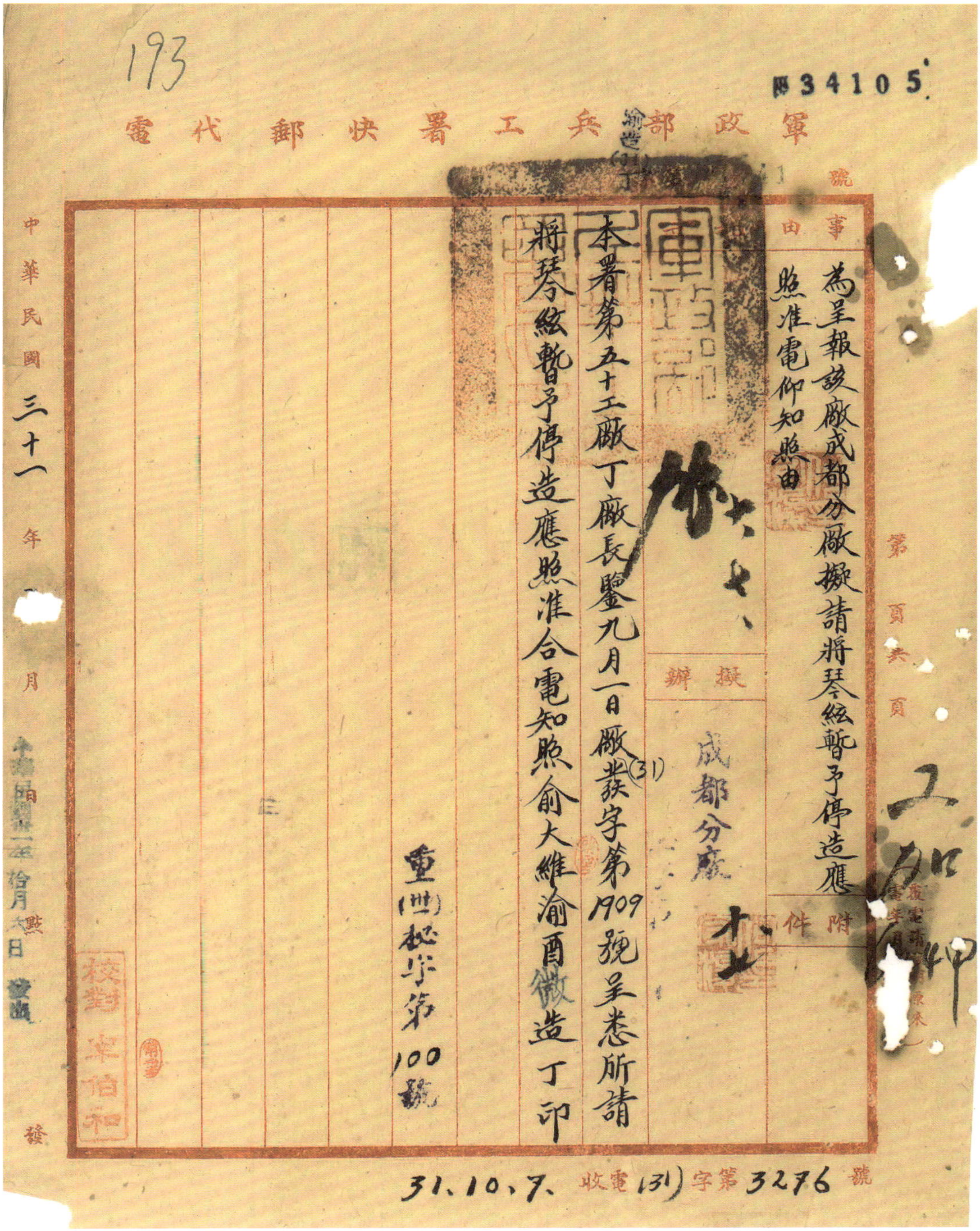
193

34105

軍政部兵工署快郵代電

事由：為呈報該廠成都分廠擬請將琴絃暫予停造應照准電仰知照由

擬辦：成都分廠

本署第五十工廠丁廠長鑒：九月一日廠苂字第1909號呈悉。所請將琴絃暫予停造，應照准。合電知照。俞大維。渝酉微造丁印

重（卅）秘字第100號

中華民國三十一年十月六日發

31.10.7. 收電（31）字第3276號

兵工署致第五十工厂的快邮代电（一九四二年十月六日）

军政部兵工署第五十工厂为报工务处修配所正式成立致兵工署的呈（一九四二年十二月八日）

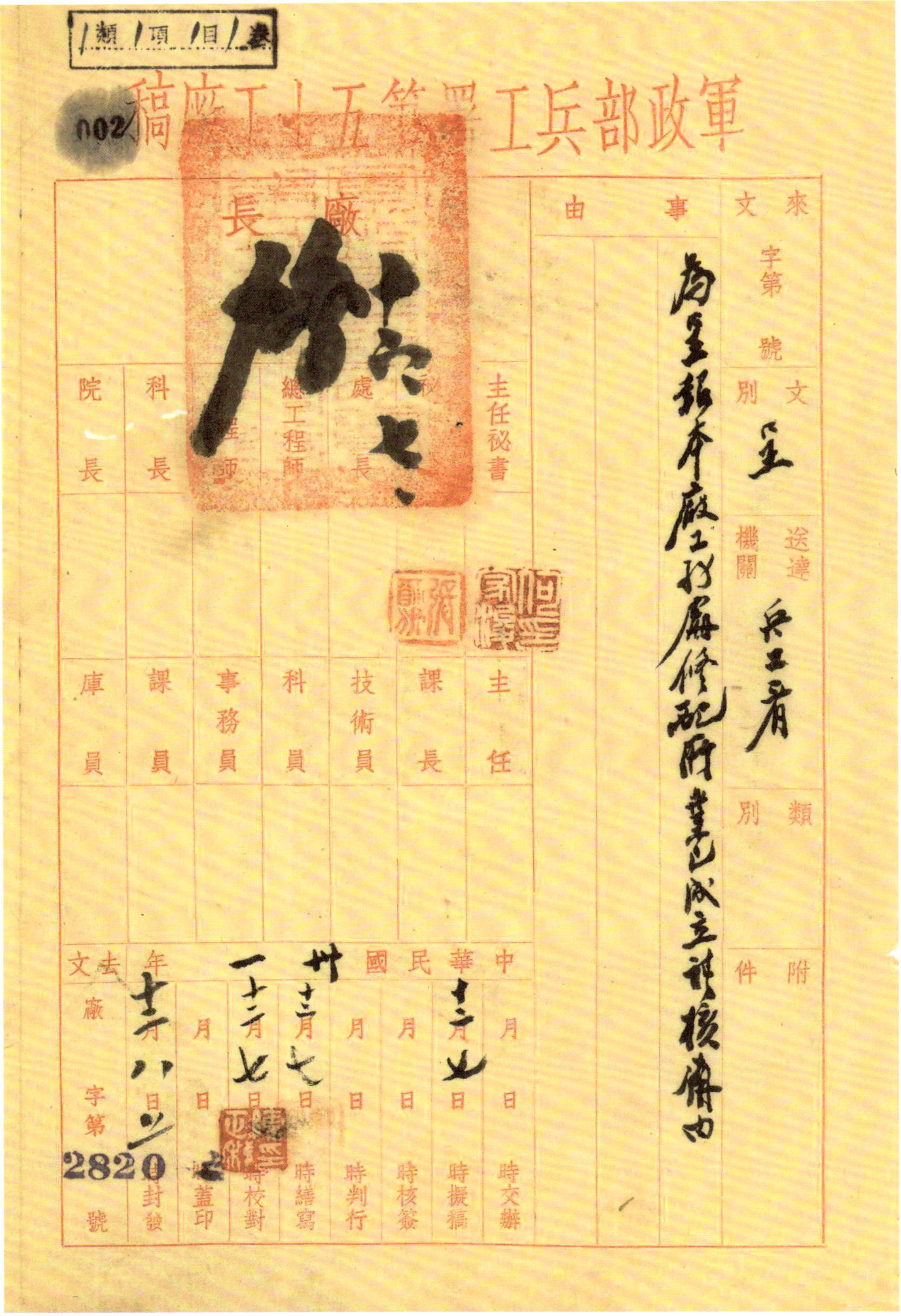
軍政部兵工署第五十工廠稿

來文 字第 號

文別 呈

送達機關 兵工署

事由 為呈報本廠工務處修配所業已成立請核備由

去文 廠字第 2820 號

2-1

查本廠前以工務處製砲所工作專繁，亟需添設修配所擔負修配工作，曾經請於本年度追加建設費，并編製追加預算書表，呈奉鈞署十月二十三日渝造(31)乙字第12463號指令內開：「呈件閱悉，准予照辦，應先撥發添設修配所建設費陸百萬元，飭候撥發，仰即知照，并仰派員携據來署具領，此令。件存」等因，遵經派員前往具領到廠，以資應用在案，茲查該項修配所業已成立，并派本廠工務處工料預算課課長王家彬兼負責主持辦理

003

令，備文呈報，仰祈

鑒核，准予備案。

謹呈

署長俞

第五十工廠廠長丁〇〇

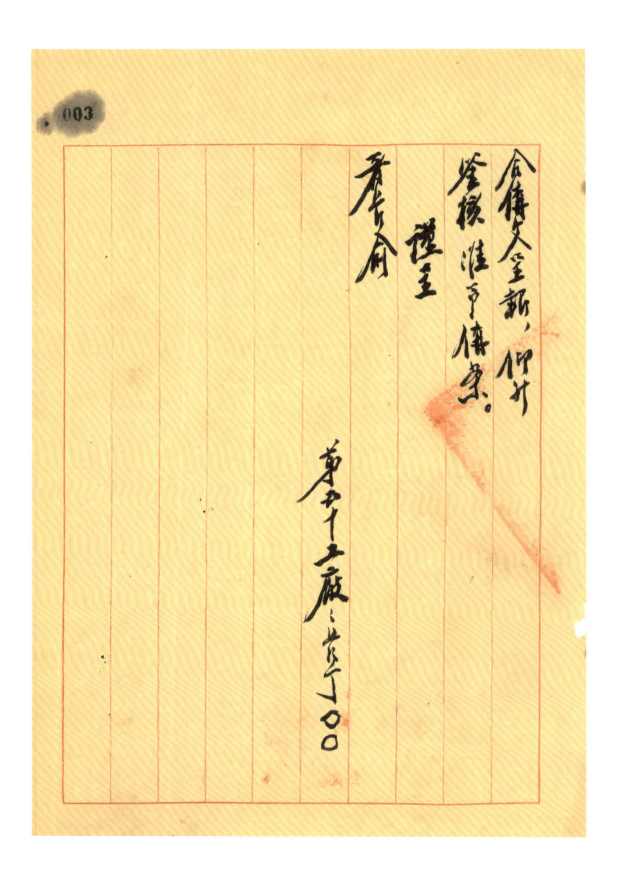

军政部兵工署第五十工厂关于报送与出品有关而技术方面尚难解决之工具材料列表致兵工署的呈（一九四三年四月九日）

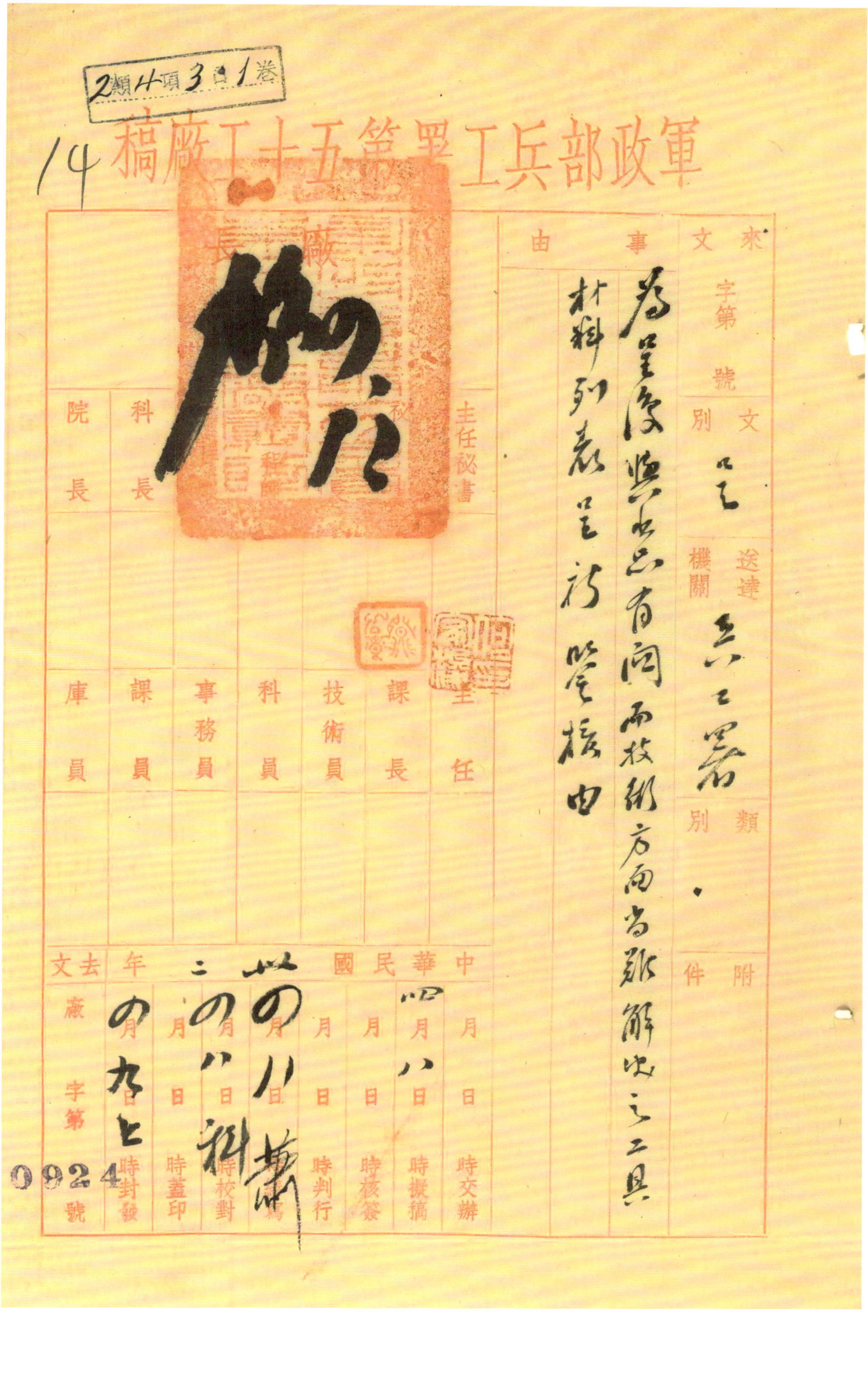

2類4項3目1卷

軍政部兵工署第五十工廠稿

來文字第號

文別：呈

送達機關：兵工署

類別

附件

事由：為呈送與出品有關而技術方面尚難解決之工具材料列表呈請鑒核由

廠長

主任秘書　科長　院長

主任　課長　技術員　科員　事務員　課員　庫員

中華民國三十二年去文

四月八日時交辦　四月八日時擬稿　月日時核簽　月日時判行　四月八日時繕寫　四月八日時校對　月日時蓋印　四月九日時封發

廠字第　號

0924

74-1

呈

案奉

鈞署渝技字巳字第894號訓令爲令該廠

將與出品有關而尚未解決之技術方面問題

迅條列陳以憑分飭主管部門辦理等因

遵查本廠與出品有關而尚未解決之技術方面

問題以國內尚無供應之工具與材料爲最難

謹列具該項工具及材料詳表呈核

令飭主管部門予以解決表列各項尤以B類

第一項第二目保險片鋼條（截面形狀見附圖）每四呎長

15

呈送為最急需解决北京校用工具器及材料詳表（急須解决之）

呈祈

鑒核示遵

謹呈

署長 仝

附工具及材料表一份

（全銜名）

一

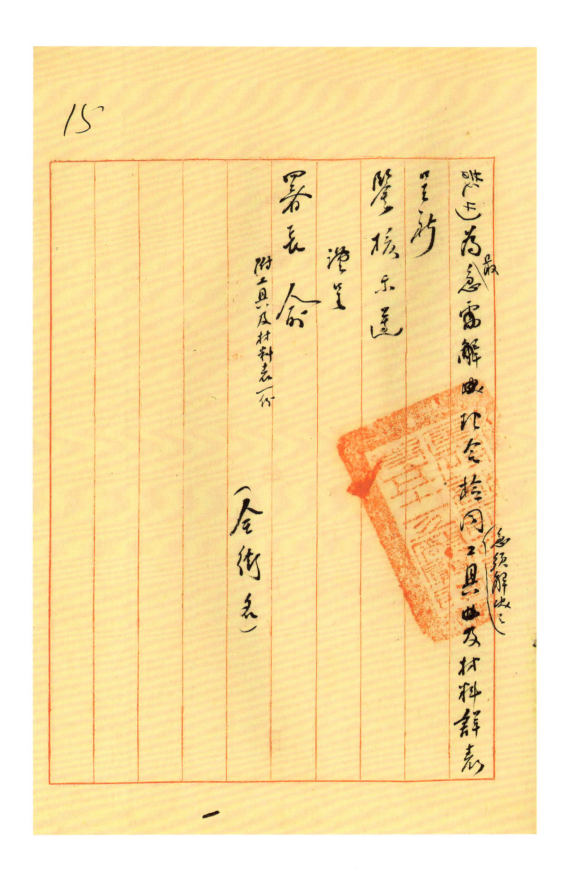

陈赞文关于危险品保管储存及火工作业办理情况致丁天雄的签呈（一九四三年五月二十四日）

字第1595號

簽呈　火字（零）二六號　三十二年五月廿四日

事由：為遵令呈報危險品保管儲存及火工作業辦理情形，當否祈鑒核由

竊奉　交下　兵工署訓令渝造(32)丁字第04493號略開「為檢發關於危險物品之儲運製造應特別注意事項」等因，仰即切實遵照辦理」等因，奉此遵將辦理情形縷陳如左：

一、關於火工作業者

1、為謀管理嚴密，將職所分為數組，每組之下更分為數間，每組由指定一職員負

37-1

責，每間則指定經驗豐富之機械士負責

詳如下述

甲、75彈組在B7號廠房裝配75砲彈，由助

理技術員武慶友負責，計分六間如下

A、機器間：冲加强罩孔，修配零件，及爆

管收口

b、秤藥間：秤各種發射藥，並砲彈引火

藥，及縫製各種藥包

C、底火間：裝配七五砲彈底火，及底火引

信，爆管裝盒封口、

軍政部兵工署第五十工廠

38

d 油漆間：七五砲彈油漆

e 裝配間：七五砲彈裝配及裝箱

F 封箱間：七五砲彈襯箱焊口、打氣及

釘木箱蓋、

乙、迫彈組包括廠房B11号、Z2、Z3、Z4号各廠房

配十五公分迫彈，由技術員陳祖奠負責，

并由助理技術員蔡禾成協助之，計分

六間如下、

A. 溶藥間：溶裝各種砲彈炸藥—T.N.T.、

b 鑽孔間：鑽十五公分迫擊砲彈傳爆

軍政部兵工署第五十工廠

管孔

c、油漆間：十五公分迫砲彈油漆工作

d、裝配間：十五公分迫砲彈裝箱釘箱等工作

e、信火間：裝配十五公分迫砲彈底火、傳

爆管、及整理引信

F 烘藥間：烘各種火藥及炸藥

丙、白藥線設於大嵐埡新建廠房內製造

雷管及爆管，由技術員葛賢揚負責

并由助理技術員李超協助之，計分

六間如下：

38

A、製藥間：製造雷汞

b、烘藥間：烘白藥

C、壓藥間：壓製七五砲彈雷管及迫砲彈雷管

d、火帽間：壓製第一二及廿八式火帽

e、勻藥間：配製火帽用藥

F、裝配間：製造50式爆管零件及裝配爆管。

丁、白鐵組暫在F30號廠房製造各種砲彈白鐵箱盒，由助理技術員蘇相臣

39·1

負責之

戊、試驗室：分析白藥及化驗原料由技術員夏啟時負責

己、物料室：關於少量材料及火藥炸藥之領發保管事務員唐士佩負責，

庚、事務組：辦理文書及半成品賬目由事務員李特負責

2、署令為謀工作人員不致因過度疲勞招致災害，火工作業須分班工作，或減少工作時間，查現工作人員太少，分班尚

40

困難，惟夏季下午炎日當空，火工作業實常易生危險，尤以白藥工作為甚，根本不能保持，茲擬改訂夏季（自六月一日至九月廿日）工作時間為上午五時半至十一時半，下午五時至八時，但計工仍舊。

3、關於新進工人，除由職教諭工作注意各點外，并飭由主管員工隨時訓練并嚴密督導之。

4、關於工作員工着鞋，依照署令以人穿着膠鞋為原則，現已請購，一俟購

軍政部兵工署第五十工廠

60-1

到後，擬於工作時間發給廠備膠鞋，而下工時收回保管（查本日水泥地板早已實行）。

5.關於電線安裝，除B11及B17號廠房，已用鐵保護外，而其他廠房因鐵管缺乏，故仍暫用特厚膠皮線電燈，亦頗安全。

6.關於職所較大廠房如B11及B17等號業已築有沙牆隔開，以後添建廠房均擬改用小面積并隔相當距離（署令乙項第七條用土牆隔離之規定似無必要）

陳

軍政部兵工署第五十工廠

41

7、關於烘藥 已派專員負責，並每小時察看溫度一次記錄表上，至於烘藥量擬定每烘櫃烘藥一公斤為原則，

8、乾燥白藥除裝時現用者均一公斤外其餘均浸之以水

III、關於火藥炸藥之儲存者

1、本所前存廢品尚可利用者已退送保管科存儲不能利用者經呈奉准予拋棄河中，故現在目前已無廢品存在。

軍政部兵工署第五十工廠

411

1、關於火藥存放地點，爲11號儲存TNT及特出品，26號儲存各種發射藥，Z7號存儲少量黑藥及光黑藥，與硫磺，核與署令分類堆置之原則，似已符合

3、軍械庫而本所距離頗遠，運輸稍有稽延，即致影響出品，故須存儲少量火藥炸藥以免緩不濟急，兹擬定職所平時存放火藥數量如下：

a、十年式山砲發射藥五十公斤

b、克式山砲發射藥五十公斤

軍政部兵工署第五十工廠

42

c、三八式野砲發射藥五十公斤

d、七五砲彈引火黑藥五十公斤

e、十五公分迫砲發射藥五十四公斤

f、光黑藥五十公斤

g、TNT 壹千公斤

h、特出品 二十五公斤

以上遵辦各項是否有當，統祈

鑒核示遵謹呈

處長核轉呈

廠長丁

職陳贊文

軍政部兵工署第五十工廠

凌云从为报告十五公分迫击炮最高增产量致丁天雄的签呈（一九四四年九月十二日）

3

簽呈

工發字第零二一四號

三十三年九月十二日

事由

為遵令具報十五公分迫砲最高增產量較原規定為每月平均一門半祈 鑒核由

案奉

鈞長九月八日手令內開：「修改十五公分迫砲每月產量應即設法增加，希將本年內逐月可能最高產量估計呈核」等因；奉此，遵於本月十一日提交本處第四十二次小組會議商討，當經擬議稱：「十五公分迫砲增加產量，最大問題為受磨膛機之限制，砲管深鑽後，以刀片不良，兩端口徑甚至相差十絲以上，故每個砲管，磨膛需時四天，而此磨膛機僅只一部，且其搞造複雜，時生毛病。十五公分迫砲產量，原定每月六門，自九月至十二月共應為二十四門，茲預計於此四個月內，按最高量可製成三十門，平均月產七門半，較原規定為每月增產一門半。」

3-1

等語紀録在卷。奉令前因，理合備文呈報

鑒核！

謹呈

廠長丁。

職 凌雲從

军政部兵工署、第五十工厂关于加造十五公分迫击炮弹的往来代电

兵工署致第五十工厂的代电（一九四四年九月八日）

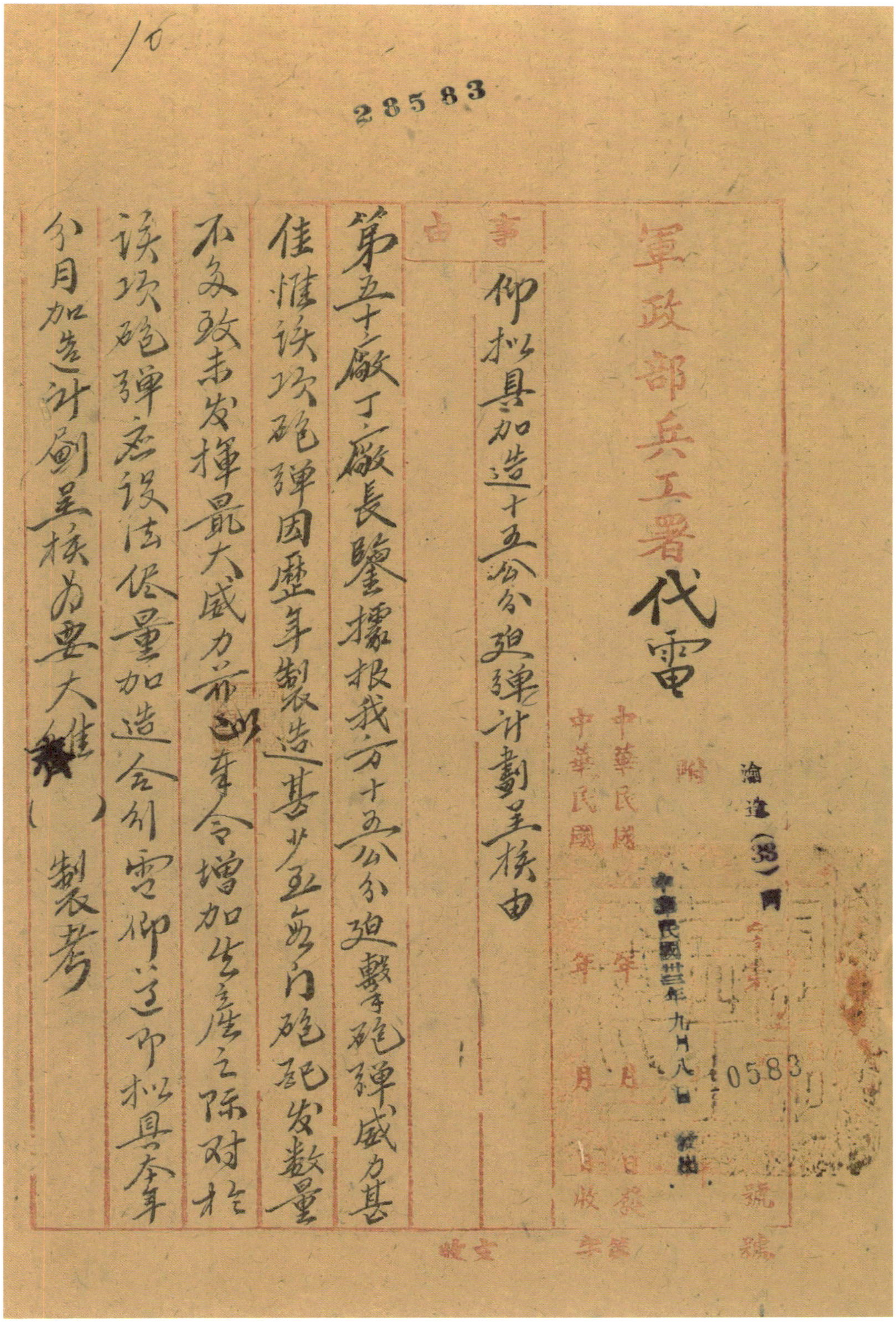
10

28583

軍政部兵工署代電

事由：仰拟具加造十五公分迫彈計劃呈核由

第五十廠丁廠長鑒：據報我方十五公分迫擊砲彈威力甚佳，惟該項砲彈因歷年製造甚少，至前方砲兵發數量不多，致未發揮最大威力。前以本年令增加生產之際，對於該項砲彈應設法儘量加造，合行電仰迅即拟具本年分月加造計劃呈核為要。大維（ ）製裁考

渝造（33）□

中華民國卅三年九月八日發出

0583

兵工署第五十工厂致兵工署的代电（一九四四年九月十五日）

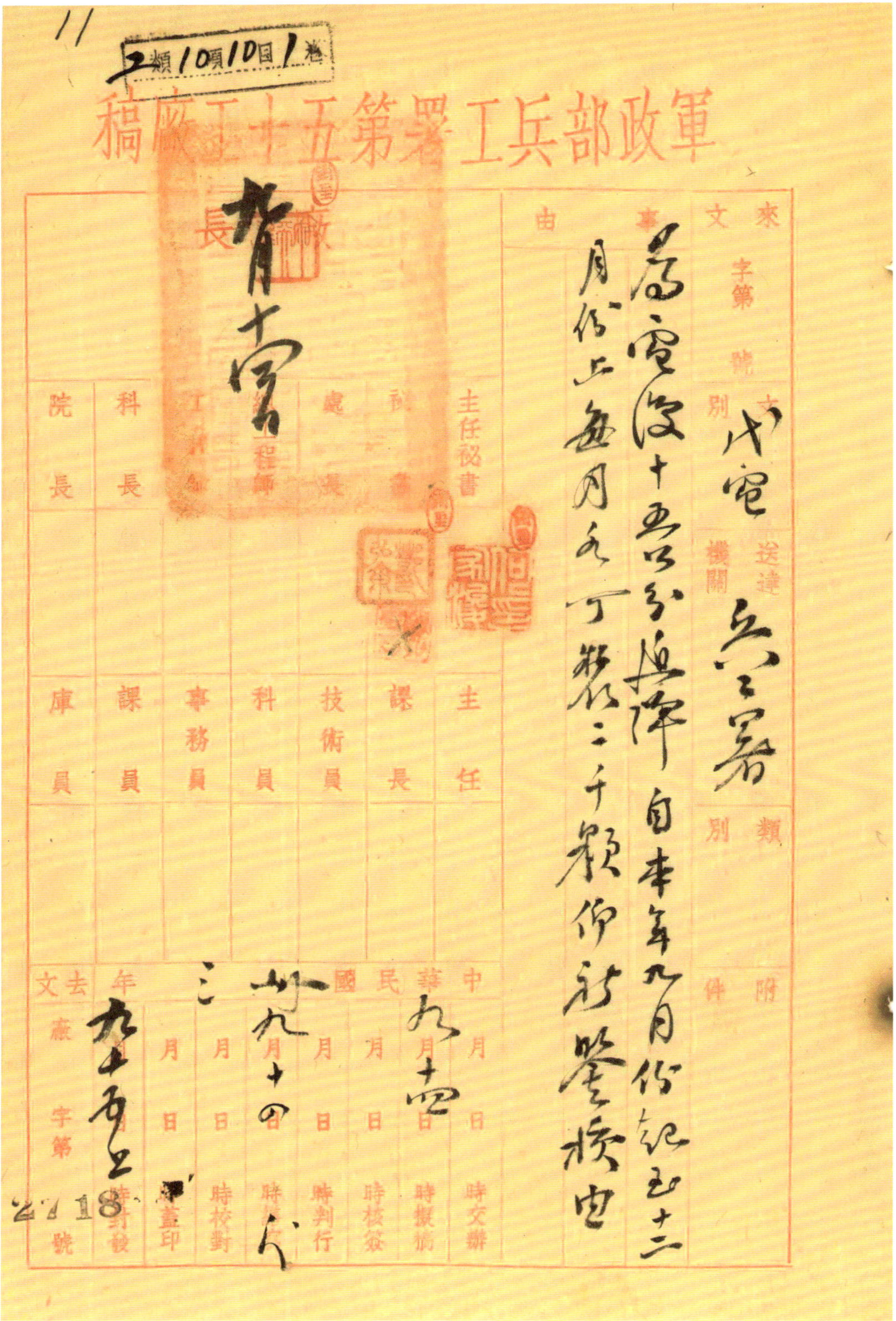
11

工類10項10目1卷

軍政部兵工署第五十工廠稿

文別：代電

送達機關：兵工署

事由：為電復十五公分迫擊砲自本年九月份起至十二月份止每月交丁類二千顆仰祈鑒核由

中華民國卅三年九月十四日

九月十四

九月十五

去文廠字第27118號

11-1

代電

兵工署長俞鈞鑒：渝造(33)西字第10583號代電奉悉。遵查十五公分（本廠[illegible]）迫擊砲彈本年內自九月份起至十二月份每月各可額造二千顆，謹電復祈

鑒核。第五十二廠廠長丁○○叩申刪印

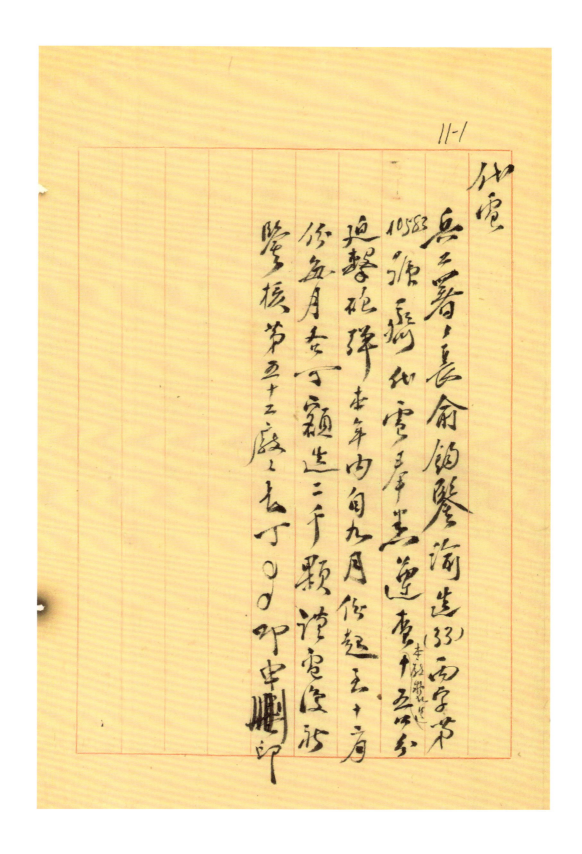

杨树芬关于成都分厂十二公分迫击炮弹与美国法国造八一迫击炮弹测验结果致丁天雄的签呈

（一九四四年十月二十三日）

附：厂造十二公分迫弹及美法两国八一迫炮长弹之重心以及惯性测验记录

11

進彈第2561號

28

工收33年第176號

簽呈 三十三年十月二十三日

（附測驗紀錄一份）

謹呈者竊職奉

諭赴彈道研究所測驗本廠造十二公分迫擊砲彈美造八一迫擊砲彈及法造八一迫擊砲彈等之轉動慣性量及重心位置經遵

諭測驗完畢謹將測驗紀錄呈

請察核謹呈

總工程師沈 轉呈

處長凌 轉呈

廠長丁

職楊樹芬謹呈

82

29

廠造十二公分迫彈及美法兩國八一迫砲長彈之重心及慣性測驗紀錄

砲彈種類	廠造十二公分迫彈		美造81長迫彈	法造81長迫彈
測驗發數	第一發	第二發	一發	一發
全長 m/m	640.8	640.8	580	600
全重 kg	14.48	14.59	4.83	6.81
重心位置m/m（從彈尾量起）	371.5	373.4	333.5	307
慣性量kg cm²	3000.29	3031.29	874.54	1587.44
重心位置高度佔全彈長之百分數%	57.9	58.2	57.5	51.2

82

杨树芬关于成都分厂六公分迫击炮弹与美国六公分迫击炮弹重心及惯性测验结果致丁天雄的呈（时间不详）

附：六公分迫击炮弹重心以及惯性测验记录

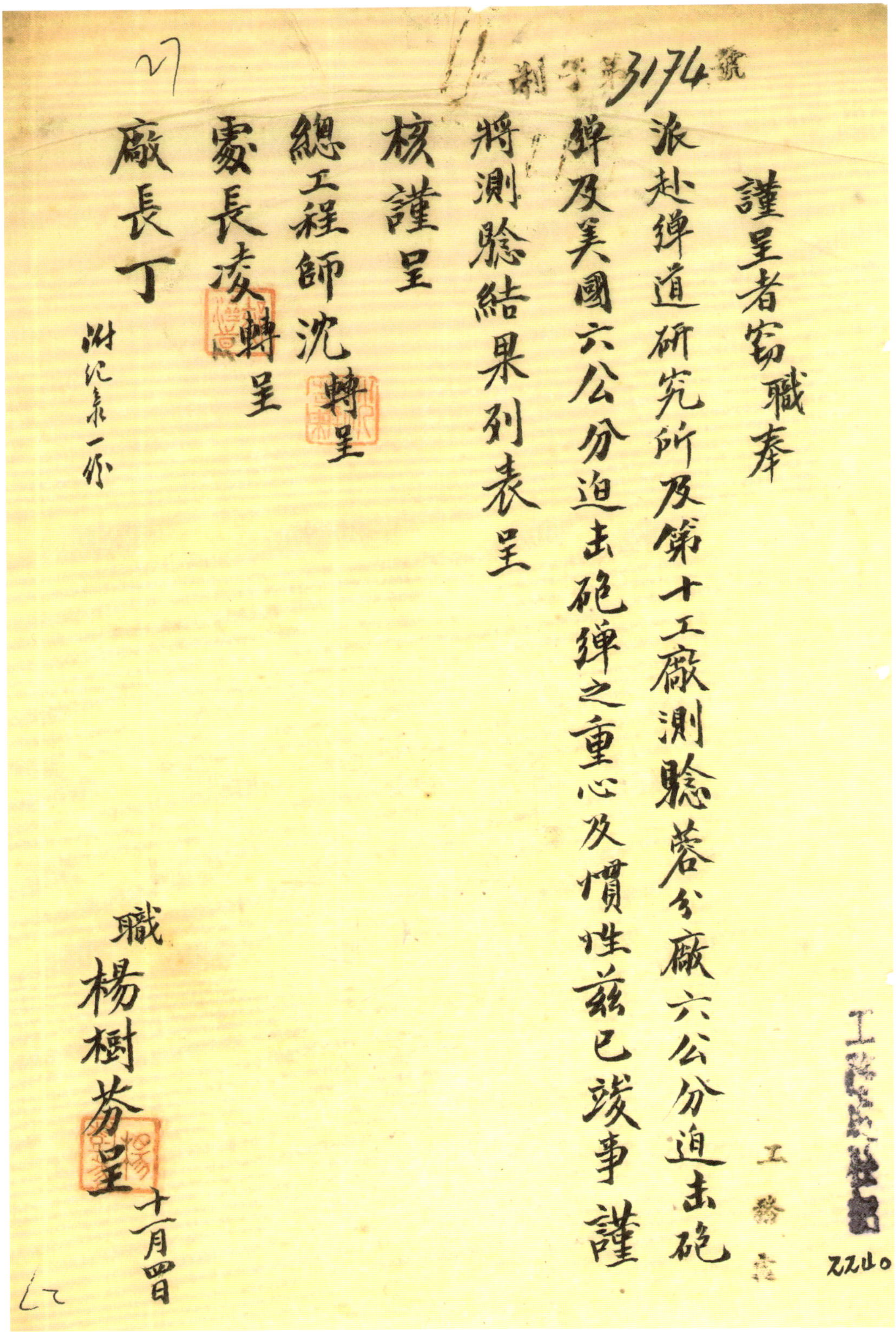

3174

謹呈者竊職奉

派赴彈道研究所及第十工廠測驗蓉分廠六公分迫擊砲彈及美國六公分迫擊砲彈之重心及慣性茲已竣事謹

將測驗結果列表呈

核謹呈

總工程師沈 轉呈

處長凌 轉呈

廠長丁

附記表一份

職楊樹芬呈

十一月四日

六公分迫击砲彈重心及慣性測驗記錄

砲彈種類	美國六公分迫击砲彈		蓉分廠六公分迫击砲彈				
測驗發數	第一發	第二發	第一發	第二發	第三發	第四發	第五發
全長 m/m	240.9	241.3	246.8	244.8	247	236.3	238.3
全重 kg	1.3065	1.3100	1.5635	1.4835	1.4980	1.4510	1.4590
重心位置 m/m	125.2	125	131.5	133.2	135.4	127.2	130
慣性 kg cm²	32.625	32.393	41.071	36.357	39.887	32.625	34.020
重心位置佔全長之百份數 %	51.9	51.8	53.2	54.4	54.8	53.8	54.5

附註：

1. 重心位置係自彈尾至低点數起
2. 蓉彈第一發即未削外皮之舊彈
3. 蓉彈第二第三兩發即已削外皮之新彈
4. 蓉彈第四第五兩發係將彈尾尾翼前之尾管一部削去故彈尾短約8 m/m且第四發係共用第二發之彈体及引信第五發係共用第三發之彈体及引信
5. 慣性值係指繞彈径方向通過重心之軸

結論：

由此簡單之測驗結果就蓉彈第一二三發觀之第一發（即舊彈）與第二三發比較第二三發慣性值較小重心提高約1.4%且彈体經削外皮後其對於空氣阻力之有効面積減小因彈尾有効

26

面積并未增減故抗心較下即抗心與重心之距離增加亦即對於砲弹之擺動修正能力較大故新弹較舊弹穩定根據修改十五公分迫击砲報告書関於砲弹穩定性一項之討論設δ為砲弹繞弹軸擺動之最大角度則δ值可简為

$\delta \sim k\sqrt{\frac{I}{h}}$ 故I值減小h值增大（h表示重心與抗心之距離）擺動角度減小即較穩定但就第二三發與第四五發比較第四五發之I值平均約減小13.1%但h值減小則達20%之多故δ值較大故新弹之穩定性如欲更為增加尾翼其唯一之途徑似為增加尾翼面積（即將尾翼中間挖去之一部減小）（本弹尾翼面積較美弹大约6%）或設法將弹体重心更為移高

85

85

自製六公分迫彈研究及製造概説

報告者 吕去病

81—1

目次：

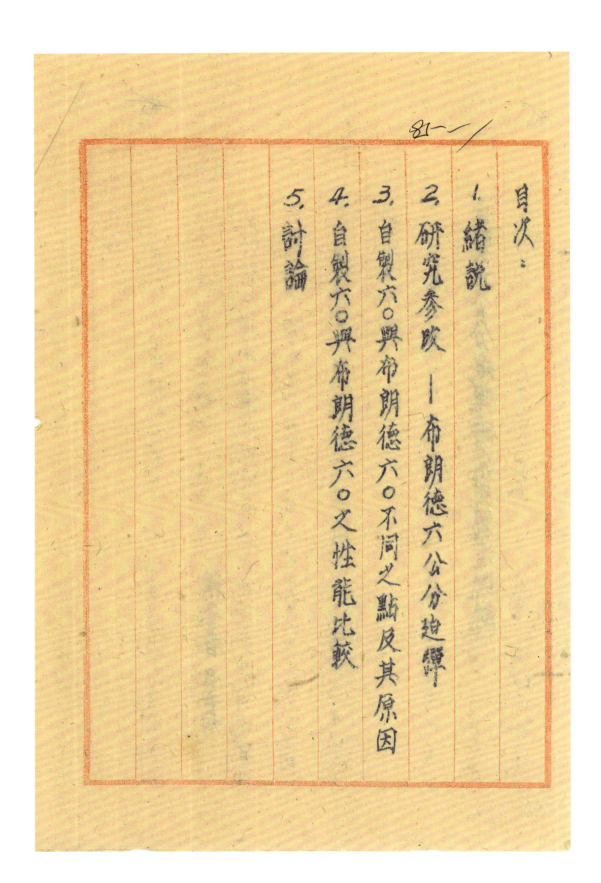

1. 緒說

自製六公分迫彈研究始於廿九年初夏，係採取布朗德六公分迫彈為其藍本，時以國內製造原料不全，故吾人之研究側重於探求布朗德迫彈試驗之所以然，冀得將就國內現有之製造原料從事大量生產，故自製六〇在設計上雖有若干更改之處，然其設計理論上之依據則與布朗德彈相同也。

自製六〇於卅年七月正式製造，製造中途或因研究未能透徹，或因鋼鐵原料及火藥原料不合規定，或因工作精度不夠，出品曾幾經困難，（成都分廠係一新廠，困難倍增

86-1

迄至卅二年五月，出品方始步入正軌，然鋼鐵材料與火藥原料問題，仍為製造上急待解決之問題也。

二、研究參攷——布朗德六〇迫彈

用作研究參攷之布朗德六〇迫彈，其特點如下：

①彈體係鋼性鑄鐵材料。

②傳火藥及發射藥均為甘油系火藥，猛度較諸當時八二所用之品品迫砲藥及以後購自美國之200#迫砲藥均大。

③底火係用特製之16#槍彈殼，（底火內壓達1600atm.左右，傳火孔用5#孔十六個，作兩排，分八面）

④藥包係用賽璐珞質硬殼。

87

⑤引信構造同八一，但寸度縮小，全重為150g

3.自製六〇與布朗德六〇不同之點及其原因

自製六〇因限於鋼鐵材料及火藥原料，不得作以下更改：

①彈殼限用生鐵，強度不及鋼性鑄鐵，為求耐得同樣膛壓，是以約略增厚壁厚。

②BB藥及200#藥之猛度均不及布朗德迫砲藥，故底火構造不同，彈尾之構造亦異。

③底火最初限用12#鳥槍彈殼，嗣後雖能自製16#，並向美購得20#類似布朗德六〇所用之鳥槍彈殼，但以配用BB藥或200#藥作為傳火藥後，底火性能反不及應用12#鳥槍彈殼之合乎理

68

82-1

想，蓋係猛度較小之BB或20#藥，較宜於16#底火之構造也」。

④藥包限用綢殼，故尾翼多與爪構造（註）

⑤引信最初係由廿一廠供給（八二引信）繼經更改（減短10mm.並除去延期裝置）但全重仍為190克左右。

註，用BB藥作傳火藥，底火內压得600atm.傳火孔用5mm孔八個四面分兩排，用20#藥作傳火藥，底火內压得600atm.傳火孔用5mm孔八個，3.5mm孔八個，分兩排八面相間開孔，用16#底火，用20#藥傳火，底火內压600atm.時，傳火孔用3.5mm孔十六個，兩排八面，

十、自製六〇與德國六〇之性能比較

自製六〇之優點：

①膛内傳火情形良好，燃燒極完全，故能得極大射擊速度，（每分鐘最大可射四十五發），且可連放至百發以上而無須擦拭砲閂（比四磅砲射擊情況）。火砲之威力因而大增。

查胡德六〇廠大柱每發射後均有二百餘克未燃前先倚粘於膛壁，是以火砲每發射至二十發左右，必須擦拭砲閂，以防洩火流弊，故實際射速不及自製六〇，亦即火砲之威力不及自製六〇。（火砲威力係以每分鐘所能發射之砲口總能力計）

②自製六〇彈重1.5斤，砲長10 cal.，但能得射程1444碼，（膛

压不超過布朗德六〇。布朗德六〇砲身長12.6，彈重1.5斤時，射程僅為1300公尺，是以自製六〇之彈道性能當較優越。

(3) 火藥種度較底，膛壓較低。

(2) 自製六〇槍火藥，可完全應用國內材料製造。

自製六〇之缺點：

(1) 彈殼應用生鐵材料，破片威力僅為布朗德之半。

(二) 翻砂技術不足布朗德，容易將彈殼後部鑄厚，以致影響彈道上之安定，

(3) 尾管材料不合規定，組織及強度不勻，夾灰太多，致易引起尾

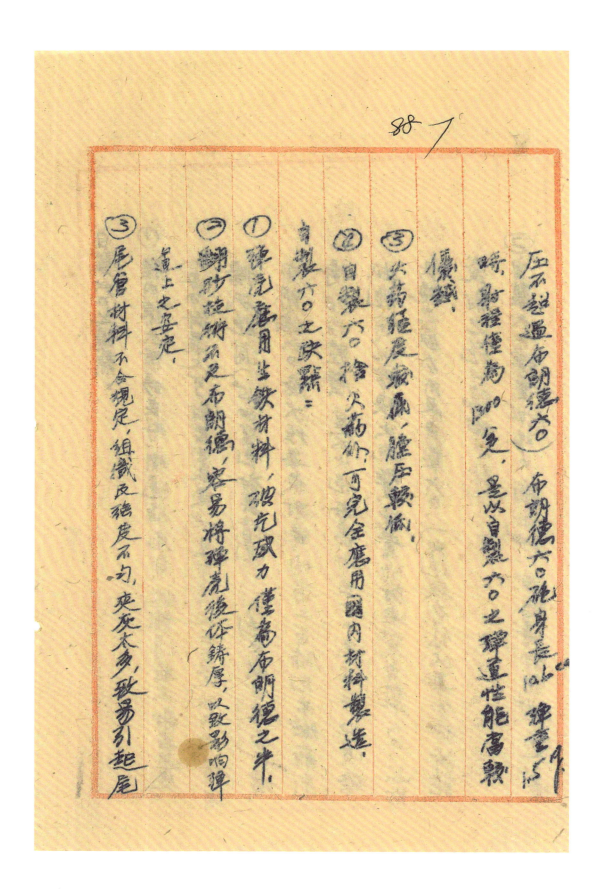

81

膛炸裂現象、

④火藥強度較低，引信較短，故砲口火焰較大、

⑤製造精度不及布前總（橫溝分廠出品）

⑥引信重量較大，增大彈之慣性能率，影响彈道穩定、

⑦彈尾重量較大，影响彈之穩定、

5、討論：

①自製六〇完全為契合我國現有物資之設計、

②自製六〇在兵器技術上具有特殊之優點，值得重視。

③自製六〇彈之缺点除⑥⑦而外，均為鋼鉄與火藥原料或製造技術上之問題，與彈之本身之設計無關、

88—1

④倘改八二引信重量較大，則將來配用特製之布朗德六〇引信（即五十廠之三五式引信）時，重量減輕，此項疏虞即可避免，

⑤自製六〇應用廿12底火，寸度較大，重量亦大過300g，惟吾人可以提議減輕尾部重量，不惜犧牲優良之底火效能也，且實際彈道並不因尾重增加如許而即呈不穩現象，吾人可以根據新彈以及上萬發之實射經驗證明之，

⑥自製六〇尾管材料，如與布朗德所用材料相同，則前者對內壓之安全係數為二，後者之安全係數只僅一、三，而布朗德彈所以不炸尾管者，蓋完全係應用優良鋼料

之結果也（第十廠應用優良尾管鋼料，未聞有炸膛情事）

（乙）自製廠火內壓應用600mm傳火情形甚好，前後射畢兩萬餘發，未見因傳火能力不夠而出遠彈者，如此設計可以無虞。

（丙）自製六〇已有應用廿一廠火之設計，但設計原則仍係根據十一廠火者，其內壓因火藥燃燒關係，不能達布朗德用高，但燃燒亦極完全，惟彈尾管仍有因材料不良而炸裂者。

（甲）自製砲六〇在技術上說，雖未臻完全，但可逐漸改良，將來如能應用壓鋼或鎳鋼鍛造，則威力可與其擬布朗德，且該火砲之性能可以較優於布朗德而兼

80—1

不良也，

⑩兵器製造之主要問題，當在鋼鐵材料及火藥原料，所以製造工作上之精度，美國六〇迫擊設計並不異常良好，但美人不願放棄其固有設計，並以粗造條件適當，仍不愧為一合用之武器也。

——完——

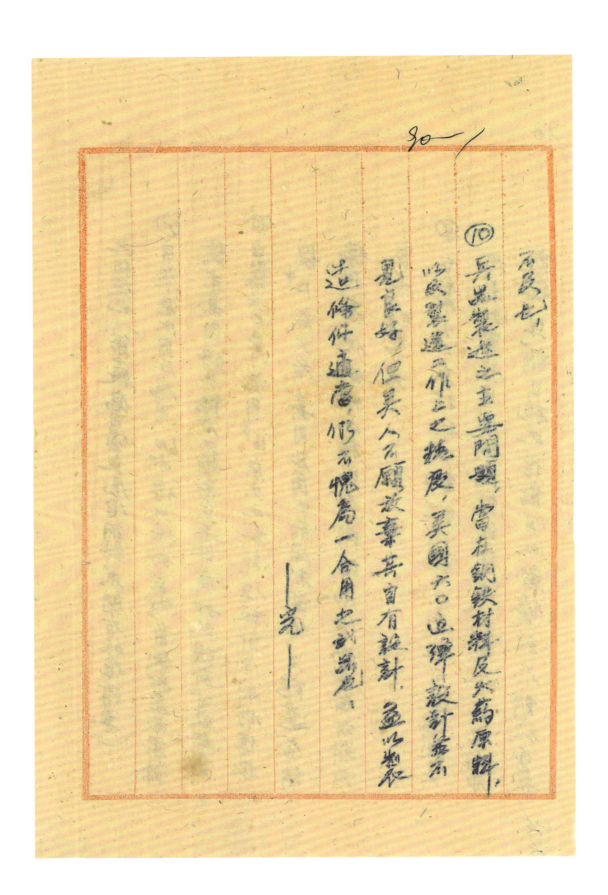

（二）工厂内迁

军政部广东第二兵工厂为报送迁移计划说明书致兵工署的呈（一九三八年二月十六日）

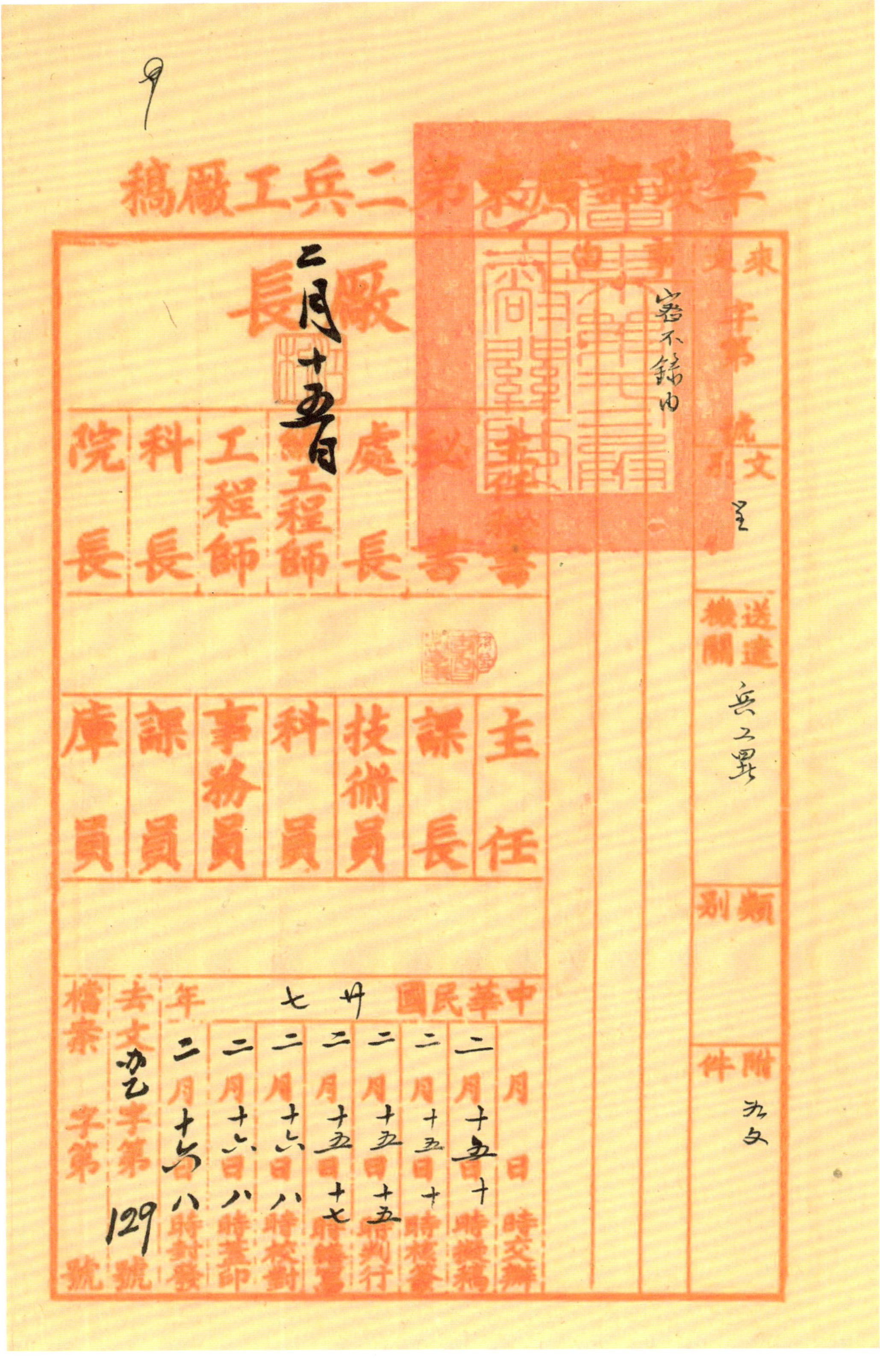

軍政部兵工署廣東第二兵工廠稿

來文 字第 號

文別 呈

密不錄由

送達機關 兵工署

類別

附件 九文

廠長 二月十五日

秘書 處長 主任工程師 工程師 科長 院長

主任 課長 技術員 科員 事務員 課員 庫員

中華民國廿七年

月 日 時交辦

二月十五日十時擬稿

二月十五日十時核簽

二月十五日十五時判行

二月十五日十七時繕寫

二月十六日八時校對

二月十六日八時蓋印

二月十六日八時封發

去文 九乙字第129號

檔案 字第 號

9-1

竊職比年

鈞諭：飭將本廠全遷湘西辰谿，籌備開工，等因。奉此，自應遵辦，除分別派員前往沿途部署一切，以便遷設外，並將遷移一切費用、容納設備造具專案呈報列支，並謹擬具遷移計劃說明書一份，理合備文呈

請

鑒核示遵，實為公便。

謹呈

署長俞

附本廠遷移計劃說明書一份

全銜江〇

廣東第二兵工廠遷移計劃説明書

竊查本廠遵奉

鈞令遷設湘西辰谿，距離[illegible]隱廠，約有千五百公里路程，水陸迢遙，站數已多，輾轉運輸，難免煩難，爰于運輸經過衝要地段及遷設目的地，派本廠職員、差役及士兵等分駐辦理指定事項，一俟遷移竣事，當即分別裁併。其旅膳費用除（在未租定房屋之時，其旅膳費用仍係照公差旅費規則發給）本廠租備房屋辦公者，照出章給予居留費外，擬請依照公差旅費給予規則辦理（並請准予在遷移費用專案內）容後列報，合併聲明。茲將分設辦事地點及名稱分列如左。

（一）株洲聯運組

11-1

説明：查粵漢鐵路，現以非常時期，運輸擁擠，行旅維艱，北上通車，自株州以北，軍運客運貨運，絡繹不絶，擁塞異常，以致本廠運輸，擬由粵漢通車，運至株州，轉駁船運，期減困難，爰於株州設聯運組，賃駐民房，派本廠員役士兵若干員名，辦理轉運爲宜。

（二）長沙通訊組

説明：查長沙爲湖南省會，地當適中，商賈輻輳，關于本廠通訊之聯絡，運輸器材料之購置等項，均在該處辦理爲宜，故擬賃駐民房，派本廠員役士兵等辦理之。

12

（三）常德段应设通询员一人或联运组

说明：查常德等处为本厂运输必经之地，关于运输之转驳、通询之联络等项，亦须派定本厂职员各一人分驻办理，如斟酌当时情形，亦有筹设转运组之必要，此亦得设置之。

（四）辰谿临时办事处

说明：查辰谿为本厂迁设之目的地，在厂址未勘定前，拟借民房为办理筹备事宜之用，拟派本厂员役士兵若干员名办理之，其一切必需费用拟[illegible]

[illegible]

军政部兵工署为核准广东第二兵工厂迁移计划说明书给该厂的指令（一九三八年二月二十五日）

軍政部兵工署指令　漢造(二七)字第1050號

令廣東第二兵工廠廠長江杓

本年二月十六日呈乙件　密

呈及遷移計劃說明書均悉准如所擬辦理仰即知

照，書存查此令。

14

中華民國廿七年二月　日

中華民國廿七年貳月廿五日發

署長俞大維

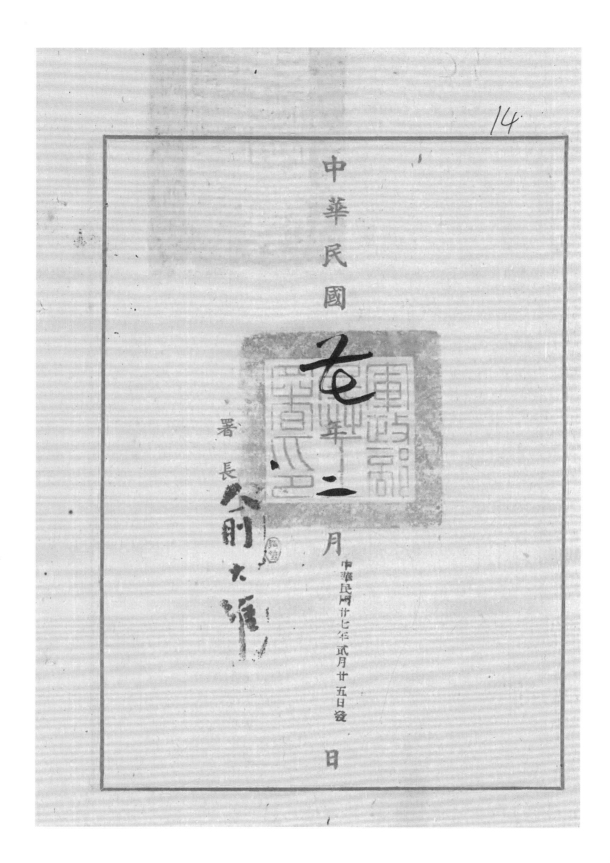

杨继曾为询广东第二兵工厂迁移所需车皮到达地点致江杓电（一九三八年三月二十二日）

軍政部
廣東第二兵工廠

江廠長進密：15/14電敬悉，正籌理間，聞署長已電令計劃遷蓉，前電請撥車皮到達地點是否應改為城陵磯站，或武昌站，希將噸數切實分別估復，以憑籌理。

弟繼曾養漢。

月　日

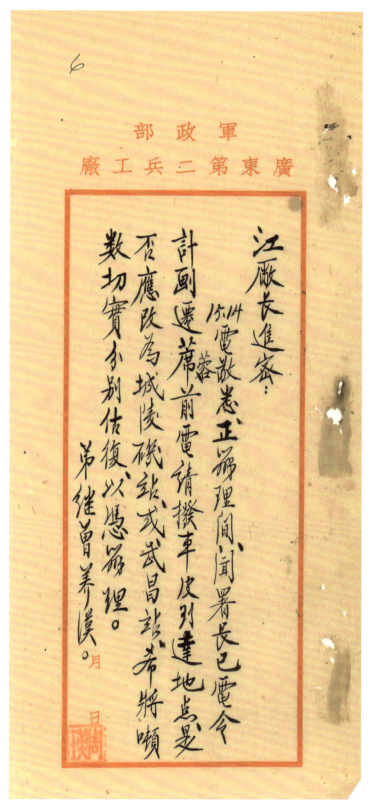

宋世忱关于敌机炸伤机车及炸毁机器情况的报告（一九三八年三月二十八日）

005

報告　三月廿八日

運一字第一號

為報告事窃運株機件第三列車六輛粤漢路於本月廿 日晚撥來車箱两輛廿 晚又撥來四輛業於廿七日七時餘悉數裝載完畢該午即用電話通知車站請撥机車拖運午後又連催兩次而車站之答覆均謂俟有机車北上即行拖運待至廿四時許又接車站電話通知竟稱本夜無機車北上貴廠列車勢不能於本日開駛及至本早九時零五分起即警報頻來際此之時車站方面為避轟炸列車起見竟駛貨車兩列入本廠岔路以致目標擴大雖我車業已分散用竹木等掩蔽終仍無效於投彈之際竟將我四三五九九號車炸毀除損傷机件數量業由工務處派員查驗另行呈報外謹將經過情形呈報

察核備案謹呈

5-1

敝長江

兼代第一運輸組組長宋世忱

宋世忱印

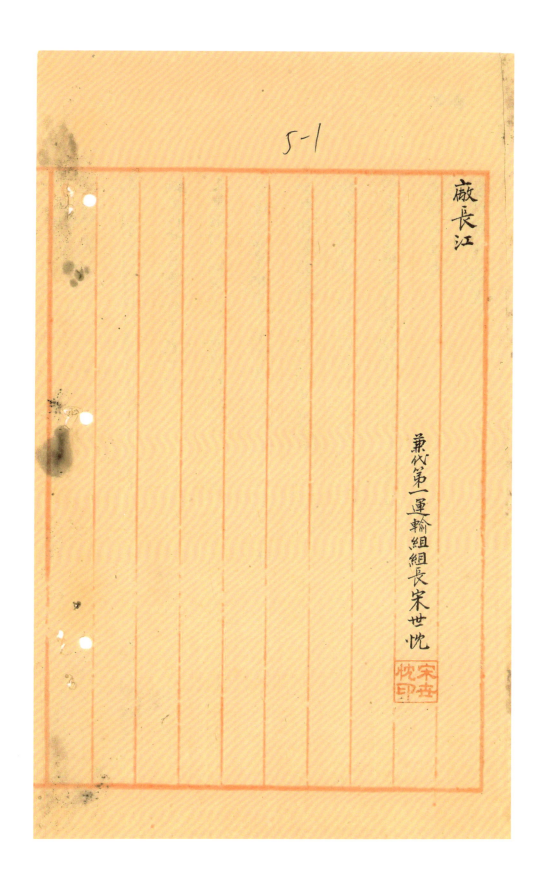

宋世忱关于运输组运输概况及工厂被轰炸情况给江杓的报告（一九三八年四月七日）

051

為報告運輸組運輸概況及本廠連被轟炸事：：竊自鈞座容湘後，於三月廿三日去株貨車一列（第二列第二次），復於二十七日早裝妥貨車六輛，因横石橋樑路基三炸三復，延至四月一日方行駛出（第三列）。因上列車延期出廠垂六日之久，為避免空襲關係，第四列車待二日方開始裝載，於五日駛株，明日又可裝妥貨車一列（第五列），九日前後當可駛株。在此十八日中，核共運株器材四列車：第二列第二次四輛，第三列五輛（原裝六輛，於二十八日被炸一輛），第四列七輛，第五列五輛，共計二十一輛，合前運出之八輛，計共運出廿九輛。此五列車去後，廠房内包裝完竣之機件已運出十之八九，日内當從緩催要車皮，静待各廠拆裝。現保管料雖有百餘噸鋼料可運，但又備為各廠壓車用，以節用車皮。查

51-1

自路局供給車皮迅速以還，雖催要車皮者，感覺諸多苦楚，時向車站電吵，伺機到站指撥，派赴廣州坐索，而各廠方面亦忙得手忙脚亂，席不暇暖，但均頗興奮，不露疲倦之態，惟際此興奮之餘，而四日內五炸本廠之傷心慘目悲劇肇焉。三月廿七日第四列車已於九時前裝就，推至橋外岔路，用竹木偽裝遮避，並於十一時電請撥機車牽挽，此期砲廠已空，而敵機則竟以彈夾所為目標，投巨彈八枚均未中，悉落引信廠四週，一彈則正中引信廠，該廠全部毀焉。第二次（同日）在橋外轟炸車輛未中，彈落山上及竹林內。於此次轟炸之後，又連催車站即撥機車，當謂已編定一九五二次約十二時後北上，惟以該日横石路基被毀，辛亥北上通車於一時後方得北駛，繼開專車一列，次開八十次混合車後即擬

052

開駛一九五二，但以時間已晚，不敢駛出車站　乃用電話通知，而第三次轟炸之慘禍肇焉！廿八日晨九時十分許，敵機結隊北飛，此際路方駛入橋外岔路車輛兩列，意避空襲，以致目標擴大，雖我之車輛業經遠避，但已無濟於事，連投數彈，二彈竟不幸命中四三五九九車上，該車計裝砲廠車床六部，而二三四號三部床毀焉！所幸該車未裝其他零件箱，故尚未涉及其他機械。本日得車站消息稱：昨末尾開出之八十次混合車於鷄　處全列車炸毀，死傷二百餘人。本晚因橫石橋壞，不能通車，職因約求車站，將本廠車卡拖至廣南站，雖交涉至深夜三時半，終因廣州車輛擁擠，無路可容而歸失敗，無已乃將車輛盡數推入砲廠暫避，而二十九晨又大炸砲廠（第四次），所幸

I2-1

尚未命中，四彈悉落於舊置行軌汽車之外方，當投彈之際，職目覩其以砲廠為目標，不覺魂飛天外，以似該車有吸彈力，然置之橋外被炸，避之廠內又被炸，則實無以善其後也，及報悉未命中，方釋重負。三十日終日未光顧本廠，而三十一日則滿天飛的炸了（第五次），初以辦公廳貯水池及高射砲陣地三處為目標，狂投其彈，四彈落於辦公廳前涵洞口上部，水池入水管被震漏水，而水池已成黃泥湯了！辦公廳樓上下各屋門窗，多有損傷，彈片飛入屋內，六彈落於公役宿舍及避難溝間，一彈落於木工所前窪地，次以西餐部為目標，傾投四彈，三彈落於該樓前後咫尺處，一彈正穿屋頂，由櫃台處落下，毀房四間，而全樓東部之門窗盡毀，傢俱什物，損失

053

亦不在少數，自此次轟炸以後，全廠人心荒荒，頗似去歲九月底之情況，個人行篋搬運一空，每日僅餘一些外江老駐廠撐持這所樓房，其他則多避諸廠外，但辦公情形尚好，知關懸念，用敢报闻

謹此呈報

廠長

職宋世忱謹呈

保管科及廢務室，除日常例行瑣屑事外，無何重要事端足資報告。不過職終日奔波為索車，催車，支配車，裝車，推車忙耳！每至一批車出廠，心中方告釋然，合併陳

聞

四月七日

俞大维、江杓关于广东第二兵工厂全部机器迁川的往来电文

俞大维致江杓电（一九三八年四月七日）

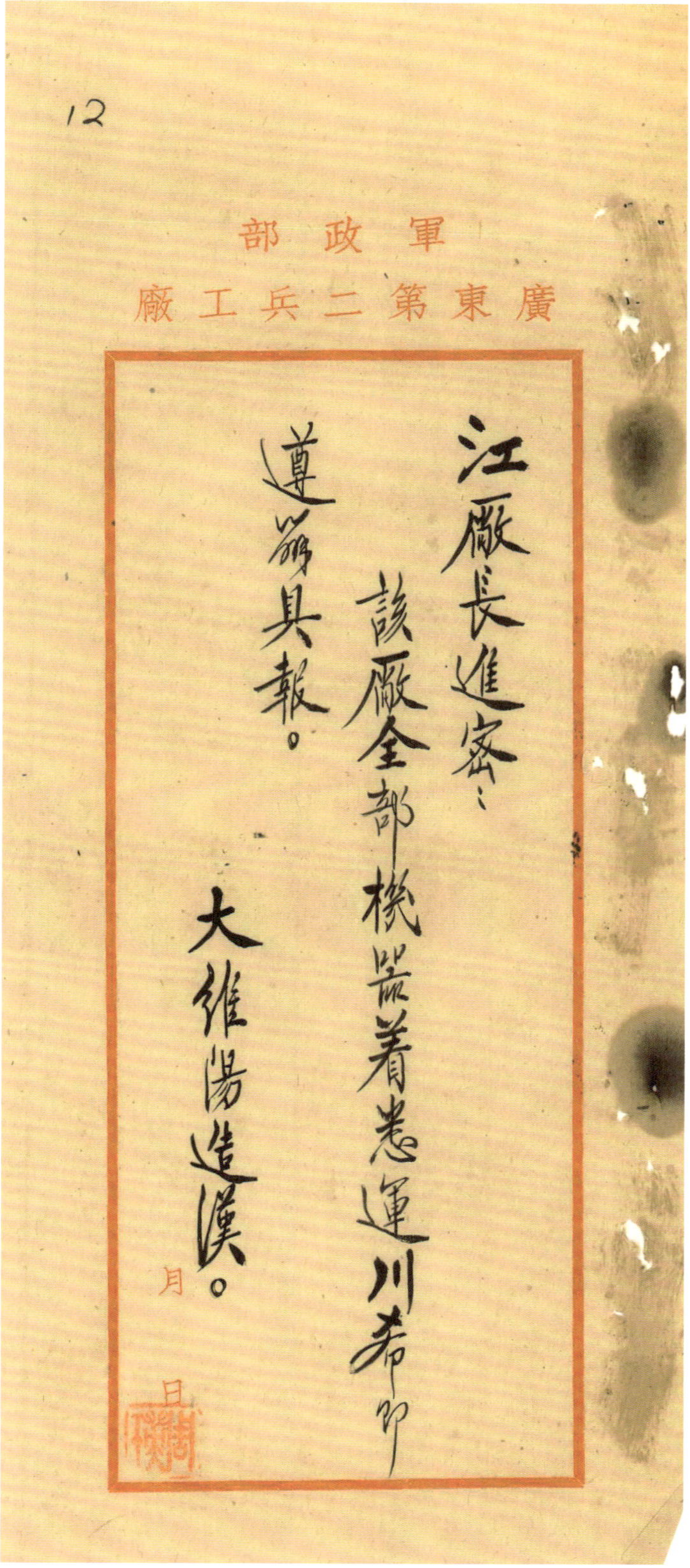

12

軍政部
廣東第二兵工廠

江廠長進密：

該廠全部機器着悉運川，希即遵辦具報。

大維陽造漢。

月　日

江杓复俞大维电（一九三八年四月八日）

10

軍政部廣東第二兵工廠稿

來文：字第　號
文別：電
送達機關：漢口 俞署長
類別：
附件：
事由：

廠長：杓 四、八

主任秘書　秘書　處長　總工程師　工程師　科長　院長

主任　課長　技術員　科員　事務員　課員　庫員

中華民國廿七年 去文

月　日　時交辦
四月八日十八時擬稿
月　日　時核簽
月　日　時判行
月　日　時繕寫
月　日　時校對
月　日　時蓋印
月　日　時封發

廠字第349號

10-1

電

6511 漢口署長俞、湯造漢電敬悉，謹遵（追密）照辦理。

江杓 08.28

江杓关于迁移运输情况致兵工署制造司司长杨继曾的函（一九三八年四月三十日）

附：运出器材一览表

054

閱存 兵八

君毅司長仁兄勳鑒：本廠器材已運出十之六七，餘剩多係笨重之件，正在着手搬運，但運輸異常困難，以致進行遲緩。今將詳細情形爲吾兄陳之：近兩月來粵漢路自廣州至韶關一段，除濃陰颱風而外，無日不遭轟炸，敵機分批肆擾，絡繹往來，炸壞鐵路，路局僅能於夜間運送材料加工修理，但甫經修復，輒又被轟炸損壞，旬日之中，能通車者不過六七日。通車必俟夜晚，上行車須在早七時前開過韶關，下行車須在早六時前到達廣州，方能避免危險，時間促而車次多，加以沿途各站軌道甚少，在兩股以上者每站只容

54-1

一列停候，一列通过，故上下車相錯需時甚久，致車

車因而大減，待運之貨擁擠不堪，車皮供不應求，

車廠派員長川在站守候，以致隔三四日始能牽

到車皮數輛，而裝車之後，往往停擱數日之久，

有時雖經路局編定車號，指定机車拖運，而臨

時改期，有至再至三者，每遇此等情形，輒令

人束手無策。車廠曾擬停放車輛在廠

外岔道，在兩山之間，[illegible]，以便車廠

裝車待運之貨即堆置岔道之上，較諸廠內

似少危險。乃因路局不能在岔道停放

車，目標過大，遂為敵機所發現，並且誤認為本廠之器材，遂日出窺伺，雖幸倖免。三月廿八日本廠裝車機器被炸，坐此故，因沿道而波及於廠內，房屋被同時轟炸，可謂交相為害。岔道恐不能停車，惟製砲所殘破之位或儲停不為敵機所注意，可資隱蔽，而所內僅能容車四輛，多餘即無處停放，故現在每次裝車以四輛為限，將進不能。廠內鐵軌轉彎角度太小，機車不能通過，又新路修後，土基鬆軟，倒但凡不平之車輛出進胥賴人力，往返推挽，應於

57-1

本分。至於臨時工之不易僱用，起重器材之缺乏，均又在其次矣。在鐵路方面，自有其困難重重處，而本廠器材一經裝車，又須隨時運走之迫切情形，恐非路方所能洞悉。請吾兄將此等情節轉陳局長，向路方說明，請予格外諒情，與本廠以特殊便利，庶可稍減少困難之處，任盼禱！附送器材表一張，以備查閱。敬頌

勛祺

弟 江杓 拜啓 四、三十日

運出器材一覽表

月	日	車列	次数	路編次数	輛数	載重噸数	實裝器材噸数	裝出件数：保管科	製砲所	彈夾所	水電所	木工所	鍛工所	工具樣板所	引信所
2	19	1	全	1976	6	220	140^{00}	645	65	—	—	—	—	—	—
3	16	2_1	1	1932	2	80	36^{70}	—	52	—	—	—	—	—	—
3	23	2_2	2	80	4	150	99^{16}	232	52	—	—	—	—	—	—
4	1	3	全	1954	5	190	127^{60}	—	43 58	—	—	—	54	—	—
4	4	4	全	1908	7	215	158^{24}	681½	19	48	46	—	22	—	—
4	10	5	全	1958	5	180	148^{54}	1640	—	54	45	34	265	—	—
4	24	6_1	1	1910	3+	120^{40}	84^{14}	302	168	104	33	—	—	—	—
4	29	6_2	2	1954	5	175	119^{73}	261	31	17	13	—	49	19	—
總計					37+	1330^{40}	914^{11}	3761	488	223	137	34	390	19	—
各部份運出噸数								245^{99}	341^{37}	148^{41}	56^{70}	9^{60}	101^{96}	10^{08}	—

共 914.11 噸

宋枕 印

56

沈其柏为报告到宜昌准备器材转运情况致梁步云的呈（一九三八年五月一日）

處長鈞鑒謹將奉
諭遵即進行事項如左
(1)遵與宜昌民生公司李經理商議貨運客運之詳細辦法據云此項辦法已由漢口該總公司與本署重訂合同俟該公司漢口盧總經理日內携帶新訂貨運客運合同來宜再行商議
(2)木船定舶地點已商請民生公司假該公司對河之五龍碼頭一帶停舶為妨免空襲與外人探悉計將來擬疏散停舶不與本埠民船碼頭相連
(3)宜電報掛號1199信箱無租已向宜郵局長交涉

77

再三始允假借郵箱第十一號滬株均已通知

將來器材到宜為妨盜竊與漢奸計懇求

鈞座多派警衛押運員亦請遴派精明强幹者充之

俾便管理而免意外（昨日航委會由漢運宜之汽油在

駁船中焚燒壹仟餘听）謹此敬請

鈞安

職沈其柏 謹呈 五月一日

敬懇

鈞座匯寄旅費壹百元借據補呈

擬旅費照匯 五、三

可 五、三

俞大维、江杓关于第五十兵工厂运输事宜的往来电文

俞大维致江杓的快邮代电（一九三八年五月二日）

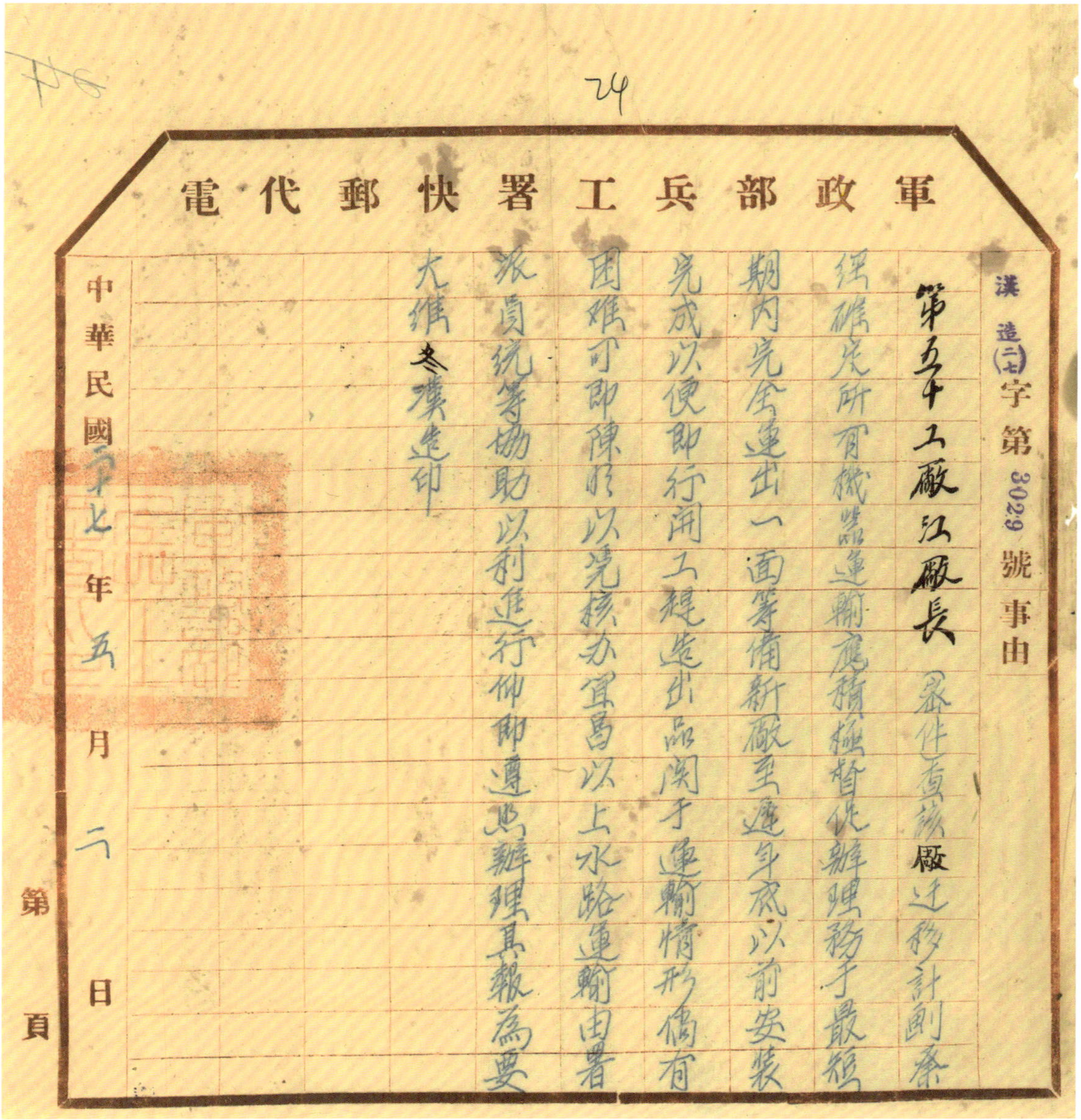

軍政部兵工署快郵代電

漢造(二七)字第3029號 事由

第五十工廠江廠長：（密件）查該廠遷移計劃原經確定，所有機器運輸應積極督促辦理，務于最短期內完全運出，一面籌備新廠，至遲年底以前安裝完成，以便即行開工趕造出品。關于運輸情形，倘有困難，可即陳明，以凭核办。宜昌以上水路運輸，由署派員統籌協助，以利進行。仰即遵照辦理，具報為要。大維。冬。漢造印。

中華民國廿七年五月二日 第 頁

江杓复俞大维电（一九三八年五月十四日）

22

軍政部廣東第二兵工廠稿

來文	字第 號
文別	電
送達機關	署
類別	
附件	

事由

廠長 五月十四日

主任秘書	秘書	處長	總工程師	工程師	科長	院長

主任	課長	技術員	科員	事務員	課員	庫員

中華民國廿七年去文

月 日 時交辦	五月十四日十六時擬稿	五月十四日十六時核簽	月 日 時判行	月 日 時繕寫	月 日 時校對	月 日 時蓋印	月 日 時封發	廠字第386號

法 工務處 仝業

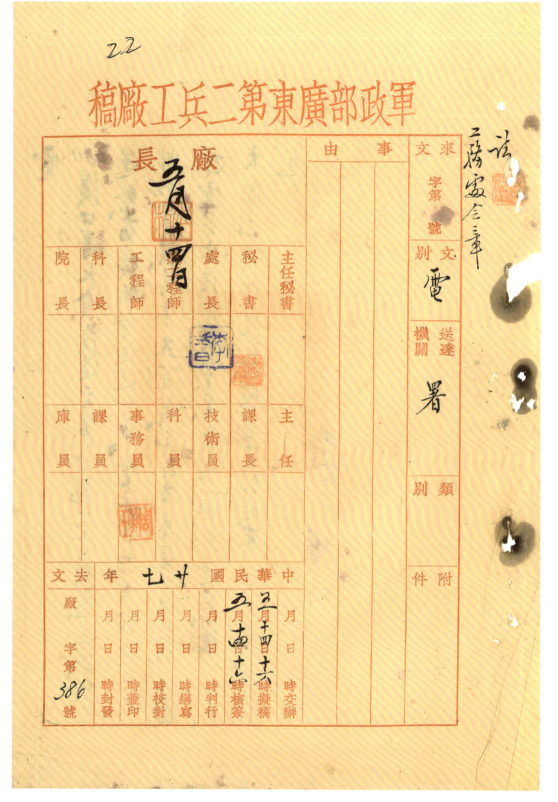

22-1

電

6511漢口署長俞、漢造(二七)第3029號代電敬悉、進窑、機器運輸、在積極督促進行中、重要器材、業經運到株州1030餘噸、其中五百噸、已於本月佳日由長沙赴宜（起運）、株宜昌亦經派有專員辦理聯絡運輸、廠内機器、大部已拆卸裝箱、惟目下仍感車皮困難、杓寒滬。

军政部兵工署第五十工厂为报告迁川机器情况致兵工署的呈（一九三八年五月二日）

歸檔

運一組會章

18

軍政部兵工署第五十工廠稿

兵工署第五十

密

廠長	
丹	

來文	字第　號
文別	呈
送達機關	兵工署
類別	
附件	

主任秘書	秘書	處長	總工程師	工程師	科長	院長

主任	課長	技術員	科員	事務員	課員	庫員

中華民國廿七年

辦文	擬稿	核簽	判行	繕寫	校對	蓋印	封發	去文
五月十六日時	五月十六日時	月日時	月日時	五月二日時	五月二日時	五月廿二日時	月日時	廠工乙字第3999號

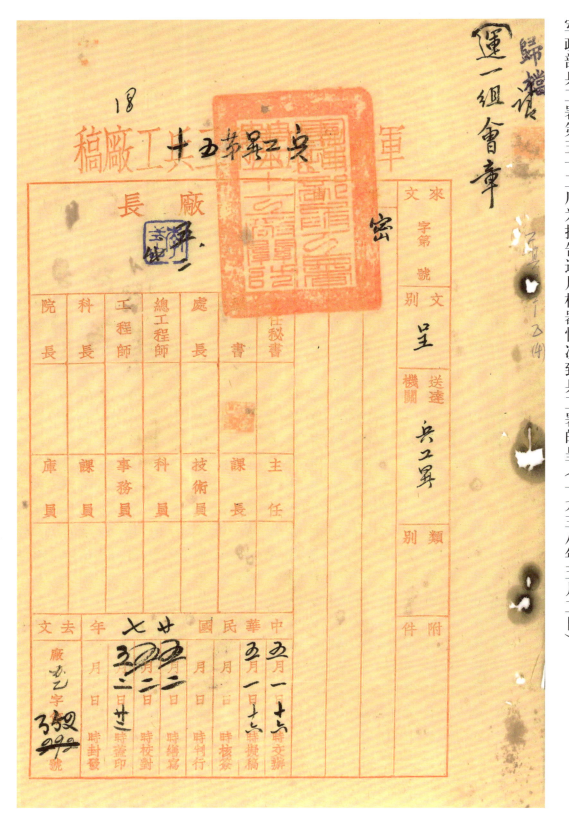

案奉

鈞署廿七年四月二日漢造（三）字第一八七零號訓令節開：

「查該廠遵令急待遷川，秘至令仰遵照」

等因；奉此，查本廠全部機器重量約壹仟貳百噸，（又第一次撥與運漢[illegible]）

材料約陸百噸，合計為壹仟捌百噸，[illegible]已運

抵株州者約柒百伍拾噸，其餘已在陸續起運中，（又兵廠機器[illegible]漢[illegible]約合出捨捌噸）

茲為運輸便利起見，擬將各器材，由株僱具

民船裝運經宜昌，轉輪運渝，其時間由五月起至（擬請鈞署賜與民生輪船公司預備輪船由宜運渝，以資便捷，）

八月，當可竣事。奉令前因，理合具文呈复

鑒核示遵，實為公便。

181

军政部兵工署驻川南办事处为请准备提卸到渝器材致第五十工厂的函（一九三九年五月二十日）

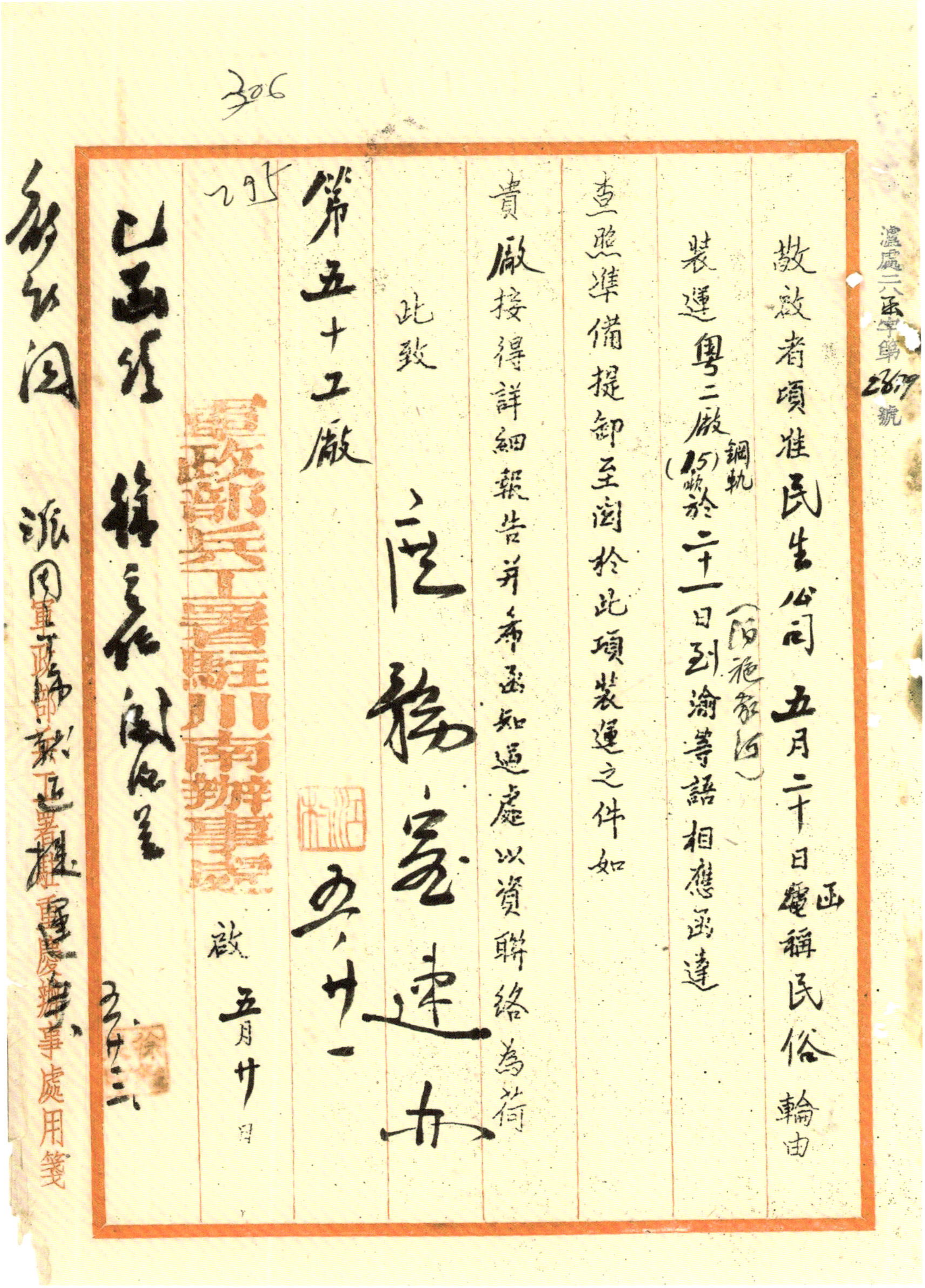

瀘處二八函字第2819號

306

295

敬啟者頃准民生公司五月二十日函電稱民俗輪由

裝運粤二廠(15)鋼軌(係拖駁)於二十一日到渝等語相應函達

查照準備提卸至關於此項裝運之件如

貴廠接得詳細報告并希函知過處以資聯絡為荷

此致

第五十工廠

軍政部兵工署駐川南辦事處

啟　五月廿日

產務處速辦　五、廿一

軍政部兵工署駐重慶辦事處用箋

王达生、林猷敏关于第一批赴渝人员情况致江杓的报告（一九三八年五月二十日）

報告　二十七年五月二十日

竊職等奉

令籌商第一批赴渝人員一切事宜，遵經辦理就緒，定於明日搭乘廣武通車出發，計同行者，共有職員貳拾五名（原名單為叁拾貳名，因祝澤民已奉 准長假，施惟吾已奉 令提前出發，段士珍、鄧鎣輝、唐紹雄、劉政善、譚濂等伍名或已奉 准改期出發，或臨時因故不能全行，故僅得貳拾伍名）伕役拾名，內有貳名據稱由株州上車集合，工人壹名，總共叁拾陸名，其攜帶公物，計會計處肆件，工務處拾肆件，秘書室拾件，保管科託帶壹件，總共貳拾玖件，謹呈

廠長江

職　王達生　林猷敏　仝呈

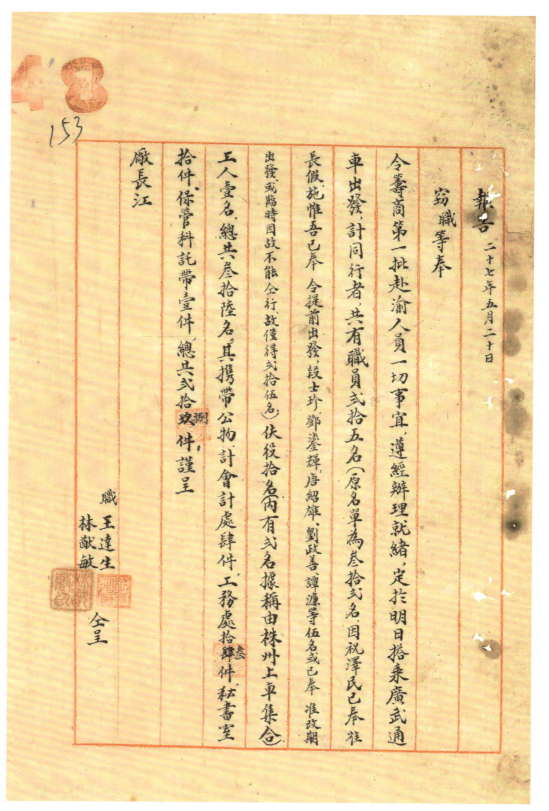

沈其柏为报告第一批运往宜昌器材情况致梁步云的呈（一九三八年五月二十一日）

處長鈞鑒

訓示及款並致蔡司令函均奉到何科長尚未到蔡司令處已往叩謁因開會未蒙接見本廠第一批器材已抵沙市約明晚可到已呈請本署駐宜辦事處指派民生船隻以便即日運渝並通知民生公司請煩查照辦理矣惟炸藥五十噸須候有各廠之危險品集合方能裝運倘能即日運出更善若一時不能運出是否應仍放置船上或寄存藥庫俾策安全敬乞

P-1

示遵林秘書囑調查宜渝生活本人現在是
否在廠在漢未明確地如
鈞座知其行止懇求
示知謹覆敬請
鈞安

職沈其柏呈 五，二八

松雪代印

蔡琳为报告押运器材由琵江口到株洲转宜昌经过情况致江杓的签呈（一九三八年六月一日）

23

簽呈 六月一日 於宜昌　廠(正)警丙字第60號

呈為呈報事：竊職於四月二十四日由琵江口本廠奉命率官兵二排出發，押運器材至株，俟命數日，旋於五月三日，奉鄭科長命連同率領第三中隊士兵一班，由株押運器材船三十隻赴宜轉渝，業於五月二十八日已抵達宜昌矣，理合連同沿途經過情形記錄乙份備文呈請

鈞座察核，仰乞隨時訓示，祇遵實為公便！

處長梁 轉呈

廠長江

附呈沿途經過情形記錄乙份

231

警衛隊第二中隊隊長蔡琳

24

謹將由琶江口本廠奉命率官兵三排出發押運器材至株赴宜經過情形如左

從四月二十四日晚奉命率官兵二排由琶江本廠出發押運本廠器材至株，是晚約十時即開車前行，至二十五日晨五時半至曲江站停車片時即開車前行，約至上午十時至樂昌，因於樂昌上未遠之山嶺處有泥傾墜鐵道，乃延車以待修妥，延至是晚二時始開車前行，至二十六日早五時抵坪石站，稍停片刻又開車前行，至八時抵郴縣停車片時復開車前行，至二十七日晨五時抵達衡陽站，因換車頭，乃候至下午五時始開車前行，於是晚二句鐘即抵達株洲北站矣。候至天明，至二十八日晨乃換車頭轉過南站，然後將器材而卸。官兵乃宿於駐株辦事處候命數日，旋於五月三日奉鄭科長之命速同率領第三中隊士兵一班，由株出發押運本廠器材船三十隻赴宜轉渝，乃於是日正午十二時即開船離株前行，至下午六時三十分抵湘潭縣停泊一夜，是日行程約六十華里。四日晨五時即開船前行，至下午約六時抵長沙停泊二夜，是日行程約九十華里。乃於長沙以火輪二隻，每隻輪船分配拉拖器材船十五隻，於六日晨六時開船前行，至下午六時抵芦林潭停泊二夜，是日行程約一百六十華里。七日因起大風不能前行。八日晨六時開船前行，至下午五時抵岳州停泊二夜，是日行程約二百二十華里。九日乃候輪次，是日僅得荆通及武通二輪，尚有安寧一輪由漢未來到，如是乃派潘分隊長有望率士兵二班於荆通押運器材船十隻，又派吳分隊長貴山率士兵二班於武通輪押運器材船九隻（因該輪馬力較小）於九日下午三時半開船先行，尚有器材船十一隻，乃職率士兵二班候等安寧輪至方可開行，候至十日安寧輪已到，乃於是日下午約三時即開船前行，至六時抵觀音洲停泊一夜，是日行

25

程約二十餘華里。潘吳二分隊長所押運之船九日晚亦在此處停泊一夜。十一日晨五時即開船行前，至下午六時抵下東灣停泊一夜，是日行程一百二十華里。潘吳分隊長所押運之船乃於洪水江停泊一夜。十二日晨五時即開船前行，至下午五時抵心河口停泊一夜，是日行程約八十華里。潘吳分隊長所押運之船抵河家灘停泊一夜。十三日晨五時即開船前行，至下午約五時抵條關，是日行程約四十華里，因在條關下約二十里許之處，水勢猛烈，緊流異常，有安寧輪之大纜忽然中斷，各器材船則橫直相撞，無可止遏，當時有器材船戶黃因魁見勢危極，乃落錨定流，無如水勢洶湧，錨纜俱斷而失之，有李三和之船後舵與他船相觸破壞，其餘之船幸不遭害。後乃將船分拖過此猛水之處，然後合拖至條關，潘吳分隊長所押運之船亦在此處分

251

閘拖上，是晚荆通、武通、安寧三輪乃於條閘而會合矣。十四日晨五時即開船前（連略）行，約里許，有武通輪擬避緊流，乃傍河旁而行，忽近淺水，輪忽轉灣時，船隻不能上而反流，當時各船紛紛救護，勿使上下之船相觸，有羅傳裕船上之水手文勝保一名，欲用力將船推開，無如水緊船急，竟遭上下船首尾相夾斃命，迭落水中，屍骸無從找獲。安寧輪先抵二聖寺時，乃由二聖寺折返，協同武通輪拖上，是日下午約五時，三輪均到，是日行程約六十華里，於是晚乃召集荆通、武通、安寧三輪管理員商議如何能使安全，勿使危險。後決議將各輪所拖之船隻分為二次拖上。十五日晨五時即開船前行，至下午約四時，二批均抵藕池對河停泊一夜，是日行程約八十華里。十六日晨五時職乃押運一批先行，至上午十一時半已抵達郝穴

26

二批有潘吴分隊長押運之船行至中延黃水套上约大里許處乃遇下大雨颶風四起，水濺四飛，幾幾乎有沉没之危，當時潘吴分隊長督率各輪折返黃水套停避一夜。十七日下午二時許始抵郝穴。十八日晨五時臧興潘分隊長押運一批先行，至下午約五時抵沙市，是日行程約九十華里，是日因煤用罄，三輪俱候由宜運沙之煤，延至二十一日煤始到，於二十二日乃返回郝穴拉拖二批之船隻，至下午約四時半乃抵沙市矣。二十三日晨五時臧興吴分隊長押運一批先行，至下午五時乃抵毛家長（即洋溪下未遠）停泊一夜，聞是處常有土匪出没，是日行程約一百八十里。二十四日晨四時即開船前行，至下午約五時乃抵達宜昌矣，是日行程約一百八十里。二十五日乃派吴分隊長同三輪返沙市拉拖二批潘分隊長所押之船隻。二十六日晨四時二十分

261

即開船前行，至下午五時抵關洲停泊一夜。二十七日晨五時即開船前行至宜都上約十餘里之馬壋江處，有荊通輪所拖之粵曾先春船，因水緊流，以致拖繩忽斷，為浪所推，船身歪斜，以致擱於船頭之小機箱倒下，撞穿船底板，口大若甕[redacted]。當時潘吳分隊[redacted]長乃督三輪停駛，率士兵、水手紛紛往救，將入水吸出，以棉及板泥封塞穿孔，始免沉淪。後因該船破壞過甚，恐其不堅，中途有險，乃派士兵防守停泊一夜。其餘之船，於下午約四時乃抵宜昌，其將破船情形報告何科長如何將破船設法拖上。至二十八日乃由荊通輪及帶木敵二隻短伕數十名將該破船夾於二木敵中間而拖，是日下午三時半乃完全抵達宜昌，容俟到達目的地時再行造報。

郑大强为报告运输船只改征为租经过情形致江杓的呈（一九三八年六月一日）

附：合同三份

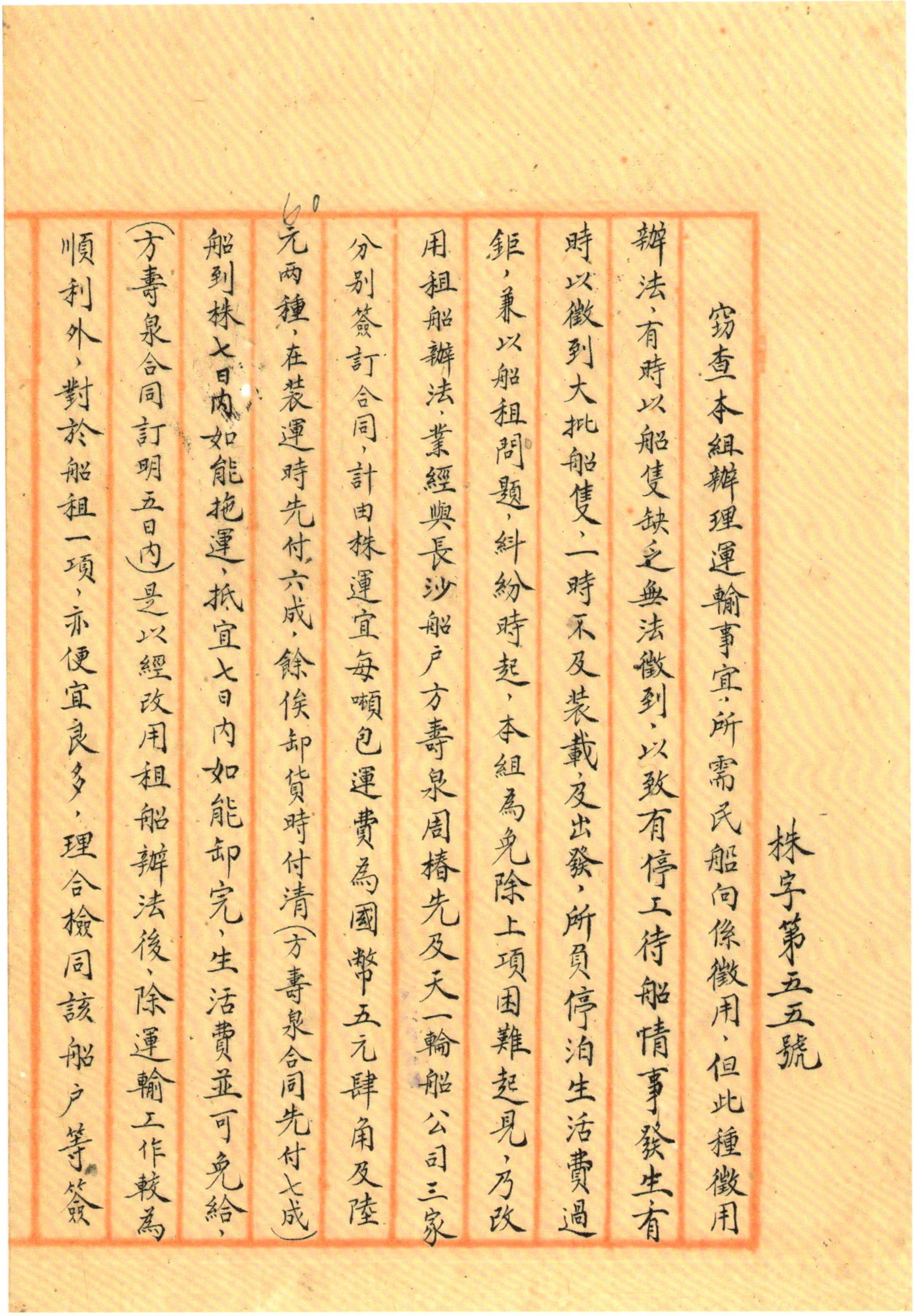

株字第五五號

窃查本組辦理運輸事宜，所需民船向係徵用，但此種徵用辦法，有時以船隻缺乏無法徵到，以致有停工待船情事發生，有時以徵到大批船隻，一時不及裝載及出發，所負停泊生活費過鉅，兼以船租問題，糾紛時起，本組為免除上項困難起見，乃改用租船辦法，業經與長沙船戶方壽泉、周椿先及天一輪船公司三家分別簽訂合同，計由株運宜每噸包運費為國幣五元肆角及陸元兩種，在裝運時先付六成，餘俟卸貨時付清（方壽泉合同先付七成），船到株七日內，如能拖運，抵宜七日內如能卸完，生活費並可免給，（方壽泉合同訂明五日內）是以經改用租船辦法後，除運輸工作較為順利外，對於船租一項，亦便宜良多，理合檢同該船戶等簽

60-1

訂合同各一份，並將改徵爲租經過情形備文呈報，敬祈

鑒核備案，實爲公便。

謹呈

廠長江

坿呈合同三份

職鄭大強謹呈　六月一日

61

立合同人軍政部兵工署廣東第二兵工廠簡稱甲方
長記天一輪船公司簡稱乙方

茲因甲方大小機械材料等共兩仟噸由株洲運往宜昌商定條款如下

第一條乙方得到甲方通知後陸續交船裝貨但至遲不得超過本月以外

第二條所派船只須能載重量要在五十噸以上船身堅固無敝口船（麻石船下江船）為合用

第三條實載數量噸數淨付運費法幣每噸五元正貨物裝卸由甲方自理為安全起見双方派人照料

62

第四條 航抵株洲宜昌時即日算起要在七天內裝卸完畢無論何處延誤日期由甲方付乙方每船每天津補伙食法幣貳元正

第五條 確定實裝噸數以甲方估算重量為標準

第六條 裝貨前付六成乙運費卸貨付清

第七條 均用輪船乙拖上下任甲方負責

第八條 乙方點裝貨物按件點收付給甲方收據卸貨時由乙方並單點交如有差欠概歸乙方負責

第九條 甲方貨物倘遇天災遭遇風失險各安天命

上海余有元製

63

第十條 本合同式份各收一份為據 本合同即日發生效力

附註 茲因種種關係一切条文均行保留但承運噸數須俟另議

甲方負責人 科長 鄭大强

乙方負責人

長記 天一輪船公司

民國二十七年四月二十九日 立

上海余有元製

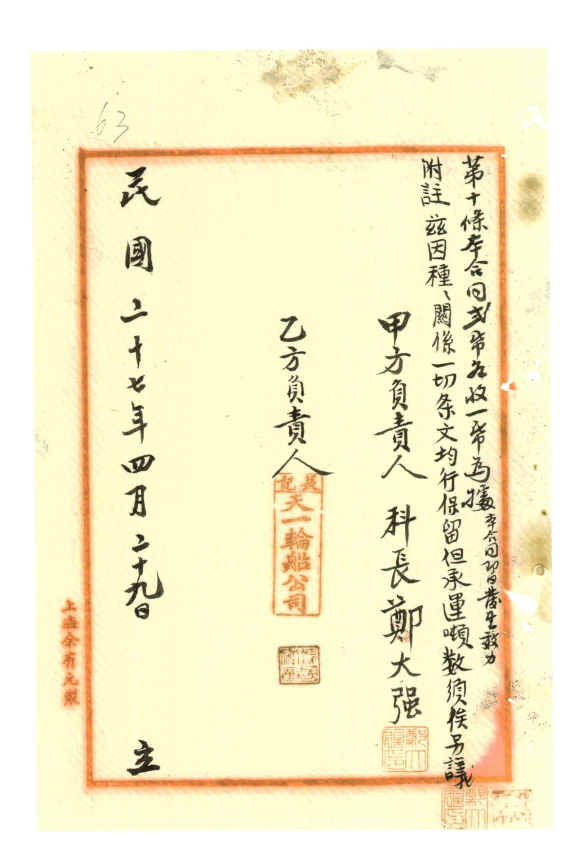

64

立合同人 軍政部兵工署廣東第二兵工廠簡称甲方
方壽泉 蔡梓振 簡稱乙方

茲因甲方有大小機器材料等項共弍千噸由株洲運往宜昌双方商
定條款如下

第一条 甲方要託乙方用麻石船包運右項貨物第一批撥船六隻載
重計約四百噸本合同簽字日起一星期撥足第二批撥船日期
甲方通知乙方後不得延遲半月以上方始撥船

第二条 船到株洲為第一日五日內要裝完拖運否則延遲一日每
船每日甲方發給伙食費叁元正

65

第三条 在宜昌卸货亦以五日为限过期照右文办理

第四条 实载货一吨甲方付给乙方包运费伍元肆角装货时

付七成卸货付清

第五条 所拨之船要構造坚固载重三四十吨者不得占四分之一

並不得以年老之船充数了責

第六条 確算实装吨数以甲方估算之吨数为標准

第七条 装船货物乙方须付給甲方収據卸货時乙方應逐項

点交如有差欠概由乙方负責

上海余有元製

第八条甲方不得另向他方雇用麻石船運送貨物如有此項情節乙方有權隨時歸乙方雇用

第九条 第一次交船地点為株洲運輸完畢後甲方應將船拖送丁字灣方清手續

第十条運輸期間船隻來往拖掛以及裝卸費用概由甲方自行料理但裝船時乙方應派員指導俾策安全

第十一条乙方所派之指導員一名每月由甲方付給卅元伙食津貼

第十二条貨物倘因天災遭風失險各安天命

6751

第十三条 本合同甲乙方各持一份

第十四条 本合同即日發生效力

甲方 軍政部兵工署廣東第二兵工廠 負責人 採購科科長 鄭大強

乙方 方壽泉 立合同負責人 蔡梓振 押

民國二十七年四月廿九日立

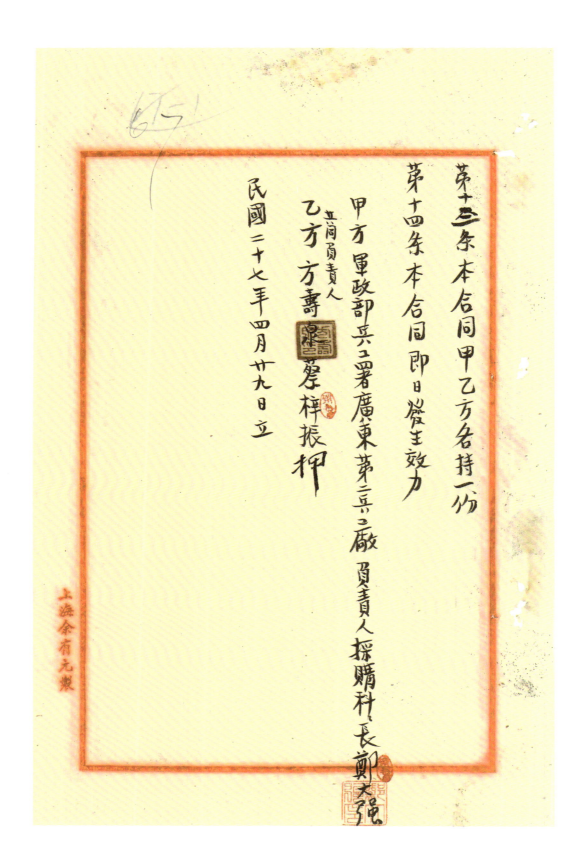

68-1
68

立合同人 軍政部兵工署廣東第二兵工廠簡稱甲方
周春先簡称乙方

茲因甲方大小機械材料等共壹伯噸由株洲運往宜昌商定條款如下

第一條乙方得到甲方通知後陸續交船裝貨但至遲不得超過本月以外

第二條所派船只每只儎重量要在五十噸船身鞏固之駁划

第三條實載壹噸淨付包運費法幣洋伍元正貨物裝卸由甲方自理為安全起見双方派人以料

第四條船抵株洲宜昌將即日算起要在七天內裝卸完畢無論何變延誤日期由甲方付乙方每船每天津補伙食法幣洋弍元正

第五條確定實裝噸數以甲方估算重量為標準

第六條裝貨前付六成包運費卸貨付清

第七條均用輪船包拖上下归甲方負責

上海余有元製

69

第八條乙方領裝貨物按件點收付給甲方收據即貨册由乙方照單点交如有差欠概归乙方負責

第九條甲方貨物倘遇天災遭風失險各安天命

第十條本合同貳份各收一份為據

本合同即日發生效力

甲方負責人

乙方負責人

民國二十七年四月二十九日

立

上海余有元製

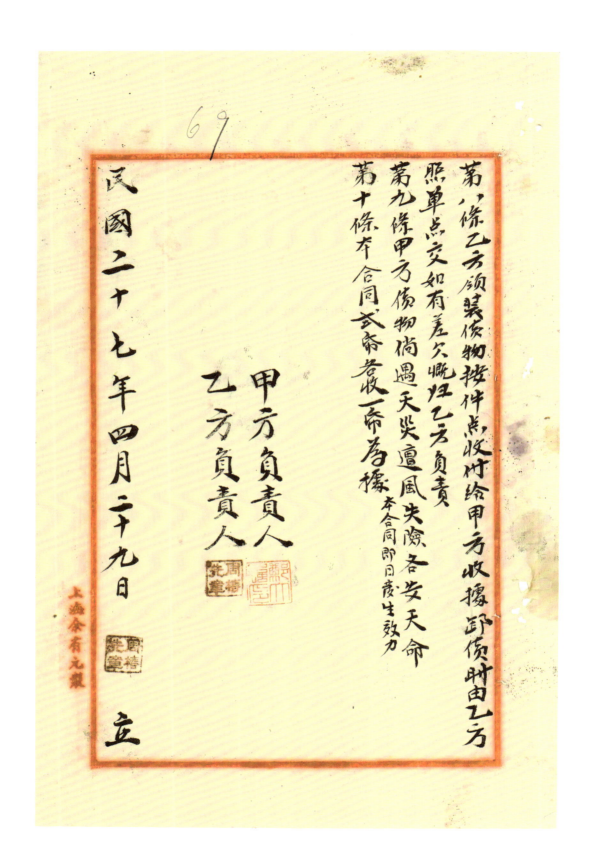

何家浚为告知第一批由株运宜器材装运经过情形并赴渝人员之费用情况致梁步云的函（一九三八年六月五日）

梁霱長勛鑒：江電諒邀青鑒。第一批由株運宜機器共裝民船三十艘，泊宜候船轉裝。本月三日已將T.N.T.炸藥等五十五噸（即梁福船户之儎）儎民康輪船，并派陳機械士及士兵一班，隨潘排長同船押運赴郭家沱。該運單潘排長帶上。至於所餘機件，本擬統裝民元，後以机件体積過大，至超出所派噸位，倘安放倉面，勢恐側傾致生意外，故餘李三和及黃田勳兩船共約三十餘噸，尚待交涉派輪始能裝運。該兩船户之運輸命令及裝單則已由蔡連長帶渝。該儎續到渝時，請照運單点收。弟第一批由株出發，總數便無錯誤。何時啓碇，再行電達。此間機械士甚感缺乏，開夜班苦無替換，精神疲乏，雖經各同仁極力支持，亦恐精神不易貫注。江日已電請廠座加派八名來宜長駐，以利運輸。嚴若唐未到，故先留李文亮在此勷助文書事務。簽呈已交林課長帶渝。印電紙、公函紙及信封等已照收。滙款叁拾元亦照收，[illegible]已約備給弍百元，先須通知會計處扣數收條，續付全体押運官兵及機械士來渝。已向民生公司代購船位，惟船費用記賬式，此款應以[illegible]面請[illegible]民生公司渝办事處以清手續，并轉知[illegible]計安。因記賬船票由弟等負責簽據，繳該公司收執，也祈附押運來渝官兵及机械士名單一紙，請查照。敝第一批過宜人員表乙紙，統希察收。水陸經署駐宜办事處議决，在重慶核發，不在宜昌發。此佈達，即候

勛安

弟 何家俊啓 六．五．

附（一）本厂第一批员役过宜转渝名单

本廠第一批員役過宜轉渝名單

職級	姓名
課員	張性榮
	鄺耀雅
事務員	孫兆印
	朱克潛
	姚孟先
	周伯鈞
	虞文彬
工程師	王達生
	熊鸞翥
繪圖員	林藻明
	李國輝
	陳錦坤
	彭秀鋼
工程師	楊書仇
技術員	吳社鴻
繪圖員	方書長
	吳學志
	董謙
司書	李耀芬
課員	唐紹雄
	林猷敏
事務員	丁憲章
	黃倚雲
	張克讓
公役	陳伯鈞
	唐彬
公役	唐煥文
	麥均
	劉雨平
	趙文生
	姜魁武
	余國屏
	張全善
	周大

押運第一批器材來渝官兵機械士姓名單

165

職級	姓名
中隊長	蔡琳
分隊長	潘有望
特務長	羅蔚澄
文書	張智夫
譯兵	李榮生
	江漢
炊事兵	尤敬
	賴興邦
	駱禧朋
	鄭貴興
	練全中
班長	董昭新
	李伯榮
	黃德浦
列兵	伍春生
	蔡葉
	符如泰
	鍾德卿
	徐雲富
	林志雄
職級	姓名
列兵	唐德
	梁寶山
	戚仁生
	姚楚杰
	葉騰傳
	吳雲飛
	羅紹池
	林得才
	曹崇秀
	李振芳
	鄧晚
	麥清臣
	梁漢武
	李雄標
	黃漢生
	鍾信祥
	張福
	黃素
	陳文勝
	蘇德南
職級	姓名
列兵	葉志偉
	劉玉山
	邵元
	溫敏
	張文
	陳林
班長	汪漢
列兵	寧君廷
	楊國雄
	劉德輝
	劉國權
	蕭光華
	溫羅才
	陳桂標
	龍禧林
	何文光
	岑月清
機械士	樊良生
	陳意芳
	李耀邦

蔡琳为报告押运器材由株洲到郭家沱经过情况致江杓的签呈（一九三八年六月九日）

28

廠(七)警丙字第64號

簽呈 於郭家沱第一中隊部 六月九日

竊職於四月二十四日奉

隊部警字第一六號令開：「現奉

廠長令第六四號開：『仰派蔡中隊長率領官兵兩排押本廠器材一批前往株洲，再隨貨船直往重慶為要。』等因；奉此，着該中隊長在滬官兵即日押解本廠器材車赴株洲，到達株洲後，再率同潘分隊長在株官兵一併隨貨船直往重慶；又本日并派第一中隊王分隊長率士兵十八名隨同赴株洲，至該中隊原駐地及衛兵崗位，經令第三中隊派兵接替，仰即遵照。此令。」

等因；奉此，遵於四月二十四日率領武裝官兵兩排，押本廠器材一批赴株候命；旋於五月三日奉鄭科長命率領本隊官兵連同第三中隊士兵一班押解本廠器材

281

船三十隻，由株赴宜轉渝，業於本（六）月七日抵達重慶之寡家沱矣，至該第三中隊之一班士兵，亦於本（十六）日歸回鄗分隊長玉璨建制，理合將抵達日期具文呈請

鈞座察核備案，實爲公便！

謹呈

廠長江

兼宋治警衛事務主任高中隊長

警衛隊第三中隊隊長蔡琳

未到渝第三中隊長請指揮

杜 六、七

王达生、林猷敏为报告第一批赴渝人员到达后经费开支情况致江杓的签呈（一九三八年六月九日）

簽呈 二十六年六月九日於重慶三牌坊三十二號

竊職等奉

命帶領第一批職員及公物叁拾陸件赴渝，遵經於五月廿一日由港江口出發，於本月七日到達。除已通知到渝職員即日向重慶本廠辦事處報到外，其所攜帶之公物，奉

命在渝起卸者（秘書室及會計處交運者）共壹拾肆件，在郭家沱起卸者（工務處交運者）共壹拾柒件，均經先後起卸完妥。計沿途所支運費除郭家沱上駁船伕力因單據未到未能列計外，共計國幣肆佰玖拾捌元玖角弍分，茲謹將付款單據壹拾壹張呈

101

核發請轉
飭會計處將費歸墊實感公便
謹呈
廠長江

附單據壹張壹紙

職 王達生
林猷敏 仝呈

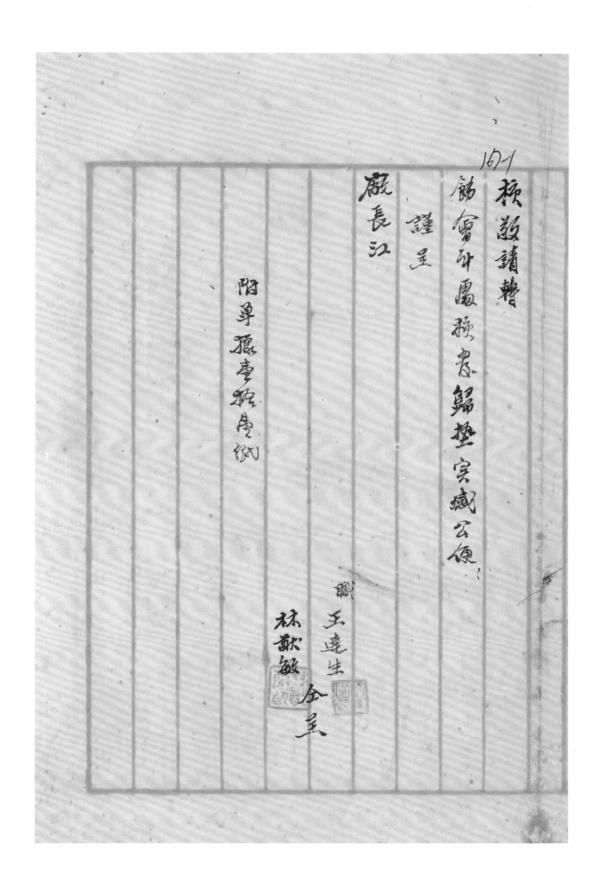

何家浚关于宜昌运输情况致江杓的报告（一九三八年七月四日）

閱

報告 廿七年七月四日 于宜昌

（文）宜字第26號

一、現計到宜第二批貨船有十五艘，連前第一批餘貨兩艘，共約三百六十餘噸，但署駐宜辦事處派在民元輪裝運之噸位僅二百七十餘噸，惟仍可望於五日午前全數設法妥裝運渝。至實裝噸數及面積，俟轉裝完竣後電呈。

梁處長派員洽商

二、超過十五噸重之機件，民生公司已無法裝運。若改由民船拖運，闡值洪水時期，江流湍急，危險頗多，各船户多不願承裝。關於該項運費及切實詳情，容待查明呈報。

三、署駐宜辦事處所得民生公司輪船客位甚少，而各廠赴渝員工太多，至本廠[illegible]批人員雖有廿人，而所得派船票不過七位。及後因押運士兵暫留宜昌，其船位轉給該批人員，始不致多數滯留。為此擬請鈞長轉飭今後本廠員工在漢口決定乘某輪到宜時，先將日期人數電知，以便預請照派船位，而免停滯。再所需何項倉位數目，亦請轉飭電知，俾得照購，合併陳明。

電滬 株 岳 注意

四、押運器材來宜之士兵，其領帶長官時因航程阻滯而未及同來，致士兵伙食發生問題，要求職墊款接濟，但士兵在出發前實領伙食若干，及借支若干，職組既未詳悉，若單據士兵片面報告，似欠確實，難作根據。且數目繁瑣，手續複雜，解決不易，究應如何辦理？擬請

核示祇遵。

謹呈

廠長江

職 何家浚

准予援濟，每名每日兩角，兩天發給一次，該士兵等爲宜渝即結束帳呈報 七、五

三、二 己簽多…… 七、六

何家浚关于到宜昌办理器材运输经过情形致兵工署第五十工厂的报告（一九三八年六月十七日）

廠（三）宜字第45號

報告 六月十七日 于宜昌

一、奉 派來宜辦理聯絡運輸事宜，經由漢趕到辦理第一批貨由株運渝之工作。餘貨四十噸因屢經交涉派輪無效，迫得候輪與二批同運。

二、民生公司除八萬噸合約以外，現再加上三萬噸（委員長親諭盧經理辦理者）其餘復有臨時飛機及要塞砲等民生公司要求署駐宜辦事處通融先運赴渝，故噸位有限，貨物日增，運輸前途頗有障碍。且聞各輪時有損壞，恒須在渝修理，故航期常誤。

三、客位登記踴躍異常，現已有三千餘名之多，民生公司於此二星期以內暫不售客票，惟署駐宜辦事處擬請民生公司每船先留客位全數之半，（確數須俟該公司將表送到始定）為分配各廠人員之用。

四、民生公司有能起重十五噸之起重装置，祇民元民本二輪，餘多屬祇能起四噸者。

五、儎重噸位署駐宜辦事處決定在渝驗看水呎，不在宜昌。

六、現因時局緊張，各貨運渝，署駐宜辦事處擬分重要與次要兩種，必要時重要運渝，次要運萬縣，已電株州鄭科長查照選裝，惟已到宜之貨均經以重要交涉派船儎運赴渝。

七、第一批船費於貨轉裝完畢支付後，始接鄭科長函囑照新章（軍委會本年四月一日頒行）憑交通部航政局所給船証核發船租。惟經將各船証件繳驗，多無該局船証，與新章規定不符，故視為未足為補發船租之根據，且各船户之多領租金者，不願繳回，苟廠方祇補回船户之少領者而不追繳多領者之租金，經統盤核算，比對廠方所受損失在八百元以上。後經雙方商妥，各船户自願具立甘結，各不追繳求補，當經全體船户蓋章了結。並已將該結攝製照片，函請鄭科長致函湖南船舶總隊部備案。茲謹附呈該結照片乙紙，仰祈察核。

八、梁處長滙來國幣四仟元。第一批支出船租至現在約一千四百五十餘元，第二批預算約須支付一千五百餘元。詳細數目俟每批裝卸完竣後，即分批呈報核銷。

九、岳陽拖輪不多，且近因江水漲急，運宜之貨不能整批到齊，對於轉裝運渝，頗生延滯。

謹將到宜辦理運輸經過情形，擇要呈報

鑒核。謹呈

廠長江

附船户具結照片乙張

職 何家俊

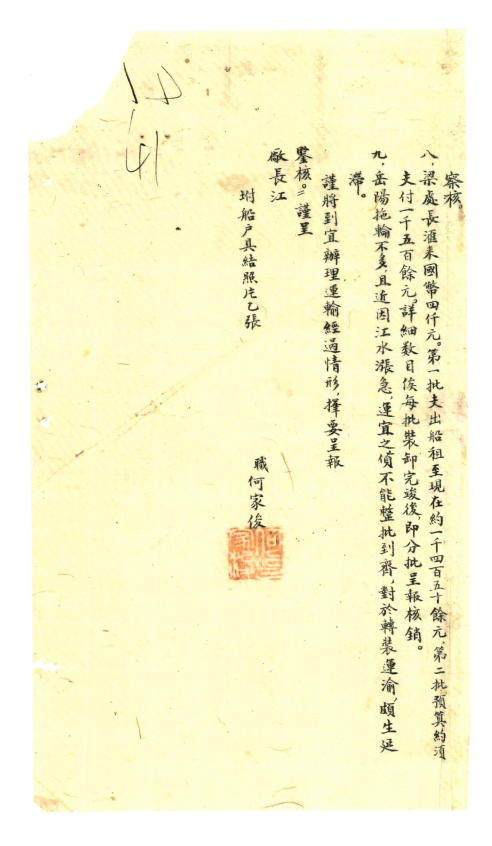

何家浚关于宜昌运输情况致江杓的报告（一九三八年七月五日）

報告 廿七年 于宜昌　(宜)宜字第27號

查押運第二批器材來宜之第一中隊官兵，因僱船分帮拖運，不能全隊到宜，截至現在止計先後來到士兵十三名，均由班長蘇光輝統率。但因路途遥遠，接濟不繼，故上述士兵所領伙食同感不敷，在途中已由范技術員銘祖、李機械士勤先為借轉國幣共五十餘元，及抵宜昌即由職組繼續接濟。該批器材業經兵工署駐宜辦事處派定民元輪裝渝，迨器材妥裝後，本擬派該兵等押運赴渝，後據該班長面呈稱：「兵等因沿途零用又借下船戶款項卅餘元，擬請墊款代償」等語，職以為維持本廠名譽計，原擬允予代為清欠，乃該兵等猶以為未足，復請每名再發零用數元，否則不便開拔等情，似此情形，跡近要挾，且該兵等所借夫款項為數已鉅，何能再予通融。因是不使押運，以防途中滋生事端，飭其暫留宜昌，以待王排長耀光（現在岳州）到宜後解決，並經着吳排長貴山嚴予約束，至押運器材則由機械士蕭連元及第二批赴渝機械士協同負責辦理。所有第二批器材未派士兵押運原由，理合具文呈報

察核。謹呈

廠長江

職何家浚

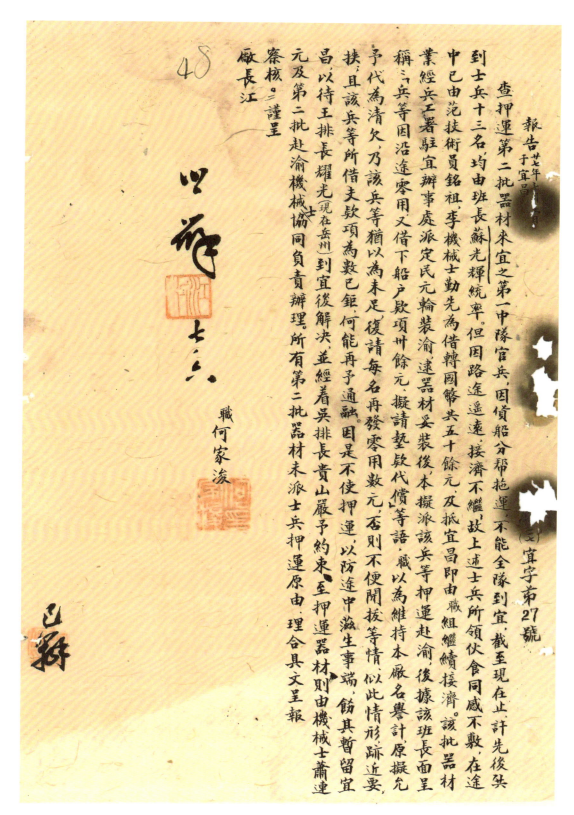

何家浚为请派人守护到渝第二批器材致江杓电（一九三八年七月六日）

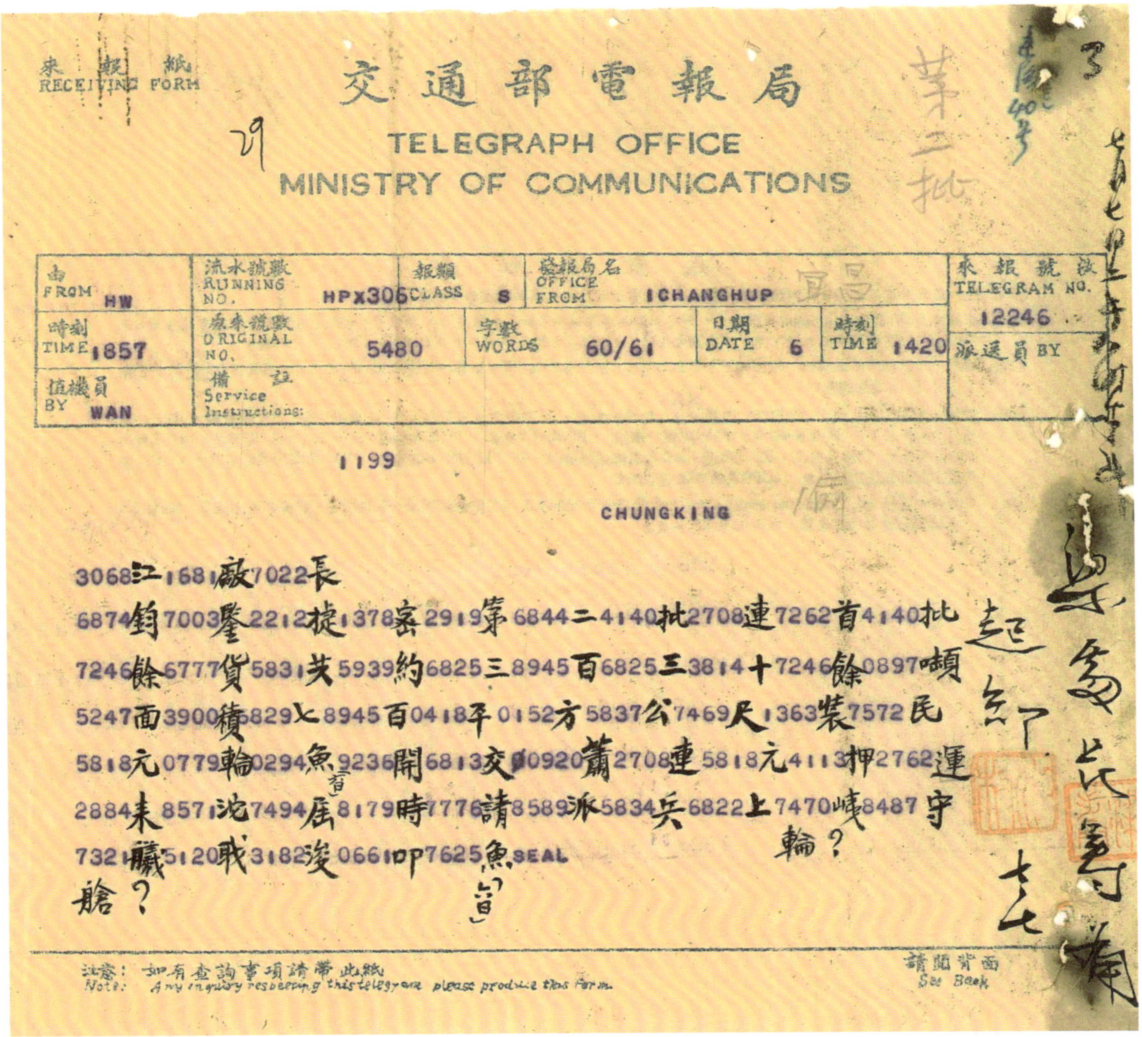

來報紙 RECEIVING FORM

交通部電報局

TELEGRAPH OFFICE
MINISTRY OF COMMUNICATIONS

由 FROM HW	流水號數 RUNNING NO. HPX306	報類 CLASS S	發報局名 OFFICE FROM ICHANGHUP 宜昌	來報號數 TELEGRAM NO. 12246
時刻 TIME 1857	原來號數 ORIGINAL NO. 5480	字數 WORDS 60/61	日期 DATE 6 時刻 TIME 1420	派送員 BY
值機員 BY WAN	備註 Service Instructions:			

1199

CHUNGKING

3068江 1681廠 7022長
6874鈞 7003鑒 2212棱 1378密 2919第 6844二 4140批 2708連 7262首 4140批
7246餘 6777貨 5831共 5939約 6825三 8945百 6825三 3814十 7246餘 0897噸
5247面 3900積 6829七 8945百 0418平 0152方 5837公 7469尺 1363裝 7572民
5818元 0779輪 0294魚 9236開 6813交 0920蕭 2708連 5818元 4113押 2762運
2884来 8571沱 7494居 8179時 7776請 8589派 5834兵 6822上 7470峡 8487守
7321艤 5120戟 3182浚 0661叩 7625魚 SEAL

注意：如有查詢事項請帶此紙
Note: Any inquiry respecting this telegram please produce this form.

請閱背面
See Back

广东第二兵工厂为已派员筹备提卸第二批到渝器材致兵工署驻重庆办事处的笺函（一九三八年七月九日）

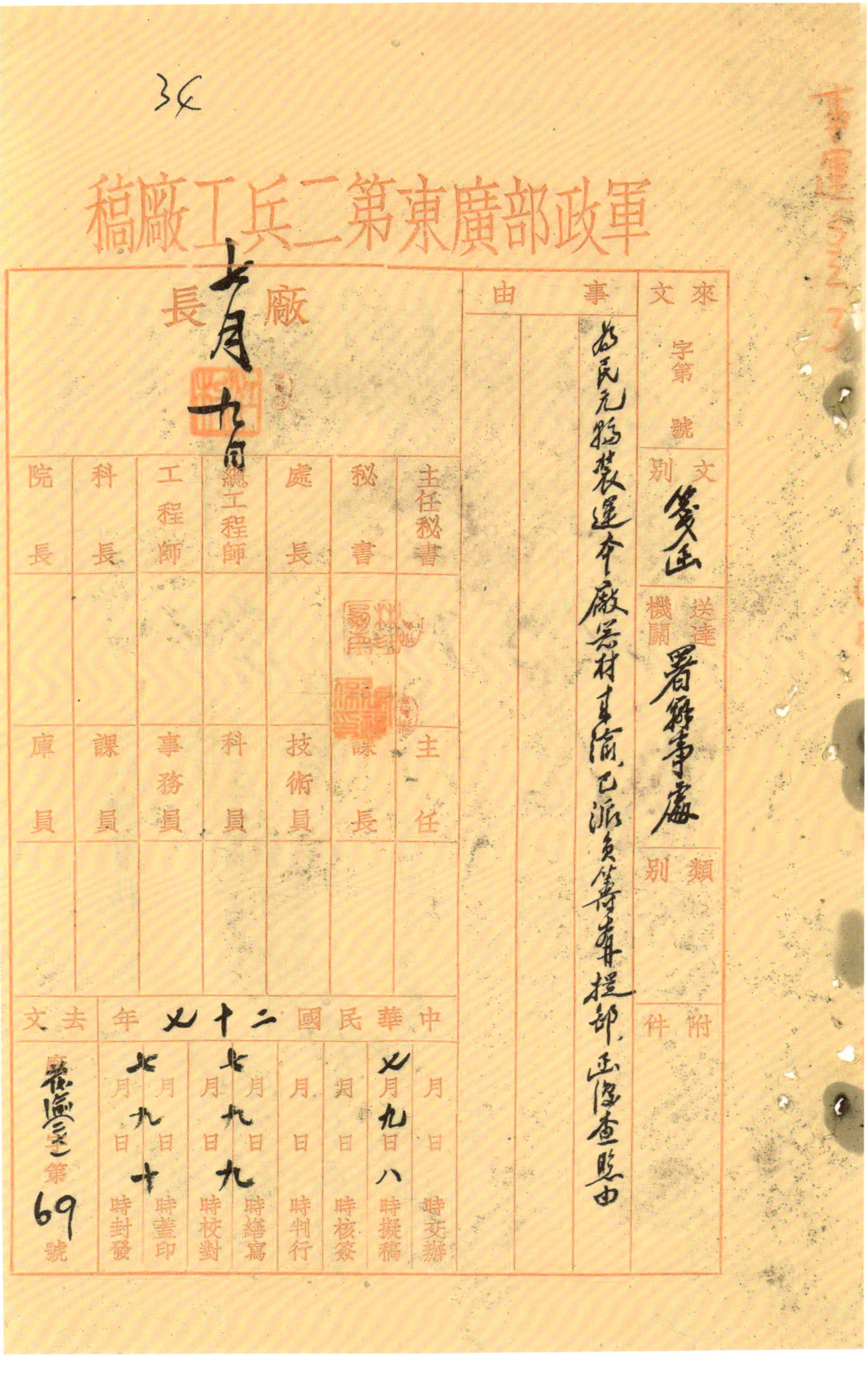

36
軍政部廣東第二兵工廠稿
廠長
七月九日
主任秘書
秘書
處長
總工程師
工程師
科長
院長
主任
課長
技術員
科員
事務員
課員
庫員
來文 字第 號
文別 箋函
送達機關 署辦事處
類別
附件
事由
為民元輪裝運本廠器材來渝，已派員籌備提卸，函復查照由
中華民國二十七年
月 日 時交辦
七月九日八時擬稿
月 日 時核簽
月 日 時判行
七月九日 時繕寫
七月九日九時校對
七月九日 時蓋印
七月九日十時封發
去文 字第69號

-34-1

逕復者，准

貴廠(27)丞字第八四三號箋函，以准駐宜辦事處電，關於本廠器材，有三百三十八噸，於六日由民元輪裝運駛渝，屬準備總部報告，大略相同，同时等由，准此。查此項器材，由宜昌裝運於本廠，據本廠駐宜辦事處人員忘來電，第一批連購置抗餘貨，共約三百三十餘噸，於六日交由民元輪運渝，關據民生實業公司昨六來函稱：民元輪將於九月十日上午十二時到埠，泊嘉陵碼頭，裝有本廠機件二百六十噸，無等候情事，准函前由，除已派員籌備總部外，相應函復，即希

查照為荷！

此致

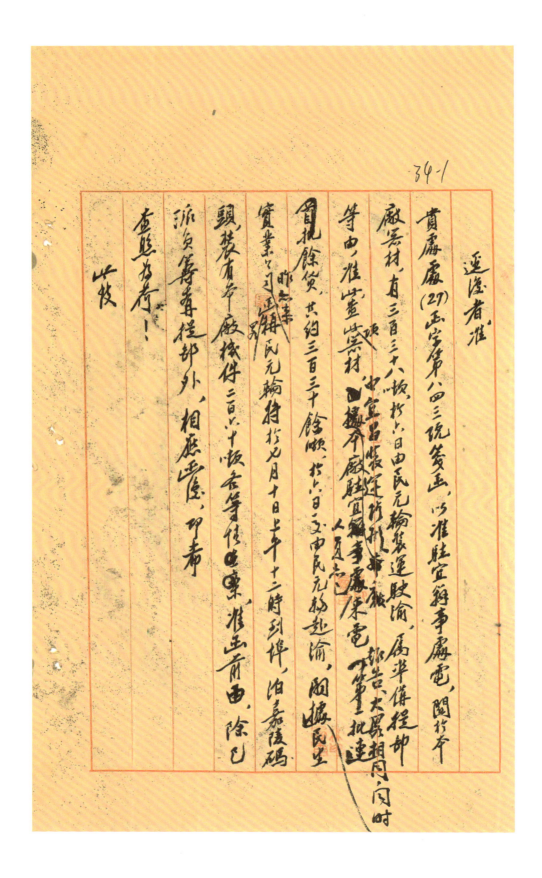

37

兵工署駐重慶辦事處

冯础坚、范倜关于第二批赴渝人员赴渝经过情况致江杓的报告（一九三八年七月十三日）

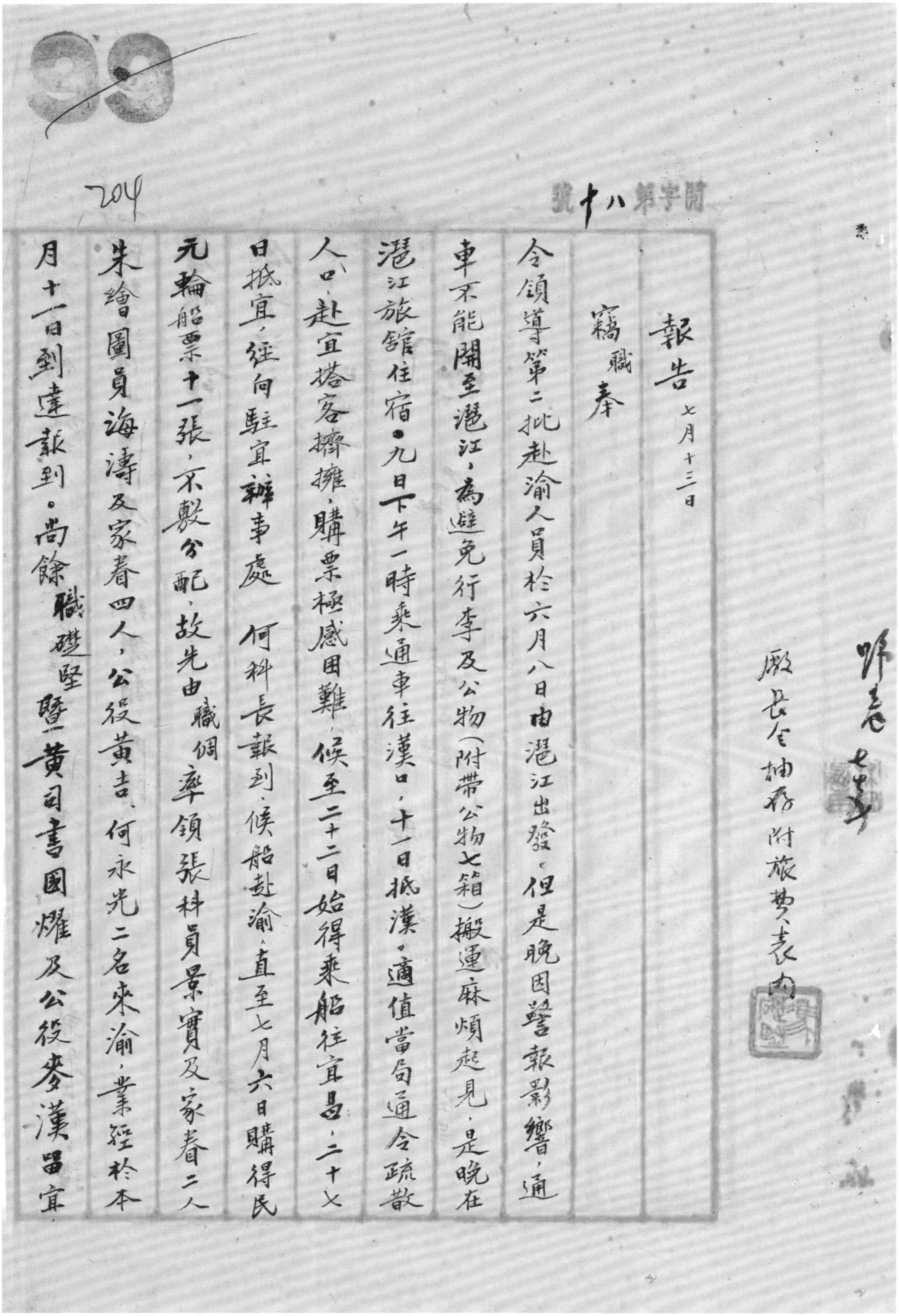

99

204

開字第八十號

閱 表 七十三

廠長令抽存 附旅費表 由

報告 七月十三日

竊職奉

令領導第二批赴渝人員於六月八日由潖江出發。但是晚因警報影響，通車不能開至潖江，為避免行李及公物（附帶公物七箱）搬運麻煩起見，是晚在潖江旅館住宿。九日下午一時乘通車往漢口，十一日抵漢。適值當局通令疏散人口，赴宜搭客擁擠，購票極感困難，候至二十二日始得乘船往宜昌，二十七日抵宜，經向駐宜辦事處何科長報到，候船赴渝，直至七月六日購得民元輪船票十一張，不敷分配，故先由職倜率領張科員景實及家眷二人、朱繪圖員海濤及家眷四人，公役黃吉、何永光二名來渝，業經於本月十一日到達報到。尚餘職礎堅暨黃司書國耀及公役麥漢留宜，

204-1

再行等候，旋於本月八日乘民權輪來渝，本月十二日抵達報到工作。謹將經過情形連同原令一紙繳銷，恭請

察核！謹呈

廠長江

附繳長字218号，廠長令一紙

職馮礎堅
范 偶
仝呈

閱存

六、十四

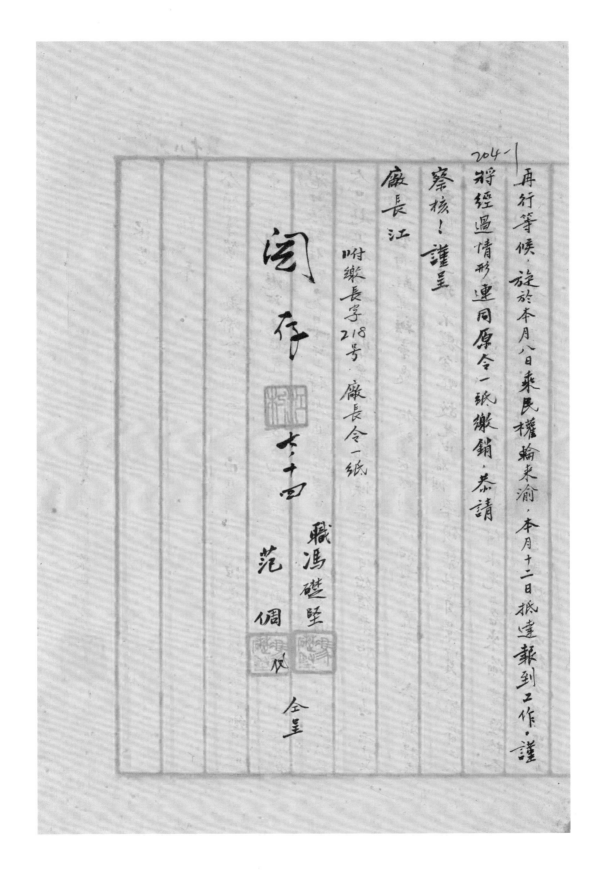

何家浚关于第二批到宜器材运渝情况致江杓的报告（一九三八年七月十八日）

第三批

45

開字第137號

報告 七月十八日於宜昌　　宜（壬）第42號

查第二批到宜器材，前於本月六日將一部裝運赴渝，業經呈報察核有案。現該批器材續運到宜有六艘，連前餘存兩艘，約共重一百六十餘噸，面積約三百二十平方公尺，業由兵工署駐宜辦事處派在民元輪裝運（派出噸位一百八十餘噸）項已將器材轉裝上輪，廿一日或可啟碇。至押運人員，職組派定機械士李向陽、范鎮江率同第一中隊士兵十六名負責押運。理合將器材裝運情形先行呈報察核，運出日期，當俟輪啟航後，再行電陳。再查第一中隊先後押運來宜之士兵原有十七名，內有李有一名，因患盲腸腹膜炎，經送入軍政部第一三三後方醫院割治，現在治理中，合併陳明。

451

謹呈

廠長江

職 何家浚

民生实业股份有限公司为请派员准时提取由宜运渝器材致广东第二兵工厂的笺函（一九三八年七月二十二日）

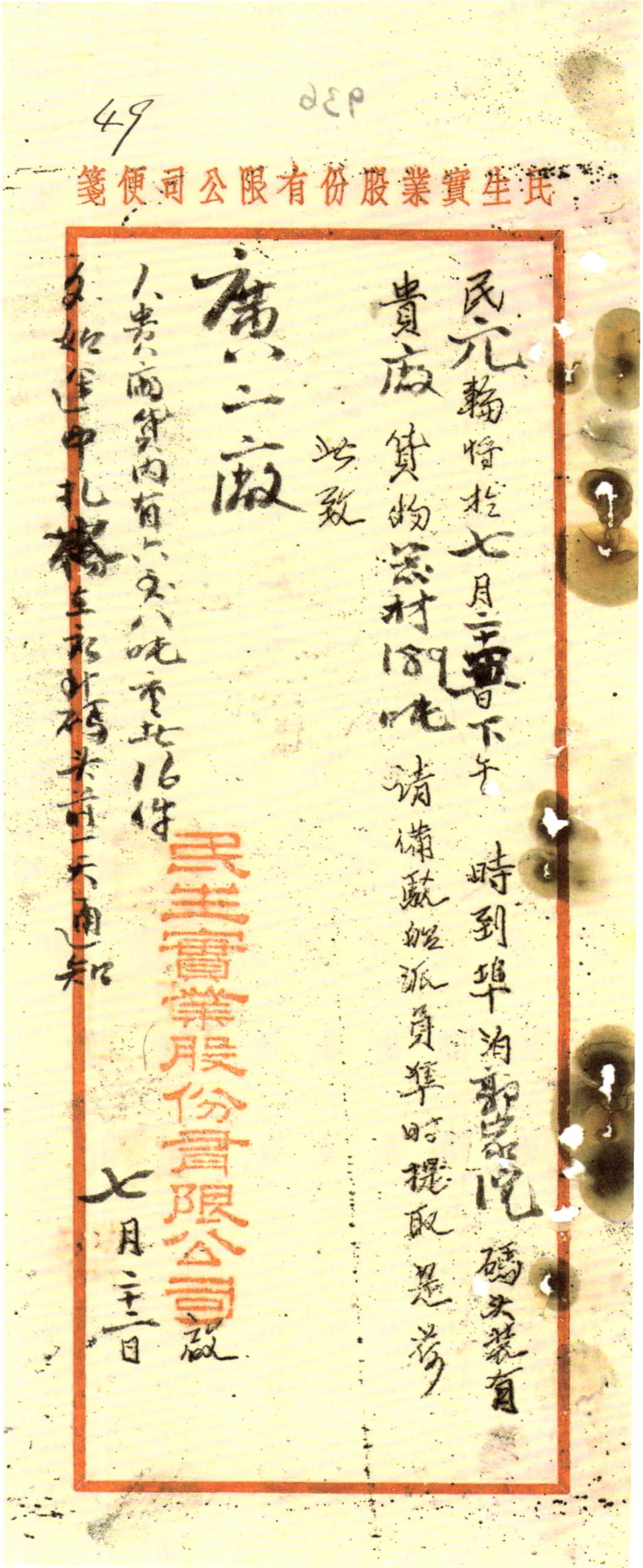
49
936

民生實業股份有限公司便箋

民元輪將於七月二十三日下午　時到埠泊郭家沱碼頭裝有
貴廠貨物器材189吨，請備駁船派員準時提取是荷
此致
廣二廠
貴廠貨內有六支八吨重者16件
又如需要起重機在郭沱碼頭前一天通知

民生實業股份有限公司
七月二十二日啟

邝耀雅关于陈报赴郭家沱清发卸运第三批器材费用、看水尺与调遣拨船经过情形致江杓的报告（一九三八年七月二十九日）

附：民生实业公司到渝轮船水尺载重报告表

70

廠字第211號

渝會第弍拾玖號

報告 七月廿九日於會計處

竊職奉 令赴郭家沱清發卸運第三批器材費用及看水尺並調遣撥船當即於廿七日晨隨同 梁處長乘民元輪前往協助 梁處長調撥船隻及清發小工費用計該日清發工數及其工資列表呈閱如下：

工別	工人數	每工人應得工資	合計
全工	四十二名	四角	一十六元八角
半工	六十二名	二角	一十二元四角
加工	八十五名	二角	一十七元

共計清發工資四拾陸元弍角此項工資單據已送審核課審核計

職前借支搬運費弍佰元除奉 諭轉交一百元與徐主任鑑泉及已清

701

發之四十六元二角外所餘之五十三元八角經已由職交還出納室以清帳目至於看水尺之任務當經職於卸運前後會同民生公司管理何及兵工署負責人趙驗看民元輪船身前後之水尺並於卸運後查驗該輪之水箱三個均儲水滿箱今將卸運前後水尺高度列表呈報如下：

時間	船首吃度	船後右方吃度	船後左方吃度	船後平均吃度	總平均吃度
二十七日午後五時（漢口時刻）	四呎十吋	九呎	九呎八吋	九呎四吋	七呎一吋
二十八日晨五時五十二分（漢口時刻）	二呎十吋	九呎一吋	九呎三吋	九呎二吋	六呎

今根據上列卸運前後水尺比对該民元輪載重表計算其載重量如下：

7'0.6"之載重量＝300噸，7'0.6"以上之載重量每吋為12.5噸

7'1"之載重量＝300噸＋12.5×.4＝305噸

71

5'8.8"之載重量為100噸、5'8.8"以上之載重量每吋為12.5噸，

6'0"之載重量＝100噸＋12.5噸X3.2＝140噸，

每十二小時該輪燒煤三噸，十三小時計燒煤三．二五噸，

第三艙器材之重量＝305－140－3.25＝161.75噸，

又於廿八日晨職奉　諭留鄒家佗清算第一中隊下士班長蘋光煇借支伙食據該班長報告領士兵十五名押運來渝所領餉項僅領至五月份上半月止離岳州時每人曾領伙食十天及抵宜昌由何科長家俊發給伙食至廿一日止並每人向何科長借支零用乙元故今伙食無着懇請借支伙食云　查該班長所稱各節尚屬實情經職商徐主任面商准該兵等十六名向徐主任借支伙食十天計三十二元至

71-1

發餉時扣還該款暫由蔡中隊長收存擇日分發以上各節經過
情形理合呈報
鈞座察閱
謹呈
處長曾 轉呈
廠長江
閱，存 七，廿九
職鄺耀雅謹呈
附呈民生實業公司到渝輪船水尺載重報告表乙紙

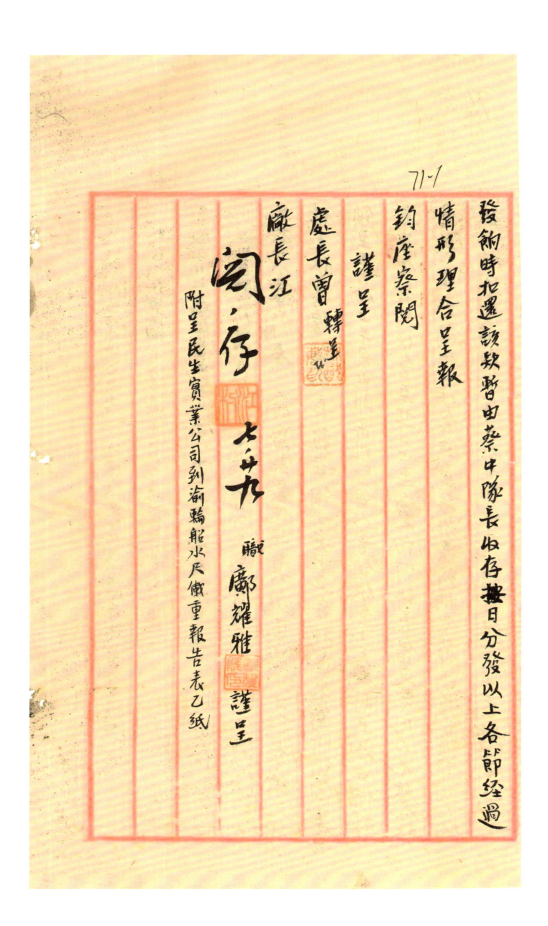

字第　號

民生實業公司到渝輪船水尺儎重報告表

船名 民元　船次 32.　自 宜　至 渝　27 年 7 月 28 日

貨名	器材等				
貨主	粵二廠				
承轉 輪船					
承轉 次數					
船身水尺	卸貨前		卸貨後		計重
	前	後	前	後	
	11'10"	9'4"	2'10"	9'2"	
附註	此批貨件已由兵工署運輸員接收清楚 押運員蓋章				

共起卸十三小時

兵工署負責人　運輸員　　行輪理貨部　　副船　　察視

何家浚关于宜昌运输情况致江杓的报告（一九三八年七月）

告七月[illegible]于宜昌[illegible]宜（三七）第32號

查第二批[illegible]材運輸民船，截至六月卅日[illegible]後[illegible]宜者有十二艘，約裝器材二三八·三一九噸（株州估計），為運輸敏捷起見，不便復候餘船，乃於六[illegible]日（卅日）連同第一批餘貨約二六·五六噸聲請署駐宜辦事處派輪轉運。旋經該處於七月一日派出噸位二百七十八噸由民元輪裝運赴渝，惟是日適又到本批貨船三艘，約重九十餘噸，當即與民生公司交涉妥當，一併由民元輪裝運。詎至五日午在該輪轉裝器材行將完竣之際，該公司竟以有航空學生（六十餘人）附搭該輪為詞，須讓出艙面為睡臥之處，要求後到之貨停裝等情，職以其有諾在先，何能食言於後，且延誤運輸關係非輕，因即一面據理力爭，一面仍繼續將貨轉裝，彼此爭論至夜深二時餘，猶無解決辦法，相持不下，勢成僵局，時職以未裝之貨所餘無[illegible]，若仍爭持，事必決裂，乃為折衷辦法，除由該公司備正式公函向署駐宜辦事處聲明外，復提出條件三項，經該公司高經理伯琛蓋章承認後，始將餘貨停裝。統計是次運渝器材約二百二十餘噸，存宜器材約三十五噸。所有交涉派船裝運第二批器材經過情形，理合備文呈報

察核。

謹呈

廠長江

附抄民生公司簽據乙份

職 何家浚

49

50

抄錄民生公司簽據

一、民元七月十五日未裝完之粵二廠貨當於民元本中之一輪下次（即廿二次）到宜時承裝至郭家沱。

二、兵工署所派粵二廠貨如實際噸位與通知噸位符合民生公司應予一次裝完

三、如有超出通知之貨民生公司儘先設法為之運輸

高伯琛（簽字）（蓋章）七月五日

关若珍为报送第三批运渝器材表致江杓的呈（一九三八年八月三日）

3

竊查秘書室函開奉

廠座交下兵工署駐重慶辦事處箋函乙件關於運渝機料按月具報請將本廠運渝第一二三批收到機件名稱數量分別列表以憑叙稿轉復并將署辦事處原函乙件閱畢送還各等情查本廠運渝抵沱機件經於七月廿四日將第一二批器材列表彙呈

鈞座察核有案謹遵將第三批來沱機件列表敬呈

鑒核備案

謹呈

處長李　轉呈

廠長江

存查　八/三

7-1

戢

附第三批儀器到達表共十六頁

疑問表一張

閻若玲呈

八月三日

军政部兵工署第五十工厂为检送运渝器材简表致兵工署驻重庆办事处的笺函（一九三八年八月五日）

附：兵工署第五十工厂运渝器材简表

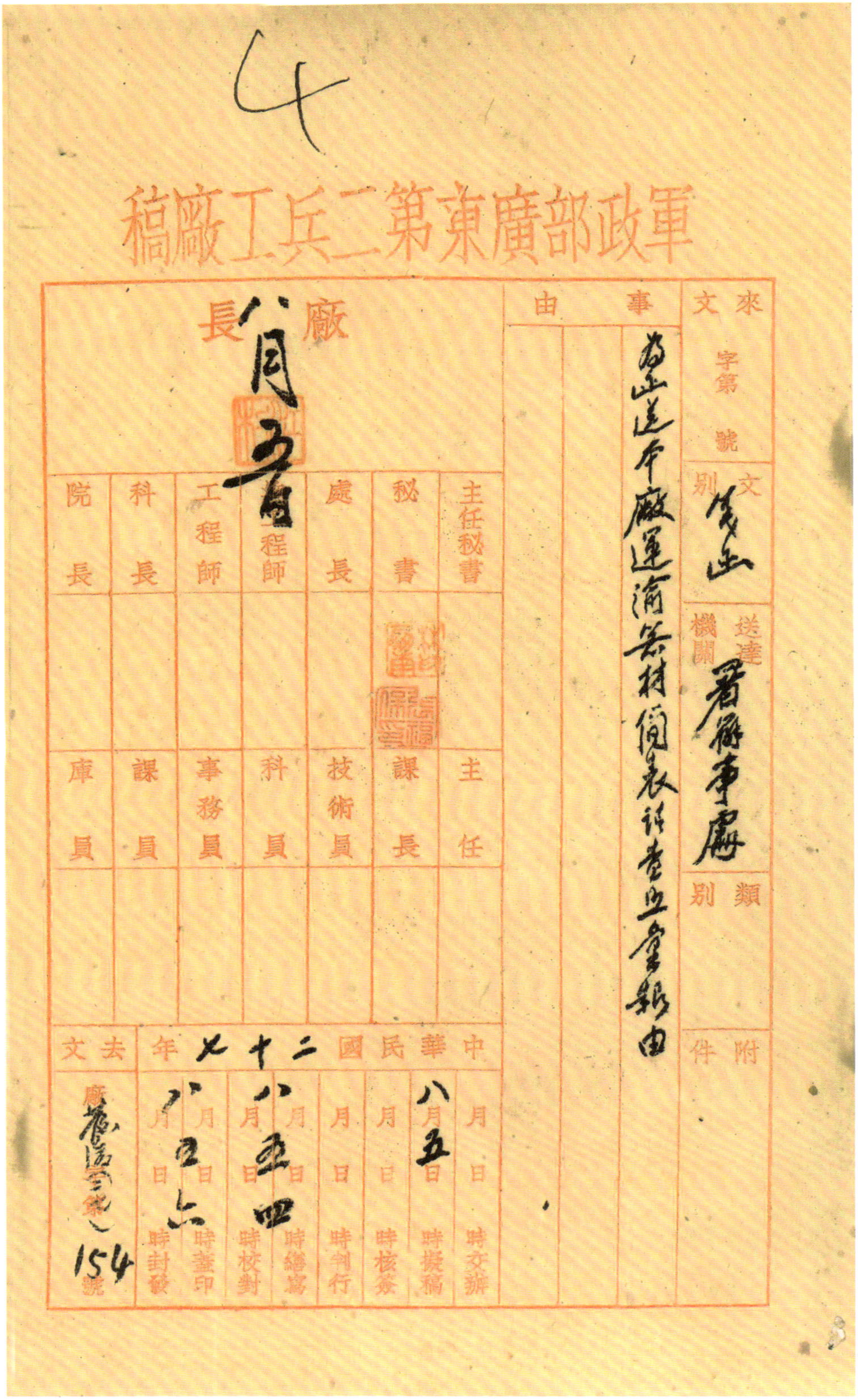

4

軍政部廣東第二兵工廠稿

來文 字第 號

文別 箋函

送達機關 署辦事處

類別

附件

事由 為函送本廠運渝器材簡表請查照登記由

廠長 八月五日

主任秘書 秘書 處長 工程師 工程師 科長 院長

主任 課長 技術員 科員 事務員 課員 庫員

中華民國二十七年

交辦 月 日 時

擬稿 八月五日 時

核簽 月 日 時

判行 月 日 時

繕寫 月 日 時

校對 八月五日四時

蓋印 八月五日六時

封發 月 日 時

去文 廠總(字)第154號

案准

貴處(27)函字第八七七號箋函，以奉
署令對於各廠處運渝材料，須按月具報一案，
屬將本廠五六月份收到材料名稱數量，填表
送處，以憑彙報等由，准此。查本廠器材等件，
係由貴分處分批輸運來渝，除俟彙案呈
署備查外，相應將批列表，備函送達，即希
查照彙報為荷！

此致

兵工署駐重慶辦事處

附表紙

兵工署第五十工廠運渝器材簡表

次數	名稱	噸數	起卸日期	附註
第一批	機器	410	六月七日	
[illegible]	樓梯	55	六月七日	
第二批	機器	368	七月二十一日	
第三批	機器	161.75	七月二十七日	

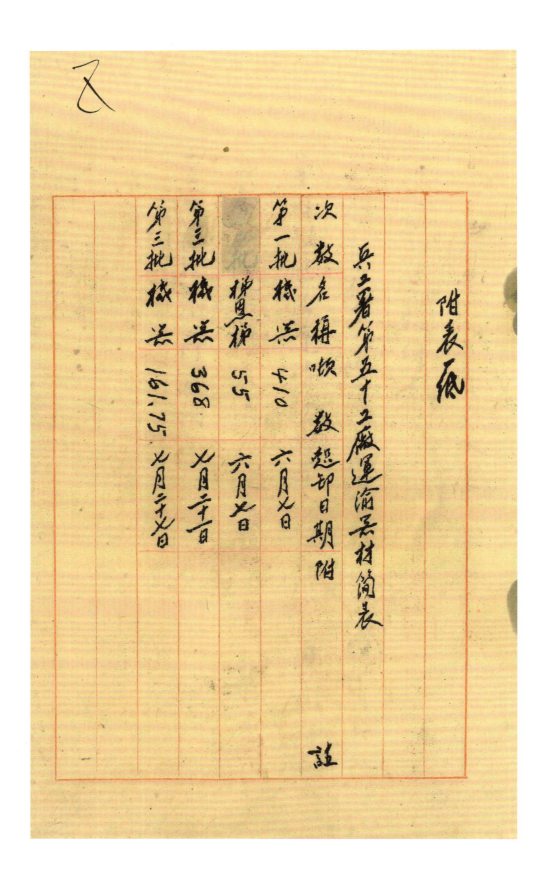

施惟吾关于由宜运渝第四批器材起卸事宜致江杓的报告（一九三八年八月七日）

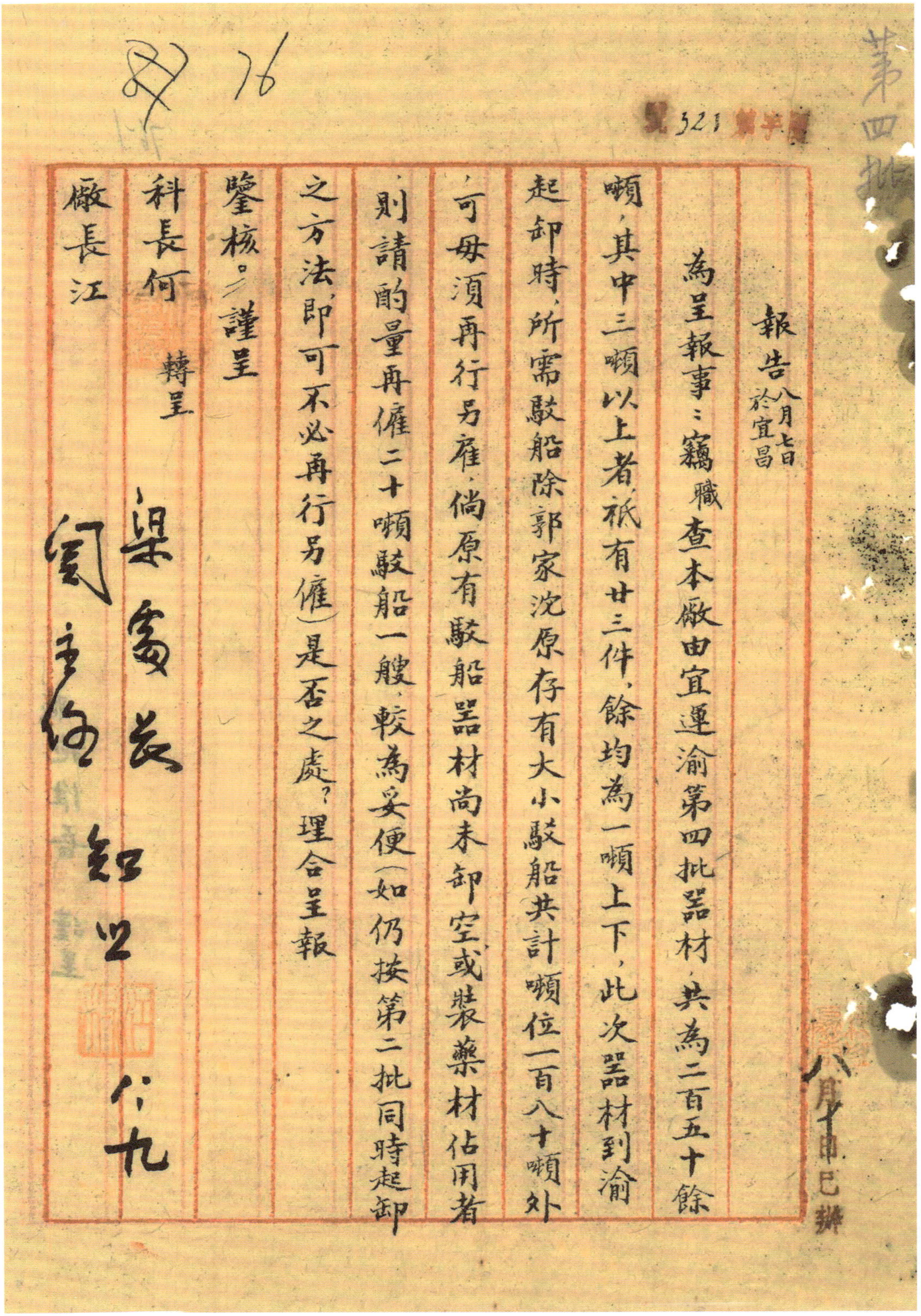

報告　八月七日於宜昌

為呈報事：竊職查本廠由宜運渝第四批器材，共為二百五十餘噸，其中三噸以上者，祇有廿三件，餘均為一噸上下，此次器材到渝起卸時，所需駁船除郭家沱原存有大小駁船共計噸位一百八十噸外，可毋須再行另雇，倘原有駁船器材尚未卸空或裝藥材佔用著，則請酌量再僱二十噸駁船一艘，較為妥便（如仍按第二批同時起卸之方法，即可不必再行另僱）是否之處？理合呈報

鑒核。謹呈

科長何　轉呈

廠長江

廠長江

科長何　　轉呈

鑒核。謹呈

之方法，即可不必再行另編，是否有當，理合呈報

則請酌量再編三十個號數一號較爲安便，如仍按第二批同時造冊

可毋須再行另爲編號，原有號數器材尚未命定或裝箱材料，尚間有

經過所需號數，均將原號沒存，有大小號數共計編號一百八十箱外

另其中之號，以上器材有廿三件，餘均爲一個上下，此次器材所需

爲呈請事：竊查本廠由宜遷渝第四批器材共爲三百五十餘

職范惟吾　謹呈

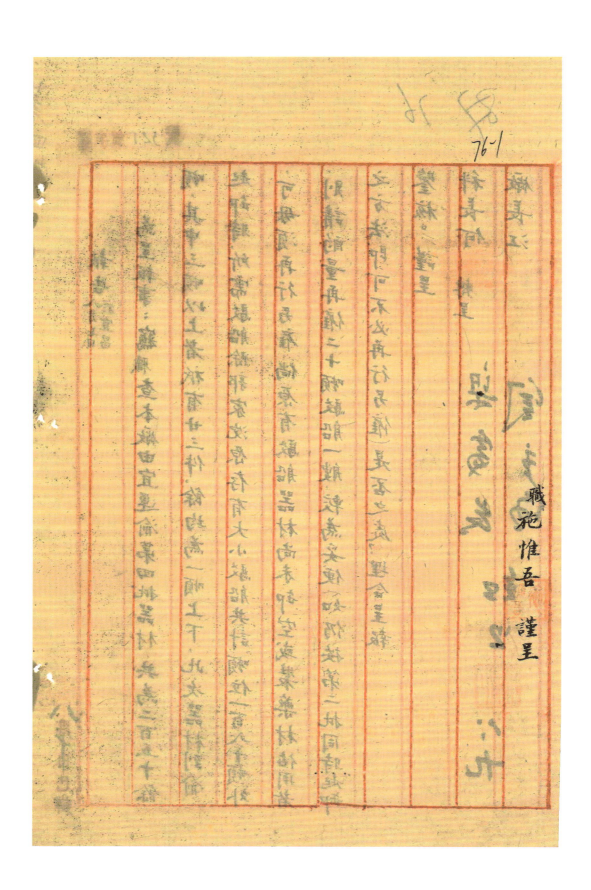

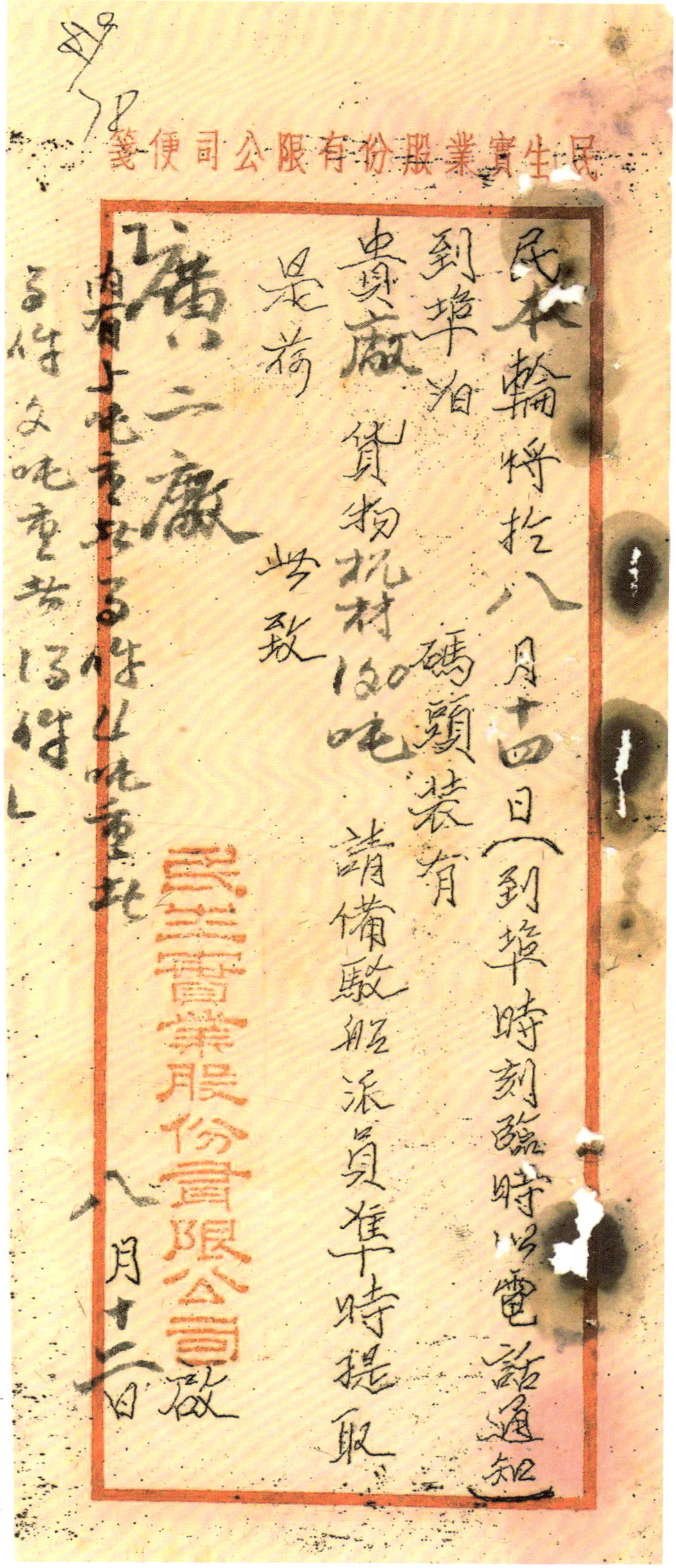

民生實業股份有限公司便箋

民本輪將於八月十四日（到埠時刻臨時以電話通知）到埠泊　碼頭裝有貴廠貨物機材120噸　請備駁船派員準時提取是荷

此致

廣東第二廠

民生實業股份有限公司　八月十二日啟

民生实业股份有限公司为请派员提卸运渝器材致广东第二兵工厂的笺函（一九三八年八月十二日）

范铭祖关于由株洲发出第二、三批民船吨位情况致江杓的报告（一九三八年八月十三日）

84

73

387

報告 八月十三日於宜昌

竊職前遵

諭將已卸空之第二批（株洲發出批數）民船周椿先等二十一艘排水量核算完竣，並於七月二十三日繕具表式呈報

鑒核，旋奉

批示：「此項民船二十一艘所裝器材是否即係民元輪二三兩批裝來者，仰再詳報」等因，自應遵辦。查該二十一艘民船中，周椿先等十三艘係第二批，曾子香等八艘屬第三批（宜昌運渝批數）先後於七月六日、二十一日由民元輪運渝，奉

批前因，理合分別列表具文報請

察核。

73-1

謹呈

科長何 轉呈

廠長江

存查 八十六

附第二三批民船測定噸位表二份

職 范銘祖

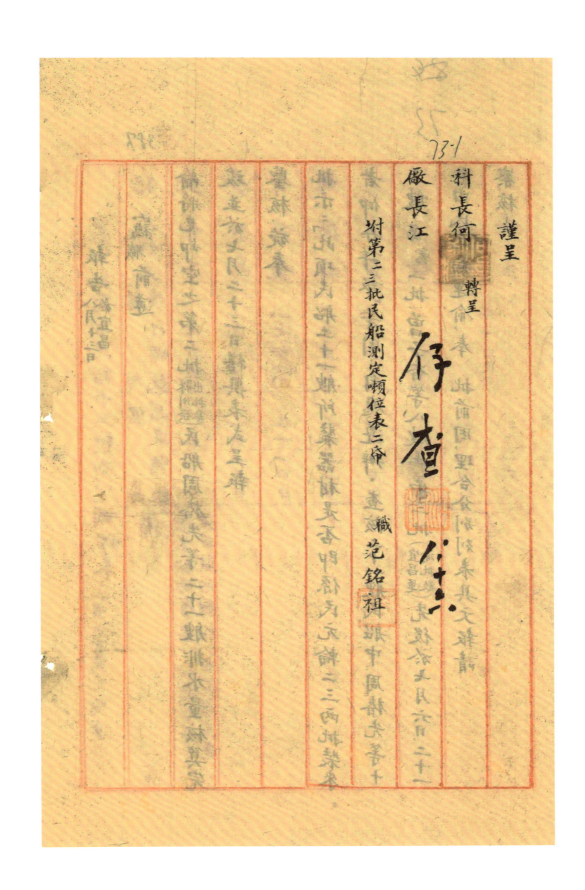

附（一）第二批运渝器材民船十三艘测定吨位表

74 85

第二批運渝器材民船十三艘測定噸位表 七月六日民元輪運渝

船户姓名	估計噸数	株州宜昌測定噸数	備考
彭奇亭	七六六〇	五四二五	查本批尚有第一批餘貨李三和黄田勳兩艘約二拾餘噸同運
蔡鶴齡	一九八〇〇	一六一五〇	
甘若巘	一七四六四	二二一〇〇	
羅徽祥	二七五二〇	二三八二〇	
言少云	二五二二五	二三八〇〇	
姜春新	二三六六五	一八五七〇	
周椿先	七二〇九〇	三八四〇〇	合裝
彭梅生		三二一六〇	

黃梅生	一〇七〇〇	九六九九
宋雲欽	二六二一〇	二二八六〇
陳曉春	二〇七二〇	一七三〇〇
楊厚生	一〇九三〇	一〇〇〇〇
龔賢雲	三〇六五〇	二五二〇〇
共計	二九二六三四	二六三四八四

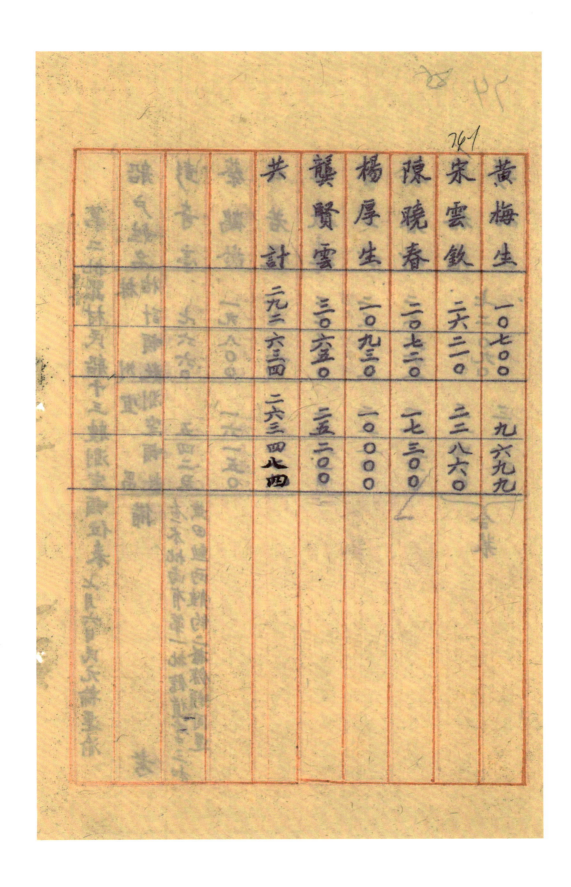

附（二）第三批运渝器材民船八艘测定吨位表

856　75

第三批運渝器材民船八艘測定噸位表　七月廿一日民元輪運渝

船户姓名	估計噸數（株州）	測定噸數（宜昌）	備考
曾子香	七五〇	二一六六〇	
姜錫田	一八一九〇	一九七五〇	
李益豐	一四八三三	一五三四〇	
楊運濤	四〇六〇七	二五五〇〇	合裝
方壽泉		二五七五〇	
劉啟鳳	一四五六五	一九一〇〇	
李文彬	二〇八〇〇	二三四〇〇	
張錦文	五〇九五〇	六六八〇〇	

75-1

共計	一六七	一九五	二〇六三〇〇

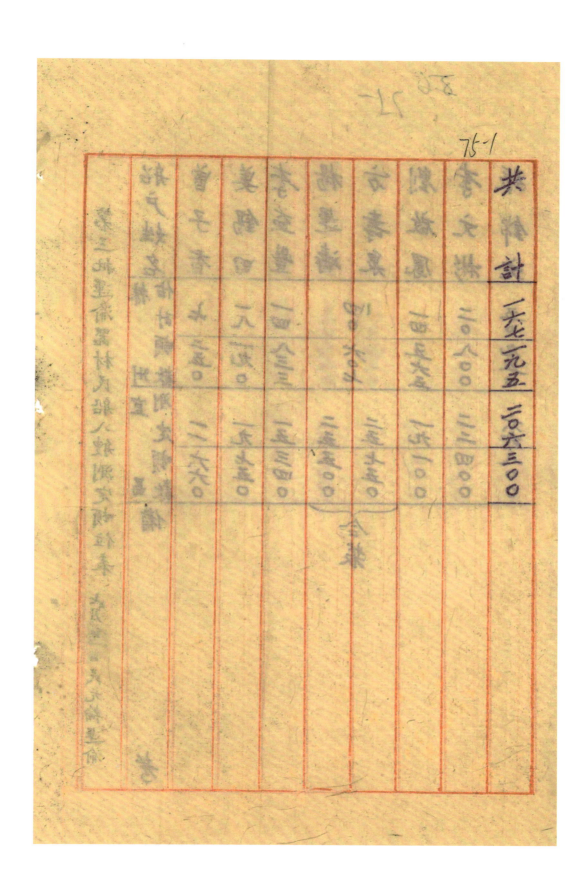

何家浚关于器材运输事宜致江杓的签呈（一九三八年八月十五日）

附：存宜器材数量表

簽呈 八月十五日於宜昌

宜(三)字第68號

八十

(1) 竊奉

鈞座元電略開：「文電悉，希派職員一人帶士兵二三名隨輪前赴藕池口迎押滯貨來宜，並仰飭去員澈查士兵陳振華肇事斃命原因確報」等因；奉此，當遵派稽查員唐天駒帶領機械士岳宗琦及士兵二名隨新富湘輪於是(十四)日下午一時啟程前赴藕池口迎押滯貨，並經飭該員澈查該士兵陳振華肇事斃命原因。奉　命前因，理合呈報

鑒核。

(2) 存宜器材約共四百噸強(附表詳列)業經先後声請兵工署駐宜

21

辦事處照派噸位。頃據沈課員其柏面稱：「該處已口頭答允於下次民元輪到宜時全船派裝」等語；查該輪於本（十五）日由宜開渝，預算本月廿五日可開始轉裝。」

(3) 本月十日到第六批（林州發出批數）鉄駁船一艘，載有器材一百叁拾餘噸，內有廿四噸重銅壳壓機機身一座，職以其過重，民生公司無法裝運，乃擬藉此江流平緩時期，將該鉄駁船整艘拖運赴渝，以免該重機身用木船裝運之危險，又不必久候民生公司重吊桿之完成，管見及此，因囑沈課員其柏與民生公司接洽拖運，旋據該員復稱：「該公司童經理答復祇允拖運該廿四噸重機身一座，其餘須另船裝運」等語；查若依此法拖運則須俟鉄駁上附載各件轉裝完畢

23

後，始能實行，至關於拖運費用，尚未議及，該法是否可行？仰候
核示祗遵！
(4)查職處事務日繁，現有職員，時感不敷分配，擬請
增派事務員喻義來宜襄助一切，可否之處？仍候
批示祗遵！
謹呈
廠長江
職何家浚
附呈存宜器材數量表乙份。

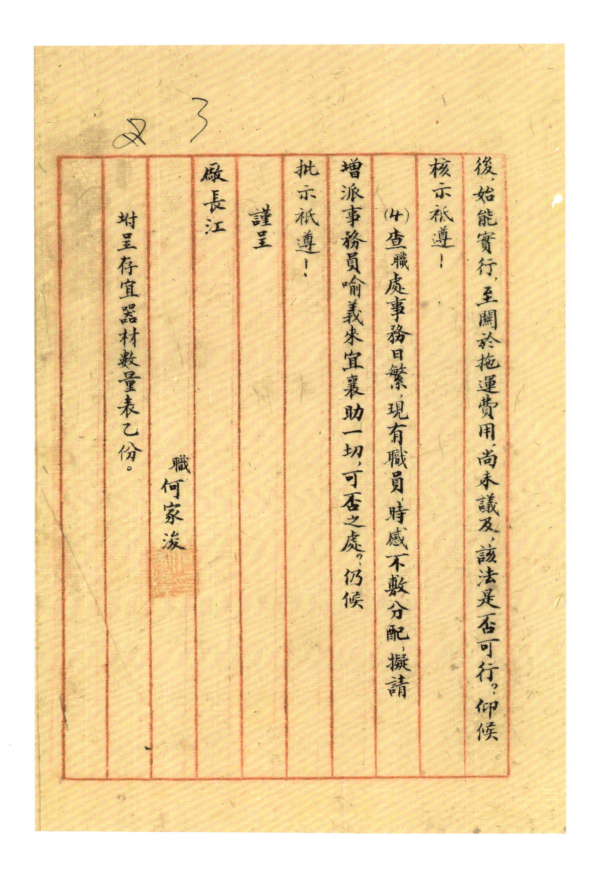

3-1

一二兩項悉、三項原則實行

濬民生公司商議换價外款

應付駁船議定租價、

四項待喻事務員酌宜

鑒予當圍

六、十八

34

存宜器材數量表（截至八月十四日止）

批數	到宜日期	船户姓名	約載重量（kg）	押運員工	停泊地點	附註
株發第二批	21/7	陳玉生	10160	王耀光	美孚碼頭附近	該員於八月十一日赴渝（押運）
	〃	鄭恭魁	43016	〃		八月十一日運渝12.200噸
	〃	李桂福	23861	〃	〃	〃 〃 〃 9.750噸
株發第三批	〃	蔡梓正	16500	何静熙	〃	該員於八月十一日押運赴渝
	〃	莫慶民	33303	岳宗琦	〃	該士於八月十四日派赴鷂池口押運 兩船合裝八月十一日運渝0.186噸
	〃	陳福生	33303	馬福全	〃	該士於八月十四日搭民元輪赴渝
	6/8	朱桂秋	14405	唐天駒	〃	該員於八月十四日派赴鷂池口押運
	〃	言福初	9200	職廷獻	〃	該士於八月十一日押運赴渝
	〃	滕代經	15055	何乾	〃	該士於八月十一日押運赴渝 八月十一日運渝11.875噸
	11/8	王厚臣	19427	鄧鎏輝	〃	兩船合裝
	〃	黄松年	19427	〃	〃	
機件船四艘接收炮技處	8/8	薛金根	45212	〃	〃	兩船合裝
	〃	沈根發		〃	〃	
	11/8	陳光發	7420	〃	〃	
	〃	陳霧台	7715	〃	〃	
株發第六批	10/8	鉄駁船	136674	熊志陞	亞細亞碼頭下附近	

（1）第二、三兩批僱船押運員已派赴渝及鷂池口，所有保管警衛事宜暂由吳分隊長貴山負責。

（2）上項器材業經先後報請兵工署駐宜昌辦事處開派噸位。

（3）沈根發船有一六噸卧鑽床一部，鉄駁船有二四噸銅壳壓機身一座，民生公司無法裝運。

職何家浚呈 八月十四日

何静熙关于由株洲押运机器到渝经过情况致江杓的报告（一九三八年八月二十日）

報告　八月二十日　于稽查室

一、熙于六月四日率少尉稽查員唐天駒 機械士系宗琦 職廷獻 馬福全及士兵十四名押運機器船十支約重二百二十噸由株出發當晚停泊鄉潭至六日早十時到達長沙

二、七日早六時長沙船舶分所派拖輪一艘拖運本批船十支由長出發是晚六時停泊蘆林潭

三、八日早六時開船至十二時許遇暴風大雨不能前進乃停泊宝其望避風至夜十時許風勢已停次早繼續前進至十時許至雲田附近又遇大風拖輪失去拖運能力各機器船被風吹向右行前後衝撞勢甚危險當令各船水手嚴密監視并至阜地下錨以避風勢至下

午一時風已漸停仍令繼續前進九日下午六時到達岳陽

四、到岳之時因第二批之船隻尚未運完復由喻副官向船舶分所交涉早派拖輪運宜奈因岳地各機關待運之件太多岳船舶分所又無存輪須漢口總所派輪方可拖運致本批船隻停滯岳陽二十餘日之久

五、關以前方情況緊急岳地待運船隻太多漢地奉令疏散總所派輪無期岳陽時有警報總所最近不但無輪可派反將本廠王耀光排長押赴漢口修理之萬源輪扣留另派他差似此情形一旦有事岳地船隻進退兩難以喻副之意擬令巡去漢總所一行巡以未奉廠座命令又無正式文件實不便前往署刻靜候拖輪又無確期最後決定巡以私人關係去漢一行因該總所之長莊達係巡舊日同仁故再

105

94

六、巡于二十四日十一時由岳起程，當晚十二時到達武昌，次早赴漢口船舶總所，會見莊所長，因該所長去武昌會議未歸，當晚再去泰康里八號莊所長私寓，當承接見，經說明本廠船支至岳滯留太多及不便久停各種理由，改請其以私人關係設法早日派輪拖宜，並請將萬原輪仍放回岳以便拖運，得其允為決定，次早十時至所中答覆。

七、二十六日上午十時再去總所，當經答覆云，漢地因奉令疏散，所有大小拖輪已派遣一空，萬原輪因機件損壞未經修復，亦不適于遠航，且拖運上水尤其不易，前派出之各輪不日可來岳，屆時定令先撥大輪一艘將岳船拖宜，並允電知岳陽分所，有船之時准令先撥派，巡以執行任務已達，遂于二十七日早九時搭車返岳。

八、七月二日接厅派来福州大拖轮一艘，平常能拖运六百吨，因值涨水之期，且系上行，乃决定拖第二批船三支（王排长押运）及本批船四支（由迅员负责），约共重二百〇吨，另附该轮四十吨煤船一支，由唐天驹押运本批其余六支于七月四日由岳出发，是日下午六时停泊自君滚。

九、五日早六时开船，因水流湍急，航行甚慢，每日行程仅五百里左右，下午六时停泊大马洲，此地系湘鄂交界地带，民风素野，夜间警戒加班。

十、六日早五时开船，因近数日停泊地方荒野，船上菜蔬用尽，十一时至塔市驿停泊一小时，令各船购买应用物品，十二时开船，下午七时停泊调关下纪家嘴。

十一、七日早五时开船，由此上驶，港汊较多，水流湍急，船行困难，每小时行走四五里，因距停泊码头不及，下午九时至石首对河停泊。

106

95

十二、八日早五时開船是日下午六时到達郝穴时值江水猛漲風浪又大航行危險在此避風一日至十日風勢稍停但江水續漲不已乃決定分批拖運由排長王耀光機械士岳宗琦押船四支先行于十日下午六时到達沙市

十三、十一日拖輪返郝穴时因爐內发炸裂郝穴無相當工廠不能修理後派人去沙市記修至十二日始行修竣十三日早七时復拖留郝船隻前進

十四、十三日下午三时开行至斗湖堤附近又遇暴風水大浪急因有八十號船底樁上重被浪激篙艙已進水勢甚危急除指揮各船水手搶護外並令拖輪停止前進隨至草地下錨並令押船士兵及船上水手輪夜守戒又拖輪至附近岸旁以防危險次早風已漸息乃繼續前進至十四日下午六时到達沙市与先到各船会合停泊一宿

95-1

十五、十五日早五时由沙开船，此段由沙市至江口镇约百余里，匪甚猖獗，尤以大脯街附近为甚，闻前数日曾至万名左右，与当地驻军激战数次，互有伤亡。为求安全计，乃决定仍合批拖运，并令士兵特别戒备。当日下午七时到达江口。

十六、由江口镇再向上驶，水流太急，须经过四五十里长之横水，中途又无停泊地点，不得已又行分批拖运。由王排长与吴宗琦押运先行，于十六日早六时开船，当晚该船即停泊枝江县，此仍至江口候轮，因该地有驻防军队，运本批船只即停至该连碉堡附近，俾遇有意外藉资借助。

十七、十七日早七时拖轮返来，随即前进，是日下午七时到达宜都县。至此因拖轮燃煤业已用尽，当派人去宜昌向船舶公司要煤，至二十日下午运来煤二十噸，並將枝江之船拖宜，都於二十一日早六時合批拖運，是下午約七時全批船隻到達宜昌。

十八、本批留岳之船六支，於七月六日由鴻太公司大富拖輪拖運來宜，計重九十噸，由唐天駒押運，當進入金河口十五里附近時，因該輪馬力太小不能前進，復拖返岳陽，二支已拖，四支仍在五十噸，向宜。

十九、該批船支於途中又因水淺，時常分批拖運，致航行甚慢，十九日方到沙市，到埠之後煤又用盡，經幾次交涉，至八月二日始將煤裝齊，當日由沙開船，至八月六日到達宜昌。

二十、照於八月十日奉宜昌辦事處委令，押民本輪機件約百二十噸，於十一日早四時開船，十四日到重慶，十五日抵郭家沱本廠。

96-1

謹呈

廠長 江

閱。存查 八/廿四

上尉稽查員何靜[illegible]呈

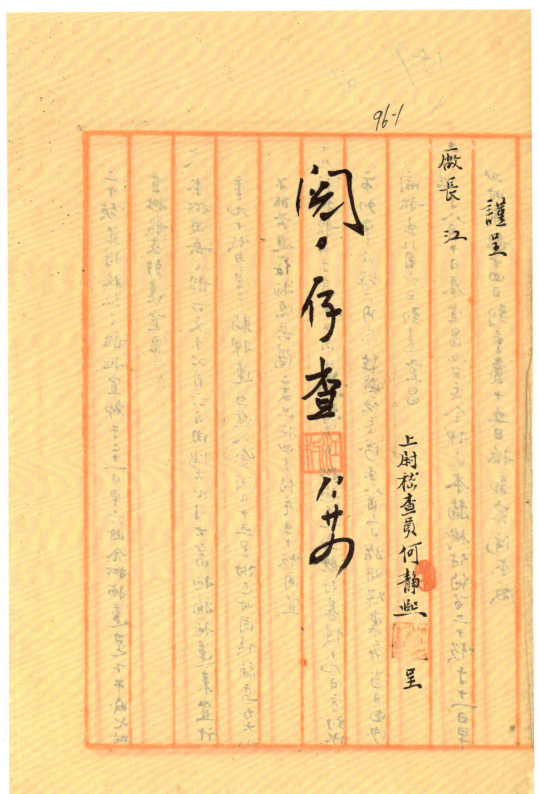

关若珍为报送第四批运渝器材表致江杓的呈（一九三八年八月二十二日）

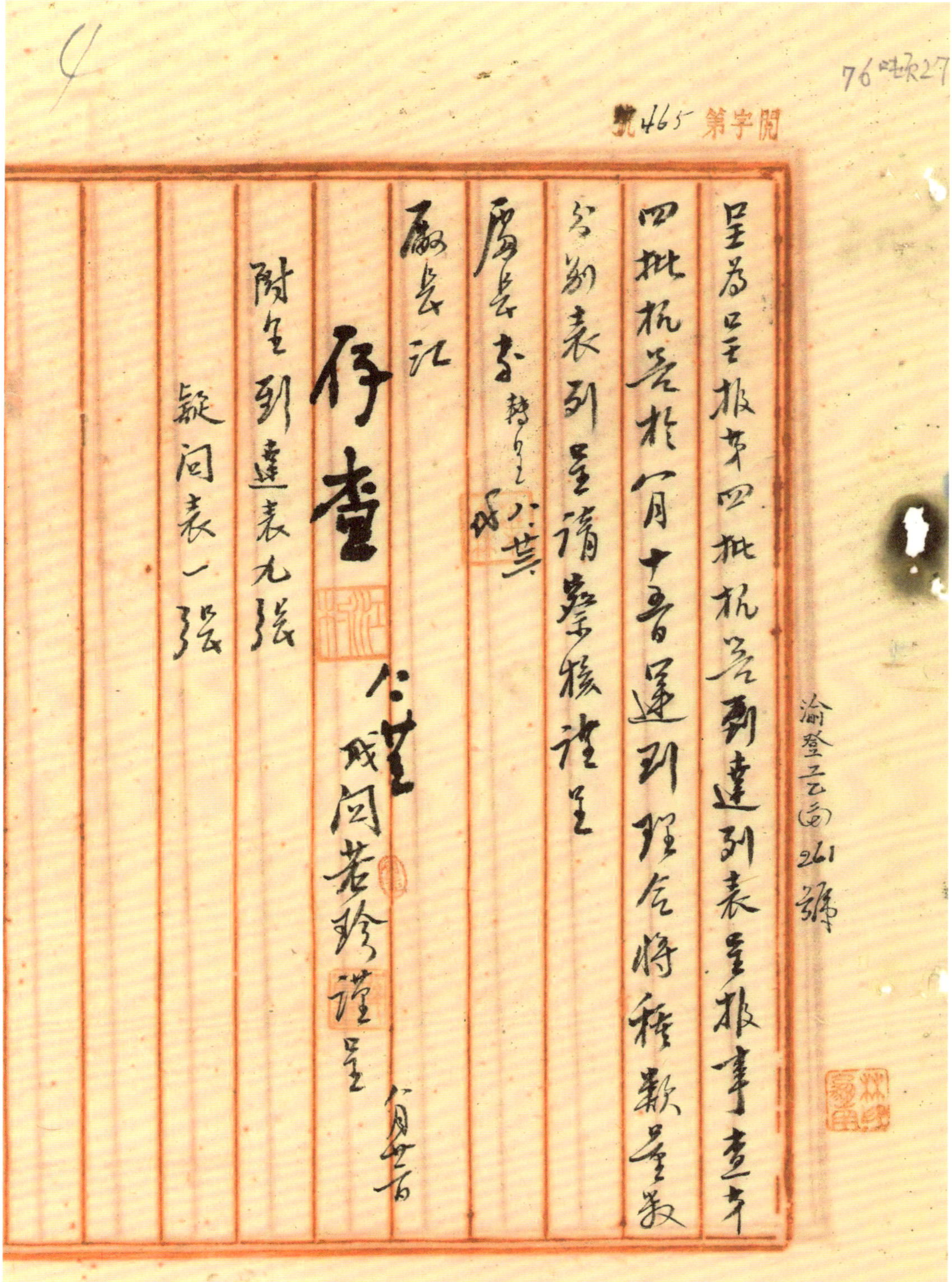

何家浚关于宜昌运输情况致江杓的报告（一九三八年八月二十五日）

138

關字第504號

八廿六

宜(壬)字第74號

報告 八月廿五日於宜昌

(一)竊查本廠擬向炮技處借僱小輪拖運器材，該處允借三艘，經職於本月廿一日會同梁處長電呈鑒核在卷。現據沈課員其栢面稱：「該處允借之拖輪三艘，一為僂富號，現在藕池口，須俟水流平緩始能来宜，次為國光、國元號，均尚在途中，該二輪中之一艘炮技處與該輪合約關係，不能轉租，故今衹能借用兩艘，俟該輪到宜時即行移借本廠」云。

(二)查職處前擬向經濟部燃料管理處宜昌煤斤轉運所購煤一百噸，業得該所允予照讓，經梁處長本月廿四日電呈察核在卷。現經復與該所商訂每噸價格二拾三元三角，須一次交款

並須早日提出煤倉，如何之處？仰早

核示祇遵！！

准僱木船存備

(三)竊以本廠所購煤斤原為接濟拖輪煤荒，而現所購之煤均在宜昌，供應不易，故擬於沙市及藕池口分設煤站派員兵專司登記，管理，接濟事宜，慎密聯絡。此舉如屬可行，擬請

鈞長指派幹員分站負責，並於購得煤斤後即與本廠卸空器材民船訂租裝運下游，以備應用，如何之處？仰候

鈞裁！！

藕池煤船交負衛代管，沙市擬不設，由[illegible]清[illegible]指派

四、查本廠接收炮技處之機件，內有十六噸重乙件，民生公司不允負責裝運，現職擬將此件轉附鉄駁與廿四噸重件一併拖渝，但

以此件分儎民船，須先行轉移鐵駁上，方能實行。茲經與三北公司鳳浦輪商允設法吊轉（該輪起重機祇能起十五噸），惟須俟輪靠泊碼頭，庶可免傾側之虞。

何

（五）民生公司拖運鐵駁事，業經兵工署駐宜辦事處電　署核示（用快郵代電）。查　職當日與民生公司童經理會商結果，不外拖輪保險費用（保輪不保鐵駁及機件，民權六百元，民風七百元）由本廠代付；所儎器材重量應繳運費外，其餘拖輪因拖鐵駁而不能裝貨，其空餘噸位之運費，亦由本廠照付。如　鈞長認為關於上述款項可不俟　署電复而能由廠方直接負擔者，則擬刻日準備修理鐵駁，並即答復民生公司以適應航行水流。如何處理？敬候

[illegible]

1317

已限電並再行核辦

示遵！

（六）滯留藕池口之貨現祇有新富湘輪一艘拖運，經職電催唐天駒刻日押該輪拖貨来宜，惟再據該員電告，仍因水急不能開宜，須俟水勢稍緩始能行駛云。

謹呈

廠長江 闓 八廿七

職 何家浚

何家浚关于陈报第五次运渝器材及重件器材装运情况致江杓的报告（一九三八年八月二十九日）

附：第五次运渝器材件数重量表

106

閲字第537號

報告　八月二十九日於宜昌　宜(壬)字第78號

九月二日

(一)查職處第五次運渝器材二二一·二六八噸(估計數)業於本(廿九)晨由民元輪裝出，經於昨(廿八)日電呈鑒核在卷。本次器材大小件數約一四一五件(詳見附表)由技術員鄧鎏輝押運，並請隊長林竹筠、隊附區耀南率兵協同照料。惟查存宜器材原有四〇一·一五三噸，兵工署駐宜辦事處派來噸位四百七十噸，除內有重件兩件(一為廿四噸 一為十六噸)不能起運外，其餘本可全數輸出，但因器材容積過大，貨艙容納不多，並奉該處陳處長通知：「民元輪因須押艙重件可改裝第四庫材料若干噸，艙面均仍由粵二廠裝大件又資委會柴油機卅噸要裝走勿誤」等由，自當照辦。故本次祇裝

1061

得器材約二二一·二六八噸，剩餘約一七九八八五噸。所有第五次裝運器材情形，理合報請

察核！

（二）查本廠之廿四噸及十六噸重件器材，職處擬用鐵駁裝儎由民生公司派輪拖運赴渝，業經兵工署駐宜辦事處呈　署核示，並經呈報

察核在卷。頃准該處宜（王）字第448號公函云：「以本廠重件器材業與民生公司商洽以民權民風兩輪拖運，民權須保險費六百元，民風則七百元，又拖帶鐵駁輪船本身減少之實在噸位，須照三十元一噸之數付給。已奉署電照准，即希查照辦理」等由，准此。現職擬進

158
107

行整理鉄駁及設法將十六噸重件吊轉該駁內，俾與廿四噸重件一併運渝，是否有當，仍候
核示！
謹呈
廠長江
附表乙份
職何家浚

閱，此項以從速辦為宜
郭貴周蘭查
弟

1077

五批藝林續表速由秘書處抄交繫年備覽

紹以　九二

108

第五次運渝器材件數重量表

重量	件數	坿註
一噸以下	一三六七件	内百噸以下者約半數
一至二噸	二三件	
二至四噸	一四件	
四至五噸	六件	
八噸	二件	
九至十一噸	二件	
十三噸	一件	
共數	一四一五件	

梁步云关于帮郑大强调度运输情况致江杓的报告（一九三八年八月三十日）

開字第571號

141

報告 八月卅日 於宜昌仁壽路十四號

事由：為奉命帮忙鄭科長調度運輸情形報祈鑒核由

一、竊職奉命抵宜昌時，何科長已派張克讓攜款赴藕池口購煤接濟新富湘輪亦由唐天駒押開藕池口拖運留藕器材，時值水漲流急，八月十九日至廿三日，未能上駛，廿四日職抵藕池口時水位漸低，即由新富湘拖段士珍押運器材船二隻迅速開宜（職未到藕前已由何科長電知即起運）至煤之購買，輪因藕池口與沙市兩地出售者質劣價昂，除新富湘臨時在藕池口就近購煤十餘噸外，在宜昌請由本署駐宜辦事處函向經濟部燃料管理所宜昌轉運所訂購煤百噸，質佳價平且屬政府機關，購費不致虧損，此事早由何科長電陳鑒核。

宜昌興順隆紙號印

1411-1

二、留藕器材，計有：

(1)劉天威押運器材船五隻，儎約150噸，隨船兵、工、眷屬共計十餘人。

(2)郝蓋臣押運器材船六隻，儎約200噸，隨船兵、工、眷屬百餘人。

(3)闕文標押運器材大囤船一隻，儎約120餘噸，隨船兵、工、眷屬五十餘人。

(4)新到藕池口器材船八隻，儎與隨船人數不詳。

三、拖宜支配：遵　命擬定調度原則：(1)將先到藕而隨船人數過多者先拖，以便在宜易購船位，早日赴渝。(2)配合拖輪馬力，以能拖走爲上策，故儘拖輪馬力太小，交運器材，間因押運器材中途變更押運員時

140

職在運單上簽具證明，以明責任。因此，于拖駁秩序擬定如下：

（一）新富湘拖段士珍押運船二隻，質約百卅餘噸，于八月廿四日清晨由藕池口開宜。

（二）衡昌（新由株到）輪拖郝藎臣押運船六隻已電由八月廿九日由藕池口開宜，卅日到郝穴。

（三）雙富輪（由宜向炮技處借用拖一次，約計六日，言明在借用期內所有一切費用，由本廠依照合同規定按日計算付款）拖劉天威押運船五隻，今卅日上煤，卅一日早由宜開藕，於九月一日由藕池口開宜。

（四）新富湘到宜返藕池口時拖關文標押運大鹽船一隻，預計九月五日可由藕開宜。

宜昌興順隆紙號印

1422-1

(五)衡昌輪到宜返藕池口時(原衡昌由株拖藕)拖孫文德押運船八隻預計九月七日可由藕開宜。

在(一)(二)(三)輪拖貨到宜，擬趕裝此次開宜民元赴渝，噸位商請陳處長哲生承允整派。候(四)(五)輪由藕起行時，已知關衡屆時電鄭科長，以便派輪接運。

四、本廠拖輪在途中聯絡，已由宜製發藍白旗各一面以資識別，倘遇本廠拖輪在中途停留時(馬力不够或擱淺)應互相援助。上項拖輪夫配及聯絡情形，已函關衡及何科長矣。

五、職於廿八日趕返宜時，即會同何科長沈其柏諸兄進行借用炮技處拖輪及鳳浦輪起重機吊裝本廠十六噸重器材，明(卅一)日上午九時

143

由范銘祖先負責照料。在借用鳳浦輪起重機後，該輪起重工頭桑君及帮助工人擬酌給酒資國幣十元，至船主及其他帮助人員擬親趨謝！存宜大件器材交涉拖渝情形，何科長已呈　鑒核。

六、本廠奉　命派駐宜同仁均能仰體　廠座意志，勤謹奉公，不計晝夜，留藕同仁亦多能束身自愛，又駐宜本署辦事處及友廠負責人同仁，均能推誠相助合作，亦　廠座聲威之感召，懇

鈞座諒察！

七、職留宜，藕或返廠，靜候

電示祇遵！

謹呈

103-1

廠長江

閱

九·三

職梁步雲呈

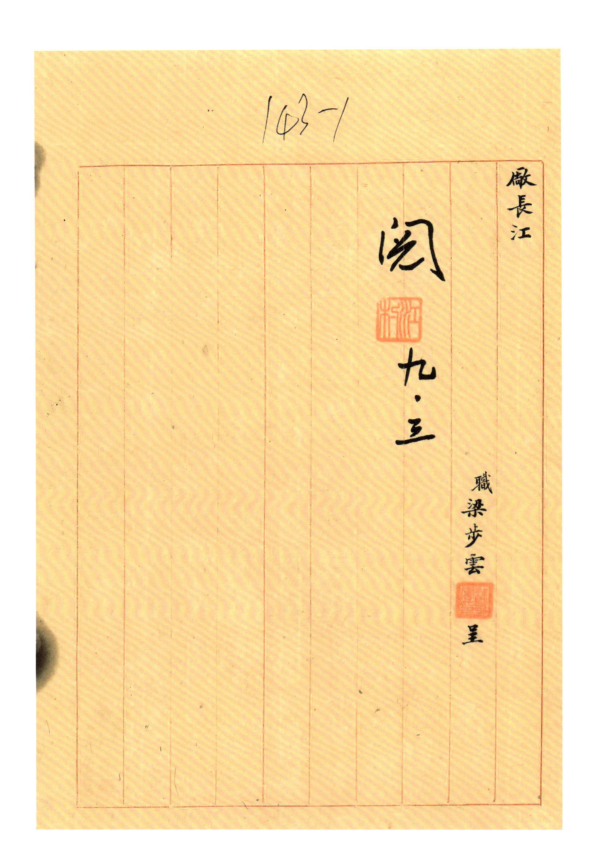

何家浚关于宜昌运输情况致江杓的报告（一九三八年九月三日）

144

關字第599號

宜（壬）字第71號

九月六日 已辦

報告

九月三日 於宜昌

（1）本廠接收炮技處之十六噸重機件，業於八月卅一日託鳳浦輪吊裝鐵駁完妥，並經向民生公司接洽拖運，惟據該公司謂：「近日水位太高，民權或民風兩輪均不能拖運，須俟水落至二丈餘方可拖渝」云。

（2）據民生公司船務股陳主任稱：「民風輪載重約四百噸，民權輪載重約三百六十噸，擬以該兩輪之一拖帶鐵駁，其空餘噸位非俟貨物裝齊時，難以估計實數，但須測約在百噸上下」云。

（3）民生公司拖運本廠鐵駁之輪船保險費（民權六百元 民風七百元）可由本署代付，至檢驗鐵駁費四拾元，該公司允代本廠付給，但須職處去函始允照辦，現職擬去函該公司先為代墊，容後付還。當否？仍候

宜昌興順隆紙號印

144-1

核示！！

謹呈

廠長江

職何家浚呈

以仍希交涉勿遲延過久

即悉即以飭

九.五

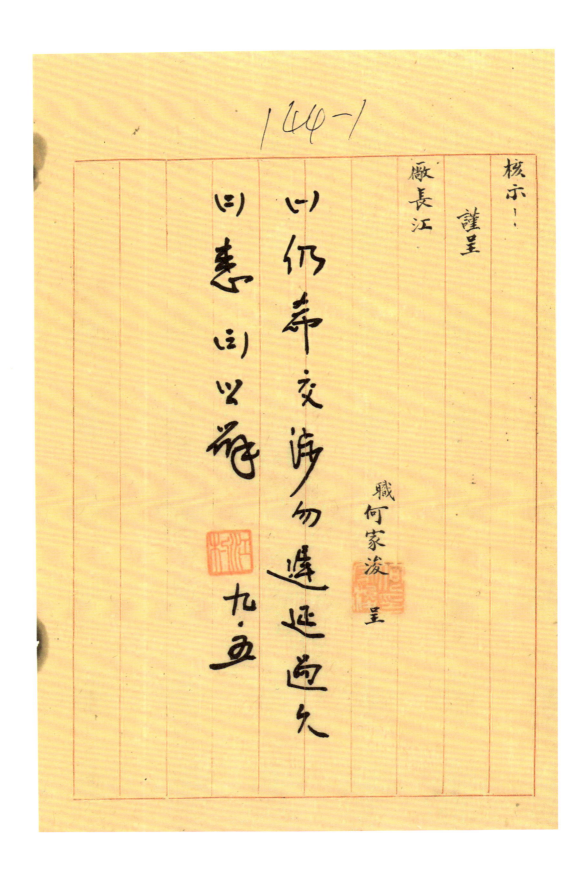

何家浚关于第六次运渝器材装运情况致江杓的报告（一九三八年九月十一日）

附：第六次运渝器材重量件数表

122

121

693

宜（三）字第75號

九

報告 九月十一日 於宜昌

竊職處第六次運渝器材，業於本月九日轉裝民元輪完竣，十一日啟碇赴渝（原定十日開行，因事改期）並經於本月十日電呈鑒核在卷。查是次運出器材共約一七九·三二七噸，計五八八件（詳見附表）另藥品三箱，由技術員段士珍率領機械士三名，士兵六名押運。現存宜器材約二六〇·五二一噸（共船八艘分泊美孚碼頭附近）除附裝鐵駁內一〇三噸待水退拖運外，其餘已請兵工署駐宜辦事處派輪裝運。茲謹將第六次運渝器材重量件數分別列表呈報

鑒核。謹呈

廠長江

1211

附呈第六次運渝器材重量件數表乙份。

職何家澮呈

閱。轉知葉代局長條重任

九、十三

433 122

第六次運渝器材重量件數表

重（器材）量	件数	備考
六噸	一件	
五噸	一件	
三噸	三件	
二噸	一一件	
一噸餘	二六件	
八百公斤以下	四〇七件	内柴油一四三桶
一百公斤以下	一三九件	
共計	五八八件	一七九·三二七噸

叶卓林为报告第五批运渝器材情况致江杓的签呈（一九三八年九月十四日）

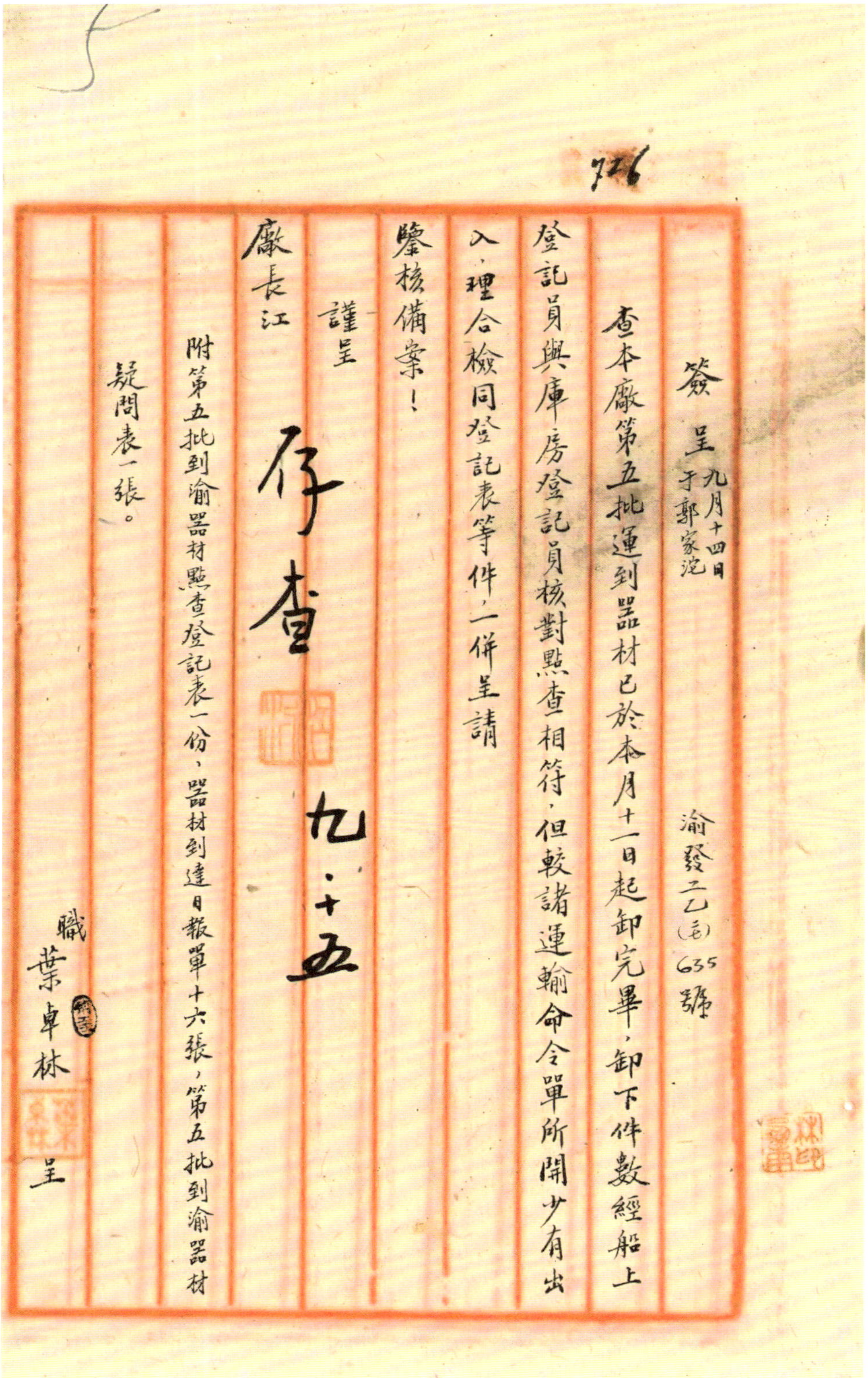

726

簽呈 九月十四日 于郭家沱 渝發二乙（毛）635號

查本廠第五批運到器材已於本月十一日起卸完畢，卸下件數經船上登記員與庫房登記員核對點查相符，但較諸運輸命令單所開少有出入，理合檢同登記表等件，一併呈請

鑒核備案！

謹呈

廠長江

存查 九·十五

附第五批到渝器材點查登記表一份、器材到達日報單十六張、第五批到渝器材疑問表一張。

職葉卓林呈

何家浚关于存宜器材装运情况致江杓的报告（一九三八年九月十七日）

附：存宜器材数量表

5

776

報告 九月十七日 於宜昌

宜(三)字第80號

九月廿日已辦

(1)近本廠先後到宜器材民船十九艘，共約五四七·七四八噸，分泊亞細亞及美孚油池碼頭附近，業經先後聲請兵工署駐宜辦事處派輪裝運。惟該處現經將本月廿二日以前到宜各輪分派各廠裝運，本廠器材須待廿二日以後能派輪裝運否，刻尚未能決定。茲謹將到宜器材列表恭請

鑒核！

(2)查本月十五日到宜之器材，內有約十六噸八大洗床二座，即經向民生公司接洽吊裝。據該公司童經理少生稱：「該公司新裝之重吊桿約十天內可以完成，即可將該重件先試吊裝運渝」云。

(3)鐵駁拖運全部費用，據民生公司估計，除保險費民權輪六百元，或

5-1

民風輪七百元，及鐵駁檢驗費四拾元可確實預算外，其餘應付之空餘噸位運費，事前頗難確算云。

(4)竊職前以事務日繁，擬請調事務員喻義駐宜勷助，業經呈奉核准在卷。茲以喻事務員尚須在常德工作，未暇來宜，擬在該員未到宜昌以前，暫留稽查員唐天駒在宜服務，可否之處？仰祈核示祇遵！

(5)查時屆涼秋，朔風漸起，沿途來宜及駐宜士兵，多有未備寒衣，似應預爲籌發，俾禦嚴寒。爲此擬請鈞長轉飭警衛隊派員携同棉衣來宜，分發各兵領用，以便工作，是否有當？仍候

5-2

鑒核示遵！

謹呈

廠長江

附到宜器材數量表乙紙。

職 何家浚 呈

閱，除暫留唐天駒、士兵

擬派交林隊長辦

九卅

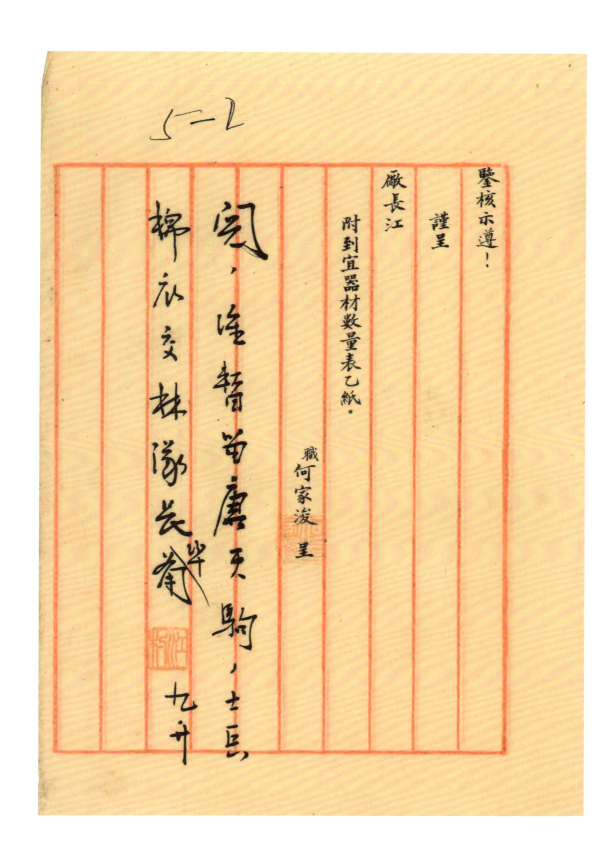

6

存宜器材数量表　截至九月十七日止

批数	到宜日期	船户姓名	約載重量	押運員	彎泊地點	附註
第三批	21/7	蔡梓正	16 500	何靜熙	美孚碼頭至	該員於八月十一日赴渝
第六批	10/8	鉄駁	88 674	熊志陞	亞細亞一帶	該船原裝136,674噸已將一部運瀘
第五批	5/9	周光榮	52 725	郝蓋臣	〃	合裝
〃	〃	胡金田		〃	〃	
〃	〃	馮正明	27 882	〃	〃	合裝
〃	〃	馮菊生		〃	〃	
〃	〃	蕭慶元	74 694	〃	〃	合裝
〃	〃	周海春		〃	〃	
第四批	12/9	陳超	60 345	劉天威	〃	合裝
〃	〃	陳桂林		〃	〃	
〃	〃	舒慶元	49 810	〃	〃	合裝
〃	〃	戴紀堂		〃	〃	
〃	〃	譚立湘	12 085	〃	〃	
第七批	15/9	李玉榮	38 415	周金沛	〃	合裝
〃	〃	馮正海		〃	〃	
〃	〃	馮玉江	22 834	〃	〃	
〃	〃	李忠義	42 000	〃	〃	合裝　内有16.800噸大洗床二座
〃	〃	王樹佳		〃	〃	
第八批	〃	李同盛	61 784	錢開蒙	〃	該員仍在瀘油口，船由周金沛代押來宜

開字第950號

報告　九月卅日於宜昌通訊處　宜(云)字第95號

查本廠存宜器材現計有民船二十七艘，共約重一〇〇〇·〇二三噸，（詳見附表）分泊美孚及亞細亞碼頭八百米達內，候輪裝運，業經電呈在卷。頃准兵工署駐宜辦事處通知：「此次本廠器材派裝民元輪，噸位爲四百噸，該輪約十月三日到宜」等由；准此。查民生公司重吊桿近將完成，存宜之一六·八〇〇噸大洗床二座，可望在本次吊裝該輪，至其他大件器材，亦擬在可能範圍內盡量裝運，以免涸水時期，無法運渝。將來實裝數量若干，届時當詳電報告。茲謹具列存宜器材數量表恭呈

鑒核！謹呈

廠長江

7-1

附呈存宜器材数量表一纸

职何家浚呈

8

存宜器材數量表　截至九月三十日止

椿發批數	到宜日期	船户姓名	約載重量		押運員	灣泊地點	附註
第三批	21/7	蔡梓正	16	500	何靜熙	吳家沱至細亜	該員已於八月十一日赴渝
第六批	10/8	鉄　駁	88	674	熊志陞	碼頭一帶	該船原裝136.674噸已將一部份運渝
第五批	5/9	周光崇	52.	725	郝蓋臣	〃	合裝
〃	〃	胡金田			〃	〃	
〃	〃	馮正明	27	882	〃	〃	合裝
〃	〃	馮菊生			〃	〃	
〃	〃	蕭慶元	74	694	〃	〃	合裝
〃	〃	周海春			〃	〃	
第四批	12/9	陳　超	60	345	劉天威	〃	合裝
〃	〃	陳桂林			〃	〃	
〃	〃	舒慶元	49	810	〃	〃	合裝
〃	〃	戴紀堂			〃	〃	
〃	〃	譚立湘	12	085	〃	〃	
第七批	15/9	李玉榮	38	415	周金沛	〃	合裝
〃	〃	馮正海			〃	〃	
〃	〃	馮玉江	22	834	〃	〃	
〃	〃	李忠義	42	000	〃	〃	合裝　內有16.800噸大洗床二座
〃	〃	王樹佳			〃	〃	
第八批	〃	李同盛	61	784	錢澗蒙	〃	該員仍在藕池口船由周金沛代押來宜
第六批	18/9	劉治鶴	113	527	闞文標	〃	
第九批	26/9	滙　全	73	715	張　珊	〃	
〃	〃	張正興	67	961	〃	〃	
〃	〃	顧信三	71	457	〃	〃	
〃	〃	新瑞源			〃	〃	
〃	29/9	吳大興	60	364	〃	〃	
〃	〃	餘　興	30	658	〃	〃	
第十批	〃	李同盛	34	592	張恕達	〃	該員仍在藕池口船由張珊代押來宜

二

叶卓林为报告第六批运渝器材情况致江杓的报告（一九三八年十月二日）

6

閱字第940號

報告 二十七年十月二日 于工務處

渝發工乙(毛)657號

查本廠第六批到渝器材已經點驗及起卸完畢，按照運輸單所列，計缺少保險箱三個，枕木十一根，餘均相符。理合檢同日報表等件，呈請

鑒核備案！

謹呈

廠長江

存查 杓 十.三

附器材到達日報單十八張，第六批入渝器材疑問表一張，第六批到渝器材點查登記表一份。

職 葉卓林 呈

奉諭 表內關於合川機器抽出併閱 1009 拆 1009 十.十二

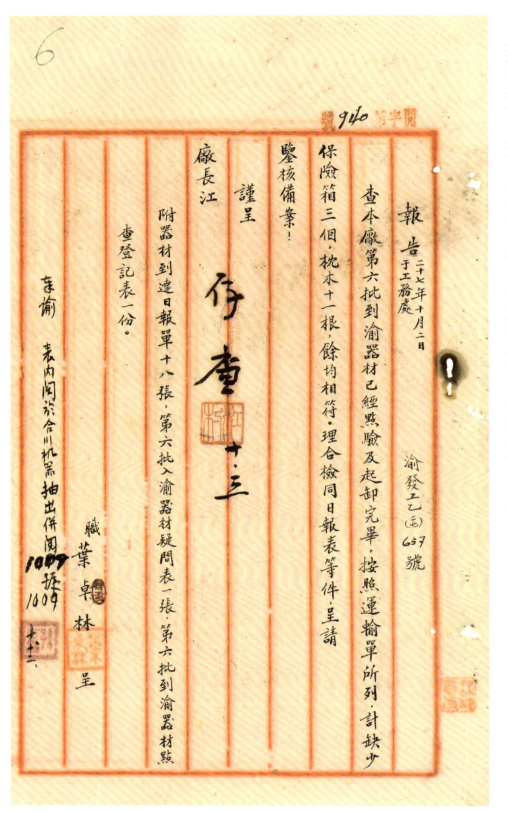

何家浚关于存宜器材装运情况致江杓的报告（一九三八年十月四日）

附：新到器材数量表

9

1033

報告 十月四日 於宜昌

竊查本廠存宜器材，共有民船廿七艘，約重一〇〇〇·〇二三噸，業經於九月三十日列表呈報

鑒核在卷。茲本月三、四兩日先後續到器材船拾艘，約重一八七·八二九噸，當經着分泊下五龍山坳，並報請兵工署駐宜辦事處派輪裝運。理合具列新到器材數量表，恭呈

鑒核。再本廠滯留藕池口之器材，已全數運抵宜昌。至岳陽事務員喻義接收之炮四門，亦於本(四)日派事務員張堯讓押同國元輪前往迎拖來宜，合併陳明。

謹呈

閱 十、九

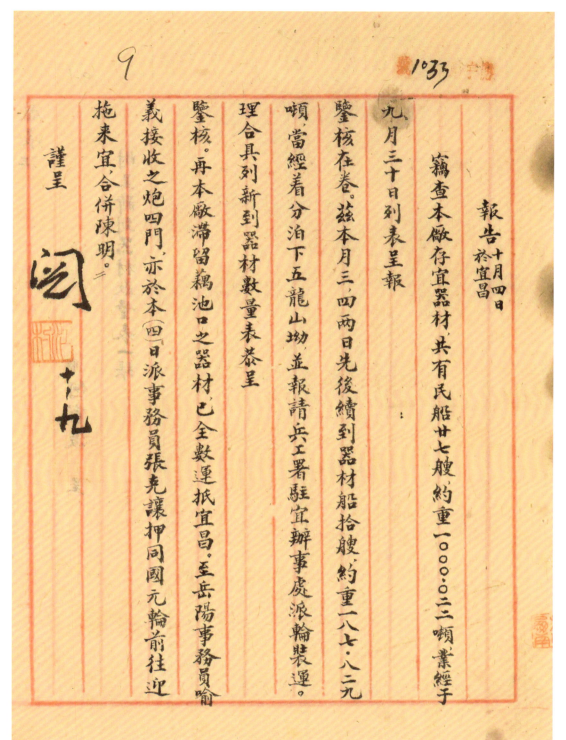

91

廠長江

職何家浚呈

附呈新到器材數量表一張。

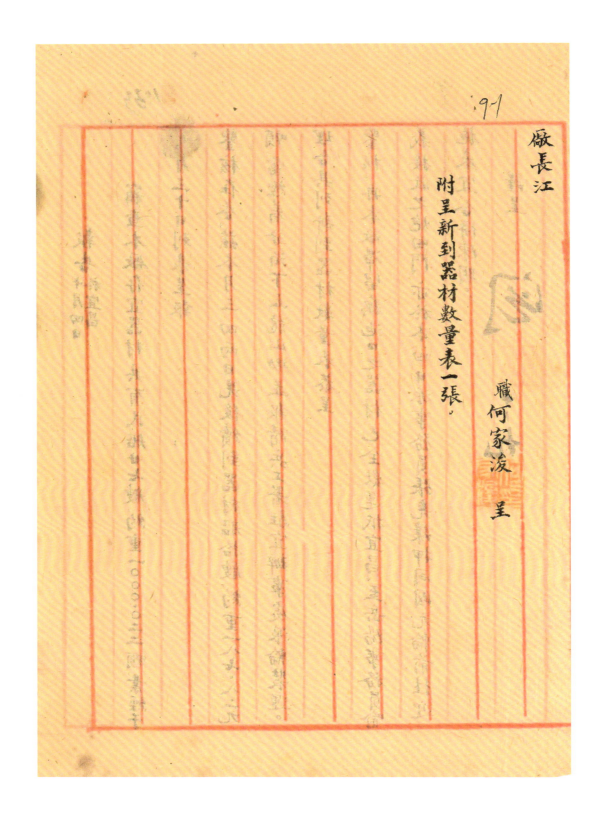

60

新到器材数量表

株發批數	到宜日期	船户姓名	約載重量		押運員	灣泊地點	附
第八批	3/10	譚慶生	46	033	錢瀾蒙	下五龍山坳	分組停泊
〃	〃	劉啟俊			〃	〃	
第七批	〃	周炎廷	35	110	周金沛	〃	
〃	〃	黄南陵			〃	〃	
第十批	〃	李振海	11	448	張恕達	〃	
〃	4/10	譚炳森	38	754	〃	〃	
〃	〃	彭光運			〃	〃	
〃	〃	周光崇	40	905	〃	〃	
〃	〃	余炎堂			〃	〃	
〃	〃	鄒鑑江	15	579	〃	〃	

何家浚关于宜昌运输情况致江杓的报告（一九三八年十月八日）

關字第1067號

181

宜（三）字第107號

報告 十月八日 於宜昌

查本廠鐵駁拖渝，業經兵工署駐宜辦事處與民生公司洽派本次民權輪拖運，並於本月三日電呈鑒核在卷。本月六日民權輪到宜，當由民生公司再派員會同前往鐵駁視察，認為可拖，並經海關檢驗給證許可，一切手續俱已辦理完妥，正待與該公司磋商接駁時，詎該公司竟[illegible]鐵駁不能拖渝，事前並無通知，而將因拖而須退回之貨盡量裝上民權，經職詢問，始托詞答復因鐵駁長度過短，吃水量深，恐生危險，不能拖帶云云。迨迭與交涉，仍無結果，因往面陳處長請示，乃亦謂既不能拖，祇可改用新建之起重機設法運渝。至如何裝運，則由職逕與民生公司商洽辦理。等由，時

181-1

職以民生公司所謂鐵駁不能拖運，業經兵工署駐宜辦事處同意，
祇得復與該公司童經理接洽鐵駁上重機二件運渝辦法，經得答
允於明（九）晨將該二重機件轉裝民本輪運渝，届時裝妥啟行，再
行電報。所有民生公司不允拖運鐵駁交涉經過情形，理合具文連
同海關證明書及民生公司箋函呈報
察核！
謹呈
廠長江
附呈海關驗船證乙件，民生公司業字第201號函乙件。
職 何家滂 呈

存查 十一

何家浚为铁驳装载重件器材情况致江杓电（一九三八年十月十日）

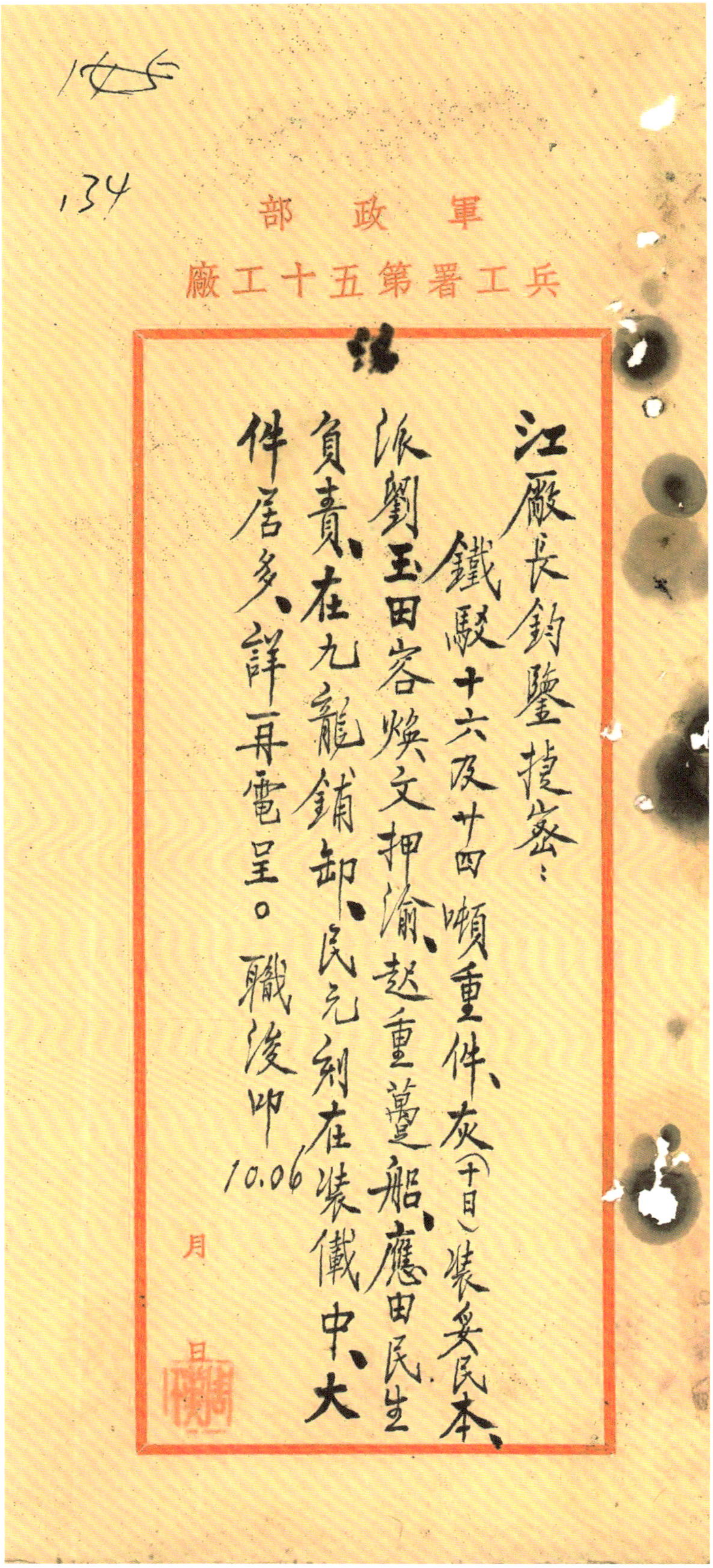

165

134

軍政部

兵工署第五十工廠

江廠長鈞鑒：捷密：

鐵駁十六及廿四噸重件，灰（十日）裝妥民本、派劉玉田、容煥文押渝、趁重躉船，應由民生負責、在九龍鋪卸、民元刻在裝儀中、大件居多、詳再電呈。職浚叩

10.06

月　日

何家浚关于第八次运渝器材装运情况致江杓的报告（一九三八年十月十二日）

附：宜昌第八次运渝器材数量表

750

139

報告 十月十二日 於宜昌

宜（三）字第109號

竊職處第八次運渝器材，約計三二二·四六五噸，於本月十一日妥裝民元輪，十二日開行，業經電呈

鑒核在卷。查本署駐宜辦事處本次派來噸位四百噸，但因所運器材多屬大件，容積過大，故衹裝得三二二·四六五噸，大小共二四二四件（詳見附表）由技術員劉天威、郝蓋臣，分隊長吳貴山等率機械士四名，士兵弍拾七名押運。茲謹將本次運渝器材數量列表恭呈

察核！謹呈

廠長江

附宜昌第八次運渝器材數量表乙紙。

速將附表通知各閱

各處 十·十四

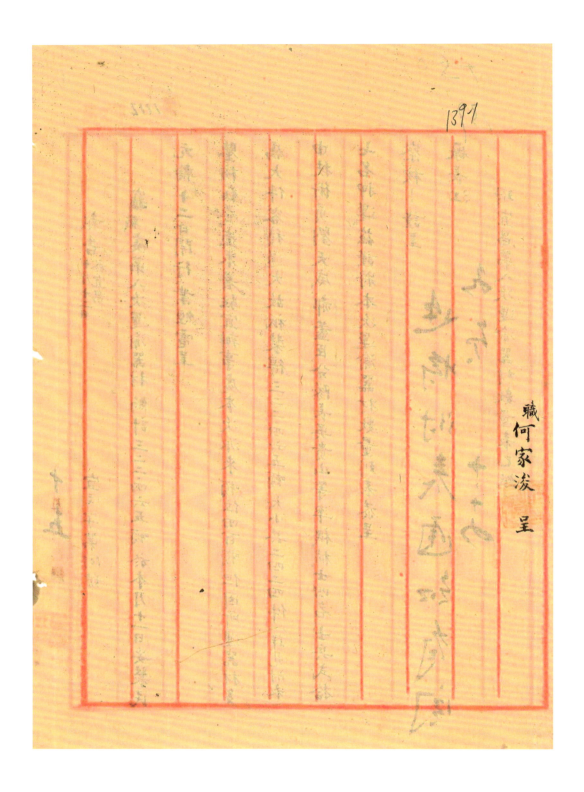

1391

十七

职何家浚 呈

151

140

宜昌第八次運渝器材數量表

重量	件數	體積 寬	體積 長	體積 高	附註
16,000噸	弍件	每件 9½'	19'	8½'	
14,800噸	壹件	9½'	19'	8½'	
9,000噸	壹件	4'	12'	6'	
8,000噸上	弍件	2.6m 2.1m	3.7m 3.2m	2.6m 1.8m	
6,000噸以上	四件	2.00m	2.75m	2.00m	
5,000噸以上	四件	4'	20'	5'	
4,000噸以上	叁件				
3,000噸以上	弍件				

140-1

2.000噸以上 叁件

1.000噸以上 四件

1.000噸以下 一〇〇九件

0.100噸以下 一三八九件

共計 二四二四件

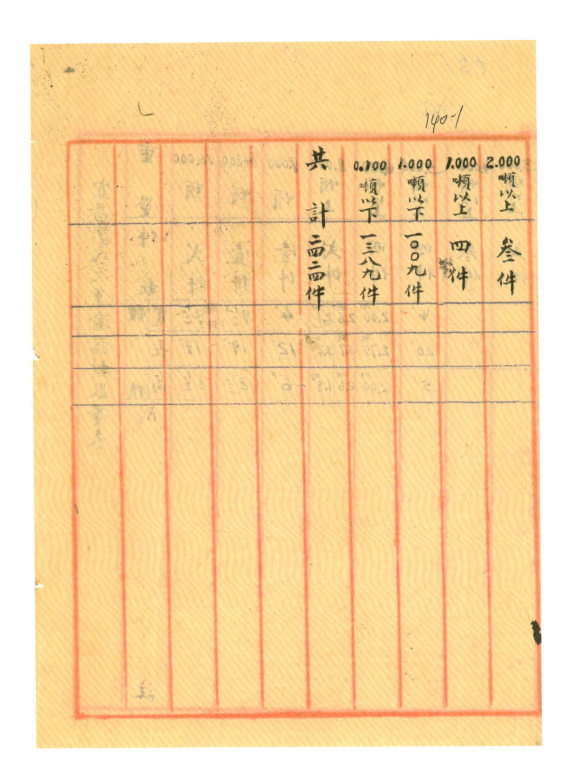

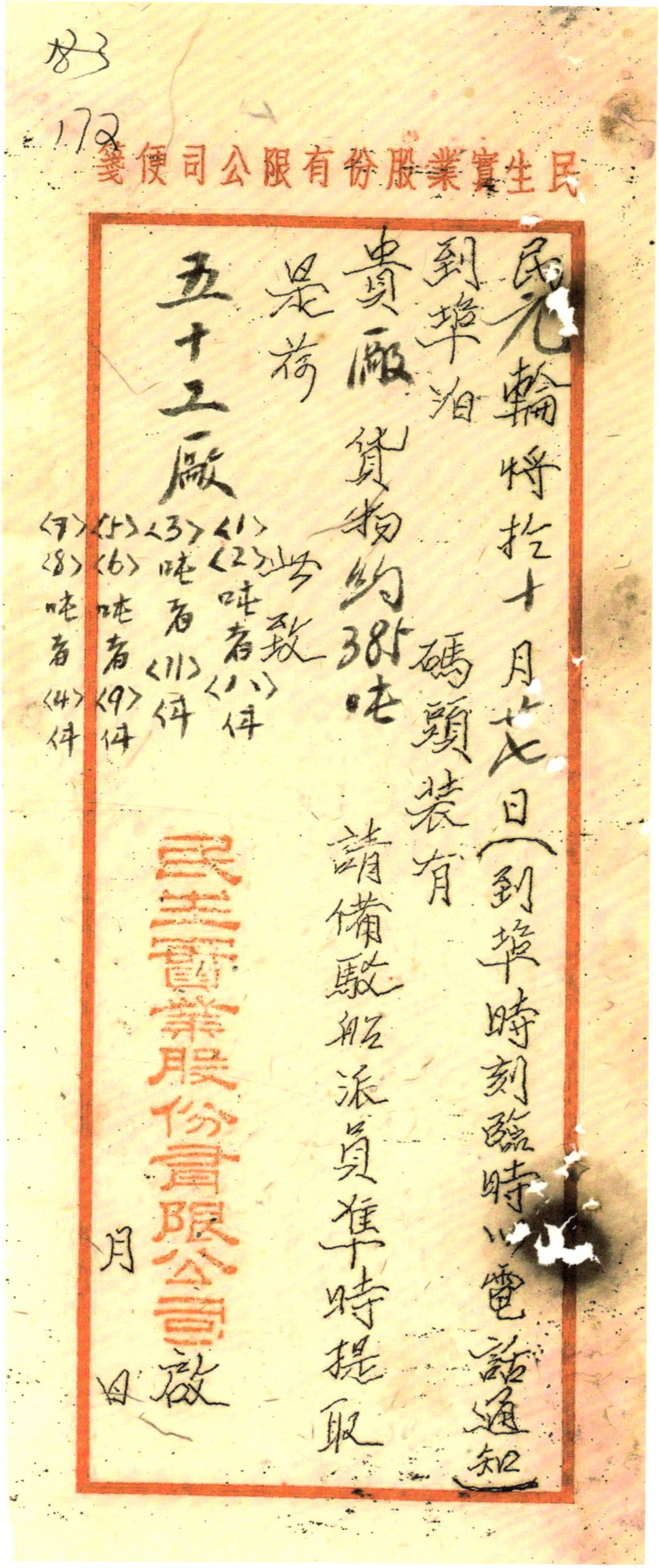
883
172
民生實業股份有限公司便箋
民元輪將於十月廿七日（到埠時刻臨時以電話通知）
到埠泊　　碼頭裝有
貴廠　貨物約385噸　請備駁船派員準時提取
是荷　此致
五十工廠
<1><2>噸者<八>件
<3>噸者<11>件
<5><6>噸者<9>件
<7><8>噸者<4>件
民生實業股份有限公司啟
月　　日

民生实业股份有限公司为请派员提卸运渝器材致兵工署第五十工厂的笺函（一九三八年十月二十四日）

军政部兵工署驻重庆办事处为请准备提卸到渝器材致第五十工厂的函（一九三八年十月二十七日）

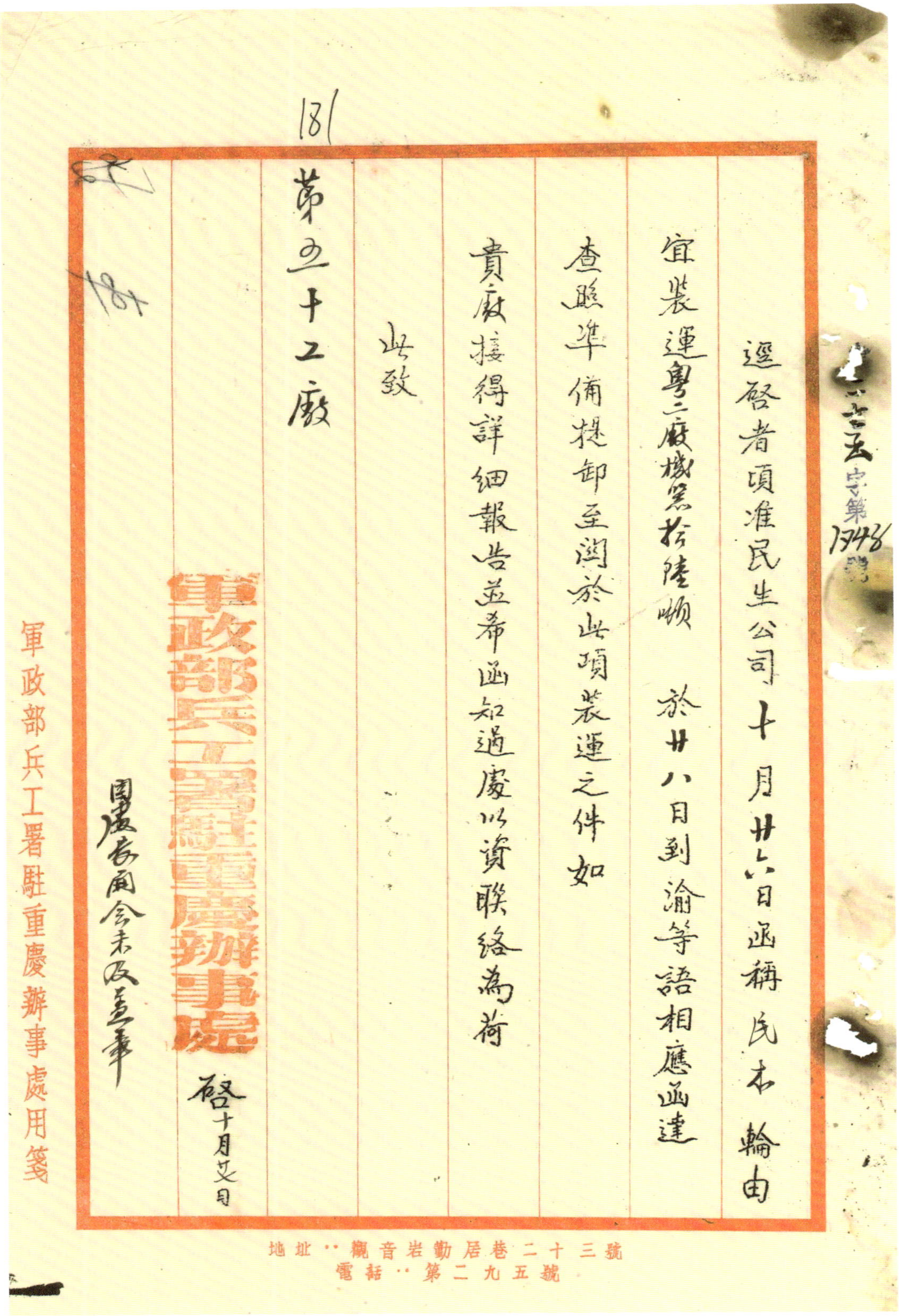

181
宗第1948號
逕啟者頃准民生公司十月廿六日函稱民本輪由
宜裝運粵二廠機器於陸順　於廿八日到渝等語相應函達
查照準備提卸至關於此項裝運之件如
貴廠接得詳細報告並希函知通處以資聯絡為荷
此致
第五十工廠
軍政部兵工署駐重慶辦事處
啟　十月廿七日
因處長開會未及蓋章
軍政部兵工署駐重慶辦事處用箋
地址：觀音岩勸居巷二十三號
電話：第二九五號

叶卓林为报告第七批运渝器材情况致江杓的签呈（一九三八年十一月五日）

付查

事經點驗，致廠長交下暫存件 [illegible]

門字第1381號

簽呈 十一月五日 工務處

渝發乙（司）715號

查本廠第七批到渝器材已經點驗及起卸完畢。理合檢同日報單等件呈請

鑒核備案！謹呈

廠長江

附第七批器材到達日報單十三張、第七批器材點查登記表一份、第七批來渝器材疑問表一份。

職葉卓林

不符件數交鄭、劉兩押運員查覆 十一.七

十一月八日 已辦

民生实业股份有限公司为请派员提卸运渝器材致兵工署第五十工厂的笺函（一九三八年十一月七日）

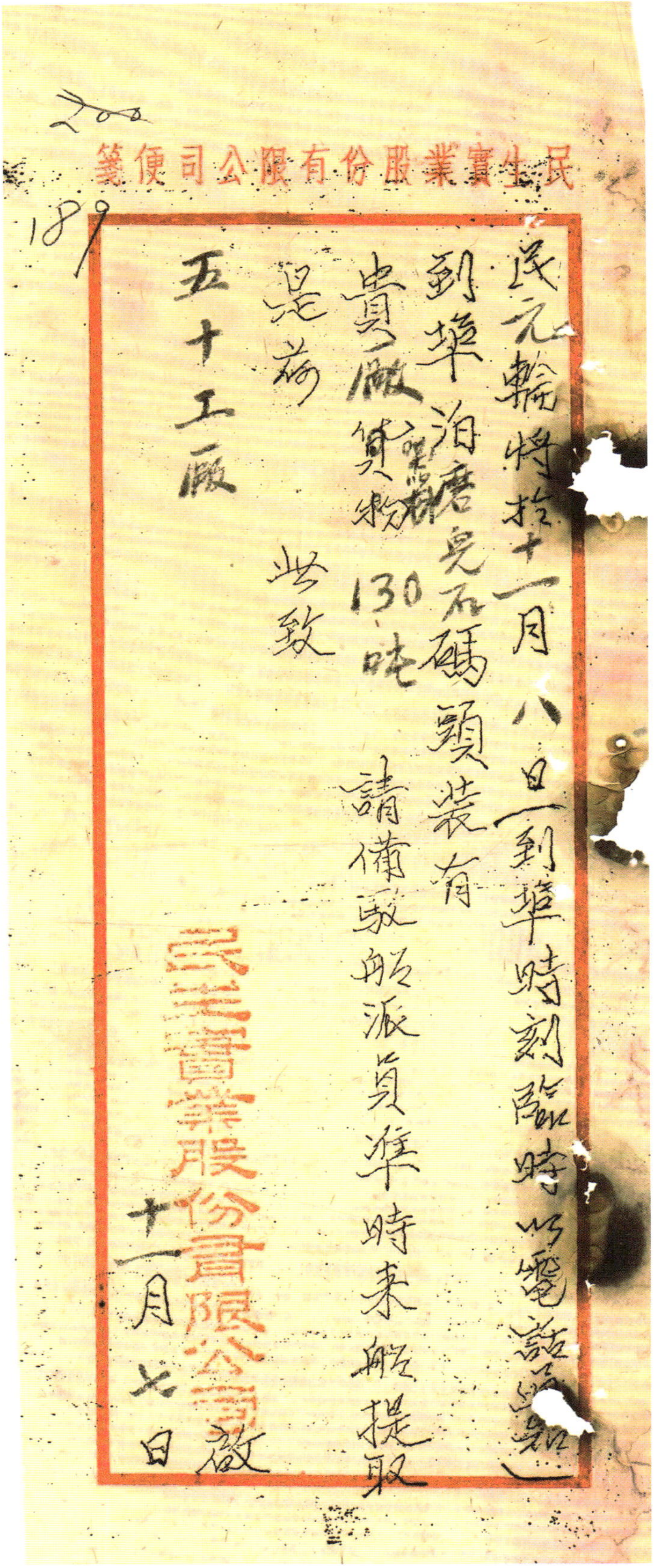

208

189

民生實業股份有限公司便箋

民元輪將於十一月八日（到埠時刻臨時以電話通知）到埠泊唐家沱碼頭，裝有貴廠貨器材約130噸，請備駁船派員準時來船提取是荷。此致

五十工廠

民生實業股份有限公司啟

十一月七日

梁步云为告知民风轮运渝器材情况致江杓电（一九三八年十一月七日）

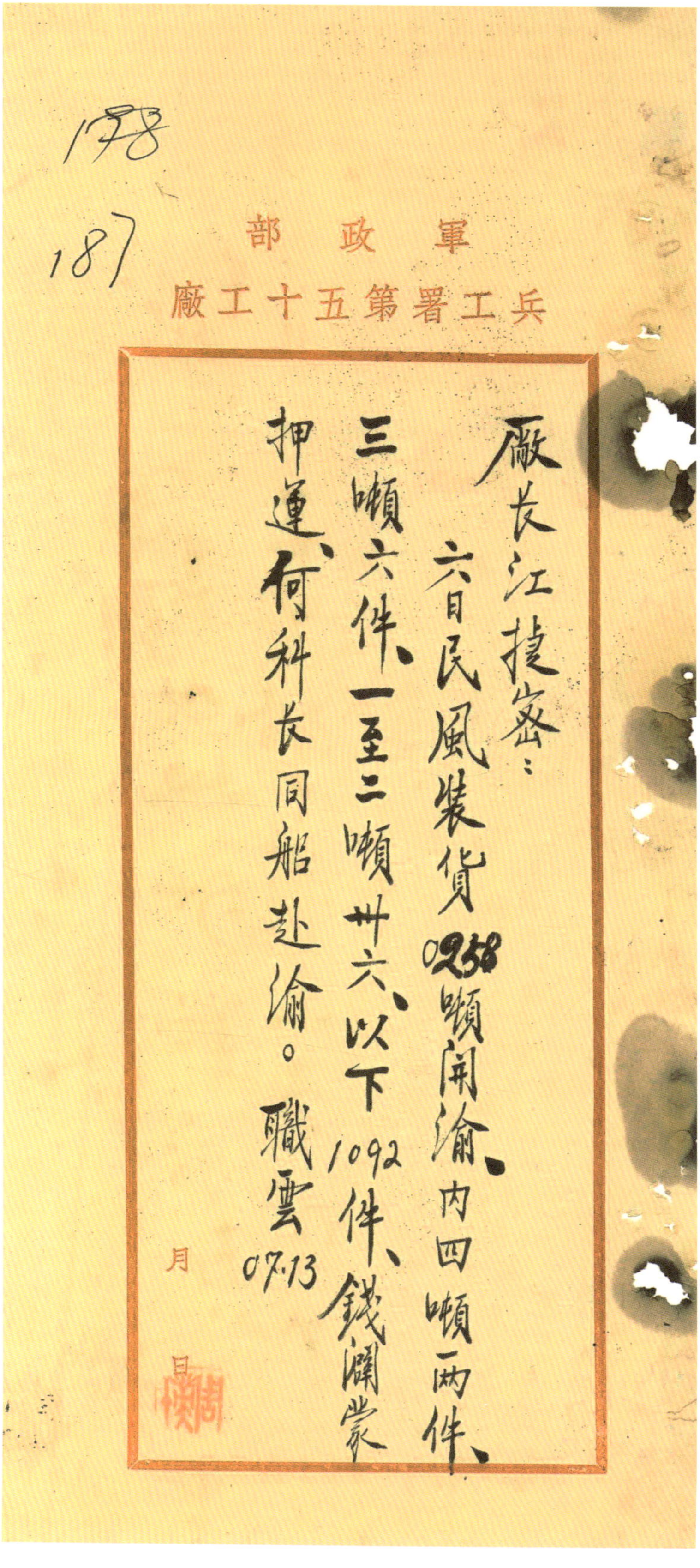
187

軍政部
兵工署第五十工廠

廠長江捷密：六日民風裝貨0258噸開渝，內四噸兩件、三噸六件、一至二噸卅六、以下1092件，錢瀾裳押運，何科長同船赴渝。職雲 07.13

月 日